工商管理案例丛书

危机管理案例精选精析

张岩松　编著

中国社会科学出版社

图书在版编目（CIP）数据

危机管理案例精选精析/张岩松编著．—北京：中国社会科学出版社，2008.7

ISBN 978 - 7 - 5004 - 6998 - 8

Ⅰ．危… Ⅱ．张… Ⅲ．紧急事件—处理—案例—分析 Ⅳ．X4

中国版本图书馆 CIP 数据核字（2008）第 085853 号

选题策划 卢小生（E - mail：georgelu@ vip. sina. com/georgelu99@ yahoo. cn）
责任编辑 卢小生
责任校对 石春梅
封面设计 高丽琴
技术编辑 李 建

出版发行	中国社会科学出版社	
社 址	北京鼓楼西大街甲 158 号	邮 编 100720
电 话	010 - 84029450（邮购）	
网 址	http://www. csspw. cn	
经 销	新华书店	
印 刷	北京新魏印刷厂	装 订 丰华装订厂
版 次	2008 年 7 月第 1 版	印 次 2008 年 7 月第 1 次印刷
开 本	787 × 960 1/16	插 页 2
印 张	21.25	印 数 1—6000 册
字 数	390 千字	
定 价	30.00 元	

《工商管理案例丛书》主编、
副主编及编委名单

主　编：张岩松

副主编：栾永斌　刘淑茹　周瑜弘

编　委（按姓氏笔画为序）：

王　萍　　王海鉴　　包红军　　刘　霖　　刘淑茹

李　岩　　赵　霞　　张岩松　　辛宪章　　赵明晓

周瑜弘　　姜雪梅　　栾永斌　　滕人轶

目　录

总　序

　　作为与传统理论教学模式完全不同的管理类案例教学，在我国，是改革开放之后才迅速传播开来的。在传统的理论教学模式中，教师凭借粉笔和黑板做系统的讲解，通过教师的口头表达、板书、手势及身体语言等完成教学活动，这带有很大的局限性。这种教学模式缺乏师生之间、学生之间的交流，教师是这类活动的中心和主动的传授者，学生被要求认真倾听、详细记录和领会有关意图，是被动的接受者。因此，这种传统的教学模式应用于能力的培养上难以奏效，对独立思考能力日趋完善的新时代大学生来说，是很难激发其学习兴趣的，因此也难以更好地实现培养目标。

　　案例教学则完全不同，教学活动主要是在学生自学、争辩和讨论的氛围中完成，教师只是启迪和帮助学生相互联系，担当类似导演或教练的角色，引导学生自己或集体做分析和判断，经过讨论后形成共识。教师不再是这类教学活动的中心，仅仅提供学习要求，或做背景介绍，最后进行概括总结，绝大部分时间和内容交由学生自己主动地进行和完成。

　　不难看出，案例教学的首要功能，在于使学生通过个人和集体的讨论与分析，从案例情景中归纳出问题，找寻解决问题的方案及择优处理，最终领悟出适合自己个人特点的思维方法和逻辑推理，使得在今后的实践活动中，可以有效地运用这种逐步培育起来的思维方法和逻辑推理，来观察、分析和解决实际问题，从而使学生的相关能力得以培养和确立，并随今后工作实践的持续进行而日趋成熟和完善。

　　由张岩松等一批年轻教师新近编写的"工商管理案例丛书"——《战略管理案例精选精析》、《危机管理案例精选精析》、《企业文化案例精选精析》、《组织行为学案例精选精析》、《财务管理案例精选精析》、《国际贸易案例精选精析》和《经济法案例精选精析》，加上此前已经出版的《企业管理案例精选精析》、《市场营销案例精选精析》、《人力资源管理案例精选精析》和《公共关系案例精选精析》，这套丛书基本上涵盖了管理类专业主干课程的内容。这套丛书结合国内外企业管理的实践，从方便高校各层次工商企业管理类课程教学的角度出发选编案例，整套丛书的近800个案例涵盖了大量最新的企业信息，每个案例都具有很强的可读性、操作性、代表性和新颖性，真正做到了"精选"。

"工商管理案例丛书"每本书的绪论对案例的含义、类型、功能，特别是对案例教学的特点、过程及案例教学的组织等都做了各有侧重的分析和阐述。具体案例注重结合各管理学科通行的内容分章组织编写，在每章前先对本章的学科内容做了简要的阐述，帮助使用者把握基本管理原理和规律。在对每个案例进行分析和点评时，力求画龙点睛，对读者有所启迪，并在此基础上提出若干思考·讨论·训练题，供读者思考和作为教学之用，真正做到了"精析"。

这套丛书既可以作为管理类专业相应课程的教材单独使用，也可作为相应课程的教学参考书使用。我相信，这套"工商管理案例丛书"必将会推动我国高校管理案例教学的开展，对从事企业管理工作、企业管理教学和研究的人士也会有所裨益，有所启发。

武春友

2008 年 3 月 30 日

前　　言

危机法则是：一切事情都可能发生！

在我们的现实生活中，危机如同驱不散的幽灵始终追随着我们，任何组织都可能处于危机事件的包围之中，危机管理也就成为企业及各类社会组织的必修课。

《危机管理案例精选精析》一书是我在美国宾西法尼亚州立大学短暂访问期间修改、定稿的。这所建于 1855 年的大学底蕴丰厚，环境宜人，校园内到处都是古朴参天的大树和绵绵的青青绿草，松鼠在树丛中跳跃，鸟儿在林间鸣唱，空气格外清新，十月的秋风虽略带凉意，却给了我无限的灵感。回想 2000 年，我将由戴克敏教授指导的研究生论文——《企业公共关系危机管理对策研究》结书出版，书名为《企业公共关系危机管理》。该书的出版引起了一定关注，先后应北京松下通信设备有限公司、亚太食品（广州）公司、TCL 集团销售公司等企业之邀进行相关咨询和讲学，这大大丰富了我对危机管理的认识，并更加注重对中外危机管理案例的研究和收集，目前，这本《危机管理案例精选精析》就是融入我几年来的诸多感悟和心得而成的。

本书荟萃了国内外企业在危机管理活动中的典型案例，涵盖了经营失误危机、顾客投诉危机、假冒伪劣产品伤害危机、公众关系危机、网络形象危机、企业信用危机、企业营销危机、企业扩张危机、公众误解危机及各类事故危机等类型，以大量翔实生动的资料为读者展示了多幅精彩的实践画面，使读者举一反三，触类旁通。同时，注意在每一章案例前对危机管理的基本原理和规律进行重点阐述，并为使读者对每个案例所阐述的问题有重点的了解，我们特地为案例配写了"案例分析"，并以"思考·讨论·训练"的形式，引导读者对案例进行进一步的分析。为了增强人们对政府公共希机管理的重视，我们也专设了"政府公共危机管理"一章，并精选了最新案例。

本书适合作为危机管理课程的教材使用，同时也可作为提高管理人员危机意识的岗位培训教材和广大的企业管理者自学使用。本书既是大中专院校学生的良师益友，也是广大企业的领导者、管理者和企业员工以及公务员颇有价值的参考读物。

本书由张岩松编著，于凯、李健具体负责了全书案例的资料检索和资料收集工作，那丽萍、穆秀英、房红怡、张朝晖、李学轶、曹永仕、蔡颖颖、王芳、于军、孙培岩、徐东闻、徐茂安、曹晖、佟昌杰、王洪亮、齐迹、孟囡、李晓明完成了全书的文字录入工作。

在本书编写过程中，昔日同事张丽华教授给予了热情帮助和悉心指教，同时也参阅了不少有关著作和报刊，对案例和资料的原作者，在此一并深表感谢。本书在成书过程中，也得到了中国社会科学了版社卢小生编审的大力支持，亦致以深深的谢意。

由于时间、条件、水平等的限制，书中不足之处，恳请读者批评指正。

我们相信，本书一定能够帮助企业和社会组织防患于未然，挽狂澜于既倒，取得危机管理的最佳效果，使其不断迈向成功的彼岸。

愿我们都能远离危机！

作者

2008 年 4 月 15 日

绪　　论

　　管理案例是在企业管理实践过程中发生的真实事实材料，这些事实材料由环境、条件、人员、时间、数据等要素所构成，把这些事实材料加工成供课堂教学和学生分析讨论所用的书面文字材料，就成为了管理案例。它是为了某种既定的教学目的，围绕一定的管理问题而对某一真实的管理情景所做的客观描述或介绍。管理案例教学既是对管理问题进行研究的一种手段，也是现代管理教育的一种方法，目前国内外已经有广泛的研究和运用。为了更好地实施案例教学，充分运用本套丛书，我们在此对管理案例教学的组织开展进行较全面的论述，希望对读者有所助益。

一、管理教学案例概述

（一）管理教学案例的由来

　　"案例"译自英文单词 Case，医学上译作"病历"；法学上译作"案例"或"判例"；在商业或企业管理学中，往往译作"案例"、"实例"、"个案"等。

　　案例教学法是指以案例为教学媒介，在教师的指导下，运用多种方式启发学生独立思考，对案例提供的客观事实和问题分析研究，提出见解，做出判断和决策，从而提高学生分析问题和解决问题能力的一种理论联系实际的启发式教学方法。

　　案例教学法的产生，可以追溯到古代的希腊和罗马。希腊哲学家、教育家苏格拉底，在教学中曾采用过"问答式"教学法，这可以被看作是案例教学的雏形。之后，希腊哲学家柏拉图继承了苏格拉底的教育思想，将"问答"积累的内容编辑成书，在书中附加了许多日常生活的小例子，一个例子说明一个原理，那些日常生活的小故事，就可被看作是案例。

　　在管理教学中采用案例教学法是 20 世纪初的事情。现代工商管理实务的出现呼唤着正规的学校管理教育。19 世纪 80 年代，首批商学院在北美出现，哈佛商学院是其中之一。1908 年，哈佛大学创立企业管理研究院，由经济学者盖伊担任首任院长。他认为，企业管理教学应尽可能仿效哈佛法学院的教学法。他称这种方法为"问题方法"（Problem Method）。在盖伊的策划下，邀请了 15 位商人参加哈佛"企业政策"一课，每位商人在上第一次课时，报告他们自己所遇到的问题，并解答学生们所提出的询问。在第二次上课时，每个学生须携带分析这些问题及解决这些问题的书面报告。在第三次上课时，由商人和学生一同讨论这些报告。这些报告，便是哈佛企业管理研究院最早的真实案例。1920 年，哈佛企业管理研究院第二任院长董翰姆向企业管理界募集到5000 美元，请欧普兰德教授从事收集和整理制作案例的工作，这是哈佛企业管理研究院第一次由专人从事案例开发工作。这应当说是案例教学的雏形。同年，哈佛成立案例开发中心，次年出版了第一本案例集，开始正式推行案例教学。

到 20 世纪 40 年代中期，哈佛开始大力向外推广案例法。在洛克菲勒基金会赞助下，从 1946 年起连续 9 年，先后请来 287 位外校的高级学者参加他们的"人际关系"课的案例讨论，开始争鸣辩论。1954 年，编写出版了《哈佛商学院的案例教学法》一书，并出版了《哈佛案例目录总览》，建立了"校际案例交流中心"，对澄清有关概念、统一术语、就案例法的意义与功能达成共识，起了良好的作用。1955 年起，在福特基金会资助下，哈佛连续 11 年，每年举办为期 8 周的"访问教授暑期案例讲习班"，前后有 119 所院校的 227 位院长、系主任和资深教授参加，大大促进了案例教学在全美管理院校的普及。由此可以看出，案例教学在美国普及经历了近半个世纪的艰苦历程。首先在少数院校"开花"，再向四周逐步扩散；在有战略远见的团体的大力支持下，通过出书、编案例集、建立交流所、举办研讨班等措施，尤其是首先提高院系领导的认识，终于瓜熟蒂落，水到渠成。

从 20 世纪 50 年代开始，案例教学法传出了美国，加拿大、英国、法国、德国、意大利、日本以及东南亚国家都引进了案例教学法。50 年来，哈佛案例教学法被各大学接受，闻名全球，它设立"校际案例交换所"，从事国内以及世界各大学所制作的案例交换工作，每年投入巨额资金开发案例，同时案例的交流也使它每年获得 2000 多万美元的收入。

我国管理教育与培训界开始接触到案例教学起自 20 世纪 80 年代。1980年，由美国商务部与中国大陆教育部、经贸委合作，举办"袖珍 MBA"培训班，并将中美合作培养 MBA 的项目执行基地设在大连理工大学，称"中国工业科技管理大连培训中心"，由中美双方教师组成案例开发小组，到若干个中国企业编写了首批用于教学的中国案例，并编写了《案例教学法介绍》一书和首批 83 篇自编的中国管理案例。此后数年，部分高校及管理干部培训机构开始陆续试用案例教学，全国厂长统考也开始有了案例题。

1986年春，在国家经委支持下，大连培训中心首次举办了为期两周的案例培训班，这种新型教学方法与思想引起几十位参加者的极大兴趣。在大家倡议及国家经委的支持下，同年底在太原成立了第一个国内民间的专门学术团体"管理案例研究会"，次年开始办起了"管理案例教学研究"的学术刊物，余凯成教授任会长和刊物主编，他主持和出版多部案例教学法的译著与专著。

中国台湾地区较之大陆地区更早地开展工商管理教育，自20世纪70年代起，先后有司徒达贤、陈万淇、刘常勇等学者，力主和推荐个案教学法，并编写出版了《企业个案集》（熊祥林主编）、《台湾本土企业个案集》（刘常勇主编）供教师学生使用。此外，要学好案例，对师生的要求都很高，学生得认真准备，积极参加小组和班级讨论，查阅参考文献，构思和拟写发言提纲，这当然比带上笔记本就去听课要难多了；对教师来说更是如此，案例的课堂讨论中将会发生什么情况，很难预计，这次班上出现这种情况，下一次虽讨论同一案例，却可能出现另一情况。冷场了怎么办？出现僵局怎么办？……有点防不胜防，所以，教师备好一堂案例课所花工夫，常远胜于准备一堂讲授课。

总之，案例教学确实是适合管理教育与培训特点的一种十分有效而独特的管理教学方法。

（二）管理教学案例的特征

1. 鲜明的目的性。这里所说的目的是教学目的，它有两层含义：一是狭义的目的，是指通过对案例的分析，让学生验证、操习和运用管理的某些概念和方法，以达到学生能深刻领会、掌握、提高这些知识和技能的目的；二是广义的目的，这与工商管理教育的基本目标——重在能力培养是密切联系的。这包括未来管理者应具备学习能力（快速阅读、做笔记、抓重点、列提纲、查资料、演绎和归纳等）、人际交往能力（口头和书面表达、陈述见解与听取意见、小组交流沟通等）、解决问题能力（发现和抓住问题、分清轻重主次、分析原因、拟订各种解决问题的措施等）。

2. 高度的仿真性。教学案例是在实地调查的基础上编写出来的实际案例，这种实际案例具有典型性、代表性、非偶发性，这是案例的关键特征。在案例设计中，其问题往往若隐若现，提供信息并非一目了然，有关数据需要进行一定的计算、加工、推导，才能直接用案例进行分析。案例通过模拟显示社会经济生活纷繁复杂的"迷宫"以及"陷阱"，目的是训练学生通过对信息的搜集、加工、整理，最终获得符合实际的决策。

3. 灵活的启发性。教学案例必须设计一定的问题，即思考题。其中有的问题比较外露，有的比较含蓄，但通常是显而不露，留待学生去挖掘。案例中设计的问题并不在多，关键是能启发学生的思考。案例提供的情况越是有虚有实，越能够诱人深入，从而给学生留下充分的思维空间，达到最佳的学习效果。

4. 相当的随机性。管理教学案例的侧重点是介绍真实的管理情形，这种情形中包含了许多对解决问题的思路、途径和办法所做的评论；或者案例对问题的解决只字不提，由学生去观察、挖掘、分析，提出自己认为合适的、满意的解决办法和方案。

（三）管理教学案例的类型

案例可以按不同的角度划分类型。如按篇幅长短，可分为短、中、长、超长四类。短篇案例，通常指 2500 字以下的；中篇案例指在 2500～5000 字之间的；长篇案例指超过 5000 字的；除此以外，将超过万字的案例称为超长型案例。以传载形式看，可以分为书写案例、影像案例、情景仿真案例以及网络上使用的用于远程教育或其他形式的案例。若按编写方式，则可分为自编、翻译、缩删、改编等类。从案例的专业综合程度看，则可分为单一职能性的（如生产、财务、营销等）与跨职能综合性两类。按案例间关系，又可分为单篇独立型与连续系列型两类等。应当指出，这些分类方法都不可能划分得很明确，其中必有些中间性混合过渡的情况。比较有用的分类法，是按案例编写方式和学习功能的不同，将管理案例分为描述性管理案例和分析判断性管理案例。

1. 描述性管理案例。它是指通过调研工商企业经营管理的整体问题或某一部分问题（包括成功的经历和经验与失败的过程和教训），具体地、生动地加以归纳描述，这类案例的最大特点是运用管理实践的事实来印证管理基本理论与方法，人们通过这类案例的分析能够获得某种经验性的思维方式。最为典型的是，中国管理科学院采取"企政研"三位一体相结合的方式撰写的《中国企业管理案例库》。现实中，人们常常把描述性案例与实例混为一谈，实际上，它们之间既有联系又有区别。案例必须是实例，不是实例就不是案例，但实例又不等于案例，而这之间主要区别在于两方面：一是描述性管理案例是管理实践的一个全过程，而实例可以是管理实践过程中的某一侧面或一个环节；二是描述性案例通常有解决某一问题（决策、计划、组织等）的所有基本事实（人、财、物、时间、环境、背景等）和分析过程，而实例往往仅是表达某一问题的解决方法和运用某种方式的效果。描述性案例更多的是写拟订好的方案，很少叙述执行结果，一般也不进行总结和评价，以给读者留下更多的思考空间。很显然，描述性案例应属于管理教学案例法的范畴，而实例只能属于课堂讲授教学法范畴。

2. 分析判断性管理案例。这类案例是通过描述企业面临的情况（人、财、物、时间、环境等）和提供必要的数据，把企业决策所面临的各种环境、因素问题及意义写成书面材料，使学生身临其境。现在翻译出版的西方管理案例书中，许多都是这类判断性案例。这种案例的编写像录像机一样将企业面临的全部景况从不同侧面实录下来，然后整理成文字数据资料，搬到课堂，供学生分析研究，帮助企业决策。这类案例最接近企业实际，它往往是主次方面交叉，表面现象与实质问题混淆，数据不完整，环境不确定，人们观察与思考具有多维性。由于判断性案例存在着描述企业实际状况方面的非完整性、解决问题途径的多元性和环境因素模糊以及未来发展的不确定性等问题，所以这都给在传统学习模式熏陶下的学生分析研究和在传统教学思维惯性中的教师用管理理论方法来组织引导学生对案例进行分析讲解带来了较大困难。但是，如果我们跳出传统思维方式的窠臼，把案例教学作为培养学生的感觉能力、反应能力和思维能力，以及对案例中企业面临的问题或机遇的敏感程度，对企业内外环境因素所发生变化的对策思路，的确是很有好处的，因为它能增强学生独立判断企业问题或机遇的能力。通过这类案例分析和讨论，还能增强教师和学生的思维、逻辑、组织和归纳能力，并摆脱对权威教科书理论或标准答案的心理上的依赖。而这一切对学生今后迈向真正的企业经营管理实践是大有裨益的。因此这种案例无疑是最典型的，它是国外案例教学的主流。

（四）管理案例教学的作用

管理案例教学的过程具有极为丰富的内容，它是一个学知识、研究问题和进行读、写、说综合训练的过程，这一过程有着重要的作用。

1. 帮助学生建立起知识总体，深化课堂理论教学。一个管理专业的学生按其专业培养计划要求，需要学习的课程较多，除管理专业课外，还要学习诸如会计、统计、财务、金融、经济法学、经济学和哲学等课程。正是这众多的课程构成了学生必要的知识结构，形成一个知识的总体。但是，在教学过程中，分门别类地开出这些课程，出于种种原因，仅依靠课堂讲授，学生总难以把握各门课程之间的内在联系，因而难以形成自己的知识总体。知识的总体建立不起来，也就表明一个学生所获得的知识还是零散的、死板的，是解决不了现实问题的一些知识碎片。在现实社会生活中，书呆子正是这种情况及其危害的生动说明。管理案例分析在帮助学生建立知识的总体结构方面，具有特殊的功能。因为要对一个现实的、活生生的管理案例进行分析，势必要运用各学科的知识,使其相互渗透,融会贯通,否则,就难以分析说明任何一个问题。而且,正是在这种案例的分析说明中,使得分析者头脑中原来处于分割状态、零散状态的知识,逐渐实现了有机结合,形成了知识的总体,表现分析和解决问题的一种能力。很显然,管理案例分析不是理论学习的中断,而是学习的深入,只是这种学习具有很强的针对性,它致力于实际问题的分析和解决。因此,对深化课堂理论教学起着十分重要的作用。

2. 增强学生对专业知识的感性认识,加速知识向技能的转化。管理是一种特殊的复杂劳动,一个管理者仅仅会背诵几条管理理论,而没有判断实际事物的能力是不能解决问题的。正是出于这一原因,作为一个管理者就要特别注意对实际问题的研究,把握事物的个性特征。所以,在管理专业知识的教学中,增强学生对专业知识的感性认识,努力促使学生所学知识向技能转化十分重要。由于管理案例中一些典型素材源于管理实践,提供了大量的具体、明确、生动的感性知识,因此,管理案例的分析过程在丰富学生对专业知识的感性认识,培养学生洞察问题、发现问题和根据实际情况分析问题的实际技能等方面有着重要作用。

3. 推进"启发式"教学,提高教学质量。多年来,在教学上,我们都主张废除灌输式,提倡启发式的教学方法,而且,我们为此也做出了巨大的努力,获得了不少成功的经验。但是,我们过去的不少探索多是在课堂理论教学的范围内进行的,多是强调教师的努力,较少注意到发挥学生在这方面的积极作用。而管理案例分析的独到之处在于,它的教学阵地大大突破了课堂的狭小范围,并一改单纯由教师进行课堂讲授知识的传统形式,要求学生对一个个活生生的管理案例进行分析研究,并以高度的积极性和主动性在理论知识和实例的相互碰撞过程中受到启发,在把握事物内在的必然联系中萌生创见。很明显,案例分析的这种教学方式,对提高教学质量是大有好处的,它在教学领域里,对推动理论与实际的紧密结合和正确运用启发式教学等方面,将产生深远影响,发挥重要作用。

4. 培养学生分析和解决问题的能力,提高决策水平。在一定的意义上说,管理就是决策,而决策就是分析和解决问题的过程。所有案例都隐含着现实管理中的问题,案例将纷繁复杂的管理情景加以描述,以使管理者调动形象思维和逻辑思维,对其中的有关信息进行分类组合、排列分析,完成去粗取精、由表及里的加工过程,理出头绪,揭示问题的症结,寻求解决问题的有效方法。通过对案例情景中所包含的矛盾和问题的分析与处理,可以有效地锻炼和提高学生运用理论解决实际问题的能力。由于在解决案例有关管理问题的过程里,学生唱的是"主角"，而教师只起辅助和支持的作用，因此，学生没有依靠，必须开动自己的脑筋，独立地走完解决问题的全过程。这样，经过一定数量的案例分析，能使学生摸索到解决问题过程中的规律，帮助他们逐步形成自己独特的分析和解决问题的方式方法，提高他们决策的质量和效率。

5. 提高学生处理人际关系的能力，与人和谐相处。管理是一种社会性活动，因此，管理的效果不仅取决于管理者自身的办事效率，而且还取决于管理者与人相处和集体工作的能力。案例教学在注重提高学生解决问题能力的同时，把提高处理人际关系和集体工作的能力也放在重要的位置上。要解决问题就必须与别人合作。在案例教学过程中，有许多群体活动，通过群体的互动，取长补短，集思广益，形成较为完善的方案。同时，同样重要的是，在讨论过程中，学生可以通过学习与沟通，体会如何去听取别人的见解，如何坚持自己的观点，如何去说服别人，如何自我指导与自我控制，如何与人相处。人们的思想方法不尽相同，思维方式各异，价值观念也不尽一致，在认识和处理问题上自然会存在分歧，正是在遭遇和处理分歧及人际冲突过程中，学生才能体会到如何理解和包容想法不同、观点各异的同伴，才能心平气和地与人合作，向他人学习并携手朝着共同的目标努力。

6. 开发学生的智能和创造性，增强学习能力。案例独具特色的地方，是有利于开发人的智能和创造性，增强人的学习能力。人的学习能力是分层次的，接受知识和经验是一个层次，消化和整合知识经验是另一个层次，应变与创新是更高层次。学习能力的强弱不仅体现在对理论知识的死记硬背和被动接受上，更为重要的是体现在整合知识和经验的能力上，以及适应不断变化创新的能力上。只有真正善于学习的管理者，才会知道自己需要什么样的知识和窍门，懂得更新哪些方面的知识，知道如何利用知识解决问题，达到既定的目标。

二、管理案例教学的组织引导

管理案例教学的组织引导，是教师在案例教学的课堂上自始至终地与学生进行交流互动，催促学生学习的过程。管理案例教学的组织引导是主持案例教学的重点和难点，它似一只看不见的手，对案例教学产生一种无形的推动作用，是教学成败的关键，作为实施管理案例教学的教师必须高度重视管理案例教学的组织引导。

(一) 明确教师角色

在案例分析中，教师与学生的角色关系有所转换，这具体是指在传统的课堂上，从讲授的角度来看，教师的活动似乎减少了。其实，就和演戏一样，这是前台上的表面现象，这并不能否定教师在教学中的重要作用。恰恰相反，在案例分析中，教师的作用非常重要，为了使案例分析课获得好的效果，教师总要煞费苦心、精心设计，这里我们不妨转摘一段一个学生有趣的谈话，来看看教师所耗费的苦心：

　　我头一回碰上大型综合性管理案例，是在上一门叫做"政策制定"课的时候。在这以前，我连什么叫政策也不清楚，跟大多数同学一样，头一回去上这课，可真有点紧张，生怕老师点到我。

　　一开始老师就正巧把坐在我身边的一位同学叫起来提问，我如释重负，松了一口气，暗暗地说：老天爷，真是福星高照，差点没叫到我！其实，那案例早就布置下来了。我也曾细细读过两遍，而且想尽量把分析准备好。可是说实话，我仍然不知从何下手，心中实在无底。

　　我身边那位同学胸有成竹，很快地解释起他所建议的方案来。讲了5分钟，他还滔滔不绝，看来信心十足。我们绝大多数同学都听得目瞪口呆，他真有一套！

　　又过了5分钟以后，他居然像魔术师似地拿出几张幻灯片，上台去用投影仪放给大家看，上面全是支持他论点的数据演算和分析，足足花了10分钟才介绍完。

　　老师既无惊讶之感，也没夸他，只是礼貌地向他略表谢意，然后马上叫起另一位同学："李××同学，请你谈谈你对王×同学的分析有什么看法？"我心想：真见鬼，难道老师真想让我们也干得跟王×一样好？

　　不用说，以后每来上课，同学们全把案例准备得十分充分。原来这种案例就该这样分析，我也能学会！大约一周以后，我可真有点想念王×来了。可是，自打头一课露过面以后，他再没露面。这是怎么一回事？

　　原来是老师耍的"花招"，他让一位高年级班上的尖子生来放头一炮，向我们提供了一个案例分析发言的样板。我们知道后都叫了起来："咳，我说呢，他咋那棒！老师真鬼。"可是，老师的目的达到了，他已清楚地向我们表明了他眼里杰出的案例分析发言该是什么样子。虽然最后我们班没有谁撵上王×的水平，但我们心里已有了一个奋斗方向，用不着老师老来督促我们去向某种看不见、摸不着的目标努力了。

　　从学生的话中，我们可以看到，这个老师为了设计案例分析发言的"第一炮",他做了多么精巧的安排,费了何等的苦心,而正是这番苦心,使学生获得了具体的真实的楷模,有了可仿效的范例。不难看出,教师在这里扮演的是一个导演的角色,所起的是一个导演的作用,教师没有直接告诉学生应该怎样进行案例分析的发言,可是,他通过精心安排,使"第一炮"获得成功,让同学们明白了应该如何去做,这比直接讲授,效果要好得多,正如这个学生所说的,这是他们看得见、摸得着的目标。

在管理案例分析中,还有许多重要工作需要教师去做,比如,教学进度的确定,规范性案例的选择等。学生在案例分析过程中理论指导和能力的诱发,以及学生分析成果表述的评估和最后的讲评等,都离不开教师的辛勤劳动。具体来说,教师在案例教学中要承担如下角色:

1. 主持人。在案例教学过程中,教师首要的任务是向学生明确教学的内容以及把握教学行进的程序,并在整个课堂教学的过程中维持课堂秩序。具体来说,在教学的开始阶段,教师要像主持人那样引导学生进入学习状态,帮助学生明确教学目的,了解学习的程序、规范和操作方法。同时,还要提出明确的教学要求,编制教学计划和进度表,使学生心中有数,尽早进入学习状态。没有课堂秩序,就不可能进行真正的案例讨论,因此,教师还必须发挥主持人的角色作用,在教学过程中,控制发言顺序和学习进度,使讨论总是围绕一个问题或一定范围的问题进行,使课堂的发言在每一时刻只能由一人主讲,形成热烈而有秩序的讨论气氛。在讨论终结时,教师要发挥主持人的作用,无论对讨论的内容做不做评价,但有必要对讨论的全过程进行总结,使案例教学有头有尾,为学生的学习画上一个完满的句号。

2. 发言人。如果说教师对教学有控制作用,那就是对教学程序和学习大方向的控制,这是通过主持人角色实现的。在教学的具体内容上,教师发挥一定的"控制"作用。但这种"控制"完全不同于课堂讲授上教师发挥的作用。在讲授中的教师可以自己决定讲什么内容,讲多少内容,如何安排这些内容,不需要考虑学生的所思所想。而案例教学中教师的控制作用是通过发言人的角色发挥出来的。"发言人"是一个代表性人物,他的发言不能只代表自己,而要代表一个群体。教师的发言,需要反映学生群体的整体意见,也就是既不能是教师自己的,也不能是学生中个别人的,而是包括全体学生集体成果的思想和意见。当然,发言人不能有言必发,原样照抄,也不能任意取舍,随意剪裁,而是对学生的思想"原料"进行加工简化,对学生的发言做简要的总结和整理归类,有时还要从意思到言语上稍加修正,以求更准确、更科学地反映学生的思想。当学生不能形成统一的意见和共识时,教师还要综合各种不同的看法和决策，向学生做一个既有共性又包含特性的结论性交代。能否扮好这个角色，取决于教师的综合分析能力，以及思想整合能力。

3. 导演者。案例的课堂讨论虽然以学生为主体，但这并不等于完全放任自流，它实际上一直处于教师紧密而又巧妙的监控与指导之下。教师就像那未曾出现在舞台或屏幕之上但却无所不在的导演那样，发挥着潜在的影响力。教师通过导演的角色，使学生知道什么时候陈述自己的见解，什么时候评论他人的观点；教师通过导演的角色，无形规定着哪些学生发言，哪些学生不发言，哪些学生多说，哪些学生少说；教师通过导演的角色，影响全班的联动，同时也影响个人，对其进行个别辅导。导演角色的灵活度很大，同时难度也很大，扮演好这个角色，对教师的群体互动能力和临场应变能力要求很高。

4. 催化剂。催化剂是化学反应中帮助和加速物质变化过程的中间媒体，它本身不发生变化，但在物质的变化过程中却又离不开它。案例课堂上的教师像催化剂一样，促进着学生的讨论学习过程，否则就难以深入，难以取得预期效果。教师催化剂角色的发挥，就是帮助、启发学生，通过一个又一个的提问向学生提出挑战，促使他们思考，将问题由表面引向纵深，一步步地朝着解决问题的方向发展。为达到这个目的，教师会不断地提出这类的问题：这些方案的优点和缺点是什么？如果选择了这个方案将产生什么样的影响？会有什么反作用？有多大风险？必要时，教师还会主持一场表决，迫使学生做出自己的决策。同时，教师催化剂角色的发挥，还体现在促进学生相互交流沟通过程中。在学生交流过程中，发挥桥梁和穿针引线的作用，使各种思想相互撞击和融合，丰富教学的内容。要发挥好催化剂的作用，是很不容易的，需要悉心体会，不断摸索，长期积累，才可功到自然成。

5. 信息库。这不是教师的主要角色，但在某些情况下，特别是在进行"活案例"的教学过程中，这个角色的作用是必不可少的，甚至是非常重要的。在许多情况下，教师需要向学生适当地补充一些必要的信息，充作"提问"和"参考数据库"。在学生主动提出补充有关信息的要求时，教师就应该满足他们的要求。要发挥好这个角色，教师必须在备课时做好充分的材料和信息准备。

教师要自觉抵制诱惑，不能角色错位，充当自己不该扮演的角色：一是不当讲演者。高明的案例教学教师在课堂上往往少露面、少讲话，他们只铺路搭桥，穿针引线，最忌讳经常插话，长篇大论，形成喧宾夺主之势。二是不当评论家。教师不要频繁地、急急忙忙地对学生的见解和活动横加指责和干涉，不要吹毛求疵，评头论足，只能适当地诱导和提醒。教师应当更精心备课，对将要做研讨的案例有深刻的认识,就案例中隐含问题的分析和处理对策有自己的见解。在课堂上,教师也应当在必要时为学生释疑解惑,以及在展开讨论的基础上适当予以归纳、评论。然而,不应忘却和违背"导引而非替代"的宗旨,切忌讲解过度。要致力于引导学生多想、多说,以收到激发思考,集思广益之效。古人说:"君子引而不发,跃如也"(《孟子·尽心上》),这对于成功的案例研讨是极为重要的。三是不当仲裁者。当学生之间产生争论时,不要马上出来评判是非,充当裁判员,教师见解未见得总是正确、全面的,不能总以"权威"自居,教师若妄下断语,实际上就终止了讨论。

(二)做好教学准备

案例的教学准备是指在选择确定了具体案例之后,根据教学目标,就案例的内容、重点以及教学的实施方法等问题的酝酿筹划。

这些准备工作并不一定按照固定的顺序进行,通常应首先考虑教学目标,其次是案例内容,最后是实施方法,然后再回到内容和实施方法,如此不断地反复。对多数教师来说,课前的准备是不断地试验和纠正错误的过程,直到找出一种最适合自己的办法。

1. 案例内容的准备。以案例内容为主的准备工作包括了解案例的事实和对有关信息的透彻分析。教师对案例事实和数据越熟悉,在教学中就越主动。要避免出现在课堂上胡乱翻找关键的信息和统计数据的现象,所有重要信息都要做到信手拈来。不能因为以前教过了某些案例就认为掌握了这些案例,即使是教了十多遍的案例,也应该不断地翻翻这些案例,重视一下有关人物的姓名和职务,重温一下各种数据并记住在哪儿可以找得到。

除了对案例的情境有把握,教师还应对超出案例情节的相关情形进行了解,掌握更多的背景情况,争取对案例的内容有所扩展。这就要求教师不仅要研读案例,同时,还要阅读报纸杂志上的相关资料,并通过与相关人员谈话,积累丰富的相关的信息。

在案例内容的准备上,教学说明书或教学指导书有时会起更大的作用。通常,公开发表的案例教科书都伴有教学指导书或说明书。指导书的目的是为了帮助教师为课堂教学做准备,其主要内容一般包括识别案例问题、确定教学目标、建议的学生作业、在课堂讨论中可以提出的问题等。不同作者写的教学指导书都是为了某一特定的课程编写的。所以,每个教师在考虑使用一份教学指导书时,要看他的课程是否具备类似的条件。把某一环境中某一门课的一个案例搬到另一环境中的另一门课中往往很难取得理想的效果,需要教师认真把握。

2. 教学重点、难点的准备。由于教学的时间有限，因此，应该对案例中的重要议题做优先安排，根据教学的目标不同，教学重点也应有不同的侧重。有时，可以将重点放在传授知识、理解概念上，在这方面，其他教学形式也许更容易做到。案例教学特有的重点是对问题的识别与分析，对资料与数据进行分类与说明以及制定备选方案和决策。既可以是内容性的，也可以是过程性的，完全根据具体的需要进行选择和确定。在教学重点的准备过程中，必须考虑教学目标与学生特点等因素，避免凭教师的主观想象来确定教学重点，造成学生需要的没有作为重点，学生掌握不了的或已经掌握的，却被作为重点强调和发挥这样的局面。

3. 教学实施方法的准备。根据教学目标和教学重点，教师通常需要制定教学实施计划，明确一系列方法步骤。比如：教师希望课堂上发生什么？如何使其发生？讨论按什么顺序进行？是先做决策然后再分析，还是先分析再决策？案例的每一部分需要讨论多长时间？是对讨论进行控制，还是任其自由发展？以上所有问题都应在教学实施计划中做出回答。教学实施计划通常涉及预习思考题、课堂时间分配、板书计划及拟定提问学生名单等方面的问题。不同教师的课堂计划所包含的组成部分和具体内容不尽相同，其详细的程度也不一样，有的将其写在纸上，有的则存在脑子里。下面就以上几个方面的具体准备内容做一般性介绍。

（1）布置预习作业。由于案例教学的特殊形式和作用，在案例教学前让学生进行课前预习非常必要。因此，给学生布置预习作业就成为案例教学的重要一环，也是教学实施准备的基础工作。在案例教学中，学生的预习作业主要包括：阅读案例及其参考资料和针对具体案例的思考题。为了促进学生的课前准备，教师可以要求学生就自己准备的案例写一份书面分析。预习作业中的思考题，通常隐含教师的教学意图，对学生的分析起着导向的作用，是非常重要的一个环节，它可以作为"引子"，是值得认真琢磨和探讨的问题。案例教学中没有一定要遵循的布置预习作业的准则，由于教学风格的不同和教学目标的特殊需要，教师可以灵活安排，随时调整。

（2）课堂时间分配计划。为使教学时间得到有效利用，制定课堂时间分配计划是必要的，特别是对那些教学经验少的教师更是如此。课堂时间的分配计划不仅规定课堂上各种活动各占多长时间，而且还包括将讨论问题的顺序。从教学经验来看，时间计划既不能规定太死，也不能毫无限制，时间计划性太弱，可能使教学发生任意性，容易使教学偏离目标。

（3）板书计划。课堂上的板书往往不为一般教师所重视，特别是在案例教学过程中，板书的书写更容易被当作可有可无、可多可少的，是一件较为随意的事情。然而，一些对教学有丰富经验的教师，则尤为重视板书的作用，他们在教学之前，刻意做板书计划，对那些重要问题和重要内容常做一些强调，加强对学生的引导。有的教师甚至会对哪些问题写在黑板的什么部位都做预先的规定，比如，将分析的内容写在左边，将建议的内容写在右边。许多包含重要内容和重要问题的板书，往往会从头到尾地保留在黑板上。这些板书，无疑会对学生有着非常重要的提示和指导作用，教师根据教学的需要，可随时将这些"要点"展示在学生面前，学生从这些"要点"中受到提醒，使其思考得以连贯，学到的概念得以进一步的强化。

（4）拟定提问名单。为了提高课堂讨论质量，创造良好的教学气氛，在事先对学生有所了解的前提下，拟定一个提问名单，不失为一种好方法。提问名单没有固定的模式，一般可以包括如下一些思路：一是确保班上每一个人在课堂里至少有机会依次发言；二是找到那些与该案例特定情境有相关的技能和经验的学生，并予以重点考虑；三是当分析案例遇有较大困难时，要确保选几个，至少是一个合适的学生来打破僵局；四是当课堂上没有人举手发言时，教师能有一个名单可用。制定提问名单同鼓励学生积极发言并不矛盾，即使名单上列出了某个学生，教师仍希望他们自己举手发言。关于教师应否使用提问名单，可以根据教学需要，自行处理。

（5）课堂的课题引入与结束。如何使学生在案例教学中快速进入正题，如何使学生在讨论结束后有一个整合，这与课堂的开始和结束有很大的关系。好的开始是成功的一半。因此，教师需要就如何推动课堂讨论做认真的准备。好的教学需要找到合适的切入点，比如，如何引入案例，如何谈到所布置的阅读材料，如何就已布置给学生的思考题让其发挥。可供切入的点有许多，关键是要做到自然巧妙，能抓住学生的兴趣和注意力。同开始一样，一堂案例课的结束虽不是教学的主体，但却有独特的作用，是不可缺少的教学组成部分，形象一点地理解，可将课堂教学的结束看作"点睛"之笔，通过结束过程突出重点，使之显得有生气，这在很大程度上决定于如何去"点睛"，有的教师会对学生的活动进行总结，同时指出课堂讨论的优缺点；有的教师会既不总结也不评论，而把总结的任务留给学生独立完成。很难说哪种方法好，应根据实际情况而定。

4. 物质准备。在案例教学的准备过程中，往往容易被忽视，而又非常重要是教学场地等物质设施的安排。物质性设施的准备是案例教学中的重要一环。教学之前，教师必须检查教室的布局是否利于学员参与学习，必须提供必要的条件，使教师能够迅速认识学员并使学员相互彼此认识，并保证和促进其交流与沟通。因此，明智的教师有必要在教室的物质性设施上动一番脑筋，下一番工夫。

理想的教室布局需要根据场地的形状、面积和学员人数进行灵活调整。因此，案例教学是不可能有固定教室布局的，但没有固定的布局并不意味着可以随意安排，而要遵循一定的原则。案例教学教室布局的原则主要有四条：一是要满足听与看的条件，即学员可以在任何位置上听到教师和其他学员的发言，不需移动位置就可以看到教师、写字板以及教室内设置的其他视听设备；二是要保证教师不受限制，可以走到每一个学员的位置前进行对话和指导；三是每个学员可以很便利地离开座位走到讲台前或其他学员的面前，进行面向全班的交流和学员之间面对面的交流；四是根据学员人数的多少，扩大或缩小课堂的沟通半径。

实际上，大多数大学和教育培训机构中的传统式教室（或许还应算上一些公共设施如酒店等的会议室）都是一间长方形的房间，室内一端放置有一个讲坛或讲桌，条桌和坐椅一排排地放置，布满全室。对于讲课这类单向沟通来说，学员的主要任务是聆听教师的讲解，这种布置方式是实用的。不过，这可能并不算是最佳的布局，因为后排的人往往很难看得见讲演者。但这是一种常规的布局方式。从案例教学的角度看，这种布局带来了不少困难。案例讨论要求的是双向沟通，这种布局方式使坐在后排的人发言时，只能面对前面各排同学的后脑勺，这很难实现流畅的双向沟通。对于坐在前面的学员来说，要他们扭过头去看着后排正在发表的同学，同样也非易事。从使用案例来考虑，这种布局对教师强调过多而对学员重视不够。

对于小组，使用案例的理想布局是一张完整的圆桌，坐椅呈环状布置。环状意味着全体参加者地位均等，平起平坐，大家的视线可以顾及每一个人，使组员得以面对面地沟通。环形布局有一些其他变化形式。例如，可以利用方形或矩形布局，也可以采用六边形或八边形布局，在参加讨论的人数不多的情况下，六边形和八边形或矩形更可取，因为这两者都能改善学员的视野，但随着学员人数的增加，以上这些布局开始显现出不足。桌子的尺寸总是有限的，人数增加，参加者之间的距离就会随之迅速增加，桌子中央的无用空间不但被浪费，而且还成了沟通的障碍。对于较大的组，就不能像小组那样安排，而需要采用其他布局方案。以半环形、好似台阶式的方式，用成排的坐椅布置出的各种形式，是较为理想的方案。坐椅最好是可移动的，或至少是可转动的，以便前排的学员可以轻易地转过身来，看见他们身后的学员。放在每位学员前面的课桌或条桌的大小，应不但能使人舒适，还能放置案例和参考材料，其尺寸不必太大，比正常的打印案例尺寸宽一点即可，大约 30 厘米是较适当的尺寸。

（三）积极组织引导

课堂组织和引导的效果是否理想，课堂引导的原则是否得到较好的体现，教师的角色和作用能否得到较好的发挥，不仅取决于教师主观刻意的追求，更紧要的是要具备较厚实的功夫，掌握并善于运用课堂组织引导的技能技巧。掌握了多种引导技能技巧，教师就能在课堂上进退自如，四两拨千斤；缺乏引导的技能技巧，就会面对复杂的教学环境，束手无策，难以驾驭课堂。课堂组织引导的技能技巧难以穷尽，何时何处在何种情况下采用何种技巧更难以在纸面上准确叙述，而是需要教师经过一段时间的教学实践，不断地探索和积累，才能有所把握。

1. 善于把握教学节奏。课堂引导就如同带一支队伍，教师要尽力做到出发时有多少人，到达目的地时还有多少人，也就是说，当学习的过程完成后，所有学生都能达到预期的学习目的。由于案例教学前后延伸的时间长，经历的环节多，特别是始终处在较开放的教学条件下，因此，不可能像讲座那样可以由教师直接操纵和控制，教学行进速度和节奏可以不受其他因素的影响，完全由教师一人决定。在案例教学过程中，难免会遇到节外生枝、偏离主题的情况，如不能及时予以处理，就会影响和分散一些学生的注意力，渐渐地会使有的学生"落伍"和"掉队"。因此，在总揽全局、整体把握的前提下，教师必须根据教学的具体进展情况，不断地进行"微调"。其中，合理地把握教学的节奏就是进行微调的一个关键技能，值得教师去细心体会和认真掌握。进度的跳跃，会破坏连贯思维，使学生产生困惑；进度缓慢，会淡化学习的兴趣，使学生产生懈怠情绪。所谓合理的节奏，就是快慢适度，松紧自如。调整进度，把握节奏，可以采取以下方法和技能：

（1）具备善于澄清学生意见和见解的能力。具备善于澄清学生意见和见解的能力才能及时避免观点混淆和学生间的误解。课堂交流的效果是好还是不好，首先体现在发言人是否准确地表达了自己的意见，听取发言的人是否完整地理解了发言人的意思，两者中有一方出了问题，误解就在所难免。因此，要使教学能有效地进行，教师就要从最初较容易出现差错的地方着手，帮助学生表达和理解。为此，教师可以运用一些操作性、实用性较强的问句去引导和澄清学生发言中需展开和完善的概念，或请发言的学生进一步解释说明自己的意见，或通过教师表述其意思，然后征询发言学生意见。澄清概念和观点，不仅可以及时增进师生以及学生之间在语言含义上的理解，提高教学效率，同时，还常常可以避免许多无意义的争论。当然，案例教学适度争论是必要的、有益的。但一旦争论超出了一定的限度，就会造成无意义的纠缠，甚至攻击。一旦达到了这种程度，争论双方都会置初始的概念和见解于不顾，掺杂许多个人情绪，不是为了辨明是非，而是为了争胜负。这时，通过澄清概念，可以把学生拉回到最初探讨问题的状态中去，从紧张和对立的情绪中摆脱出来。同时，在概念澄清过程中，往往还可以发现许多共同点，进一步增进理解。

（2）要检查认同程度、把握学习进度。由于学生在思维方式、表达习惯、理解能力、经验积累等方面存在着差异，对教学中遇到的问题和探讨的道理，有的学生可能理解和接受得快一些，有的学生则慢一些，要保持全体学生相对同步，教师有必要适时检查学生思想进度及对问题的认同程度，进而适度控制进展节奏，以免学生学习进度的差距拉得太大，妨碍广泛的思想交流，影响课堂的讨论交流效果以及学生的参与程度。因此，教师在课堂上要注意首尾相接，不断提出问题，了解学生是否将注意力放在了问题的主线上，并了解学生是否对有关问题有了相应的理解。一旦发现有学生走得太快，及时引导，使其适当地放慢进度；对跟不上的学生，则集中力量加以引导，使其加快步伐，同全班保持同步。在检查学生对问题的认同程度、学习进度的过程中，还有另一个问题值得注意，由于学生研究问题的兴趣不同，一些学生往往被枝节的问题所吸引，而分散了注意力。因此，教师要善于体察学生的思想动态和心理过程，及时发现偏离主题的情况并加以引导，把其注意力集中到关键的问题上来。

（3）要善于做好阶段性小结和总结。在课堂引导中，教学节奏的明确标志体现在阶段性的小结和最后的总结上。当教学的一项内容或一个过程完成时，往往需要进行小结，归纳阶段性的成果和收获，使学生对全班的学习成果有一个概要性的认识，并进行条理化、结构化，明确要点和重点，为进行下一步的学习和研究打下基础。因为案例教学是一个分析问题和解决问题的过程，只有一环扣一环地探索和铺垫，循序渐进地向前推进，才能形成有说服力的方案和解决问题的方法。值得教师注意的是，阶段性小结和最后总结的内容不是教师自己对问题的认识、分析和看法，而是就学生对问题的分析和看法的重点进行归纳。总结也不一定需要太长时间，5分钟可以，15分钟也行，只要把握住重点，提纲挈领地理出几条，即能达到目的，切忌在总结中大发议论，喧宾夺主，影响学生学习的主动性和积极性。

2. 进行课堂有效沟通。管理案例的课堂教学是师生之间、学生之间进行沟通，实现思想交流、达成共识、取长补短、相互学习的过程。课堂上教师的发言总量的多少、沟通时机的把握、沟通方式的运用等种种因素，都直接影响课堂引导的质量和教学效果。因此，课堂上的沟通能否有效，在很大程度上取决于教师的沟通技能与技巧。

（1）要给出明确的指导语。教师的主持人角色和发言人角色，具体体现在他对课堂活动所做的总体性和阶段性的安排及组织上。要发挥好这个作用，教师就要善于明确地、简要地将教学的目的、程序、方式、方法等向学生交代清楚，使学生能够尽早地在教师确定的规则下形成自组织状态。所谓自组织状态就是学生不需要教师的介入，自行组织进行教学活动的状态。指导语在案例教学中，是教师向学生进行授权，帮助学生达到自组织状态的关键。如果处理不好，就可能出现暂时失控的情况。因此，给出明确的指导语，是把握课堂教学的重要技能。指导语要恰当明了、突出重点，添枝加叶、反复解释会冲淡重要的信息，使学生难得要领。对关键的信息，重要的内容和程序，适当加以强调，有时还有必要适当举例和示范加以说明解释，引起学生的注意。

（2）对学生在课堂上的表现和发言予以及时反馈。反馈是激励学习的重要手段，因为反馈是教师对学生发言内容的理解验证。要理解学生就必须真诚、精心地去听。除此之外，反馈是教师引导把握教学方向的有力工具。在课堂讨论中，教师可以通过反馈，讨论学习中的重点内容、观点，把有独到见解的发言提纲反映出来，使有价值的闪光点得到突出和放大，使学生能够朝着正确的学习线路进行思考和研究问题。反馈可以采取不同方式，比如，可采取言语表述方式，也可采取写板书的方式，必要时，还可以与个别学生进行课外的交流并予以适当指导。有时，写板书的方式比只用言语表述的反馈效果会更好些。一是因为这样的反馈更直观明了，二是学生可能会受到更强的激励。值得探讨的还有一点，就是在对待学生所提出的尖锐问题和棘手难题时，教师不能回避，必须做出合情合理的解释和响应。来不及在课堂上说明的，可以采取课后单独交流的方式来完成。因为，学生提出的许多尖锐问题往往是其最关注的问题，非常希望得到教师的重视和认可，如果这时教师予以回避，势必会影响学生的学习积极性。

（3）善于打破冷场。所谓冷场指的是当需要学生发表意见和看法时，课堂保持较长时间的沉默。冷场是教师和学生都不愿看到的事，但在整个教学过程中偶尔出现冷场的情况也在情理之中。重要的是，当出现冷场时，教师能否采取灵活的方式方法，运用恰当的技能技巧，及时有效地启发引导，打破沉默，使课堂气氛热烈起来。冷场的现象可能由不同的原因造成，因此要解决冷场问题，必须针对不同的原因，采取不同的方法。分析起来，冷场多是发生在以下几种情况之下，一种是在教学开始阶段，可能由于不熟悉，学生带有一些防备心理，慎于开口，这时教师可以采取一些"破冰"或称"热身"的方法，激励学生。所谓"破冰"、"热身"就是创造某种环境，使学生心情放松，在不自觉中参与培训的教学技能，就像体育运动所称的"热身运动"一样，教学开始阶段的"热身"和"破冰"，对帮助学生进入状态很有意义。在学生相互不熟悉的情况下，还可以通过点名的办法或者"顺序发言"办法，打破冷场，这对学生保持在以后的时间里继续发言也是非常重要的。研究发现，在集体讨论中，已经发了言的人往往再发言的可能性更大，而没有开口的人，则往往倾向于保持沉默。发言和不发言都犹如带着惯性。因此，在教学阶段教师就应尽力想办法让每一个学生都发言。另外，还有一种可能带来冷场的情况，当课堂中由几位擅长发言的学生主宰时，一旦他们不发言，冷场就出现。这时，既要引导擅长发言的学生继续发言，又要引导不开口的学生对面前的发言谈看法，逐步让缺乏自信和羞怯心理较重的学生适应讨论和交流的环境。为了避免冷场，教师还需讲究一下提问的方法和角度，尽量避免过空过大。过于抽象的问题，往往会使学生难以准确地把握问题的含义，无从开口。当教师提出问题后，没有得到响应，就回头来想想提的问题是否不够具体，指向是否够明确，一旦发现是这种情况，就应及时地将问题细化，做进一步解释和说明。

（4）出现背离正题，及时引回。许多人在一起讨论，很难避免出现海阔天空、离题万里的偏差，这时不必焦躁，也不妨静观一下，很可能会有学生主动出来纠偏。如果走得过远，时间宝贵，不容再等，也可由教师干预，但切忌粗暴，口气要委婉些。如能培养学生自治，集体控制讨论，那当然是上策了。

（5）做好讨论的收尾。收尾并没有什么固定的格式。有的老师喜欢做一个简要的结论性小结，或做一番讲评收尾。学生这时喜欢围绕着教师问这类问题："老师，您说谁的说法对？""要是换了您，会怎么办？""什么才是正确答案？"明智一点，最好别正面直接回答。一是有违学生自学与自治原则；二是管理问题，本无所谓"唯一正确"或"最佳"答案，何况学生中很可能更有见解，所以，有的教师是让学生集体做总结，比如问："大家觉得今天有哪些主要收获和心得？"也可以让一位学生带头小结，再让大家补充。因为既无所谓"标准答案"，因此，重要的是使每个人去总结自己的体会。在这个案例的具体情况下，问题及其原因已经找出了，你到底打算怎么办？当然还该知道，别人有不同意见吗？为什么？这些才是要紧的。

（6）课堂发言的掌握。在案例讨论的各个阶段，教师都面临着掌握课堂发言过程的问题。课堂发言是全班信息共享、形成共识的过程，利用好有限的时间，集中学生高质量的见解和解决问题的思路、办法，创造良好的交流氛围，也是教师掌握课堂发言的关注点和主导方向，这是教师引导教学的难点和重点，对教师的角色发挥和教学技能的发挥提出了很高的要求，其基本任务便是妥善处理四类常见的问题。

其一，发言过少。每次在讨论时总有一些人发言很少或完全不发言。两小时左右的讨论，很难使30个以上的学生都有效地参与讨论。因此，班级规模超过这个数，很多学生显然不可能发言，问题是要防止同一批学生每次讨论都不发言。因此，教师要尽力避免这种情况的发生，采取多种办法帮助那些发言过少或根本不发言的学生。要做好这一点，前提就是要了解学生。人与人之间有很大的差别，人们对不同事物的敏感度也不一样，教师应在教学过程中，注意发现学生的个性特点，对"症"下药。对那些要面子的学生则可以客气的方式，劝导其发言，对于过于腼腆的学生还可以私下与之交流，个别提供指导，给他们鼓励，帮助他们战胜怯场的弱点。同时，教师要注意搜寻那些新举手的人，及时给他们创造发言的机会，注意观察经常不发言者的兴趣，从他们的兴趣入手，引导他们发言，还可提一些简单的是非判断题请不善发言的人作答，由少到多地引导他们发言，有时还可以要求学生每人至少要说一句话，但不能重复别人已经说过的，或仅仅复述案例内容而没有个人见解或解决措施。总之，这些办法的真正作用，在于强调参与发言本身的重要性，对创造良好的交流氛围大有好处，至于采取哪些具体办法，可以根据教师的喜好和学生的特点灵活处置。

其二，发言过差。虽然学生都发言了，但其发言的态度与质量却不能令人满意，这种事情也是有可能发生的。偶尔放过一些水平不高的发言是可以的，也是正常的，但是，经常容忍学生低水平发言，最后会使整个学习班趋于平庸，所以有时必须要采取一些措施，改善发言过差的情况。首先要分析其原因，看是教师方面的原因，还是学生方面的原因？不同的原因，应采取不同的对策和方法。是教师的问题，就要注意总结经过，分析是教师提出的要求和标准太高，学生无法达到，还是阅读时间的余地太小，难以深入解析案例？等等。发现问题，及时纠正。如果是学生的原因，属于能力等客观问题，可以原谅，属主观努力程度不够，没有很好地预习案例，课堂讨论得不好，可以要求学生重新再来，促使其认真对待。总之，解决发言过差的问题是为了提高讨论质量，带动全班学习的整体水平，教师要认真对待，慎重处理。

其三，发言过多。正像有些学生发言过少一样，也可能有些学生在课堂讨论中发言过多，这往往会影响其他学生的参与程度，破坏讨论的发言气氛。因此，适当对发言过多的学生加以限制是必要的。在院校学生的案例课上，那些口若悬河的人成不了太大的问题，因为，在一个大家彼此相处了较长时间的班级里，群体压力会迫使那些讲话滔滔不绝而又空洞无物的发言者有所限制，"自我矫正"。但在具有丰富经验的管理者的培训班上，教师所面对的是一批彼此相处不久的学生，如果讨论的题目撞在了他们的兴奋点上，很有可能一发而不可收拾，教师要特别注意观察，必要时，可以有意识地限制他们发言，或者以诙谐的办法打断他们的长篇大论，限制他们发言的次数。有时，一堂课上，多数学生争相发言，都颇有见地，只是时间不够，不可能每个人都尽兴，那就只好限制每个人的发言时间。制定一个规矩，一个大家都必须共同遵守的规矩，比如，规定每个人就每个问题的发言最多不可超过 5 分钟。在这个规定前提下，教师再进行"协调"和"平衡"，则显得容易些了。

其四，发言过当。发言过当主要是指讨论中出现空洞无物、关系不太大或不得要领的发言。发言过当是影响讨论效果的原因之一，需要教师及时引导，及时纠偏。解决发言过当的问题，首先要由教师明确具体的讨论题目，要求学生将注意力集中到某一问题上或某一范围内。如果遇到与确定的问题有关但暂时还未涉及时，教师可以说：让我们把这个问题放一放。必要时，还可以把学生引出的这些问题记录在写字板上，这样，既可以调动发言学生的积极性，又可以将这些将要涉及的问题存下来，留做话题。当遇到那些空洞无物的发言时，可以适当地打断发言者，请他结合一些数据加以说明，有哪些证据支持他的观点？通过这些问题，可以引起发言者的思考，帮助学生学会分析问题的方法。当然，处理发言过当的情况还应该注意因人而异，不要采取一种方法对待所有学生。比如，一个从不发言的学生第一次发了言，即使没有讲出什么内容，也可以鼓励他，而对一个经常喋喋不休的学生，教师可以果断地打断他的发言。

到底采取什么样的发言引导办法，掌握讨论发言的过程，需要一个系统的考虑，必须从教学目标、课堂讨论的整体进程和学生的具体情况出发，不能"灵机一动"，随意处置，否则会迷失方向，丧失重点。为实现总体意图，采用的方法可以千差万别，但需要遵循的一个基本原则是：在任何情况下，都不能伤害学生的感情，至少不能从主观上面打击学生的积极性。有时，极个别学生的冷漠和不参与态度不能改变，那就让他去保持自我，其实教师不可能解决所有学生的所有问题。

三、管理案例的学习过程

学生是案例教学中的主体，案例教学的过程基本上是学生通过自己努力来逐步领悟的过程。换句话说，案例教学的过程，对学生来讲，既是一种收集分辨信息、分析查找问题、拟订备选方案和做出最后决策的纵深演进的过程，同时也是个人阅读分析到小组学习讨论，再到全班交流，形成共识的过程。学生在案例教学过程中要做好以下工作：

（一）重视课前阅读

阅读案例是进行案例分析的基础，没有一定数量和一定质量的阅读，要做好案例分析是不可能的，实质上它是将纸上的情况变为脑中的情况的转换加工过程，能否既全面、客观又突出重点地接受案例的信息，首先取决于对案例的阅读质量，为了达到有效的阅读，可以从以下方面着手考虑：

1. 案例阅读的目的与时间安排。阅读的目的，不仅是为了了解案例的内容和所提供的情况，而且要能以尽可能高的效率做到这一点，因为学习负担总是那么重，谁能以最短时间读完并理解它，谁就能占优势。不过所说最短时间，不是指到了次日进行课堂讨论了，当晚才急匆匆翻阅、囫囵吞枣，不花工夫是无法理解、分析和消化案例的，大多数案例至少要读两次，若要分析深透，两次也不够，要知道教师们可能已经把案例反复读得很熟，甚至能背诵了，学生当然不必下这么大工夫去阅读，但要准备至少读两遍。

记住这一要求，便可以预做时间安排了。一般来说，一个大型综合案例，约 2 小时 30 分至 3 小时精读一遍，外文案例当然要更长些。如果同时有几门课，全有案例分析，合并专门时间（比如一整天或两个下午等）集中阅读效果较好。有经验的学生，总是安排在每周五、六和周日，先把下周要学习的案例阅读一遍，以便能有充足的时间深思，有备无患，万一下周出了应急情况，使你无法再读，但由于你已知道大概，不至于进课堂脑内空空、仓促应战。

2. 案例阅读的步骤与方法。不要一开始就精读，而应分两步走：先粗读，待知其概貌再精读，究其细节。粗读是浏览式的，而且要掌握诀窍，这就是先细看第 1、2 页，其中往往交代了背景情况及主要人物所面临的关键问题。有时候如果开始没有介绍背景，赶快先翻至末页，因为背景在最后介绍也是常见的。如果还没有读到，就只好从头读下去，直到找到为止。背景介绍找到后，要反复看，不可浮光掠影，要透彻了解，到能用自己的语言描述出来为止；了解了背景后，应快速浏览正文中余下的部分，注意小标题，先看每一节的头一段的头几句，不必齐头并进，同样下工夫，因为粗读的目的，是做到心中有数。很快翻完正文，就要迅速翻阅正文后面所附的图表，先注意是些什么类型的图表，有资产负债表和损益表，有组织结构系统图，有主要人物的简历列在表中，是否已列出一些现成的财务经营表，搞清这些可以帮你节省不少分析时间，否则你若盲目地读，做了许多分析，最后再看附图，其实已经提供了这些分析，岂不白花了你的宝贵时间与力气。图表分为两大类，一类是多数案例都常有的，比如：一般财务报表、组织结构图等；另一类是某案例独有的。对于前者，要注意有什么不同于一般的奇特之处，如财务报表里有一笔你没见过的特殊账目，就得标出来留待以后来细加探究，你若能在这些常被人忽略的地方有发现，则在全班讨论时就可能有独到之处。

对正文与附图有了大体了解后，就可以从容地从头到尾再仔细读之，如记点眉批和备注，但不要重复文中所述，应点出要害，引进你自己的观察结果、发现、体会与心得，记住与下一步分析有关的概念。如果是外文案例，做点摘要是有好处的。一边读正文，一边要对照有关附图，找出两者关联。对于技术、组织方面的复杂描述不要不求甚解，一定要搞清楚。要把事实和观点分开，还要分清人物说的和他们实际做的，看两者是否一致。不但要注意他们说过和做过什么，还要注意他们有什么没说和没做的以及为什么这样。千万不要对文中人物所说的看法和结论都照单全收，信以为真，而要想一想，真是这样吗？正文全看完，要再细看附图，搞清其中每个主要组成部分。全班讨论前夕，最好挤出一点时间把案例重读一遍，温习一下。不过，步骤可不全同于上次。虽然先看背景情况，但接着先不要读正文，而是先看图表，顺序最好倒着看，即先从最后一幅看起，弄清细节，特别留心反常的图表或项目。这样做的原因是，因为粗读时，往往越读越累、越厌烦，也就越马虎，结果虎头蛇尾，对后面的理解不如前面的深入，尤其时间紧迫时，倒读更为保险。

（二）做好分析准备

个人分析与准备是管理案例学习的关键环节，其目的是完成信息的取舍，找到有效信息的因果关系，是学生创造性学习的过程。这个环节的基础打好了，不但可以为个人的决策提供可靠的根基，而且可以将全班的讨论交流朝着高质量、高水平推进。同样，做好个人分析和准备有其内在的规律，需要学生认真琢磨、体会。

1. 案例分析的基本角度。案例分析应注意从两种基本角度出发：一是当事者的角度。案例分析需进入角色，站到案例中主角的立场上去观察与思考，设身处地地去体验，才能忧其所忧，与主角共命运，才能有真实感、压力感与紧迫感，才能真正达到预期的学习目的。二是总经理或总负责人的角度。这当然是对综合型案例而言。高级课程就是为了培养学生掌握由专业（职能）工作者转变为高级管理者所必需的能力。因此，这种课程所选用的案例，要求学生从全面综合的角度去分析与决策，这是不言而喻的。

2. 案例分析的基本技巧。这种技巧包括两种互相关联和依赖的方面。第一，就是要对所指定的将供集体讨论的案例，做出深刻而有意义的分析。包括找出案例所描述的情景中存在的问题与机会，找出问题产生的原因及各问题间的主次关系，拟定各种针对性备选行动方案，提供它们各自的支持性论据，进行权衡对比后，从中做出抉择，制定最后决策，并作为建议供集体讨论。第二，被人们所忽视的就是以严密的逻辑、清晰而有条理的口述方式，把自己的观点表达出来。没有这方面的技巧，前面分析的质量即使很高，也很难反映在你参与讨论所获得的成绩里。

3. 案例分析的一般过程。究竟采用哪种分析方法，分析到何种深度，在很大程度上要取决于分析者对整个课程所采取的战略和在本课中所打算扮演的角色。但不论你的具体战略如何，这里向你提供一个适用性很广、既简单又有效的一般分析过程，它包括 5 个主要步骤：①确定本案例在整个课程中的地位，找出此案例中的关键问题；②确定是否还有与已找出的关键问题有关但却未予布置的重要问题；③选定适合分析此案例所需采取的一般分析方法；④明确分析的系统与主次关系，并找出构成自己分析逻辑的依据；⑤确定所要采取的分析类型和拟扮演的角色。

4. 关键问题的确定。有些教师喜欢在布置案例作业时，附上若干启发性思考题。多数学生总是一开始就按所布置的思考题去分析，实际上变成逐题作答，题答完了，分析就算做好了。作为学习案例分析的入门途径，此法未尝不可一试，但不宜成为长久和唯一的办法。老师出思考题，确实往往能够成为一个相当不错的分析提纲，一条思路，但那是他的，不是你的，不是经过你独立思考拟定的分析系统。按题作答不可能是一套综合性分析，多半只是一道道孤立的问题回答。最好是在初次浏览过案例，开始再次精读前，先向自己提几个基本问题，并仔细反复地思索它们：案例的关键问题，即主要矛盾是什么？为什么老师在此时此刻布置这一案例？它是什么类型的？在整个课程中处于什么地位？它跟哪些课程有关？它的教学目的是什么？除了已布置的思考题外，此案例还有没有其他重要问题？若有，是哪些？这些问题的答案往往不那么明显、那么有把握，不妨在小组里跟同学们讨论一下。这些问题要互相联系起来考虑，不要孤立地去想。最好一直抓住这些基本问题不放，记在心里，不断地试图回答它们，哪怕已经开始课堂讨论了。一旦想通了此案例的基本目的与关键问题，你的分析自然纲举目张，命中要害。要是全班讨论后你还没搞清，可以再去请教老师和同学。

5. 找出未布置的重要问题。真正很好地把握住案例的实质与要点，这是必须做的一步。一般凭自己的常识去找就行，但要围绕本案例的主题并联系本课程的性质去发掘。找出这些问题的一个办法，就是试着去设想，假如你是教师，会向同学们提出一些什么问题？有些教师根本不布置思考题，或讨论时脱离那些思考题，不按思考题的思路和方向去引导，却随着大家讨论的自然发展而揭示出问题，画龙点睛地提示一下，启发大家提出有价值的见解。你还得想想，在全班讨论此案例时可能会提出什么问题？总之，要能想出一两个问题，做好准备，一旦老师或同学提出类似问题，你已胸有成竹，便可沉着应战。

6. 案例分析的一般方法。案例的分析方法，当然取决于分析者个人的偏好与案例的具体情况。这里想介绍三种可供选用的分析方法。所谓一般方法，也就是分析的主要着眼点，着重考察和探索方面，或者是分析时的思路：

（1）系统分析法。把所分析的组织看成是处于不断地把各种投入因素转化成产出因素的过程中的一个系统，了解该系统各组成部分及其在转化过程中的相互联系，就能更深刻地理解有关的行动和更清楚地看出问题。有时，用图来表明整个系统很有用，因为图能帮助你了解系统的有关过程及案例中的各种人物在系统中的地位与相互作用。管理中常用的流程图就是系统法常用的形式之一。投入—产出转化过程一般可分为若干基本类型：流程型、大规模生产型（或叫装配型）、批量生产型与项目生产型等。生产流程的类型与特点和组织中的各种职能都有关联。

（2）行为分析法。分析着眼于组织中各种人员的行为与人际关系。注视人的行为，是因为组织本身的存在，它的思考与行动都离不开具体的人，都要由其成员们的行为来体现，把投入变为产出，也是通过人来实现的。人的感知、认识、信念、态度、个性等各种心理因素，人在群体中的表现，人与人之间的交往、沟通、冲突与协调，组织中的人与外界环境的关系，他们的价值观、行为规范与社交结构，有关的组织因素与技术因素，都是行为分析法所关注的。

（3）决策分析法。这不仅限于"决策树"或"决策论"，而且指的是使用任何一种规范化、程序化的模型或工具，来评价并确定各种备选方案。要记住，单单知道有多种备选方案是不够的，还要看这些方案间的相互关系，要看某一方案实现前，可能会发生什么事件以及此事件出现的可能性的大小如何。

7. 明确分析的系统与主次。这就是通常说的"梳辫子"，即把案例提供的大量而紊乱的信息，归纳出条理与顺序，搞清它们间的关系是主从还是并列，是叠加还是平行，等等。在此基础上分清轻重缓急。不论是你的观点还是建议，都要有充分的论据来支持，它们可以是案例中提供的信息，也可以是从其他可靠来源得来的事实，还可以是自己的经历。但是，案例中的信息往往过量、过详，若一一予以详细考虑，会消耗大量的精力与时间，所以要筛选出重要的事实和有关的数据。最好先想一下，采用了选中的分析方法分析某种特定问题，究竟需要哪些事实与数据？然后再回过头去寻找它们，这可以节省不少时间。此外，并不是所需的每一个事实都能找到，有经验的分析者总是想，若此案例未提供这些材料，我该做什么样的假设？换句话说，他们已对某一方面的情况做出恰当的、创造性的假设准备。分析的新手总以为用假设就不现实、不可靠，殊不知，在现实生活中，信息总难以完备精确，时间与经费都往往不足以取得所需要的全部信息，这就需要用假设、估计与判断去补充。既然是决策，就不可能有完全的把握，总是有一定的风险。最后还应提醒一点，能搞出一定定量分析来支持你的立场，便可以大大加强你的分析与建议的说服力。能创造性地运用一些简单的定量分析技术来支持自己的论点，正是学生在案例学习中所能学到的最宝贵的技巧之一。这种技巧一旦成为习惯或反射性行为，就能使你成为一个出类拔萃的管理人才。

8. 案例分析的类型与水平。案例分析的类型，可以说是不胜枚举，每一种都对应有一事实上的分析深度与广度（或称分析水平），不能认为在任何情况下都力求分析得越全面、越深入才好。有时你还有别的要紧事要做，时间与精力方面都制约着你。所以，究竟采取何种类型的分析为宜，这要取决于你具体的战略与战术方面的考虑。这里举出五种最常见的分析类型：

（1）综合型分析。即对案例中所有关键问题都进行深入分析，列举有力的定性与定量论据，提出重要的解决方案和建议。

（2）专题型分析。不是全线出击，而只着重分析某一个或数个专门的问题。所选的当然是你最内行、最富经验，掌握情况最多、最有把握的、可以充分扬长避短的问题。这样你就可以相对其他同学分析得更深刻、细致、透彻，提出独到的创见。讨论中你只要把一个方面的问题分析透了，就是对全班的重要贡献。

（3）先锋型分析。这种分析是你认为教师可能首先提出的问题。这似乎也可以算是一种专题的分析，但毕竟有所不同。开始时往往容易冷场，要有人带头破冰"放响第一炮"。所以这种一马当先式的分析，可能不一定要求太详尽，还要具体视问题的要求和教师的个人特点而定。这种分析，因为是第一个，所以还常有引方向、搭架子的作用，即先把主要问题和备选方案大体摊出来，供大家进一步深入剖析、补充、讨论。然而，这点做好了，是功不可没的。

（4）蜻蜓点水式或曰"打了就跑"式的分析。这种分析多半是一般性的、表面的、肤浅的。这种分析，只是个人因故毫无准备，仓促上场时采用，是一种以攻为守性战术，目的是摆脱困境，指望收瞬间曝光之效。这当然只能在万不得已时而偶尔为之，仅表示你积极参与的态度。

（5）信息型分析。这种分析的形式很多，但都是提供从案例本身之外其他来源获得的有关信息，如从期刊、技术文献、企业公布的年报表乃至个人或亲友的经历中得来的信息。这种信息对某一特定问题做深入分析是很可贵的，分析虽不能记头功，但功劳簿上仍要记上一笔的，因为你为全班提供了额外的资源。

9. 案例分析的陈述与表达。完成了上述分析，还有很重要的一步，就是把你的分析变成有利于课堂陈述的形式。学生分析做得颇为出色，可惜不能流畅表达，无法将高见传播得让别人明白。表达与说服他人是一种专门的技巧，它是管理者终身都要提高的技巧。关于这方面的一般要点，在此只想提出三点以供参考：一是要设法把你所说的东西形象化、直观化。例如，能不能把你的发言要点用提纲方式简明而系统地列出来？能不能用一幅"决策树"或"方案权衡四分图"表明备选方案的利弊，使比较与取舍一目了然？能否列表表明其方案的强弱长短？学生为课堂讨论预制挂图、幻灯片或课件应当受到鼓励并提供方便，因为这可以大大提高讨论的质量和效率。二是可以把你的分析同班上过去分析某一案例时大家都共有的某种经历联系起来，以利用联想与对比，方便大家接受与理解。三是不必事先把想讲的一切细节全写下来，那不但浪费精力，而且到时反不易找到要点，还是列一个提纲为好。要保持灵活，不要把思想约束在一条窄巷里，否则教师或同学有一个简单问题请你澄清，便会使你茫然不知所措。

（三）参与小组学习

以学习小组的形式，组织同学进行讨论和其他集体学习活动，是案例教学中重要的、不可缺少的一环。这是因为，许多复杂案例，没有小组的集体努力，没有组内的相互启发、补充、分工合作、鼓励支持，个人很难分析得好，或者根本就干不了。而且，有些人在全班发言时顾虑甚多，小组中则活跃，充分做出了贡献并得到锻炼。此外，案例学习小组总是高度自治的，尤其在院校的高年级与干部培训班，小组本身的管理能使学生学到很有用的人际关系技巧与组织能力。

1. 案例学习小组的建立。小组建立的方式对它今后的成败是个重要因素。这种小组应由学生自行酝酿，自愿组合为好，使其成为高度自治的群体。但小组能否成功地发挥应有的作用，却取决于下述五个条件：

（1）建组的及时性。这指的是建组的时机问题。据有的院校对上百位管理专业学生所做的调查，搞得好的小组多半是建立得较早的，有些在开学之前就建立了。组建早的好处是，对组员的选择面宽些，组员间多半早就相识，对彼此的能力与态度已有所了解，学习活动起步也早些。

（2）规模的适中性。调查表明：最能满足学习要求的小组规模都不大，一般 4 ~ 6 人，过大和过小都会出现一些额外的问题。小组超过 6 人（调查中发现有的组多达 10 人），首先集体活动时间难安排，不易协调。当然，人数多达 7 ~ 8 人的组办得好的也有，但都符合下列条件：一是建组早，彼此又了解在各自工作与学习方面的表现。二是时间、地点安排上矛盾不大，可以解决。三是第 7、8 位组员有某些方面的特长、专门知识或有利条件，还有的是组员们知道有 1 ~ 2 位同学确实勤奋，但因某种原因需要特别额外辅导、帮助，再就是有个别组员因某种正当理由（半脱产学习等），事先就说明不可能每会必到，但小组又希望每次学习人数不少于 5 ~ 6 人时，就不妨多接纳 1 ~ 2 人。

（3）自觉性与责任感。这是指组员们对小组的负责态度与纪律修养，尤其指对预定的集体学习活动不迟到、不缺勤。否则，常有人不打招呼任意缺席，小组的积极作用就不能充分发挥。你可能会问：干脆每组只要 2 ~ 3 人，组小精干，机动灵活，有什么不好？也许确实没什么不好，避免了大组的那些麻烦，但却可能因知识的多样性与经验不足，虽收到取长补短之效，却不能满足优质案例分析的需要，同时，也难造成小组讨论的气氛。而且与大组相比，分工的好处不能充分显现，每人分配的工作量偏多。很明显，小组规模的大小应因课程的不同而异，课程较易，对分析的综合性要求较低，且并不强调与重视小组学习形式的利用，则规模宜小，2 ~ 3 人即可；反之，则至少应有 4 人，但增到 6 人以上就得慎重了。

（4）互容性。如果组员间脾气不相投，个性有对立，话不投机，互容性低，就不会有良好的沟通，易生隔阂。调查中就有学生反映，尖子生不见得是好组员，要是大家被他趾高气扬、咄咄逼人的优越感镇住了，就不能畅所欲言。当然，强调互容性并不是认为一团和气就好，不同观点之间的交锋也是有必要的，关键是要保持平和、平等的态度。

（5）互补性。指相互间感到有所短长，需要互助互补。可惜的是，希望组内气氛轻松随和，就自然去选私交较好的朋友入组，以为亲密无间，利于沟通，却忽略了互补性。调查中有人说，我悔不该参加了由清一色密友们组成的学习小组，我们之间在社交场合已结交了很久，相处得一直不错，但却从未一起学习、工作过，结果证明不行，遗憾的是，学习没搞好，友谊也受了影响。这不是说非要拒绝好友参加不可，最好是根据课程性质和对个人特长的了解来建组，以收集思广益之效。

2. 案例学习小组集体活动的管理。根据经验，要建设并维持一个有效能的小组，在管理方面应该注意下列事项：

（1）明确对组员的期望与要求。如果你有幸成为组长，你首先要让大家知道，一个组员究竟该做什么？所以，必须在小组会上从开始就预先向大家交代清楚这些要求：一是小组开会前，每人必须将案例从头到尾读一遍，并做好适当的分析。二是人人尽量每会必到，如与其他活动冲突，小组活动应享受优先。三是要给予每人在小组会上发言的机会，人人都必须有所贡献，不允许有人垄断发言的机会。四是个人做出了有益贡献，应受到组内的尊敬与鼓励，首先让他（或他们）代表小组在全班发言。五是组内若有人屡屡缺席，到会也不做准备，无所作为，毫无贡献，就不能让他分享集体成果，严重的要采取纪律措施直到请他退组。有时小组为了程序方面的琐事（如定开会时间、地点、讨论顺序等）而争吵，或因为性格冲突，话不投机，拂袖而去，甚至为争夺影响与控制权而对立，也是有的。但关键是要看小组是否能出成果，对大家学习是否确有帮助，如时间花了，却没有收获，小组对大家没有凝聚力，各种矛盾就会出现。

（2）建立合理的程序与规则。所谓合理即指有利于出成果。一是要选好会址。这是第一个程序问题，会址除了要尽量照顾大家，使人人方便外，最要紧的是清静无干扰。最好有可以坐和写字的桌椅，能有块小黑板更好。二是要定好开会时间。一经商定，就要使之制度化、正规化。这可以节省每次协调开会或因变化而通知的时间，也不致因通知未到而使有的人错过了出席机会。不但要定好开会时间，也要定好结束时间，这更为要紧。每一案例讨论2小时，最多3小时就足够了，时间定了，大家就会注意效率。三是要开门见山，有什么说什么，节省时间。四是要早确定和发挥小组领导功能，可以用协商或表决的方式公推出组长，以主持会议和作业分派，也可以轮流执政，使每个人都有机会表现和锻炼组织领导能力。五是要尽早确定每个案例的分工。这种分工是允许的，甚至是受到鼓励的。多数老师允许同小组的同学，在各自书面报告中使用集体搞出的相同图表（报告分析正文必须自己写，不得雷同），有的组为了发扬每个人的特长，把分工固定下来（如某某总是管财务分析等）。但由于案例各不相同，若每次小组会能根据案例具体特点，酌情分工，可能会更有利于出成果。但由谁来分工好，较多情况下是授权组长负责，他得先行一步，早把案例看过，拟出分工方案。六是要在整个学期中，使每个人都有机会承担不同类型的分工，以便弥补弱点与不足。人们的长处常与主要兴趣一致，或是本来主修的专业，或是自己的工作经历等。通常开始总是靠每人发挥所长，才能取得最佳集体成效。但长此以往，人们的弱点依然故我，难有长进。因此，组长得考虑安排适当机会，使每个人在弱项上能得到锻炼。事实上，个人弱项进步了，全组总成绩也水涨船高。好的组长会巧妙地安排不善演算的组员有时也去弄一下数字，而让长于财会的同学适当分析一下敏感的行为与人际关系问题。至少学会在自己的弱项上能提出较好的问题，并观察在这方面擅长的同学是怎么分析的，对已在管理岗位上当领导者的同学更需如此。

（3）学习小组的改组。有时会发现，由于各种无法控制的原因，小组不能做出富有成果的集体分析，这时可以考虑与另一个较小的组完全或部分合并。后者是指仅在分析特难案例时才合到一起讨论，可先试验几次，再正式合并。较大的组可能体验到相反的情况，指挥不灵，配合不良。这时，可以试行把它进一步分解为两个小组以增加灵活性，不是指彻底分解，而是有分有合，有时分开活动，有时则集中合开全体会议。

（4）争取实现"精神合作"。从行为学的角度看，小组也像个人那样，要经历若干发展阶段，才会趋于成熟，变成效能高、团结紧密、合作良好的工作单元。但有的小组成长迅速，有的要经历缓慢痛苦的过程，有的永远不能成熟。成长迅速的小组，表面看来没下什么工夫，其实他们为了发展群体，是做出了个人牺牲的。他们注意倾听同伙的意见和批评，仲裁和调解他们中的冲突，互相鼓励与支持、尊重并信任本组的领导。组员只有做出了这种努力，才能使小组完成既定的集体学习任务，满足各位组员个人的心理需要，成为团结高效的集体。这里的心理需要指的是集体的接受、温暖、友谊、合作与帮助。案例学习小组的成熟过程，一般包括五个阶段：一是互相认识；二是确定目标与任务；三是冲突与内部竞争；四是有效的分工合作；五是精神上的合作。小组若是能具备适当的构成条件，又制定出合理的工作程序与规范，就易于较快越过发展的头三个阶段而达到第四个阶段，并有可能发展到最高境界即精神上的合作默契成熟阶段。那时，小组的成果就更多，水平更高，学习兴趣更浓，组员们也就更满意了。

（四）置身课堂讨论

课堂讨论，对于教师来说是整个案例教学过程的中心环节，对于学生来说则是整个案例学习过程中的高潮与"重头戏"。因为学生在个人及小组的分析准备中所做的工作要靠课堂讨论表现出来，这也是教师对学生整个课程中成绩评定的重要依据。事实上，课堂讨论的表现也决定了随后书面报告质量的高低，并已为大量实践所证明，但不少教师不太重视书面报告评分。

1. 注意聆听他人发言。就是注意倾听别人（教师与同学们）的发言。许多人认为，参加讨论就是自己要很好地发言，这的确很重要，但听好别人的发言也同等重要。课堂讨论是学习的极好机会，而"听"正是讨论中学习的最重要的方式。有人还以为，只有自己"讲"，才是做贡献，殊不知，听也同样是做贡献，听之所以重要，是因为课堂讨论的好坏不仅决定于每一个人的努力，而且也取决于全班的整体表现。集体的分析能力是因全班而定的，它的提高不仅依靠个人经验积累，也要靠全班整体的提高。重要的是要使全班学会自己管理好自己，自己掌握好讨论，不离题万里，陷入歧途。初学案例的班常会发生离题现象，原因就在于许多人从未经过要强制自己听别人发言的训练，只想自己打算讲什么和如何讲，而不注意听别人正在讲什么，并对此做出反应。监控好全班讨论的进程，掌握好讨论的方向，从而履行好你对提高全班讨论能力的职责，这也是重要的贡献。只会讲的学生不见得就是案例讨论中的优等生，抢先发言，频频出击，滔滔不绝，口若悬河，还不如关键时刻三言两语，击中要害，力挽狂澜。如能在每一冷场、一停顿就插话、发言，使得讨论马上又活跃起来，那才可谓是位高手。许多人在讨论刚一开始，总是走神，不是紧张地翻看案例或笔记，就是默诵发言提纲，或沉浸在检查自己发言准备的沉思里。其实，正是一开头教师的开场白和当头一问，以及所选定的第一个回答者的发言最重要，是定方向、搭架子，你得注意听教师说什么，你是否同意教师的观点，有什么补充和评论，并准备做出反应。

2. 具备主动进取精神。前面提到有人总想多讲，但对多数人来说，却不是什么克制自己想讲的冲动问题，而是怎样打破樊篱，消除顾虑，投身到讨论中去的问题。这一点，教师必须尽力做好说服教育工作。就像生活本身那样，案例的课堂讨论可能是很有趣的，也可能是很乏味的；可能使人茅塞顿开，心明眼亮，也可能使人心如乱麻，越来越糊涂；可能收获寥寥，令人泄气，也可能硕果累累，激动人心。不过，追根到底，从一堂案例讨论课里究竟能得到多少教益，还是取决于你自己。为什么？因为案例讨论是铁面无私的，既不会偏袒谁，也不会歧视谁。正如谚语所云："种瓜得瓜，种豆得豆。"你参加讨论并成为其中佼佼者的能力如何？你在讨论中所取得的收获大小怎样？决定因素是你有没有一种积极参与、主动进取的精神。足球界有句名言："一次良好的进攻就是最佳的防守。"这话对案例讨论完全适用。反之，最糟糕的情况就是畏缩不前，端坐不语，紧张地等着教师点名叫你发言。这种精神状态，完全是被动的，怎么会有多少收获？你不敢发言，无非怕出了差错，丢了面子。你总想等到万无一失，绝对有把握时再参加讨论。可惜这种机会极为罕见或根本没有。你若有七八成把握就说，那发言的机会就很多。积极参与的精神能使你勇于承担风险，而做好管理工作是不能不承担风险的，这种精神正是优秀管理者最重要的品质之一。指望每次发言都绝无差错，这是不现实的，无论分析推理或提出建议，总难免有错，但这正是学习的一种有效方式。人的知识至少有一部分来自于教训，教师或同学指出你的某项错误，切不要为争面子而强辩，为了满足自己"一贯正确"的感情需要而拒不承认明摆的事实。这正是蹩脚管理者的特征。要知道，案例讨论中说错了，只要诚恳认识，不算成绩不佳、表现不佳；无所作为，一句不讲才是成绩不佳、表现不佳。其实，怕在案例讨论中发言不当，根本谈不上是什么风险。因为即使你讲得不全面、不正确，对你将来的工作、生活、职业生涯与命运，都无损于丝毫，倒是你的分析与决策能力以及口头表达与说服能力得不到锻炼与提高，反会影响你的前途与命运。既然如此，你又何妨一试呢？

（五）记录学习心得

参加案例课堂讨论的过程，是一个学习和锻炼的过程，也是一个积极进行思考从事复杂智力劳动的过程，在这过程中萌发一些心得体会和发现一些自己原来未曾想到的问题是常有的事，这正是在案例学习中已经意识到的点滴形态的收获，为了不使这些收获遗忘或丢失，有必要做好记录。

做心得和发现的记录，要讲究方法。有的同学过于认真，从讨论一开始就从头记录，结果记录一大篇，不知精华之所在，这就是方法不妥。正确的方法是，在认真听的基础上记重点，记新的信息。有的学生采取"事实、概念、通则"一览表的格式，颇有参考价值。这里不妨引一实例以作借鉴：

春季学期：××××年×月××日课堂讨论"兴办新事业"。

事实：①在美国的所有零售业企业中，50%以上营业两年就垮台了。②美国企业的平均寿命是6年。③在经营企业时想花钱去买时间，是根本办不到的。④美国在2000年有235万个食品杂货店。

概念："空当"，各大公司经营领域之间，总有两不管的空当存在。大公司不屑一顾，小企业却游刃有余，有所作为。例如，给大型电缆制造商生产木质卷轴，就是个空当。

通则：①开创一家企业所需的资源是人、财、物，还有主意。②新企业开创者的基本目标是维持生存。

记录要精确、简明，对素材要有所取舍、选择。在课堂上，主要注意力要放在听和看上，确有重要新发现、新体会，提纲挈领，只记要点。此外，最佳的笔记心得整理时机是在案例讨论结束的当天。

（六）撰写分析报告

管理案例书面分析报告，是整个案例学习过程中的最后一个环节，是教师在结束课堂讨论后，让学生把自己的分析以简明的书面形式呈上来供批阅的一份文字材料，一般由 2500 字以下，最多不到 3000 字的正文和若干附图组成。但并不是每门课程所布置的案例都必须撰写书面报告，有些案例教师可能要求只做口头分析就够了。有些报告可能完全布置给个人去单独完成。书面报告是在全班及小组讨论后才完成，本身已包括了集体智慧的成分，是指教师允许同一小组的成员使用小组共同准备的同样图表，但报告正文照例要由个人撰写，禁止互相抄袭。还有的案例教师要求学生在全班讨论前呈交个人书面报告或案例分析提纲。这主要是为了掌握学生的分析水平，也便于在下次全班讨论前进行小结讲评。一般来说，要求写书面报告的案例比起要求口头讨论的案例要长些、复杂些、困难些，也就是教师希望在这些案例的阅读与分析上花的时间和工夫要更多些。其实，在书面报告上下点力气是值得的，书面报告的撰写是一种极有益的学习经历，这是在学习管理专业的整段时期内，在本专业领域检验并锻炼书面表达技巧的极少而又十分宝贵的机会之一。多数学生在如何精确而简洁地把自己的分析转化为书面形式方面，往往都不怎么高明和内行。这种转化确实并非易事，尤其篇幅与字数的限制又很紧，所以花点时间去锻炼提高这种可贵的技巧是必要的。

1. 做好撰写准备与时间安排。写书面报告，先要认真地考虑一下计划，尤其要把时间安排好，这不单指报告本身，要把阅读与个人分析以及小组会议（一般是开两次）统一起来考虑。一般的计划是，在两三天内共抽出 12~15 小时来完成一篇案例分析报告（包括上述其他环节，但课堂讨论不在内）是较恰当的。如果案例特难，也许总共得花 20~25 小时以上。但是，如果长达 25 小时以上，就会使人疲乏而烦躁，洞察力与思维能力会下降。不能满足于抽出整段总的时间，还得仔细划分给每项活动的时间，这种安排是否恰当将影响整个工作和效率。下面是一种典型的时间计划安排，共分六项或六个步骤，分析的作业是一篇较长的、具有相当难度的典型综合性案例，书面报告要求

2500 字以下，图表最多 8 幅：

(1) 初读案例并做个人分析：4~5 小时。

(2) 第一次小组会（分析事实与情况，找出问题及组内任务分工安排）：2~3 小时。

(3) 重读案例并完成分析：4~5 小时。

(4) 第二次小组会（交流见解及讨论难点）：2~3 小时。

(5) 着手组织报告撰写（确定关键信息，列出提纲，完成初稿）：5~7 小时。

(6) 修改、重写、定稿、打字、校核：2~3 小时。

上述六项活动可分别归入"分析"与"撰写"这两大类活动。根据对 3000 多份案例报告的调查，无论是得分高低，大多数学生花在写稿方面的时间普遍不足，而花在分析上，尤其是小组会上的时间过多。要知道，既然总时数已经限定，则多分析一小时，写稿就少了一小时，而且又多出来一批需要筛选和处理的信息，会加重写稿的工作量，这种连锁反应式的影响，将使一些同学无法细致地利用、消化、吸收他们的分析成果，难以准确表达、陈述、综合归纳成一份有说服力的文件，很难使阅读他们分析报告的人信服和接受他们的见解。

下面是一段典型的对话：

学生：我花了那么些时间，没想到只得到这么点分数！不过，我把自己的报告又读了一遍，是看出不少问题。我怎么在写稿的时候竟然一点没意识到它会这么糟呢？

教师：怎么会没意识到呢？仔细谈谈你是怎么写的？

学生：报告是星期二早上上课时交的，我们小组是上星期五下午开的第一次会，开了好长时间，第二次会是星期一下午开的，会开完，已经很晚了。当晚我就动手组织材料，拟提纲，动笔写初稿，搞到凌晨两点多才写完，但来不及推敲修改誊正，就交卷了。

很明显，这位同学根本没时间修改初稿就直接誊正，也没留足够时间消化、吸收和组织好他个人和小组分析的结果。遗憾的是，这种现象十分典型，是经常出现的。有人说："根本不会有高质量的初稿，只可能有高质量的定稿。"这就是说，要写好分析报告，在报告的构思上得肯花时间，并安排足够时间用在修改和重写上。

2. 书面报告的正确形式与文风。要写好报告，当然要以正确的分析作为基础，问题还在于怎样才能把最好的分析转化为书面报告，由于受篇幅、字数的限制，这就自然引出对文风的要求，那就是简明扼要。写案例报告可不是搞文学创作，不需要任何花哨的堆砌修饰，但要做到一针见血，开门见山，却非易事。不许你多于 2500 字，你就只能把代表你分析的精髓的那一两点关键信息说出来，并给予有力的辩护和支持。

一般来说，2500 字加图表的一份报告，教师评改得花 15～20 分钟，一位老师通常每班带 50 位学生，每一班他就要批阅 50 份报告，每份 20 分钟，就要花 17 小时才批得完，若同时教两班，每班平均每周两次案例作业……算算就知道，一份报告最多能占 20 分钟，所以，一定要干净利落，把你的主要见解及分析论据写得一目了然。手头有了分析与讨论所得的大量素材，可别忙于动笔，要先花点时间好好想想，怎样才能有效而清晰地把你的意见表达出来，到这一步为止，你就已经花了不少时间在案例阅读、分析和讨论上。一般是按照自己分析时的思路，一步步地把报告写出来，可是，教师和读者要知道的是你分析的结果，所以你的报告若不以你的分析为起点，而是以分析的终点入手，会显得明智得多。试考虑一下，能不能用一句话概括出你所做的分析的主要成果和精华所在？这应该成为报告的主体，并应在几段中就明确陈述出来，报告的其余部分，则可用来说明三方面的内容：一是为什么选中这一点来作为主要信息。二是没选中的其他方案是什么及其未能入选的理由。三是支持你的表现及其所建议方案的证据。慎重的方法是，把报告剩下这部分中的每一段落，都先以提纲的形式各列出一条关键信息来，最好每一段落只涉及一条重要信息，一个段落若超过 700 个字，就一定包含有几条不同见解，这会使读者抓不到要领。报告定稿后，正式打字前，最好要自己读一遍，以便发现问题，及时修改，打字后还应校阅一遍，看有无错别字和漏句、漏字等。老师批阅发回报告后要重读一遍，记下写作方面的问题，以免下次再犯。

3. 图表的准备。把数据以图表方式恰当地安排与表达出来，有效地介绍出你的许多支持性论证，但一定要使图表与正文融为一体，配合无间，让读者能看出图表的作用，还要使每张图能独立存在，即使不参阅正文，也看得懂，每幅图表应有明确标题，正文中要交代每幅图表的主要内容，图表应按报告正文中相应的顺序来编号。

四、管理案例教学范例

(一) 管理案例讨论提纲实例

案例: 中日合资洁丽日用化工公司

十几年前, 洁丽公司与日本丽斯公司技术合作, 向国内引进该公司丽斯品牌的化妆品, 双方各投资40%, 另有20%由建厂当地乡镇的个体户出资建成。日本丽斯品牌在日本不出名, 由于中国当时开放不久, 日用化工和化妆品缺乏, 大家也不在乎名牌。十几年来, 合资生产的丽斯牌, 在江南一带颇具知名度, 有数百个专柜遍布城乡各地的小百货商店, 并有几百位化妆师 (销售与推广) 和美容店。近两三年来人们消费水平提高的缘故, 以及不少欧美品牌进入中国市场, 丽斯牌在人们心目中的地位下降, 销路萎缩, 此时那几个占20%份额的小股东希望让出股份、撤资。假使你是洁丽公司的负责人, 你有哪些应对策略和方案?

中日合资洁丽日用化工公司案例课堂讨论提纲

1. 有三种可能的方案

(1) 品牌重新定位。

(2) 收购散户小股东的股份, 使洁丽公司控股超过50%, 然后找一流的厂商技术合作或代理一流产品。

(3) 寻找机会, 脱售持股。

2. 方案分析

方案1:

利: 可利用原来已建立的销售渠道、服务人员以及与经销商的良好关系、化妆品本身的价值、较难衡量的较高附加值, 重新定位锁住目标市场。

弊: 因为市场变化快, 进口关税逐渐降低, 会使整个企业转型有较高的风险。

方案2:

利: 可利用原有的销售渠道与服务人员, 除可重新定位外, 还可与其他知名品牌厂商合作, 进入其他市场; 控股权扩大, 经营方式较有弹性。

弊: 投资金额较大; 日方态度不易掌握。

方案3:

利：避免激烈竞争，可将资金转做他用。

弊：原有的渠道和人员、队伍全部放弃相当可惜。

3. 建议：采用方案2，接受小股东的退股建议。

本题的关键点是：想要放弃原有的市场或产品，而进入全新的陌生领域，只想创造新产品，放弃原有产品有改善的可能，都可能使事业受到更大的损伤。

但是，产品创新或多角化经营，也有可能为公司创造更好的将来，成败的关键在于信息的收集是否齐全、利弊评估是否准确。

（二）管理案例分析报告实例

案例：威廉美食苑的创业

赵威大学毕业后，没有去政府分配的工作单位上班，而在省城里的一家肯德基快餐店当上了副经理，原来他曾在大学四年级时，利用假期和社会实践的机会在肯德基店里打工，这次是他第一次告诉家里，没想到当乡镇企业经理的父亲还是理解他的，一年后他很快升为经理，再后来又升为地区督导等职。最近，他发现省城商业街有一店面要出售，这个地点位于商业闹市区附近的主要街道，交通流量大，写字楼也很多。赵威认为，这是一个很难得的快餐店地点，于是他决心自己创业。这是他由来已久的事业生涯规划，并与父亲商量请求财务支持，声明是借贷的，日后一定归还。家里表示可以支持他，但要求他认真规划，不要盲目蛮干，多几个方案才好，有备无患。

赵威自己创业的愿景是一个属于自己独立经营的快餐连锁店，它不是肯德基、麦当劳或其他快餐店的加盟连锁店。他很顺利地注册，资金到位也很快，房子的产权也办理了过户。不久，赵威很快就发现成立自己的店和当初在肯德基看到人家成立连锁店有很大的不同，他必须自己动手，从无到有地办理任何事情。比如，要亲自参与店面装潢设计及摆设布置，自己设计菜单与口味，寻找供货商，面试挑选雇用员工、自己开发作业流程，以及操作系统管理。他觉得需要找来在工商管理专业学习的同学好友帮忙一起创业，假如赵威选择的就是你。请你帮他搞一个创业的战略规划，试试看。

以下是摘要分析报告内容的主要部分：

创业的战略规划分以下五个步骤：①设定目标。②界定经营使命、愿景与经营范围。③进行内在资源分析。④进行外在环境分析。⑤可行性方案。

于是针对这五个步骤，分别说明：

1. 设定新目标。①提供更符合消费者口味、适度差异化的食品；②满足不喜欢西方快餐口味的顾客为最重要的目标。

2. 界定经营使命、愿景与经营范围。①提供消费者不同于西式文化、新的健康饮食概念。②提供融合中国人饮食口味与西式餐饮风格的新快餐。③塑造洁净、便利、快速、舒适、健康的企业形象。

3. 进行内在资源分析。可以就人力、财力等方面进行强弱势分析。

（1）相对优势方面。①曾经在著名的西式快餐店工作，有相当的经验，对于西式快餐店的经营模式、生产方式及管理方法都有相当的了解。②经营的地点有很大的交通流量，是一个理想的快餐店设立地点。③财务有来自于家庭的支持。

（2）相对弱势方面。①对于菜单的设计、分析消费者对于快餐的需求、生产流程规划，可能无法有相对的经验与优势。②在原料供货商方面，也无法像大型竞争者那样节省大量的进货成本。

4. 外在环境分析。

（1）在威胁方面有以下方面要考虑：①在竞争者方面，目前市场中的主要竞争者众多。②就替代品方面，快餐产品也纷纷进驻便利商店，如烤香肠等。③就整体市场而言，传统的快餐产品竞争者众多，他们所提供的产品，同构性也很高，他们之间的竞争优势，多是建构在附加服务或是媒体的塑造，所以对于非连锁性的自创性商店，可能无法在广告上与其相抗衡。④就垂直整合程度与经济规模而言，这些竞争者的连锁店众多，也因此他们在原料的进货上可以借助量大而压低成本，在媒体广告上，更可以收到较大的效果。再者，这些竞争者也不断借助媒体塑造，有些快餐店在假日已经成为家庭休闲或是举办聚会的场所，这种社区关系的维系，也是新进入者需要考量的。⑤在竞争手段方面，由于这些竞争者的市场占有率高，也因此会和其他商品进行联合营销，如麦当劳在电影《泰山》上映时，同步推出玩偶，更吸引许多只为喜好赠品而来店消费的顾客，如此更加提高他们的竞争优势。

（2）在相对机会方面。①由于快餐文化追求效率，使得他们在产品上无法做到顾客饮食差异化的满足。②就产品的广度与深度而言，这是目前竞争者较为缺乏的，不过，要达较佳广度与深度的境遇，可能与快餐追求快速有所抵触，这是一个值得考虑之处。③目前竞争者喜好推出的套餐组合，对于某些食品并不可以替换，例如，不喜欢吃薯条的人就不能要求换等值的产品，这是一个在无法提供大众差异化口味产品的前提下，另一种借助消费者产品组合满足需求的一种方法。④国内目前对于健康的重视，而西式的快餐又具有常被以为热量太高、被称为垃圾食物等问题，这也是一个在从事新式快餐店设立时确定产品种类的考量点。

5. 可行性方案。由以上的分析可以知道，自行创业从事快餐店，可能会遭遇的最大困难就是缺乏广告效果以及无法在生产原料上有规模成本的优势。但是，可以从产品的差异化来满足顾客的需求，于是可以提出下列几个可行性方案：

（1）发展中式口味，但又能兼顾生产效率的产品，如米食。

（2）借助大量顾客差异化的观点，提供较能满足顾客差异化需求的产品。

（3）提供顾客在产品套餐选择时有较大的自主性。

（4）先建立地区性的口碑，再从事跨区域经营。

（5）提供健康食品的概念，如可以卖素食、蔬果类素食以及有机饮料。

（6）不要放弃西式快餐店的经营模式，如整洁的饮食环境、明亮舒适的饮食空间、亲切充满活力的店员，但要导入中式口味、健康概念的食品。

（7）以食物作为竞争差异化优势，也就是强化食品的健康性、快速性，以及符合中国人的饮食口味。

由于这种产品的差异化，在快餐产业中，推介中式口味、健康概念的新快餐或许是一个缺乏媒体广告与附加商品支持的快餐创业者可以走的方向。

（三）哈佛案例教学实录

其一，哈佛拍"案"惊奇。以下是哈佛大学公共管理硕士孙玉红女士在其译著《直面危机：世界经典案例剖析》一书中有关哈佛案例教学的文章，希望对读者有所启发。

提起哈佛商学院，人们自然想起案例教学。

案例教学（Case Study）是哈佛教学的一大特色。不管是商学院、法学院，还是肯尼迪政府学院。对于商学院来说，所有课程，只用案例教学，全世界独此一家，可以说是很极端的。包括"公司财务"等看起来技术性很强，似乎不存在多大讨论余地的课，也用案例教学。为什么？

我们常说，学以致用。对于 MBA 和 MPA 来说，教学目的很明确。他们培养的学生不是搞研究的，而是解决问题的。在哈佛培养的是一种解决问题的思维方法，不是对一个理论有多深的研究（那是博士要做的事），而是做决定的水平。

虽然对于案例教学我并不陌生（我 1999 年写的《风雨爱多》被国内一些大学 MBA 用做教学案例，而正在应哈佛商学院之邀修改应用），但是对于只用案例教学我一直心存疑惑。

"如果我对一些课程基本知识都不懂怎么办呢？"有一天，我问一位教授。他说："有两种可能：第一种是我们招错了人，第二种是该读的书你没有读。"

半年下来，我才明白了其中的含义。第一，两个学院招生基本要求有 4~5 年以上的工作经验；对肯尼迪学院高级班学员来说，是 10 年左右工作经验。所以，不大可能对一个领域完全不懂。第二，更重要的是，2 小时的课堂时间，课余平均要花 8~10 小时的时间进行准备。包括阅读案例、建议阅读的书和材料。如果有困难，助教随时恭候，教授有固定的工作时间。你可以预约请教。这种设计的前提是你有足够的能力自学一门知识。课堂只是讨论它的应用问题。这既是对学生自学能力的挑战，也是一种锻炼。联想到为什么像麦肯锡这样的咨询公司喜欢哈佛商学院的人，是因为学生有这种能力与自信，面对陌生的行业和比自己大几十岁的客户，敢于高价出售自己的看法。想象一下郭士纳 23 岁离开哈佛商学院时那种自信的感觉。

还有一个妙处是最大限度地利用学生的时间和能力。将所有该学的知识部分压缩到课堂以外，难怪哈佛学生要自学的第一门课是"求生本领"。

哈佛所有的案例几乎全为自行撰写，均取自真实发生的事，姓名、地点偶尔做些改动。案例要经该公司认可，保证所有数字和细节的真实性。MPA 的案例有一半是肯尼迪政府学院自己编写的，有一半是商学院的。均明确注明，版权保护，不得随便使用。当然，这些案例也对外公开，用于教学的价格是一个学生一次性 5 美元。也就是说，如果有 100 个学生的课堂上使用这个案例的话，你需要付 500 美元的版权费。

案例有长有短，长的 30~40 页，像南美某国的财政危机；短的只有一页纸。我印象最深的是公共管理第一堂课的案例，短小精悍型，题目是：宪法应该被修改吗？（Should the Constitution be amended?）

事情是这样的：参议员胡安遇到了他政治生涯中最令他头疼的事：他要在 24 小时之内做出决定，是否投票赞成修改宪法。12 年前，该国人民推翻了军人独裁统治，并颁布了宪法。宪法规定总统一届 6 年，不得连任。现在该国总统弗洛里斯已经干了 5 年，并且在这 5 年中使国家经济取得了巨大成就，深受人民爱戴。要求修改宪法，使总统连任的呼声很高。胡安本人是不赞成修改宪法的，因为他知道民主政治在本国还很脆弱。但是面对民意调查多数人支持的结果，面对他自己明年也要进行连任竞选。如果你是他，你该做出什么决定？

在这个案例中，描述了一个两难的困境，需要胡安做决定。没有分析，只有事实。如果你是胡安，你会怎么做？

班上50多位同学，职业各异，信仰各异，知识结构各异。有的本身就是参议员、外交官，有的是效益至上的跨国企业的首席执行官，有的是社会观察者。有的深信民主政治体制，有的心存怀疑。一开始就分成两派，争论不休。支持修改宪法的基本观点是，既然现任总统受人民欢迎就应该支持他干下去，换新总统对国家的风险很大；支持胡安同意修改宪法的理由被汇总成1、2、3、4、5写在黑板上；反对总统连任的观点认为，随意变动国家体制对国家未来的风险更大。理由也被汇总，写在黑板上，1、2、3、4、5。有的说决策所需要的资料不全，无法做出决定。最后大家等着教授总结，给出答案。教授说："你们已有了自己的答案。没有做出决定的同学需要立即做决定：下课！"

大家面面相觑。到哈佛是学什么来了？数星期之后，终于理清了案例教学法的基本思路：

分析案例围绕着四个方面的问题：

(1) 问题是什么？

(2) 要做出什么决定？

(3) 有什么可行方案（所有的）？

(4) 现在要采取的行动是什么？

通过案例教学，训练一种系统的思考问题的方法和采取行动的决心和勇气。它的价值在于：

(1) 领导就是做决定。案例取自真实生活的片断，通常是让决策者处于一种两难的困境。这是所有领导者经常面临的困境：没有绝对的对与错，没有人告诉你答案。案例教学的目的，就是让参与者置身于决策者的角色中，面对大量的信息，区分重要和次要，做出自己的决定。案例教学没有正确答案。

(2) 领导在于采取行动。案例不只是研究问题，是在分析的基础上采取行动。一切分析是行动的向导。在案例教学中，你就是参议员，你就是企业的技术主管，你就是阿根廷的总统，你就是主角。这是案例教学与传统教学的最大不同。

(3) 找出所有的可能性。所有人的积极参与，可以让你惊讶于这么多不同的选择。每个人想两个方案，50个人就有100个方案。其中许多是你从来没想到的，或者从来不敢去想的。你能从同学那里学到很多，你能否从中收获，取决于你的参与程度。提出自己的观点，支持它；倾听别人的观点，评价它；敞开思想，随时准备改变自己的观点；做决定，避免模棱两可。

案例教学并不神秘，为什么哈佛案例独行天下？我想原因有几个：

第一，哈佛案例均为自行采写。哈佛的资源使它可以拥有全世界最有价值的案例，从南美国家改革的真实数字到跨国公司的财务情况，从中国北京旧城改造的难题到《华盛顿邮报》的家族危机，均拥有第一手材料。学生经常需要为跨国公司，为一个国家的大事做决定，不知是否在无形中培养了他们做大事的感觉和准备？

第二，凭借哈佛的名声，可以请到总统、总裁们到课堂上亲自"主理"。到哈佛商学院演讲的总裁们通常会出现在一节相关的案例课上。在肯尼迪学院，我记得在学宏观经济学的时候，美国农业部部长专门来讲过美国农产品出口问题；学演讲沟通的时候，不仅有好莱坞演技派明星专门来过，还有四届美国总统顾问亲自上课……这些都是哈佛案例的附加价值。

第三，哈佛拥有最好的学生。他们的观点、他们的眼界，常常使你受益最多。

最后，哈佛案例教学并不仅仅是就案例论案例，一个案例课过后，通常会开出一个书单，从这些书中你会找到分析此案例可能需要的理论支持，掌握一套科学的思考方式，建筑你自己的思考习惯。

写到这里，我已经在担心哈佛要起诉我侵犯知识产权了。但是，好在你我都知道：哈佛是无法复制的。如果你想了解更多，欢迎你到哈佛来。

其二，哈佛案例教学经历自述。

……第二天所用的案例，是我们在哈佛商学院要用的总共大约800个案例中的第一个，正躺在我的书桌上等着我去阅读、分析和讨论，我看了一眼题目："美国电报电话公司和墨西哥"，内容并不太长，大约有15页，实际上内容之长短并不很重要，因为哈佛商学院教学案例的挑战性不在于阅读过程之中，而在于准备在课堂上就案例发表自己的见解。在课堂上，每个案例是通过以教授和全班同学对话讨论的形式来完成的，学生们必须在课前阅读和分析每个案例，在课堂讨论时说出自己对案例的分析和看法，课堂讨论的进程由教授掌握，使全班同学的想法达到某种程度的一致，或者至少得出案例本身所能阐明的几个结论。

我拿起案例资料开始阅读，内容引人入胜，我不知不觉地就读完了，中心议题是美国电报电话公司的一位经理要决定是否在墨西哥建立一个答录机生产厂。该案例所涉及的伦理问题包括：使一些美国人失去工作机会；剥削第三世界廉价劳动力；在一个充满贿赂和腐败的环境中如何定义行为的适当性。我认为前两项不成问题，在第三世界国家投资建厂，给那儿的工人提供比当地平均水平较高的工资和较好的工作条件没有什么不对。只是对第三点，即如何应付当地的腐败的做法，我没有清楚的具体想法。

我又将案例资料阅读了两遍，并在旁边空白处及白纸上做了详细的笔记，花费大约半个小时考虑所附的三个思考题。有一个问题是这样的：该经理选择在墨西哥建厂，他应该就工资水平、工人福利、废料管理、童工问题、雇用工人时性别上的要求以及贿赂问题做出什么样的决定？这使我忽然想到一个问题：如果教授让我做开场发言怎么办？尽管可能性并不大，精确地讲被叫的概率是 1/92，但是我并没有冒险的心情，我早就听说过被叫起做开场发言是商学院生活中带有传奇色彩的一个事实。如果说毕业后能拿到高薪工作的前景是吸引数千名学生在商学院拼搏两年的胡萝卜，那么被教授选做开场发言的潜在威胁就是那大棒。有人告诉我，大部分课是由任课教授叫起一名同学做开场发言而开始的，这位同学要做 5~10 分钟的发言，总结案例中的几个要点，为理解案例提供一个分析框架，还要为解决案例所描述的问题提出行动方案。

接下来，他可能不得不对其他同学对他发言的指责进行反驳。他发言得分的情况在很大程度上取决于其他同学的反应。我想起两种对付被教授叫起发言的方法：一是每天晚上都认真准备每个案例；二是偶尔认真准备一下，抱着侥幸的心理，希望教授不叫到自己。鉴于是第一堂课，我决定认真准备，制定一个详细的发言提纲，半小时后我才将提纲列出，准备输入电脑。

学习小组在哈佛商学院也是一个很重要的传统。学习小组的成员通常是在深夜或者早晨上课前的时间聚在一起进行讨论。在这种讨论会上大家互相启发，确保案例中的要点不被遗漏，并且可以在一个比较安全的环境中发表自己的见解。参加过学习小组讨论，大家对于明天的案例做了几乎过于充分的准备。第二天，走进教室，环顾四周，发现每个人的座位前都摆放着一个白色姓名卡，整个教室看起来像联合国的一间大会议室。

8 点 30 分整，我们的教授迈进教室，他站在教室前部的中央，扫视了一眼，全场鸦雀无声，突然他吼叫道："让冒险历程开始吧！从今天起我们有许多事情要干，但在我们开始之前，我要求在座诸君为自己热烈鼓掌，因为你们大家都做了十分出色的事情，今天才能坐在这里，你们应该得到鼓掌欢迎！"这句话打破了大家的沉默，教室响起了雷鸣般的掌声。

教授接着向我们介绍了他的背景、课程的有关情况以及哈佛商学院的一些情况，他风度极佳，讲话极富感染力，然后，他开始谈论我们的情况，时而引用一些同学们填写在调查问卷上的内容。"你们中有一名同学，"他说道，"在调查问卷上写了一句妙语，现在我愿意与在座各位一同欣赏它。"他开始引用原话："我喜欢挑战、成长和激励。"他一边说一边迈步登上台阶，走向"警示线"。"请推动我——"教授做了一个戏剧性的停顿，才接着说道："使我发挥自己最大的潜力。"他停在一位坐在"警示线"中间的同学面前，"克拉克先生，"教授问道，"MBA 生涯中第一堂课由你做开场发言算不算是一个足够的挑战？"可怜的克拉克同学几乎要昏过去了，此时大家哄堂大笑。教授的讲话完美无缺，就像 CBS 电视台大腕主持人大卫·莱特曼主持晚间电视节目一样，真是棒极了。

克拉克努力使自己镇静下来，结果做出一个很不错的案例分析发言。他得出的结论是：在墨西哥建厂是正确的，条件是美国电报电话公司要确保那些墨西哥工人的工作条件和该公司在美国的工厂工作情况大体一致。教授对他的模范发言表示感谢，然后问大家有什么要补充。至少有 7 名同学举起手，争先恐后地要求发言。两位同学曾告诉我，一旦开场发言结束，当那个做开场发言的同学在角落里颤抖的时候，其他同学争夺发言机会的战斗就开始了。不管发言内容是多么中肯贴切或者是纯粹的迂腐空话，只要发言就能得到课堂参与分。尽管教授一再言明课堂参与分不是根据发言次数而定，每个人仍然是极力争取尽可能多的课堂发言机会，以使自己能在同伴中脱颖而出。

同学们争夺课堂发言机会的表现因人而异。有的人审时度势，制定了一套什么时候发言、怎样发言以及发言频度的策略。有的人在发言时首先肯定其他同学的正确见解，然后指出不足，提出自己的意见。有的人采取"鲨鱼战术"，如果有同学的发言不妥或显得可笑，他就唇枪舌剑，将对方批驳得体无完肤，用打击别人的方法来为自己得分。最终，每位同学的名誉和彼此之间的关系将在很大程度上取决于课堂讨论时的表现，问题的关键是课堂参与情况在每门功课的最后得分中占多达 50% 的比例。

教授对几个关键问题讨论的进展把握得游刃有余。这个案例产生不一致的原因相对较少，在墨西哥建厂实际上对美国人的工作并不构成威胁，它能给所在国带来的好处也是不言自明的，唯一产生争执之处是当地的腐败问题。一个拉美同学说："当地腐败盛行，如果公司想在当地建厂，就不得不入乡随俗。"另一名同学援引《国外腐败行为法案》说："如果公司在当地有任何失检行为，它将在美国陷入麻烦。"这个问题把同学分为两个阵营：实用主义者认为，小规模的行贿是可以接受的，只要通过它能实现建厂的目的；理想主义者认为，任何行贿行为都是不可忍受的；还有几个人从实用主义角度支持理想主义者，认为一旦有向当地官员行贿的行为，那么将来就面临更多被敲诈的可能。

课堂讨论一直持续了将近4个小时，每个人都发过言，我本人持实用主义和理想主义相结合的态度，做了几次不太重要的发言。最后，教授通过告诉我们实际发生的事情结束了当天的案例分析。美国电报电话公司在墨西哥建一个厂，极大地推动了当地经济的发展，向所有有关当地官员表明了该工厂绝对不会行贿的立场。这一原则得到坚持，腐败问题从来也没有成为一个问题。教授最后说，我们大家做得很好，我们用鼓掌的方式结束了第一堂伦理课，并且大家对第一个做开场发言的同学也表示了祝贺。

其三，哈佛商学院案例课堂讨论实录。下面是哈佛商学院的一次案例课堂讨论课的写实，内容是关于新日本制铁公司面临的人力资源管理问题。

戴着一副深度眼镜的乔克第一个被教授叫起来发言："我不清楚这里的问题究竟是什么。看起来很明显是新日铁公司无力将员工的退休年龄从55岁延长到60岁，但这是日本政府已经宣布在全国企业中推行的，而且工会也要求公司这么做。"

以定量分析擅长的乔克在这次有关人力资源管理的案例课堂讨论中，说了这样一句话作为开场白。他接着说："根据我的计算，由于钢铁市场需求减少，这家公司已经有3000名富余员工，这些人占了员工总数的10%。这种局面正在吞噬着企业的盈利。如果延长员工的退休年龄，那么，公司在今后五年时间内，还要承担7000多名富余人员。"

刹那间，所有的人都沉默了。要是在往常，"开局者"总会受到许多人的围攻，他们都试图对其逻辑中的漏洞予以曝光。而领头发言的学生，常常畏畏缩缩地回到座位上等待着一场哄堂大笑。接着，教授请第二个学生起来，对这个问题增加一些定性的分析。

"我们应该回顾一下过去，在做出草率判断之前，应该先考察一下这种情况的动态变化过程。首先，我们要看一看当时做出这项决策的条件。国际市场对日本钢铁的需求一般很大，只是在过去的两年时间里才开始减少。在这种环境下，新日本制铁公司采取了降低劳动力成本的经营战略，所以使它成为世界钢铁生产的领先者。这个战略的具体实施办法就是，当旧的工作岗位被撤销后，公司把现有的工人调换到新工作岗位上去，这样就同时解决了辞退和新招工人的矛盾，而且没有花太大的代价。

另外，社会上普遍认为这家公司有一个开明的雇主。这种认识对行业的发展很重要。因为这是一个重群体甚于个体的社会。尽管日本政府现在开始减少干预，但在历史上，政府一直在资助这家公司和钢铁行业的发展。劳资关系一直很融洽，工人们没有进行过罢工，但却得到了较好的福利。日本银行也一直与这家公司密切合作，银行实际上给该公司的经营提供了100%的资金。现在的退休年龄虽说是55岁，但人的寿命在不断延长，工人们已经不能再接受这么早就退休的现实了。

我们再看看公司目前的人力资源政策。这些政策适用于钢铁行业的环境，并且相互之间妥当配合，与社会价值观保持一致。有许多利益群体牵涉进来，他们参与子公司的决策。管理人员希望与劳动者保持和平共处，同时也希望能减少劳动力规模，并且对钢铁行业中出现的衰退现象进行负责任的管理，以便维持在本行业中的领先地位和取得长期的利润。管理人员和工人们与工会紧密联手，共同建造对各方都有利的工作环境。管理人员总是将决策问题摆在员工面前，而且向他们提供所有有关的材料，决策过程还是相当透明的。

工会希望把退休的年龄延长到60岁，同时希望避免罢工和维持一个全面有效的人力资源计划。工会领导者还希望继续保持他们的中立立场，以便工人们既得到应有的福利，又不致发生罢工现象。

工人们通过自主管理小组，对企业中各项工作如何开展，具有相当程度的发言权。他们希望保持他们的工作，并有一个良好的工作条件，同时也希望延长退休年龄。

政府也希望延长退休年龄，这样做的好处是可以减少社会的福利保障。政府还认为，钢铁是日本工业发展的一大关键行业。

公司人力资源流动方面的政策和程序。到目前为止，也还适应环境条件的要求。比如说公司实行了员工终身雇用制。这项对员工的投资，使得这家公司可以实行缓慢的晋升政策。这种缓慢的晋升与强有力的培训和发展机会相配合，才确保了在组织的各个层次中，有知识的人都能够轻易地在水平方向上移动。尤其是在工作堆积、需要加班的时候，员工的调动就更加普遍。公司对员工进行了投资，反过来，员工也对公司给予了相应的回报。

公司的奖酬系统很好地支持了人员流动政策，公司按资历计付报酬，这样也就为员工忠诚于公司提供了激励。而且外在的激励也不仅仅是公司提供的唯一奖酬。

这家日本公司的工作系统设计，反映出公司对工作的内在激励极为看重，比如，工作职责说明一直是灵活的、不那么正规的，只设置少数几个职务层级。决策总是在尽可能低的组织层次中做出。第三层次的管理人员负责开发和考评工人；第一层次和第二层次的管理人员则负责制定经营战略并与银行和政府部门打交道。

从案例中我们还可以看出，由于决策权的适当下放，蓝领工人组成的自主管理小组，能在几个小时之内开发出一个程序来改进工作中的安全保障问题。

最后，我们再来看看这些管理政策到目前为止所产生的效果。公司由于实行了一整套人力资源政策，在降低成本、提高员工对公司的忠诚感等方面取得了良好的效果。公司中有才干的员工数量正在增加，他们只要求中等水平的工资，并通过自主管理小组活动，使公司的年度成本开支节约了相当于雇用成本20％的水平。公司的员工也获得了自尊和安全的感觉。对于整个社会来说，这样一种企业正在成为经济发展的一大推动力量。

依我看来，这里的管理者们正在进行一件有益的事。社会人文因素的变化，使得劳动力队伍和社会逐渐老年化，加之市场对钢铁需求的减少，这些因素都促使公司的人力资源政策必须做出相应的改变。的确，人员配备过多会造成成本上升，但鉴于该公司有银行提供财务资助，所以利润并不那么紧要。如果公司与劳方发生对抗，可能对所有各方的利益都没有好处。

为了保持公司在世界范围内成本水平的领先地位，关键的是要在维持生产率水平的同时，尽可能降低劳动力成本。也许他们应该延长退休的年龄，忍受人员富余可能造成的成本增加，然后再努力寻找办法削减未来的员工。这样做是与公司的战略和行业传统的成功因素相吻合的。"

当这第二位发言者的长篇大论刚结束，坐在教室另一角的一位焦虑不安的女同学急忙抢着说：

"我原则上同意你的意见，尽管我到现在才终于搞清楚你的意见是什么。如果他们想赢得时间产生创造性解决问题的方案，那么有一个现成的办法就是，先不要执行新的退休年龄计划，而应该等到一年以后。"

坐在她左边的一位男同学反对说：

"你这个办法仍然不能解决这种长远性的问题，也就是对劳动力队伍的中期影响问题，它会使劳动力结构向老年化倾斜，而且在年功序列工资制下，还会使公司的工资支出增加。另外，减少招聘新员工，是不是就没什么新主意了？"

坐在教室中间的一位"高瞻远瞩者"认为，不管采用什么方案，都必须对利弊得失做出衡量。他补充说：

"所选定方案的执行方式，对于成功有着至关重要的影响。我认为，决策应该按他们传统的自下而上方式和惯用的程序来做出。然后，像往常一样，还要在所有有关情况都充分介绍的基础上，才能提出最终的决策。而劳资双方的密切合作，是一项很重要的财富，不能轻易破坏。"

尽管已经进行了近 100 分钟激烈的课堂讨论，教授和同学们心里都很清楚，案例中仍有许多问题尚待解决，许多事实需要明确交代。下课时间快到了，教授在做了简短的总结后宣布这堂讨论课就此结束。同学们边离开教室边带着意犹未尽的劲头争论着。像其他案例讨论课一样，有些同学离开教室时仍然遗憾课堂的讨论没有取得更一致的意见，心中纳闷最好的解决方案应是什么。另一些同学不以为然地反驳说："我们在这么短的讨论时间内就触到了这么多的问题，想到了这么多的好主意，该知足了吧？"有人甚至引用教授前些日子曾说过的话来这样开导学友："现实中的管理问题本来就没有一个唯一正确的答案嘛！关键是把握分析问题的角度，学会怎样去分析问题和解决问题。过程是第一位的，结果是第二位的。教授不是说了嘛，技能的锻炼才是最重要的，问题的解决方案可能因时、因地甚至因人而异！"

其四，海尔案例在哈佛。

1998 年 3 月 25 日，美国哈佛大学迎来了一位特殊的客人。他就是来自中国海尔集团的总裁张瑞敏。海尔集团以海尔文化使被兼并企业扭亏为盈的成功实践，引起了美国工商管理界与学术界的极大关注。哈佛商学院搜集到有关信息后，认为"这简直是奇迹"。经过缜密研究，决定把海尔兼并原青岛红星电器厂并迅速使其发展壮大的事实编写成案例，作为哈佛商学院的正式教材。

这一天，《海尔文化激活休克鱼》的案例正式进入课堂与学生见面。张瑞敏总裁应哈佛商学院邀请前去参加案例的研讨，并当堂指导学生。上午 9 点，教授林·佩恩——一位精干的女士——高兴地见到了海尔案例的主角张瑞敏先生。下午 3 点，上课时间到了，学生们陆续走进教室。

张瑞敏总裁步入课堂，U 形教室里座无虚席，讨论开始了。"请大家发挥想象力，回到 1984 年，那时，张瑞敏先生面临的挑战是什么？"佩恩教授意在启发每个学生研究企业时首先研究其文化背景，包括民族文化、企业文化。

学生们主要来自美国、日本、拉美国家以及中国台湾、香港特别行政区。其中有 2/3 的人举手表示曾到过中国大陆。

"铁饭碗，没有压力。"来自中国台湾的一位学生首先发言。

"没有动力，每个人缺乏想把事情做好的动力。"

发言一个接一个，学生们从各个角度理解这个对他们在思想观点上来说是遥远的中国。

教授及时把讨论引向深入："请大家把讨论推进一步，什么是海尔成功的因素？你若是处在张先生的位置，你怎么决策？"

"张先生注重管理，抓了质量与服务，他认为人最重要，他用不同方法来建立危机感，砸毁了不合格的库存品，我可能不会做得这么好。"一位美国学生的发言使大家笑了。

"张能改变公司文化，干得好奖励，干得不好要反省。"香港的陈小姐说。"张先生不在西方生活，在中国长大，他却有这样先进的观点，引用西方先进的管理来改变职工的思想。如果让我把东方文化中的精华传播到西方，我不知道我能否做到、做好，但张先生做好了，这是他成功的原因。"另一位美国学生说。

发言从一开始就十分激烈，一个人话音刚落，一片手臂便齐刷刷地举起来，有的同学连举几次手也没有得到教授的点名，急得直挥手。佩恩教授抓紧时间，把这堂课的"伏笔"亮了出来："我们荣幸地邀请到了海尔总裁张瑞敏先生。现在，由他来讲解案例中的有关情况并回答大家的问题。"

张瑞敏总裁走上讲台。

"作为一个管理者看哈佛，哈佛是神秘的。今天听了案例的讨论，我的感觉不像是上课，而是在海尔召开一次干部会议。"学生们听了这风趣的语言都开心地笑了。来自中国的这位企业家也像西方人一样幽默，他们开始被张瑞敏吸引了，"大家能在不同的文化背景下对海尔的决策有这样的理解，我认为很深刻，要把一条休克鱼激活，在中国的环境下，关键是要给每一个人创造一个可以发挥个人能力的舞台。这样，就永远能在市场上比对手快一步……"

学生们开始提问，从原红星电器厂干部的削减办法、效果谈到如何解决两个品牌，从扭转人的观念谈到改变公司文化的措施。问得尖锐，答得精彩，以至于下课时间到了，教授不得不让学生停止提问。

"我非常高兴地通知张先生，海尔这个案例今天第一次进入课堂讨论后，我们将要做进一步修订、核对，然后放在我们学院更多的课堂使用。定稿后，由我来签字认可，把案例交到学校案例库，作为正式教材出版。哈佛的案例教材是全美商学院通用的。美国以外的国家选用哈佛的案例做教材也相当多，因为哈佛始终是以严谨的治学态度对待每一个案例的编采、写作。这样，将会有更多的 MBA 学生和经理们看到海尔的文化，我相信他们一定会从中受益的。"佩恩教授真诚地说。

第一章　危机概述

今天，我们生活在化学、核能、电气外加恐怖危机之中，必须承认，如不采取措施防止最大可能的危机，任何事情都可能发生。

——［英］弗兰克·杰夫金斯

21世纪，没有危机感是最大的危机。

——［美］理查德·帕斯卡尔

企业经营会受到各方面因素的影响，并非总是处于理想的稳步发展状态，有时会因为某种非常性因素而形成企业危机。特别是在当今社会里，由于企业构成因素复杂多样，所处的社会环境变化加剧，各种企业组织出现危机的可能性也在不断增大。正如英国著名公共关系专家弗兰克·杰夫金斯所说："今天，我们生活在化学、核能、电气外加恐怖危机之中，必须承认，如不采取措施防止最大可能的危机，任何事情都可能发生。"企业危机会给企业组织造成危害，轻则影响企业的正常运营，重则危及企业的发展甚至生存，并给相关公众带来极大的损失，给社会环境造成极大的破坏。因此，企业危机的预防和处理就成为企业经营管理工作最重要的一个方面，任何企业必须引起高度重视。

我们通常所说的危机，往往是指由非常性因素所引起的某种非常事态，其外延非常广泛，如经济危机、商务危机、管理危机、人力资源危机，等等。从一般意义上来说，所谓企业危机乃是指企业与其公众之间因某种非常性因素引起的表现出某种危险的非常态联系状态，它是企业形象严重失常的反映。企业危机的出现总是以一定的企业危机事件为标志的。所谓企业危机事件，一般是指企业内外环境中突然发生的恶性事件，故又有突发性事件之称。各种突发性事件，依其强度不同，可分为一般突发性事件和重大突发性事件两种。一般突发性事件主要是指企业经营管理活动中的各种纠纷，包括企业内部纠纷，企业同消费者的纠纷，企业同其他社会组织或其他社会公众的纠纷，等等。重大突发性事件主要是指重大的工伤事故，重大的经营管理决策失误，天灾人祸造成的严重人身财产损失，假冒伪劣商品给企业和公众带来的严重危害，等等。无论是一般性突发事件还是重大突发事件，它们都是企业危机存在的表征，是看得见、感受得到的企业危机的表现。

一、企业危机的特征

(一) 必然性与偶然性

危机的必然性是指危机不可避免。亦即"只要有企业存在，就会有企业危机"；危机的偶然性是指危机的爆发往往是由偶然因素促成的。必然性是企业作为开放复杂系统的结果，偶然性则决定于系统的动态特征。

企业是个覆盖面广、结构复杂、层次众多的大系统，包含了许多彼此联系的复杂的子系统，是一个多输入、多输出、多干扰的多变量系统。加之企业诸要素中人员占主导地位的因素，使之成为典型的主动系统，而主动系统就更具复杂性与不确定性。从控制论角度而言，任何一个大系统的一个部件和子系统都要为实现一定的功能而形成多层、多级或多段控制结构，而信息则是控制过程不可缺少的因素，若缺乏足够的信息，控制会变成无本之木。众所周知，信息传播是企业经营管理过程中不可或缺的因素。这一过程，从控制论角度看，未尝不是一种控制过程，即企业主体主动影响公众客体并望达成和谐经营状态之目的的过程。从信息论角度看，就是信源通过信道向信宿传递并引发反馈的过程。信息在传递的过程中由于噪声的干扰势必产生失真现象，失真即有误差。古人云："差之毫厘，谬以千里"。故误差导致错误，错误导致危机。任何策划和决策都是以信息为基础的，且方案或决策的执行过程也是一个信息过程，而信息失真现象的存在，就为这一系列活动埋下了无法避免的隐患。这就是危机必然性的根源。所以说危机具有不可置疑的必然性特征。无论企业系统采取何种控制结构形式，信息经过多层次多渠道多阶段的传输之后，其失真现象必趋于严重，结果自然是系统的稳定性减弱，暂时保持一种作为开放系统所必有的动态平衡局面，一旦震荡度加大，危机便接踵而至。

危机的偶然性也不难理解。由于企业大系统是开放的，每时每刻都处于与外界的物质、能量和信息的交换和流动之中，其任何一个薄弱环节皆可能因某种偶然性因素而致失衡、崩溃，形成危机。打个比方，这就像已枯死的树枝，暂时可以在原位保持原状，但由于它暴露在外界环境种种力量作用之下，故可能因偶然事由导致其原有地位与状态的改变：它可能被一阵强风吹落，可能被一场野火焚烧，也可能因禽兽的碰撞或登临而断裂，如此等等。

(二) 突发性与渐进性

企业危机总是在意想不到的情况下突然爆发的，它具有突发性特征。在本质上企业危机的爆发是一个从量变到质变的过程，也就是说，酿成企业危机的因素经过一个累积渐进的过程，通过一定的潜伏期的隐藏和埋伏后，如果未能得到有效控制，它就会继续膨胀，至一定程度后，就会形成企业危机的总爆发，并迅速蔓延，产生连锁反应，使公众与企业关系突然恶化，大量的顺意公众变成逆意公众，产生强烈不满。由于来得突然，又有很强力度，往往使企业措手不及，给企业造成很大冲击，使之有突临泰山压顶之感。

危机的突发性与偶然性有关联，而渐进性与必然性有联系。认识这一特征，既可以使我们加强防微杜渐工作，又可以随时准备应付突如其来的危机事件。

（三）破坏性与建设性

危机在本质上或事实上固然起破坏作用，须尽力防范和阻止。但危机既然爆发了，一般足以表明系统中存在不可小看的问题，这就为企业检视自身状况做了最有利的提示。而福祸相依的辩证法告诉我们，危机的恰当处理也会带给企业新的收获。

这一特征可以从协同学角度来论证。协同学的创始人哈肯认为，一个系统的稳定性总是受两类变量的影响：一类变量在系统受到干扰而产生不稳定性时，它总是企图使系统重新回到稳定状态，起着一种类似阻尼的作用，且衰减得很快，简称之为快变量；另一类变量在同样的情况下总是使系统离开稳定状态走向非稳定状态，表现出无阻尼现象，且衰减得很慢，故称慢变量。当系统处于不稳定状态时，快变量使系统达到一种新的稳定平衡状态。如果原来的稳定平衡状态是一个无序状态，那么这个新的稳定状态就意味着有序的产生与形成。如果原来的稳定状态已经是一个有序状态，那么新的稳定状态就意味着更新的有序状态的出现，意味着系统的进化。

协同学的这一观点既能说明危机的必然性特征，又说明了危机的建设性特征。在企业危机这种不稳定状态中，企业危机管理工作就起着快变量的作用——维持企业这一系统的稳定性。强有力的企业危机管理工作必定会在原本无序的经营状态中建构更佳的形象大厦，或使原本有序的经营管理更上一层楼。

认识危机的破坏性，才不会掉以轻心，麻痹大意。认识危机的建设性，才会采取主动姿态，沉着冷静而满怀信心地面对危机，从中寻找并抓住任何可能的机会。总之，只有勇于面对并善于应对危机者，才有可能正确地认识到企业危机在破坏企业形象良好状态的同时，也为企业建立富有竞争力的声誉，树立企业的形象和处理企业的重大问题创造了机会。

（四）急迫性与关注性

企业危机总是在短时间内突然爆发，具有很强的急迫性，一旦爆发既造成巨大影响，又令人瞩目。它常常会成为社会和舆论关注的焦点和热点。一时间，它可以成为一般公众街谈巷议的话题，成为新闻界追踪报道的内容，成为竞争对手发现破绽的线索，成为主管部门检查批评的对象等。总之，企业危机一旦出现，它就会像一枚突然爆炸的"炸弹"，在社会中迅速扩散开来，对社会造成极大的冲击；它就会像一根牵动社会的"神经"，迅速引起社会各界的不同反应，令社会各界密切关注。因此，若控制不力或行动迟缓，必产生严重后果，所以必须牢记"兵贵神速"这一兵法格言，强调企业危机管理的时效性。

二、企业危机的类型

企业危机的类型很多，区分企业危机类型有助于针对不同危机类型的特点，做出相应的预防与处理对策，有效地扭转危机局面，改善企业的经营状态。

按危机爆发的剧烈程度和有意与否划分危机，可以做如下表的分类：

危机来源	剧烈的	非剧烈的
自然原因	地震、森林大火	干旱、瘟疫
有意的	恐怖行径（包括产品的擅自改变）	爆炸、敌意接管、内部交易、恶意谣言和其他非法行为
无意的	炸弹爆炸、火灾、毒气泄漏和其他事故	生产过程和产品原因造成的延误、股灾、商业失误

按其他划分标准划分危机，可以做如下表的分类：

分类标准	类型	内容
形成过程	直接危机	指由企业自身的行为不当而导致的企业危机，如调查不深入、策划不得当、计划不周密、传播不真实、实施不得力等
	间接危机	指企业的其他经营行为不当或其他各种危机导致的企业危机，如经营危机、人才危机、资信危机、素质危机、政策危机、事故危机、灾变危机等引起的企业危机
显露程度	显在危机	指已经爆发或爆发的势头已成必然的企业危机
	潜在危机	指尚未表露的仍处于隐藏和潜伏形态的企业危机

续表

分类标准	类 型	内 容
严重程度	一般危机	指仅对企业或其公众起局部影响或轻度危害的企业危机
	严重危机	指对企业造成根本损害或形成致命打击的危机,也称破坏性危机或特别危机
涉及范围	内部危机	指企业的领导、部门和职工之间因组织决策、人际关系、利益分配、环境条件方面的不良因素引发的企业危机
	外部危机	指企业与顾客、供应商、经销商、政府部门、财政部门、信贷部门、新闻媒体及社区公众、竞争对手等因发生某种摩擦、纠纷、矛盾而引发的危机
预防程度	预防类危机	指原因在于企业,发生时能预测并制定对策或能事先设置危机发生之际的对应程序,做好将危机损失减小到最低程度的准备的企业危机
	半预防类危机	指原因在于企业,发生虽能预测,但无法制定像"预防类危机"那样完备的对策,但是能事先设置危机发生之际的对应程序,做好将损失减小到最低限度的准备的企业危机
	非预防类危机	指并非单以企业为对象的,难以预测的突发性危机,在应对危机之际,单靠自己的努力不足以解决问题的企业危机

案例1-1 2006跨国公司在华十大危机

一、案例介绍

1. 宝洁SK-Ⅱ化妆品危机:自以为是

2006年9月15日,国家质检总局在日本SK-Ⅱ品牌的多项化妆品中,查出禁用成分铬和钕,9月21日,宝洁公司开设了专门集中退货的"SK-Ⅱ消费者服务中心",但所有前来退货的消费者都必须和该中心签订一份被指为"霸王条款"的协议书,正文条款还有产品"不存在质量问题"字样。

9月22日,SK-Ⅱ声明,在中国的退货服务中心暂时停止运作。9月25日,在各方压力下,宝洁设立专项退货基金,预计损失超过5000万元,虽然后来质检总局又发出对SK-Ⅱ质量有利的信息,SK-Ⅱ也逐渐恢复销售。但截至 12 月，消费者对 SK - Ⅱ 产品信心仍然不足，专柜销售不畅。

2. 柯达"问题相机"事件：反应迟缓

2006 年年初起，大量消费者通过网络反映柯达 LS443 型数码相机存在黑屏、镜头无法伸缩、曝光过度等质量问题；柯达认为，该产品通过了国家质量检测，不存在质量问题，消费者仅能付费维修或付费升级，而且消费者认为维修价格过高。

有消费者表示，柯达公司在我国台湾地区解决 LS443 型数码相机问题是免费升级换机的。柯达北京办事处回复说，现在用户手中的数码相机均已超过保修期，收费维修符合我国的"三包"规定；消费者中流传的柯达在台湾地区解决 LS443 型数码相机问题是免费维修和升级的传闻是不实的。截至 8 月 17 日之前，柯达公司的意见没有改变。在多次交涉未果后，8 月 22 日，中国消费者协会邀请有关行政部门领导、技术专家、法律专家、新闻记者和消费者代表、经营者代表，就柯达 LS443 型数码相机问题进行投诉调解听证。这是中消协成立 22 年历史上第一次举行投诉调解听证会，但柯达代表没有出席听证会。

2006 年 10 月初，柯达北亚区主席叶莺针对柯达相机质量危机表示："我们做得确实有失妥当，以前的维修工作没有做好，与中消协和消费者出现了沟通不畅。"

3. 博士伦护理液危机：亡羊补牢

2006 年 2 月份开始，关于博士伦公司属下产品——润明护理液可能诱发眼疾的危机陆续在新加坡、马来西亚、中国香港和中国内地爆发，多年来稳健发展的博士伦公司遭遇到少有的产品信任危机。2 月 23 日，博士伦发表声明：暂停在新加坡和中国香港出售润明护理液，但这一举措是出于自愿，并非回收产品。2 月 23 日，上海接报 10 余起隐形眼镜、护理液相关不良反应。同时，北京多家眼镜销售商将博士伦护理液全部下架或暂停了对博士伦护理液的销售。4 月 13 日，北京博士伦宣布，表示可以对进口的美国生产的润明水凝护理液产品实行换货处理。5 月 11 日，博士伦在中国向媒体发布公开声明表示，从即日起自愿在中国停售国产润明水凝护理液产品。

随着调查的深入和时间的推移，在没有明确证据证明博士伦的产品为绝对安全之前，博士伦做出主动承担责任的姿态。博士伦首席执行官罗纳德·扎雷拉估计，此次全球回收行动将使公司损失 5000 万～7000 万美元。虽然付出了牺牲短时市场份额和利润的代价，但此举无疑帮助博士伦最终赢得了消费者的好感。

4. 索尼"问题相机"危机：可圈可点

2006年9月25日起，尼康、佳能等8家数码相机厂商先后宣布由于采用了索尼生产的CCD部件，部分数码相机产品存在质量问题，索尼在网站发布声明，为消费者提供免费维修服务。包括尼康、佳能、奥林巴斯等日系数码相机品牌也都使用了和索尼新增产品问题相机一样的CCD，日系数码相机企业新一轮的危机即将全面爆发。

索尼为免费更换元器件提供了完善补救措施。索尼方面表示：更换元器件公告5年内有效，而且对于前述原因导致的采取收费维修的用户，索尼将返还当时的维修费用。维修费用返还的措施在公告发布后6个月内有效。

5. 富士康血汗工厂事件：不知者无畏

"富士康"事件缘起于6月14日英国《星期日邮报》《女工日工作15小时月薪三百》的报道，随后中国的《第一财经日报》于6月15日刊发记者王佑的深度报道：《员工揭富士康血汗工厂黑幕：机器罚你站12小时》，揭露了苹果的代工厂商富士康在深圳工厂中存在"虐工"的"血汗工厂"。

苹果方面立即派遣了调查小组进行彻底的调查，富士康的母公司于6月19日称"劳工门"报道诬陷。同时富士康开始展开调查。8月19日，富士康发布调查结果称未强制加班；8月26日，富士康回击媒体，并发出对记者王佑和编委翁宝高达3000万的索赔，同时提出诉讼保全要求法院冻结二人财产。随后富士康又追加《第一财经日报》为被告。虽然日后富士康撤销对《第一财经日报》诉讼，双方发布联合声明，并互致歉意，解决了本来的危机，但是"富士康"面临来自媒介声讨的新危机。

6. 戴尔笔记本爆炸：屋漏偏遭连阴雨

2006年年初，来自英国的媒体消息称，一台戴尔笔记本电脑突然爆炸起火，所幸并未有人员伤亡。消息在媒体、消费者中引起了巨大的反响。戴尔陷入了"质量门"危机旋涡中，而且随后戴尔笔记本又发生了四次爆炸事件。

稍早时候，因出售的笔记本芯片与广告不符，戴尔公司在多个国家成了被告，被称为戴尔"换芯门"事件。2006年8月，消费者发现戴尔中国网站标错了一款服务器的售价，有不少网友对这款标错价格的机器下了订单，但戴尔公司最后却不愿按网上报价兑现承诺。

"换芯门"、"电池门"、"报价门"等一系列事件还没有圆满收场，戴尔再次遭遇了高层"跳槽门"。

7. 芝华士"风波"：得失参半

2006年1月20日，《国际金融报》刊登的一篇题为《芝华士12年："勾

兑"了多少谎言》的报道，掀开了狗年中国洋酒市场第一场品牌信任危机
——"芝华士风波"拉开序幕。

一连串的极具挑战性的发问，将远离普通消费群体的洋酒奢侈品芝华士拉
下神坛，一时间，芝华士成本谎言通过网络、报纸、电视、电台等传媒迅速传
播扩散至全国。

1月25日，苏格兰威士忌协会、保乐力加（中国）贸易有限公司和保乐
力加集团下属的英国芝华士兄弟有限公司于上海举行联合记者招待会，众多高
层人物到场接受记者询问。

同时，苏格兰威士忌协会、欧盟和英国驻华官员的现身说法，从行业协会
和政府组织的两个层面表达了对芝华士的明确支持。

8. 家乐福伪劣产品：沟通缺失

4月19日，《京华时报》报道，2005年12月，路易威登马利蒂（法
国）公司举报家乐福销售假冒其品牌的女包；随后，上海市工商局普陀分
局查获其中37件涉嫌仿冒LV品牌的女包。路易威登将家乐福告上法庭，
要求其支付赔偿金50万元以及因侵权而产生其他费用约11.9万元。家乐
福方面的解释令人称奇：供货商买了地摊货。

2006年5月29日，《华夏时报》刊载消费者投诉文章，称"在家乐
福超市方圆店盛咸鱼干的玻璃柜里，有上百条蠕动的虫子"。之后，同样
是由《华夏时报》5月30日曝光，北京家乐福双井店售卖"2007年"产
的面包并有异味，导致消费者对家乐福食品安全的连锁投诉。

2006年，家乐福危机事件频生，其实，2006年之前的家乐福亦不安生，
先后被媒体曝光进场费风波、出售假冒超女VCD、假茅台、病虫害疫区水果
等危机事件。

9. 丰田锐志漏油事件：得不偿失

2006年年初，一批锐志车主发现油底壳出现不同程度的渗漏，此前曾陆
续有皇冠车主称其发动机存在机油渗漏问题。随着网络上统计的问题车辆数量
增加，丰田漏油事件开始冒头。2006年4月，锐志漏油事件爆发后，一汽丰
田曾于5月17日发布声明称："REIZ锐志是在发动机装配过程中由于装配工
艺问题，导致部分车辆在使用过程中出现机油渗出问题。原因是油底壳的黏着
剂涂抹面上，粘到了不纯净物，从而导致黏着性能降低。"

天津车主李宏宇因发动机维修后出现二次渗漏，将一汽丰田经销商天津华
苑丰田告上法庭，同时汽车生产厂天津一汽丰田作为第二被告负连带责任，锐
志车主与天津一汽正式对簿公堂。6月29日，一汽丰田汽车销售公司在京宣

布，从 7 月 17 日起，对锐志、皇冠开展免费入厂检修活动，并将这些车辆发动机渗油项目的保修期延长一倍。同时，一汽丰田还通过浙江省消费者协会，就渗油问题向用户致歉。

10. 芬达、美年达致癌风波：化险为夷

2006 年 2 月 22 日，新西兰一家网站刊登消息称，芬达汽水、美年达橙汁等软饮料，可能构成致癌危险。

旋即，当地时间 3 月 2 日，英国食品标准局在其官方网站公布的消息中，证实了新西兰的说法。两则消息迅速传入国内，一时间各大媒体纷纷报道，又一起食品安全危机来临。3 月 7 日，中国饮料工业协会对"饮料含苯问题"首次正式做出回应，称不会对公众健康造成威胁。

同时，针对引起广泛关注的"少数含有维生素 C 及苯甲酸钠的饮料中存在苯"的消息，国家质检总局共对进口及国内生产销售的 170 多批次软饮料产品完成了检验，结果显示，所有样品苯含量均未超过相关规定。至 3 月 13 日，国内已经鲜有媒体再进行追踪报道。

（资料来源：http：//finance. qq. com/a/20070321/000191. htm）

二、案例分析

从 2001 年至 2006 年 12 月，跨国公司在中国市场遭遇到的危机多达 100 起以上，造成的损失也达到 100 亿元人民币以上。进入 2006 年，宝洁（PG）的 SK－Ⅱ危机、柯达（Kodak）相机质量危机、富士康"血汗工厂"危机事件等掀起了一个新的"高潮"。危机事件处理优秀的公司都是类似的，不幸的企业却各有各的不幸。加入世界贸易组织五年来，跨国公司在中国市场遭遇了前所未有的危机，是它们在对中国加入世界贸易组织后的不适应，对中国文化的不理解，还是对中国国情的不了解，或是另有原因？这从一个侧面也说明，当今世界危机是普遍存在的，企业稍不留神就将陷入危机之中，危机意识是再怎么强调也不过分的！

危机事件处理优秀的公司都是类似的，那就是遵从了"5P"原则：

1. 端正态度（Perception）：态度决定一切。

2. 防范发生（Prevention）：优秀的危机管理企业都有良好的危机预案和危机预警机制。

3. 时刻准备（Preparation）：面对可能出现的危机事件和危机事件爆发后出现的可能情况，有计划、有步骤地做出各种准备策略。

4. 积极参与（Participation）：危机爆发后，企业应该本着一种积极态度处理危机事件，而不是逃避责任或者推诿。

5. 危中找机（Progression）：危机处理的最高境界是能把"危"变成"机"，从中获利或者得以提升。

我们可以运用"5P"原则对这十大危机事件进行分析，我们希望在华的跨国公司一路走好。

三、思考·讨论·训练

1. 请运用"5P"原则对这十大公司的危机事件进行分析。
2. 请为宝洁公司的 SK-Ⅱ危机事件处理提出建议。
3. 在"问题相机事件"中，柯达采取的哪些措施值得商榷？
4. 请评价博士伦公司危机处理过程中的得失。
5. 索尼公司危机处理中有哪些经验值得借鉴？
6. 富士康在碰到危机之后应该如何处理？请谈谈你的看法。
7. 戴尔公司为何危机不断？谈谈你的看法。
8. 芝华士产品危机的处理可谓"得失参半"，请做出具体分析。
9. 应建立怎样的机制避免家乐福伪劣产品危机事件的发生？
10. 从丰田锐志漏油事件中我们应吸取哪些教训？
11. 芬达、美年达致癌风波化险为夷的关键是什么？

案例 1-2　摩托罗拉"铱星计划"的失败

一、案例介绍

铱星系统是美国摩托罗拉公司设计的全球移动通信系统。它的天上部分是运行在 7 条轨道上的卫星，每条轨道上均匀地分布着 11 颗卫星，组成了一个完整的星座。它们就像化学元素铱原子核外的 77 个电子围绕其运转一样，因此被称为铱星。后来经过计算证实，6 条轨道就够了，于是，卫星总数减少到 66 颗，但仍习惯称为铱星。

铱星通过南北极运行在 780 千米的轨道上，每条轨道上除布星 11 颗外，还多布一两颗作为备用。这些卫星可以覆盖全球，用户用手持话机直接接通卫星进行通信，就可以进行全球范围内的通话了。

铱星系统是美国于 1987 年提出的第一代通信星座系统，每颗星质量 670 千克左右，功率为 1200 瓦，采取三轴稳定结构，每颗卫星的信道为 3480 个，服务寿命5～8年。铱星系统的最大特点是，通过卫星之间的接力来实现全球通信，相当于把地面蜂窝移动电话系统搬到了天上。它与目前使用的静止轨道卫星通信系统相比有两大优势：一是轨道低，传输速度快，信息损耗小，通信质量大大提高；二是铱星系统不需要专门的接收站，每部移动电话都可以与卫星联络，这就使地球上人迹罕至的不毛之地、通信落后的边远地区、自然灾害现场陡变得畅通无阻。所以说，铱星系统开始了卫星通信的新时代。

当时，摩托罗拉公司投资4亿美元建立了铱星公司。这是一个单独的公司，摩托罗拉拥有25%的股份和董事会上28席中的6席。这样，铱星公司在摩托罗拉公司为后盾的情况下，于1998年将铱星首次投入使用。

但是在两年后，铱星计划却失败了，摩托罗拉为此付出了超过100亿美元的代价。这是怎么回事呢？

尽管全球无线通信的先驱摩托罗拉公司早在第二次世界大战时期就已能提供无线电传输方式的电话机，但让人们最先体验到全球范围无障碍地进行相互交流来临的，应该算是海事通信卫星。因为"泰坦尼克号"游轮冰海沉船太过惨烈，也因为过于简单的"SOS"已无法承受生命之重。

1979年，由40多个国家的相关公司和机构合资成立了国际海事卫星组织，后改名为国际移动卫星系统。这种系统由位于地球同步轨道的4颗卫星组成，接入设备采用国际移动卫星系统终端，由于国际移动卫星系统设备是船舶注册的强制性标准之一，再加上陆上和空中的用户，国际移动卫星系统拥有8万多用户。但由于使用的是同步卫星，无法覆盖南北两极地区，而且终端设备较大，因此，它还不能说是全球移动通信系统。

而真正已实施或正在实施的全球移动通信系统有铱星系统、全球星系统和ICO全球通信公司的ICO系统。从轨道上看，铱星和全球星均属低轨卫星，而ICO属于中轨卫星。低轨卫星具有路径损耗小（收发机功率低）、通信延迟时间短、包括两极在内的全球范围覆盖、用户使用方便等优点。但由于轨道低导致卫星数量多，运行寿命短，从而带来管理和维护问题，易造成经济上的压力。

即使同为低轨卫星的铱星和全球星也各不相同。全球星采用的是弯管式转发，卫星犹如一面镜子，只是简单地将信号增益后，将信号加在下行带中，再反射到地面关口站，由地面关口站完成所有的交换和转发。采用这种方式的卫星比较简单，大部分维护工作也在地面完成，但要求地面关口站较多。而铱星采用的是星间链路，它具有信息传输延时短、对地面关口站要求少（更为有效的全球覆盖），但卫星复杂、维护量大，导致制造和运营成本高。

铱星公司为"铱星计划"投入了巨大的研发费用和建设系统费用，铱星背上了沉重的债务负担，整个铱星系统耗资达 50 亿美元，每年仅系统的维护费就要几亿美元。除了摩托罗拉等公司提供的投资和发行证券筹集的资金外，铱星公司还举借了约 30 亿美元的债务，每月光是利息债务就达 4000 多万美元。从一开始，铱星公司就没有喘过气来，一直与银行和债券持有人等组成的债券方集团进行债务重组的谈判，但双方最终未能达成一致。

1999 年 8 月，由于铱星的债权方集团向纽约联邦法院提出了迫使铱星公司破产改组的申请，加上无力支付两天后到期的 9000 万美元的债券利息，铱星公司被迫于同一天申请破产保护。2000 年 3 月 18 日，铱星背负 40 多亿美元债务正式宣布破产。

（资料来源：http://zhidao.baidu.com/question/7751699.html；盘和林主编：《哈佛危机管理决策分析及经典案例》，人民出版社 2006 年版）

二、案例分析

"铱星计划"是一个空前绝后的创新构想，在它还没有完成之前，谁也不敢说一定会成功或失败，在它失败后，谁也不敢说原有的创新构想是错误的。但从失败的原因来看，"铱星计划"违反了市场规律的客观性，导致了"铱星计划"最后的失败。

"铱星"的确是个好东西，但投入的成本太大，它把摩托罗拉压得喘不过气来，也导致了"铱星"所必然要承受的昂贵的价格，同时也决定了它的普及是一个最大的问题。由于太大的投入，必然导致摩托罗拉急功近利、服务跟不上，给用户留下差劲的印象，这种差劲的服务给用户留下的印象对于铱星公司来说是灾难性的。正如米尔顿·科特勒教授所说："摩托罗拉的铱星业务注定要失败——从技术、生产、广告到销售的整个过程中，居然没有听到半点客户声音。"

此后，新崛起的竞争对手——蜂窝电话又给铱星公司以致命的打击。蜂窝电话的覆盖面积与铱星是无法相比的，但它的价格优势弥补了这一缺陷。可以说，好的产品不一定有好的市场，从科学技术转化为生产力时，不仅要考虑它的科技价值，也要考虑它的商业价值。这就是为什么如今的投资者在营销决策前十分看重要有一个完善的"商业计划"的原因所在。

企业的竞争是市场的竞争，市场的竞争是终端的竞争，终端制胜是市场制胜的根本所在。市场营销作为一门实用科学必须遵从于市场规律。从科学的角度出发，开发市场不是无序的，根据研究，有不少新产品上市之所以失败，是因为选错了销售市场。他们开发市场不是从企业的市场战略出发，也不是从市场实情出发，而是猛冲直撞，打哪儿是哪儿。特别是在新品上市阶段，企业认为到处都可以做市场，这实在是一种认识错误。在市场一片空白时，选择就变得尤为重要。

企业的管理存在一些基本的定律。对于企业管理者来说，无论应用什么现代企业管理理论，都必须首先遵循而不是违背这些基本定律，以它们为战略起点，只有这样，企业才具备基本的安全性，才能避免重蹈危机覆辙。

三、思考·讨论·训练

1. 请总结一下摩托罗拉"铱星计划"失败的原因。

2. 摩托罗拉"铱星计划"的失败属于典型的营销危机，这一案例对我们有哪些启示？

3. 企业应该建立怎样的决策机制，才能避免危机的发生？

案例 1-3 在危机中求生存的瑞航

一、案例介绍

瑞士航空公司（以下简称"瑞航"）于 1931 年成立，曾经是世界上最佳的航空公司之一。机尾上那红色背景下醒目的白"十"字标志曾经是安全与优质服务的象征，它也是国际航空运输协会（IATA）1945 年成立时 275 名会员公司之一。

然而，随着世界航空业的发展以及国际航空市场竞争的加剧，在美、英、德等国的航空公司逐渐称雄世界的同时，瑞航的地位一落再落。为在国际航空市场上获得立足之地，瑞航的最高决策者们一直在寻找自身发展的机会。

1995 年，法国政府对本国航空市场实行全面自由化，这意味着，长期处在政府扶持下的法国航空公司的垄断地位被打破。法国是欧洲最大的航空市场，欧洲许多航空公司对这块"奶酪"垂涎已久。此时，瑞航的最高决策者们认为机会来了，于是，瑞航接连收购了法国三家最大的地方航空公司49.5% 的股份，以期成为在法国市场与法航比肩的航空业巨头。以此为起点，瑞航开始了一次"并购浪潮"。从 1996～2000 年夏天，瑞航接连收购了比利时的 Sabena（瑞航公司和比利时国航同为比航 Sabena 的两大股东，比利时国航占比航 50.5% 的股份，瑞航占 49.5%）、德国的 LTU、波兰的 LOT 等 10 多家航空公司。1997 年年底，瑞士航空集团（以下简称瑞航集团）正式成立。

　　瑞航集团在 2000 年 8 月开通了属于自己的在线旅行社。2001 年 4 月 1 日开始，瑞航和比利时的 Sabena 航空公司都可以提供北美与南美地区前往苏黎世和布鲁塞尔的电子客票。这两家公司都使用 Brightware 提供的基于网络的电子客户支持软件来处理线上的客户需求。

　　与决策者们的预期相反，持续数年的"并购浪潮"并未给瑞航带来盈利和发展，却反而埋下了深刻的危机隐患，扩张的过快与无度造成成本资金急剧消耗，致使瑞航元气大伤。更糟糕的是，集团包括瑞航自身在内的各航空公司几乎无一盈利，而其中的法国公司和比利时公司的亏损则最为严重。瑞航每月仅投入法国三家公司的支出便高达 8000 万瑞士法郎。比航 Sabena 1999 年净亏损 1400 万欧元，2000 年净亏损达到 3.3 亿欧元。

　　是什么原因造成瑞航产生种种危机呢？很多人认为，盲目扩张是造成瑞航危机的直接原因，这是一个典型的高层决策失误。

　　我们仅以兼并法国三家航空公司为例来分析，瑞航决策人在制订计划时显然忽略了法国的特殊性。首先，法国的工会组织极为活跃。对于瑞士人的侵入，民族观念颇深的法国人本就耿耿于怀，一旦出现劳资纠纷，法国工人们就会选择罢工。法国人频频罢工所造成的航班延误、服务质量下降直接影响到瑞航的声誉。

　　另一个原因就是，法国航空市场虽已实行自由化，但法国政府仍是法航的最大股东。无论从政策还是在财政方面，法航都从政府那里享受到特别优惠。例如，瑞航属下的三家法国航空公司的班机不得在法国最大机场戴高乐机场起降，而只能选择交通不便的巴黎奥利机场。

　　比航 1923 年 5 月成立，当时主要经营从比利时至其在非洲殖民地的航线，资金由国家出，亏损由国家承担。1990 年比航亏损 50 亿比郎，比议会为此通过一项法案，决定将其改为私营企业，扩大其自主权，由董事会负责。1992 年比航同法航联姻，法方持股 37.5%，注入资金 60 亿比郎，比政府投入 90 亿比郎，并宣布今后不再插手，要将比航股票上市，向私有投资者开放，但比航法航联姻最终以破裂告终。

　　在这种情况下，瑞航同比利时政府于 1995 年达成协议，出资 100 亿比郎，参股 49.5%。比利时政府虽然是控股大户，但却基本撒手不管。瑞航不仅实际控制了比航的经营权，还得到在欧盟成员国领空的飞行权。在 1996 年亏损 90 亿比郎的情况下，瑞航仍然订购了 34 架空中客车，扩展航线，加重了比航的财政困难，也为瑞航自己的悲惨结局埋下了伏笔。

　　瑞士经济专家还对瑞航的企业结构提出质疑。他们认为，瑞航的问题充分暴露出瑞士股份公司结构的不规范性。瑞士股份公司的最高机构一般为管理委员会，缺乏如监事会或股东大会等有效监督机制，这使得"暗箱操作"难以避免。另外，委员会的成员大多都在政界，进一步加重了有效监督的困难性。

2000年，瑞航集团遭受严重亏损后引起了瑞士政府的高度关注，因为航空业是瑞士国民经济的重要部门，危机如不能及时得以解决，不仅会波及其他产业，同时大幅度裁员还将带来严重的社会后果。

2001年3月中旬，原雀巢公司财务总监马里奥·科尔蒂跳槽瑞航，接任集团管理委员会主席一职并兼任首席执行官。

科尔蒂走马上任不久，即开始了对瑞航进行一系列彻底的整顿。他认为，目前瑞航的最大问题是摊子过大所造成的资金严重不足，因此，缩小公司规模、迅速回收资金是扭转瑞航危机局面的首要问题。与瑞航前几年的"大购并"相反，科尔蒂制定了一系列"销售"计划，将原集团下属的一些企业转手出去，从而获得公司整顿所急需的资金。

2001年7月12日，科尔蒂宣布，瑞航公司在今后18个月内将出售价值30亿瑞士法郎（1瑞士法郎约合0.56美元）的资产。这些资产主要包括飞机和该公司在伽利略订票系统公司的股份及其他种类的资产。

根据科尔蒂的设想，最迟到2003年，将恢复瑞航传统的小而精的特色，以优质到位的服务使公司实现扭亏为盈。但专家们认为，即使恢复到其原有的规模，瑞航仍然前途渺茫。在当前国际航空市场上，瑞航已无优势可言，其原来在中、东欧和非洲航线上的优势，早已为法航等航空公司所打破。

而2001年9月11日美国遭受恐怖袭击事件更是让瑞航濒临破产。所幸的是，政府从来就没有放弃瑞士航空，官员们开始在不同场合下表明坚决支持瑞士航空的意愿。而瑞士联合银行、瑞士信贷集团与瑞士航空持久的谈判也有了眉目，并于2001年10月1日达成重组协议。

根据协议，瑞士联合银行、瑞士信贷集团将按51∶49的比例向瑞士航空公司的母公司瑞士航空集团提供共计13.6亿瑞士法郎的援助。其中，两银行将以2.6亿瑞士法郎的价格从瑞士航空集团手中收购其对十字航空70.4%的持股，而瑞士航空公司2/3以上可盈利的飞行业务将在2001年10月28日以后并入十字航空。十字航空原本是隶属于瑞士航空集团，因运营成本较低而被寄予迅速脱困的希望，在此协议执行后它将取代瑞士航空公司在瑞士的旗舰航空公司地位。

2001年11月底，新的瑞士国家航空公司在巴塞尔诞生。瑞士国家与各州当局通过增资方式，在新的瑞士国家航空公司中拥有重要比例的资本额，它们与瑞士的两家大银行——瑞士联合银行和瑞士信贷集团一起，成为公司的大股东。

虽然这场危机逐步在化解，但这场危机的影响早已跨出了国界，比利时航空也成为其受害者之一。

（资料来源：《瑞航——危机中求生存》，《北京青年报》2001年4月19日；宏鑫：《瑞士航空如何了此余生》，《中国经营报》2001年10月16日）

二、案例分析

有人认为，企业规模扩大就是在提高企业的规模效益，殊不知，"规模经济"是有条件的，如果盲目扩张，企业的成本结构可能会出现经济学上的"微笑曲线"，即随着产量的增加，成本不但不会继续下降，反而开始升高。瑞士航空公司的危机是典型的由于企业过度扩张导致的企业财务危机，它使企业处于破产的边缘。这里主要从危机管理的角度对其加以分析。

1. 对危机风险评估不足。瑞士航空公司在兼并了法国三家航空公司之后，又接连兼并了比利时的 Sabena、德国的 LTU、波兰的 LOT 等 10 多家航空公司。首先，瑞士航空公司在继续兼并过程中并未充分考虑其财务能力，以及因此引起的财务结构变化，从而加大了企业的财务危机风险。其次，瑞士航空公司没有对兼并企业重组中遇到的问题给予充分的评估。由于文化和观念的差异、工会的活跃等情况，使瑞航兼并法国航空公司后面临着更大的财务危机风险。

2. 缺乏有效的危机预警系统。随着瑞士航空公司兼并行为的逐步展开，企业财务结构发生了变化，兼并重组过程中出现了种种问题，服务质量下降导致了客源的流失，这些信息应该是相当充分的。因为瑞航的兼并历程从 1996 年开始至 2000 年为止，历时 4 年之久。只要加以重视，就会意识到危机的征兆。在这 4 年的兼并过程中，如果企业的危机预警系统是有效的，就能够根据所收集到的信息，及时向瑞士航空公司的高级管理者发出警报，而不会出现无视危机风险继续兼并的局面，最终收购的航空公司竟有十几家。如果瑞航具有健全的危机预警系统，至少会相应地减少收购的数量，瑞航的财务状况就不会出现如此糟糕的局面，也为后来马里奥·科尔蒂实行收缩战略和撤出投资降低难度。因为卖出任何一国的航空公司都可能给该国带来大量的失业，给瑞士造成严重的政治影响。

3. 对危机反应的重要性排序不合理。马里奥·科尔蒂首先采取收缩战略不是很合理，当然收缩战略非常重要，但当务之急是要提高公司员工、利益相关者和社会公众对瑞士航空公司危机管理能力的信心，使他们相信瑞士航空公司有能力解决危机，而且非常有诚意保护他们的利益，尽量减少危机给他们造成的损失。如果科尔蒂能提高他们对瑞航危机管理能力的信心，处理过程中的阻力就会减少，会得到更多的支持。

以上种种原因造成了此次瑞航的危机事件。

三、思考·讨论·训练

1. 瑞航为摆脱危机，得到了本国政府和银行的支持，你认为还有哪些与瑞航存在共同的利益关系的公众？为摆脱危机，瑞航应如何争取他们的支持？

2. 瑞航在危机处理过程中，没有抓住哪些危机中的"机会"？

3. 企业如何从根本上避免类似瑞航所遇到的危机？

案例 1-4　巴林银行栽在"毛头小伙"手里

一、案例介绍

1763 年，弗朗西斯·巴林爵士在伦敦创建下巴林银行，它是世界首家"商业银行"，既为客户提供资金和有关建议，自己也做买卖。当然它也得像其他商人一样承担买卖股票、土地或咖啡的风险。出于经营灵活变通、富于创新，巴林银行很快就在国际金融领域获得了巨大的成功。巴林银行的业务范围十分广泛，无论是到刚果提炼铜矿，从澳大利亚贩卖羊毛，还是开掘巴拿马运河，巴林银行都可以为之提供贷款，但巴林银行有别于普通的商业银行，它不开发普通客户存款业务，故其资金来源比较有限，只能靠自身的力量来谋求生存和发展。

1803 年，美国从法国手中购买南部的路易斯安那州时，所有资金都出自巴林银行。尽管当时巴林银行有一个强劲的竞争对手——一家犹太人开办的罗斯切尔特银行，但巴林银行仍是各国政府、各大公司和许多客户的首选银行。1886 年，巴林银行发行"吉尼士"证券，购买者手持申请表如潮水一样涌进银行，后来不得不动用警力来维持，很多人排上几个小时后，买下少量股票，然后伺机抛出，等到第二天抛出时，股票价格已涨了一倍。20 世纪初期，巴林银行十分荣幸地获得了一个特殊客户：英国皇室。由于巴林银行的卓越贡献，巴林家族先后获得了 5 个世袭的爵位。这可算得上一个世界纪录，成为奠定巴林银行显赫地位的基础。

然而，1995 年 2 月 27 日，英国中央银行突然宣布：巴林银行因遭受巨额损失，无力继续经营而破产。从此，这家有着两百多年经营史和良好业绩的老牌商业银行在全球金融界消失了。目前该银行已由荷兰国际银行保险集团接管。

那么，这样一家业绩良好而又声名显赫的银行，为何在顷刻之间遭到灭顶之灾？

从制度上看，巴林银行最根本的问题在于交易与清算角色的混合。主管前台交易与负责后台统计由一人负责，这是导致巴林银行千里之堤溃于一旦的最为关键的原因。也就是内部监控的空白直接导致了巴林银行的破产。尼克·里森就是导致巴林银行倒闭的罪魁祸首。

1992 年，尼克·里森前往新加坡，任巴林银行新加坡期货交易部兼清算部经理，既主管前台交易又负责后台统计。作为一名交易员，里森本来应有的工作是代表巴林客户买卖衍生性商品，并代替巴林银行从事套利这两种工作，基本上没有太大的风险。不幸的是，里森却一人身兼交易与清算二职。如果里森只负责清算部门，那么他就没有必要，也没有机会为其他交易员的失误行为瞒天过海，也就不会一错再错而导致巴林银行倒闭的局面。

当巴林银行遭到 5000 万英镑的损失时，银行总部派人调查里森的账目。事实上，每天都有一张资产负债表，每天都有详细的记录，从其中可以看出里森的问题。即使是月底，里森为掩盖问题所制造的假账，也极易被查出问题——如果巴林银行真有严格的审查制度。

从人力资源管理角度来看，巴林银行对里森的任命和绝对的信任，导致了巴林银行对里森行为的绝对信任和放纵，这也就必然导致对里森行为的监控空白。这也是巴林银行一夜之间忽然倒闭的深层原因。

诚然，里森是为巴林银行的盈利和发展曾经有过卓越的贡献，他在 1993 年为公司赚了 1400 万美元。对于这样的能人，巴林银行理所当然要重用，这是没有任何异议的。但是，问题在于它违背了"人是靠不住的"这条管理学的戒律，绝对的权力产生绝对的腐败，不幸在巴林银行的身上又一次得到应验。当然，应验的代价就是这家有过光荣历史银行的崩溃。

巴林银行太相信里森了，并期待他为巴林银行套利赚钱。在巴林银行破产的两个月前，即 1994 年 12 月，于纽约举行的一个巴林金融成果会议上，250 名在世界各地的巴林银行工作者，还将里森当成巴林银行的英雄，对其报以长时间热烈的掌声。但里森的能力也是一把双刃剑，里森是精通电脑系统的专家，曾经到东京分行处理过电脑不显示交易的问题，知道如何使自己的交易避开电脑监督；同时他还精通财务报表，知道如何来对付财务的审计和调查。再加上总行对他的绝对信任，使得里森有机会也有能力去冒巨大的风险，最终导致了巴林银行的彻底崩溃。

尼克·里森去巴林银行工作之前，他是摩根斯坦利银行清算部的一名职员，进入巴林银行后，由于他富有耐心和毅力，善于逻辑推理；能很快地解决以前未能解决的许多问题，使巴林银行的工作有了起色。因此，1992年，巴林银行总部决定派他到新加坡分行成立期货与期权交易部门，并出任总经理。

当时，里森在新加坡任期货交易员时，巴林银行原本有一个账号为"99905"的"错误账户"，专门处理交易过程中因疏忽所造成的错误。这原是一个金融体系运作过程中正常的"错误账户"。1992年，伦敦总部全面负责清算工作的哥顿·鲍塞给里森打了一个电话，要求里森另外再设立一个"错误账户"，记录较小的错误，并自行处理在新加坡的问题，以免麻烦伦敦总部的工作。于是里森马上找来了负责清算的利塞尔，向她咨询是否可以另立一个账户。很快，利塞尔就在电脑里键入了一些命令，问他需要什么账号。在中国文化里"8"是一个非常吉利的数字，因此里森以此作为他的吉祥数字。由于账号必须是五位数，这样账号为"88888"的"错误账户"便诞生了。

几周之后，伦敦总部又打来电话，总部配置了新的电脑，要求新加坡分行还是按老规矩行事，所有的错误记录仍由"99905"账户直接向伦敦报告。"88888"的"错误账户"刚刚建立就被搁置不用了，但它却成为一个真正的"错误账户"存于电脑之中。而且总部这时已经注意到新加坡分行出现的错误很多，但里森都巧妙地搪塞而过。"88888"这个被人忽略的账户，提供了里森日后制造假账的机会。如果当时取消这一账户，那么巴林银行也许就不会倒闭了。

1992年7月17日，里森手下一名加入巴林银行仅一星期的交易员犯了一个错误：当客户（富士银行）要求买进日经指数期货合约时，此交易员误为卖出。这个错误在里森当天晚上进行清算工作时被发现，按当日的收盘价计算，其损失为2万英镑，本应报告伦敦总部。但在种种考虑下，里森决定利用错误账户"88888"掩盖这个失误。然而，如此一来，里森所进行的交易便成了"业主交易"，使巴林银行在这个账户下暴露在风险部位。数天之后，由于日经指数上升，此空头部位的损失便由2万英镑增为6万英镑了（注：里森当时年薪还不到5万英镑）。此时里森更不敢将此失误向上呈报。

在1993年下半年，接连几天，每天市场价格破纪录地飞涨1000多点，用于清算记录的电脑屏幕故障频繁，无数笔的交易入账工作都积压起来。因为系统无法正常工作，交易记录都靠人力，等到发现各种错误时，里森在一天之内的损失便已高达将近 170 万美元。在情况十分危急的情况下，里森决定继续隐瞒这些失误。

1994 年，里森对损失的金额已经麻木了，"88888" 账户损失，由 2000 万、3000 万英镑，到 1994 年 7 月已达 5000 万英镑。事实上，里森当时所做的许多交易，是在被市场走势牵着鼻子走，并非出于他对市场的预期如何。他已成为被其风险部位操作的傀儡。他当时能想的是，哪一种方向的市场变动会使他反败为胜，能补足 "88888" 账户的亏损，便试着影响市场往哪个方向变动。后来里森在自传中这样描述："我为自己变成这样一个骗子感到羞愧——开始是比较小的错误，但现已整个包围着我，像是癌症一样……我的母亲绝对不是要把我抚养成这个样子的。"

巴林银行倒闭的消息震动了国际金融市场，各地股市也受到不同程度的冲击，英镑汇率急剧下跌，对马克的汇率跌至历史最低水平。但由于巴林银行事件终究是个孤立的事件，对国际金融市场的冲击也只是局部的、短暂的，不会造成灾难性的后果。不过，就巴林银行破产事件本身来说则是教训深刻的。

（资料来源：汪中求：《细节决定成败》，新华出版社 2004 年版）

二、案例分析

透视整个巴林银行集团破产危机事件，我们得到如下启示：

1. 制度漏洞是最大的潜伏危机。从制度上看，巴林银行最根本的问题在于交易与清算角色的混淆。一般银行都许可其交易员持有一定额度的风险部位，但为防止交易员在其所属银行暴露出过多的风险，这种许可额度通常定得相当有限。而且通过清算部门每天的结算工作，银行对其交易员和风险部位的情况也可予以有效了解并及时掌控。但不幸的是，里森却一人身兼交易与清算二职。事实上，在里森抵达新加坡前的一个星期，巴林内部曾有一个内部通讯，对此问题可能引起的大灾难提出关切。但此关节却被忽略，以至于里森到职后，同时兼任交易与清算部门的工作。如果里森当时只负责清算部门，那么他便没有必要也没有机会为其他交易员的失误行为瞒天过海，也就不会造成最后不可收拾的局面。

在损失达到 5000 万英镑时，巴林银行曾派人调查里森的账目。事实上，每天都有一张资产负债表，每天都有明显的记录，可看出里森的问题，即使是月底，里森为掩盖问题所制造的假账，也极易被发现——如果巴林真有严格的审查制度。当时，里森假造花旗银行有 5000 万英镑存款，但这 5000 万已被挪用来补偿 "88888" 账户中的损失了。巴林银行查了一个月的账，却没有人去查花旗银行的账目，以致没有人发现花旗银行账户中并没有 5000 万英镑的存款。

关于资产负债表，巴林银行董事长彼得·巴林曾经在 1994 年 3 月有过一段评语，他认为资产负债表没有什么用，因为它的组成，在短期间内就可能发生重大的变化，因此，彼得·巴林说："若以为揭露更多资产负债表的数据，就能增加对一个集团的了解，那真是幼稚无知。"对资产负债表不重视的巴林董事长付出的代价之高，也实在没有人想象得到！

最令人难以置信的，便是巴林银行在 1994 年年底发现资产负债表上显示 5000 万英镑的差额后，仍然没有警惕到其内部控管的松散及疏忽。在发现问题至其后巴林银行倒闭的两个月时间里，很多巴林的高级及资深人员曾对此问题有过询问，更有巴林银行总部的审计部门正式加以调查。但是，这些调查都被里森以极轻易的方式蒙骗过去。里森对这段时期的描述为："对于没有人来制止我的这件事，我觉得不可思议。伦敦的人应该知道我的数字都是假造的，这些人都应该知道我每天向伦敦总部要求的现金是不对的，但他们仍旧支付这些钱。"

另一个值得注意的问题是，在 1995 年 1 月 11 日，新加坡期货交易所的审计与税务部已经发函给巴林总部，提出他们对维持"88888"账户所需资金问题的疑虑，但银行总部并未给予重视。

2. 恣意信任是危机发生另一个重要原因。从金融伦理角度而言，如果对所有参与"巴林事件"的金融从业人员评分，都应不及格。尤其是巴林银行的许多高层管理者，完全不去深究可能存在的问题，而一味地相信里森，并期待他为巴林套利赚钱。尤其具有讽刺意味的是，在巴林银行破产的两个月前，即 1994 年 12 月，在纽约举行的一个巴林金融成果会议上，250 名在世界各地的巴林银行工作者，还将里森当成巴林的英雄，对其报以长时间热烈的掌声。

事后里森说："有一群人本来可以揭穿并阻止我的把戏，但他们没有这么做。我不知道他们的疏忽与犯罪级的疏忽之间界限何在，也不清楚他们是否对我负有什么责任。但如果是在任何其他一家银行，我是不会有机会开始这项犯罪的。"

三、思考·讨论·训练

1. 巴林银行倒闭的原因究竟是什么？
2. 巴林银行的倒闭事件对企业财务危机管理有哪些启示？
3. 企业如何加强内部管理以防范类似危机的发生？

案例 1 – 5　火石轮胎公司遭遇米其林

一、案例介绍

美国火石轮胎制造公司（以下简称"火石轮胎公司"）是由哈韦创立的，自创立 80 年以来，连续保持着良好的业务增长势头，位居美国轮胎制造业的头把交椅，并且将其竞争对手固特异公司远远地甩在后头。

后来，火石轮胎公司面对以"子午线轮胎"争天下的法国米其林轮胎制造公司的挑战，并没有无动于衷，而是心急火燎地对自己的"看家产品"——传统轮胎进行更新换代，以求速战速决，把世界轮胎制造业的"初生牛犊"斩落马下，力保自己在世界轮胎制造业的霸主地位。

可是，火石轮胎公司怎么也理不清改革创新与保持传统两者之间的辩证关系，既想从改革的创新中捞足好处，又想吃保持传统的老本，结果却事与愿违地在"改革传统两相宜"的虚幻中迷失了方向。直到 1988 年，火石轮胎公司终于未能在危机集中爆发之际采取正确的应急策略，最终还是难逃被一家日本公司收购的命运。

火石轮胎公司的失败正是由于该公司长达 80 年的成功发展经历，使得该公司在战略、价值观与客户和雇员的关系，以及运作和投资的模式方面都已经固化和缺乏弹性，公司似乎建立了一个公式。公司的所有经理人也都坚信，只要按照这样的公式进行投入和分配资源，就认为公司照样可以取得成功。

然而，事实却在一夜之间发生了变化，欧洲米其林公司将新型的子午线轮胎引入到美国市场，这种轮胎比火石轮胎公司所生产的传统型轮胎更耐用、更舒适、更经济。米其林公司依靠其新产品——子午线轮胎，已经占据了欧洲的主要市场，其产品进入美国市场后不久，美国最大的汽车制造商福特公司即于 1972 年宣布其所有的新产汽车将全部使用子午线轮胎，这也就意味着米其林公司占领美国轮胎销售市场已为期不远。

应对米其林公司最近开发出的子午线轮胎，火石轮胎公司却"处变不惊"。因为早在 20 世纪 60 年代，当子午线轮胎在欧洲市场上侵占火石轮胎公司的市场份额时，火石轮胎公司就已经清楚地预见到子午线轮胎将会很快被美国的汽车制造商和消费者所接受。事实上，火石轮胎公司预见到了来自子午线轮胎的威胁，并且采取了行动。火石轮胎公司在当时就投资了近 4 亿美元（相当于现在的 10 亿美元以上），用于开发生产子午线轮胎，公司专门成立了一家生产子午线轮胎的新公司，同时还将几家生产传统型轮胎的公司进行技术改进，专门生产子午线轮胎。

面对市场的剧烈变化，火石轮胎公司的反应是够快的了，但却没有收到效果。因为，火石轮胎公司虽然对新产品进行了投资，但却没有按照新产品的要求改变以往的生产流程。作为新产品的子午线轮胎对生产工艺和工序的要求都高于传统轮胎，因此，必须改造原有的生产流程才能保证新产品的生产质量和效率，尤其是在面对传统轮胎即将被淘汰的形势下，火石轮胎公司没有及时关闭那些生产传统轮胎的公司，而是让这些公司继续按照原来的方式运作。

到了1979年，火石轮胎公司的内部矛盾进一步激化。公司的生产能力只有原来59%的开工量，国内的业务销售额下降了2亿美元。

新型的子午线轮胎具有较好的耐用性，是传统轮胎寿命的两倍，这也使得美国市场对轮胎的需求增长趋缓。但火石轮胎公司的经理们仍然坚信需求仍在如过去一样快速增长，他们甚至浪费了大量的精力和资源去论证，并说服董事会，没有必要去关闭一些公司。火石轮胎公司的市场份额逐步拱手让给了外国公司，公司不断地遭受被兼并的威胁。

由于哈韦在发展战略、价值取向、客户联系、劳资关系、服务宗旨、投资规模、经营方针、管理理念、分配方式等重大决策问题上，越来越迷恋于一成不变的固定化模式，致使美国火石轮胎公司在越来越激烈的市场强强对抗中反应迟钝，难以迅速而准确地采取应变举措。

虽然哈韦也意识到了市场巨变所带来的生存危机，深入研究了各大汽车制造厂商的需求变数，采取了不少应急招数，但是，由于他念念不忘"以不变应万变"的被动法术而不愿轻易改变原有的经营管理模式，结果白白贻误了革新图强的绝佳时机，最后不得不看别人脸色行事，一步一步地走进自掘的坟墓。

正是由于哈韦这"宁可保守死，绝不变革生"的影响，才使得美国火石轮胎公司决策层的每一位人士，都生成了一种处变不惊的心态——"只要按哈韦总裁的既定方针办事，我们公司就一定能在风雨变幻的市场竞争中，尽显长寿型企业集团的无敌风采"，结果却把美国火石轮胎公司推进了"墙倒众人推"的运营险境，最后被吞并。

由此可见，哈韦及其公司决策层的最后失误，不是没有适时采取应急招数，而是仓促上阵并无有的放矢之策，结果怎么也打不好改革创新这场攻坚战。

1972年，米其林轮胎制造公司以迅雷不及掩耳之势强行挺进美国汽车轮胎市场，并获得了美国福特汽车制造公司的青睐，也给哈韦一个不小的打击。这时的哈韦仓促上阵，慌忙招架，但却难以抵御子午线轮胎的强大攻击力，不得不在吃了"舍不得老本，又想获新利"的哑巴亏之后败下阵来。到了1979年，火石轮胎公司的经营管理状况一点改观都没有，反而陷入了越来越深的危机之中而难以自拔——生产能力已大幅度缩减，但由于传统轮胎的市场需求越来越少，不得不斥巨资租借仓库来存储滞销轮胎；接着又匆忙推出"子午线轮胎"，但由于质量不过关而引发的投诉率居高不下，致使公司在美国轮胎市场的销售额猛降了2亿美元之多。

而此时的哈韦及其公司决策层却不迷途知返，仍旧一味地死守着传统轮胎的制造领地不思变，甚至不惜耗费巨大的人力、物力、财力，强词夺理地论证不能关闭传统轮胎制造厂的种种依据，最终胁迫火石轮胎公司董事会违心做出了"传统轮胎与子午线轮胎一起抓，两条战线齐头并进"的错误决定，人为地缩短了火石轮胎公司的企业寿命，一步一步地走上了濒临倒闭破产的不归路。

到了20世纪80年代后，火石轮胎公司日渐衰落。全体股东和员工不忍心看着火石轮胎公司就此消失，被迫喊出了"不换思路就换人"的救亡图存心声。面对众怒，火石轮胎公司董事会不得不做出"深化改革"的生死抉择，耐心劝说哈韦退出了领导层，高薪聘请一位享誉美国工商界的"改革快刀手"。期盼他能率领美国火石轮胎公司突出重围，再铸辉煌。谁知这位新首席执行官一上任，未经任何调研考证就完全抛弃了火石轮胎公司在传统轮胎产销领域的竞争优势，把改革推向了"旧的不去，新的不来"的极端。这位新首席执行官试图尽快把火石轮胎公司从经营很不景气的泥潭中拉出来，谁知操之过急，"欲速则不达"，竟阴差阳错地把"渐进式改革"演化为"激进式革命"，迫使火石轮胎公司加速灭亡。到1988年，曾经称霸全球的美国火石轮胎公司，最终被日本石桥轮胎制造集团兼购。

（资料来源：http://www.psren.com/article/2006/1010/article_ 14990.html）

二、案例分析

作为一种沿袭既往企业行为模式的组织趋势，企业行为惯性更容易导致企业对环境变化反应迟钝或失当，诸多曾经成功的企业亦常常因此遭受最终失败的厄运。成功常孕育行为惯性，行为惯性则易导致失败，但企业失败并非其成功的必然结果，坠入行为惯性之中的企业当选择有效的方式获得复兴。

美国火石轮胎公司盛极而衰的原因，虽有市场变化带来的不利影响，但主要还是其决策层的行为惯性导致了重大失误引发后来的种种危机。

从案例来看，一个优秀的企业走向失败的根本原因不在于企业不能根据市场变化采取措施，而在于企业不能根据市场变化采取正确的措施。通常企业不能采取正确措施的原因又来自于企业的"行为惯性"。行为惯性包含两方面的含义：一是不能采取行动以适应市场环境变化，静止不动，即所谓的"以静制动"；二是不能改变目前的思维方式、行为模式、经营方向和战略规划等，一切归于运作。具有行为惯性的企业，往往会执著地坚持那些过去曾为企业带来成功的思维方式和工作模式，认为只要坚持过去的成功经验，一切都会柳暗花明又一村，但他们往往却忘了西方的一句谚语："当你想把球挖出洞时，你却把洞越挖越深。"

企业必须明白：今天要获得成功，就需要小心对待习以为常的传统，在一个快速变化的时代，创新的做法才会避免危机，取得胜利。

三、思考·讨论·训练

1. 企业如何消除行为惯性，以避免危机的发生？
2. 美国火石轮胎制造公司遭遇米其林是一场典型的创新危机，它对我们有哪些启示？

案例 1 - 6　明星的危机

一、案例介绍

《时装》杂志 2001 年第 9 期封面以"纽约街头明星作秀"为导语隆重推出了一组有关赵薇的专辑。其中第 28 页是赵薇穿着一件 Heatherette NYC 的单肩上衣。这件上衣的图案是一个红色太阳射出几道红色的光芒，和第二次世界大战时期日本侵略军军旗的图案几乎一模一样。

当"小燕子"身着这身装束从大洋彼岸的天空从容地飞回国内并一经《时装》亮相后，最先发起回应的是无数被震惊、被震怒的互联网的网友们。他们用上万条帖子来回敬这位"如日中天"的当红明星，各大网站也纷纷转载了这张惊世骇俗的"玉照"。紧接着，全国许多媒体纷纷转载了这幅照片，并向赵薇发起了强劲的舆论攻势。面对公众铺天盖地的愤怒"声讨"，赵薇的公众形象发生了严重的危机，由最初的不以为然，到坐立不安，到后来认识到问题的严重性，并站出来向全国人民公开道歉。从赵薇此次着装引发的危机中，我们看到社会性个人由于身份特殊，社会影响大，其个人形象管理已经不仅仅是个人问题。

1. 军旗裙的出笼与设计方案。《时装》中赵薇的整组图片是在美国策划完成的，时间是在 2001 年 2 月左右。当时请的是著名服装设计师 Richie Rich 和著名华裔摄影师 Dahlen，他们曾给麦当娜等许多知名演员做过形象设计，他们认为，赵薇这身服装是美国的某著名品牌，只是单纯地从流行和视觉出发，认为红色、白色与黑色虽然是传统的颜色，但搭配在一起很有活力，加上对阳光的热爱，所以将放射光芒的太阳超倍数放大，作为几何图案，配以象征小太阳的红色圆点，再点缀上许多象征的亮钉子，非常具有视觉冲击力。由于近几年美国的年轻人越来越崇尚东方文化，喜欢将中国汉字作为图案印在衣服、皮包上，甚至文在身上。所以，他们将"健康、幸福、平和、卫生"八个字设计在了服装上，但他们却忘了这个设计思路完全是第二次世界大战时期日本军旗的翻版，不仅是颜色、图案都极其相似，就连那八个字也只是取代了日本军旗上原有的刺眼的"武魂、忠义、尊皇、皇国"。那鲜红的发散出来的线条表明，这正是那面曾经在中国的广袤土地上狂暴地喧嚣过的日本军旗。在它的旗风所指之下，30 万中国人魂丧南京、重庆发生震惊中外的"大隧道惨案"、日本首相小泉纯一郎参拜靖国神社等，而那个名叫赵薇的中国女子却居然裹着这样一件"时装"横空出世。

2. 赵薇的忏悔与迟到的抱歉。赵薇穿"军旗裙"事件一经媒体披露，立刻在全国引起轩然大波。任何稍具历史知识的人，恐怕都不会容忍这个"不经意"的错误的发生。赵薇作为一个拥有无数荣誉和观众的公众人物，作为一个受过高等教育的现代女性，并且就在拍照前刚刚出演过《情深深雨濛濛》，深刻体验了那段国恨家仇之后，却穿上了那条"军旗裙"，冷冰冰地她站在纽约街头作秀，跟观众开了个令人难以容忍的大"玩笑"。

在媒体和观众读者的质问下，赵薇的第一反应仅仅是由经纪人发表三点声明：

第一，《时装》杂志是国家新闻出版署的正规出版杂志，如果这幅照片有明显的军国主义倾向，是不可能被审定出版发行的。

第二，这次拍摄的主题是年轻人崇尚自由、健康、和平、向上的精神。这件服装只是此次拍摄中的一件。因为上面正好有中文字样——"健康、幸福、平和、卫生"，而这几个名词正符合本次的主题，因而被选中。一般来说，模特穿什么样的服装参与拍摄是由设计师和编辑共同策划商定的。在拍摄时，我们也曾质疑这有点类似日本军旗，但纽约的造型设计师说，这是美国设计师最新设计的一系列服饰产品，包括桌布、方巾、头巾等饰物。这位美国设计师可能不大理解我们中国人民的那段历史和民族情结。

第三，有人认为赵薇有军国主义立场，这是不可能的，赵薇的爷爷是当年的新四军战士，30 岁出头就牺牲在抗日战场上，家中至今尚珍藏有陈毅元帅亲笔签署的烈士证书。奶奶也是当年协助解放军渡江的老革命，对中国的近代史、对国恨家仇有着深刻的切身体会与认识。

赵薇的解释性"声明"非但没有平息事态，反而激化了公众的不满情绪，人们要求赵薇正式、公开、严肃地向国人道歉。12 月 5 日，南京大屠杀幸存者发表致赵薇的公开信，要求赵薇正视自己的错误，并勇于道歉。

在这封公开信上签名的李秀英，时年 83 岁，当年因反抗日军蹂躏被刺 37 刀。与此同时，赵薇在安徽芜湖的父老乡亲，也通过媒体希望赵薇能勇敢地站出来道歉，他们同时希望人们能够宽谅年轻的赵薇。12 月 6 日，江苏《现代快报》率先对赵薇发出"封杀令"，称："鉴于赵薇以身穿'日本军旗装'的形象在公开出版物上进行展示的行为严重伤害了中国人民的感情，并针对其至今仍然拒不认错的态度，快报发表声明以示抗议：在赵薇正式向国人公开道歉之前，不刊登所有与她有关的影视消息与动态，不宣传赵薇的全部音像作品和其参加的一切文化娱乐活动，不刊登有其形象的商业广告。"江苏人民广播电台音乐台紧跟其后，宣布封杀赵薇，直至她就该事件向国人做出交代。次日，《潇湘晨报》在版面醒目位置为赵薇留白，敦促其尽快为"军旗装事件"向公众道歉。12 月 8 日，事态进一步升级，部分南京大屠杀幸存者表示，如果"军旗裙"事件中的有关责任人仍拒不认错，他们将把赵薇和《时装》杂志社推上法庭，用法律来捍卫每一位受伤害的中国人的民族尊严。

12 月 10 日，沉默数日的赵薇终于公开道歉。赵薇的经纪人陈蓉从新疆赶回北京，将赵薇亲笔写的致歉信，通过传真发往全国各大媒体和网站。赵薇接受一个电视节目的采访，在镜头前以直接的方式再次公开道歉。

致　歉　信

经过几天来的深刻反省，以及上级组织领导的教育帮助，我深深感到自己忽视了历史知识的学习，对于那段惨痛的历史缺乏敏感，以至于无心伤害了许多关心热爱我的人们的感情，对此我从内心深处对他们，尤其是经历过日本侵华战争的那些长辈们表示最诚恳的歉意！也向那些在这次事件中批评、提醒及关心爱护我的人们表达最诚挚的谢意！

作为一个国家和人民培养起来的年轻演员，我要告诉大家我非常爱国，而通过这次无心之失，我也意识到不管演艺事业有多繁忙，也要随时加强自己戏外知识的学习以及自身修养的提高。同时也深刻感受到作为一个公众人物，应该更加注意自我言行对社会的影响，应负有更强的社会责任感。我会以这次教训作为起点，争取成为一个德艺两方面都非常出色的演员。

希望大家今后能够继续关心、爱护和支持我。

最后，再次表达我的歉意！

对赵薇的公开道歉，南京大屠杀的幸存者们表示欢迎，但李秀英和她的儿子也指出，赵薇不能够仅仅道歉，还应该好好反省一下自己，并以一些实际行动来弥补这件事情带给大家的伤害。只有这样，赵薇才能得到人们的谅解。

（资料来源：曾琳智：《新编公关案例教程》，复旦大学出版社 2006 年版）

二、案例分析

由于危机的突发性和后果的严重性，危机管理日益成为企业管理的必修课，但危机的另一个主体"个人"则常常被忽视，普通人由于社会交往范围较小，引起危机可能性不大，危机的破坏性也较轻，这也正是个人危机管理被忽略的重要原因。

明星不同于一般人，由于有广泛的知名度和强大的号召力，明星的言行在媒体这个放大镜的作用下成为大家瞩目的焦点，其言行举止很容易引起普通人的模仿，因此，社会对明星提出了更高的标准。正因如此，明星引发危机的可能性比普通人大得多，其危机的破坏性相应比较严重。但是，许多明星和经纪人并没有意识到，这点从本案例中的两个危机事件即可得到验证。它给我们如下启示：

首先，要有危机意识。古语云：口能吐玫瑰，也能吐蒺藜。不少明星因在媒体前的不恰当言论，导致祸从口出，他们愚蠢的言行让国人大为光火，他们的言论直射出对惨痛历史的冷漠，民族感情的虚无和对同胞的麻木更是人们所不能忍受的。作为一个公众人物，他必须为自己的言行负责，也应该顾虑到其影响。其言行处于媒体和公众的高度注视之下，任何有可能伤害或误导观众的话都会引起强烈的指责和批评，甚至引起危机。所以，明星、公众人物要有危机意识，谨言慎行，用严格的标准来规范行为。对于敏感的话题、活动更应三思而行，以免陷入危机旋涡，招致不必要的麻烦。危机管理也是对明星的经纪人的重大考验，经纪人唯有树立危机意识，才能未雨绸缪，做到防患于未然，把明星"经营"好。

其次，作为一个公众人物，必须对公众负责。明星等公众人物，因为比普通人具有更高的知名度，其一举一动对社会影响颇大，所以，其形象就不仅仅是个人形象问题，而是与时代脉搏和社会生活密切相关。公众人物是在公众的支持下成长、成名的，所以任何公众人物都无法脱离公众的认可及认同，否则只会使自身的美誉度大打折扣，甚至身败名裂。如案例中的赵薇的确表现出了她的某种无知和麻木，她不认得有这样的"军旗"，不了解那段屈辱的历史，更不明白社会已经加于她比别人更重的道德和楷模责任。事情发生之后，当事人力辩此乃"流行元素"而与"政治"无关，显然是徒劳而愚蠢的。在中国历史上，那是耻辱的一页，那轮嚣张的"太阳"在中国疆土上横行之时，无数中国人成了侵略者的刀下冤魂，那是不可饶恕的滔天罪行，那是烙印于中国人心头永远的痛。历史是不容忘记和背叛的，而且，这已成了民族气节的一个标尺，任何人敢于冒天下之大不韪，都将激起公愤和谴责。赵薇当然概莫能外。

再次，作为一个公众人物，在危机发生之时应积极应对。因为明星的高知名度，媒体绝不会轻易地放过如此具有新闻价值的消息，试图用"鸵鸟政策"对付公众是最愚蠢的办法。如当媒体已经过问"军旗裙"照片时，她就应该立刻警觉起来，并采取尽可能的措施予以弥补，而那时，她居然还是表现出一副与己无关的姿态，好像她只是任由造型师摆布的一具没有灵魂的木偶。在众人的质问之下仅由经纪人发表了几点毫无悔意、强词夺理的声明，这样的"声明"不但得不到人们的谅解，相反只会使自己陷于更加难堪和更被动的境地。果然，更大的"暴风雪"随后而来，差点就掩埋了赵薇。幸而，赵薇最终勇敢地站了出来，诚恳地向国人道歉，让我们看到了一个能够勇敢地正视错误和过失的赵薇。"军旗裙"事件给赵薇的演艺事业造成了负面影响，并使之受到重大打击，正像赵薇自己说的，她一生都将引以为鉴。

总之，拯救明星危机的最好良方莫过于：勇于公开道歉，表现最大的诚意。在危机中要勇于公开承认错误，向社会和公众道歉，虚心接受各方的批评，并从中吸取教训，用自己最大的诚意平息舆论的风暴。

三、思考·讨论·训练

1. 赵薇"军旗裙"事件是典型的名人形象危机，请谈谈名人应具有怎样的危机意识？
2. 危机事件发生后，赵薇在危机应对上有哪些欠缺？
3. 请从专业危机管理的角度，再为赵薇拟定一篇"致歉信"。

第二章 危机管理概述

　　我们处于一个易受攻击的社会地位，而灾难每年都似乎在成倍地增加，如果我们不给予危机管理以迫切和足够的注意，我们就会失职。关于这一点怎么强调也不会过分。

　　　　　　　　　　　　　　　　　　　　——[美]萨姆·布莱克

　　危机研究和管理的目的就是最大限度地降低人类社会悲剧的发生。

　　　　　　　　　　　　　　　　　　　　——[美]罗伯特·吉尔

　　危机管理就是组织对危机进行有效防范和全面处理并使其转危为安的一整套工程，在国内外都是社会管理体系中非常重要的一部分。由于它对组织管理能力要求非常高，所以，长期以来国内不少企业在危机管理方面存在许多问题，对社会经济发展及社会秩序的稳定产生了不利影响，因此对企业危机管理进行探讨有着非常重要的意义。

一、危机管理的内涵

　　危机管理是一门科学，更是一门艺术，因为在危机处理过程中始终需要人的主观能动性的发挥。但是，对于危机管理的科学界定，国内外并没有一致的意见，可谓是仁者见仁，智者见智。一种比较典型的看法是美国公关专家罗伯特·希斯提出的。他认为，危机管理包含对危机事前、事中、事后的管理，有效的危机管理需要做到：通过寻找危机根源、本质及表现形式，并分析它们所造成的冲击，可以通过缓冲管理来更好地进行转移或缩减危机的来源、范围和影响，提高危机初始管理的地位，改进对危机冲击的反应管理，完善修复管理以能迅速有效地减轻危机造成的损害。

　　危机管理是指为了预防危机的发生，应对各种企业可能出现的危机情境，减轻危机损害，尽早从危机中恢复过来，所进行的信息收集与分析、问题决策与预防、计划制定与责任落实、危机化解处理、经验总结与企业调整的管理过程。危机管理的目的在于在危机未发生时预防危机的发生，而在危机真的发生时，采取措施减少危机所造成的损害，并尽早从危机中恢复过来。由此而言，危机管理是个系统概念，包含的内容广泛，涵盖了危机发生前的预防与预警、危机发生后的危机处理与善后、危机过后的总结分析与改进。

危机管理是一种应急性的公共关系，是立足于应对企业突发的危机。当意外事件发生时，企业陷入困境，便可以通过有计划的专业危机处理系统将危机的损失降到最低，同时还能利用危机带来的反弹机会，使企业在危机过后树立更优秀的形象。越是在危机时刻，才越能昭示出一个优秀企业的整体素质和综合实力，危机管理做得好，往往可以使危机变为商机，公众将会对企业有更深的了解、更大的认同，优秀的企业也因此脱颖而出。因此，在危机面前，发现、培育进而收获潜在的成功机会，就是危机管理的精髓；而错误地估计形势，并令事态进一步恶化，则是不良危机管理的典型特征。危机管理是全方位的、是系统的，是为企业更长远发展而进行的战略思考，而不是就事论事，仅仅针对某一次的单一危机。这一点是企业管理者应该认识到的。

二、危机管理的基本特征

危机事件的特点决定了危机管理与日常管理工作是有所区别的。危机管理的特征有以下几点：

（一）管理决策非程序化

危机往往是在人们意想不到的时候突然爆发的，危害性很大。如果管理机构不能立即采取措施进行控制，后果不堪设想。因此，在危机爆发后，给决策者的反应时间是十分有限的，而决策者所面临的压力也是巨大的。在这种情况下进行决策是不能按日常的决策程序进行的，决策者必须随机应变，简化决策程序，压缩决策时间，采取非程序化的方式来进行决策，及时地确定和实施救助行动来控制危机。这是对管理决策层整体素质和综合实力的严峻考验，要求决策者有较强的洞察力、判断力和果断的决策能力。

（二）高风险性与不确定性

在危机状态下进行管理工作会面临更多的风险和不确定性，因为危机事件的诱因及其爆发后的发展态势往往存在很多的不确定性。当危机发生时，由于形势的严峻和时间的急迫，决策者往往只能根据有限的信息来进行判断和决策，这样必然会增加决策风险。此外，由于系统偏离了正常运转，危机管理工作也不能采用常规的管理方法和措施，而要用超常的管理方法来应对，处理和控制危机会动用更多的人力、物力和财力。另外，危机事件的危害还具有很强的传递效应，往往会出现连锁反应，一个危机事件还没有处理完又会引出另外一个危机事件的爆发，使危机管理工作变得极其复杂和困难。

（三）管理工作的复杂性

目前，许多危机产生的原因是综合性的，是由国内的政治、经济因素或社会因素、自然因素等综合作用造成的，而且危机的爆发频率在加快、影响范围在扩大、危害性在增加。随着经济全球化和信息社会网络化的发展，危机的传递性增强会产生灾害链的放大效应，这些都增加了危机管理工作的复杂性。

（四）管理工作的动态性

危机事件是动态发展的，而且每次爆发新的危机又是与以往发生的危机大不相同，因此，危机管理不论是在危机事件发展的不同阶段，还是针对不同的危机，都不可能照搬现成的管理模式。管理者必须有创新精神，要根据情况采取相应的监测、预警、干预或控制以及化解等措施来管理每一个危机。即使在危机发展的同一个阶段内，也需要管理者根据实际情况来灵活应对。危机管理不论是从具体内容上还是从采取的措施上都是在不断发展变化的。因此，危机管理工作不是一成不变的。

三、危机管理的原则

危机管理是一门科学，在处理危机和实施危机管理时，并不是可以随心所欲的。面对危机，管理者必须头脑清醒、镇定，遵循一定的处理原则和程序，妥善地、及时地处理危机。根据危机管理的目的和特点，危机管理应遵循以下几项主要原则。

（一）预防为主的原则

危机管理是对危机事件全过程的管理，而危机的事前管理是危机管理中的重要环节。预先防患，有备无患。应对危机的最佳办法就是努力将引发危机的各种隐患消灭在萌芽状态，更好地进行转移或缩减危机的来源，对危机的积极预防是控制潜在危机方法中花费最少、最简便的一种。对待危机要像奥斯本所说的那样："使用少量钱预防，而不是花大量钱治疗。"

（二）统一指挥原则

危机爆发后，应立即明确指定一名主要领导人作为总指挥来专门负责应对突发事件的全面工作。在总指挥的领导下，危机管理机构对危机的控制和处理工作进行统一指挥、组织协调。避免由于多头领导而造成矛盾和混乱，耽误处理危机的最佳时机。另外，在对外联络与沟通方面，也要遵循统一指挥原则。危机管理机构要用一个声音通报危机情况，保持口径的一致性，避免由于口径不一致而在公众中引发不信任情绪的被动局面。

（三）快速反应原则

危机的危害性很大，影响的范围很广。危机的危害性不仅会造成生命和财产的损失，还会影响到社会和组织系统的正常运转，如果不及时控制，将如"千里之堤，溃于蚁穴"。同时，危机时刻，也是考验企业的整体素质和综合能力的关键时刻。因此，危机爆发后，企业必须快速做出反应，以最快的速度设立危机管理机构，迅速调动人力、财力和物力来实施救助行动。只有快速反应，才能及时地遏制危机影响范围的进一步扩大，才能使危机造成的损失降到最低。

（四）公共利益至上原则

危机管理最根本的理念在于公共利益。危机发生后，会危害到个人的利益、企业的利益、部门的利益和公共的利益。此时，维护公共利益应当居于首位。企业在处理危机时，要从全局的角度出发，站在广大民众的立场上来处理危机，做到局部利益服从整体利益。通常情况下，危机可能是由局部的突发事件引发的，但是，危机的危害会影响到全局。因此，在处理危机时，不能只考虑局部利益而牺牲全局利益、公共的利益。

（五）主动面对原则

在公众受到危机危害时，组织应积极面对、果断决策、认真指挥和协调危机管理的各项工作，以最大的主动性负起责任。要根据危机性质，采取有力措施来控制危机的进一步发展；主动配合媒体的采访和公众的提问；主动向公众通报实情，加强与公众的信息沟通，帮助公众克服恐慌心态。主动面对原则就是要求企业将公众利益放在首位，敢于负起责任，积极主动地应对危机。坚持这一原则有助于提高企业的信誉。

（六）坦诚相待原则

当危机爆发后，公众最不能忍受的事情并非危机本身，而是危机的管理机构故意隐瞒事实真相，不与公众沟通，不表明态度，使公众不能及时地了解与危机有关的一切真相。这实际上就是不尊重公众的知情权。因此，当危机爆发后，如果企业不坦诚相待增加透明度而故意隐瞒事实真相，或谎报虚报灾情，不仅会招致公众的愤怒、反感，而且会让公众在混乱的表象面前产生种种猜疑误解，甚至会出现谣言泛滥的局面，造成人心惶惶，社会动荡，这样一来，会使危机管理工作陷入更加复杂和困难的境地。所以，在危机发生后，要及时与公众沟通并讲明事实真相，以取得公众的理解和配合。坚持这一原则会使危机管理工作更容易开展，使企业处于更主动的地位。

（七）灵活性原则

由于引发危机的因素很多，危机的形式及其造成的危害也是多种多样的，因此，在进行危机管理时必须遵循灵活性原则，要具体情况具体分析，不能教条地照搬以往的做法，要有针对性地采取措施。这正是危机管理艺术性的体现。这也是对管理者处理突发事件能力的一个考验。特别是在危机爆发阶段，由于形势严峻、局势较混乱，在时间紧迫的情况下，更需要决策者能冷静、果断、灵活地应对危机。

（八）全员性原则

危机的防范和管理不只是几个专家的工作，也不是仅靠组织就可以进行的一项工作，而是要依靠全社会的所有力量才能完成的一项重要社会工作。要减少危机及其危害性，全社会都应该增强危机意识来防范危机。当危机爆发后，企业更需要调动和依靠整个社会的力量来进行危机管理这项工作，只有将全社会的力量都动员起来，才能更有效地控制和管理危机。

（九）善始善终原则

危机的爆发会给公众带来生命和财产的巨大损失，所以，一旦重大危机爆发，处理和控制危机便成为组织的头等大事。实际上，危机造成的不良影响或危害具有传递性，会在危机过后仍然存在。因此，企业必须善始善终，做好危机的善后工作，包括对前面的危机管理工作进行分析、总结，提出改进措施，开展对公众进行损害补偿和救济工作，等等。危机的善后工作也是一项复杂的工作，工作的好坏直接影响到企业在公众心目中的地位。

四、危机管理的"金科玉律"

英国危机管理专家迈克尔·里杰斯特在《危机公关》一书中提出了危机管理的基本指导方针，为国内外学者和企业所认可和采用，值得企业参考。

（一）做好危机准备方案

1. 对危机持一种积极的态度。

2. 使企业的行为与公众的期望保持一致。

3. 通过一系列对社会负责的行为来建立企业的信誉。

4. 时刻准备在危机过程中把握时机。

5. 企业应建立一个危机管理小组。

6. 分析企业潜在的危机形态。

7. 制定种种预防危机的对策。

8. 为处理每一项潜在的危机制定具体的战略和战术。

9. 组建危机控制和检查专案小组。

10. 确定可能受到危机影响的公众。

11. 为最大限度地减少危机对企业信誉的破坏，建立有效的传播渠道。

12. 在制定危机应急计划时，多倾听外部专家的意见。

13. 把有关计划落实成文字。

14. 对有关计划进行不断的演习。

15. 为确保处理危机时有一批训练有素的专业人员，平时应对他们进行培训。

（二）做好危机传播方案

1. 时刻准备在危机发生时，将公众利益置于首位。

2. 掌握报道的主动权，以企业为第一消息来源，例如，向外界宣布发生了什么危机，企业正采取什么措施来弥补。

3. 确定传播所需的媒体，如名称、地址及联系电话。

4. 确定媒体需要传播的外部其他重要公众。

5. 准备好背景材料，并不断根据最新情况予以充实。

6. 建立新闻办公室，作为新闻发布会和媒体索取最新资料的场所。

7. 在危机期间为新闻记者准备好通信所需的设备。

8. 设立危机新闻中心，以接收新闻媒体电话，若有必要，一天 24 小时开通。

9. 确保企业内有足够训练有素的员工以应对媒体和其他外部公众所打来的电话。

10. 应有一名高级公关代表置身于危机控制中心。

11. 如果可能的话，把危机控制中心设在一间安静的办公室内，以便危机管理小组的领导和新闻撰稿人能在危机控制中心工作。

12. 准备一份应急新闻稿，注意留出空白，以便危机发生时可直接充实发出。

13. 确保危机期间企业电话总机能知道谁打来的电话，应与谁联系。

（三）危机处理

1. 面对灾难，应考虑到最坏的可能，并有条不紊地及时采取行动。

2. 在危机发生时，以最快的速度建立"战时"办公室或危机控制中心，调配经受过训练的高级人员，以实施控制和管理危机的计划。

3. 使新闻办公室不断了解危机处理的进展情况。

4. 设立热线电话，以应付危机期间外界所打来的各种电话，要选择接受过训练的员工来负责热线电话。

5. 了解企业的公众，倾听他们的意见，并确保企业能了解公众的情绪；如果可能的话，运用调研来调整企业的假想。

6. 设法使受危机影响的公众站到企业的一边，并帮助企业解决有关问题。

7. 邀请公正、权威性机构来帮助解决危机，以协助保持企业在社会公众中的信任度。

8. 准备应付意外，随时准备改变企业的计划，不要低估危机的严重性。

9. 要善于创新，以便更好地解决危机。

10. 别介意临阵脱逃的人，因为还有更重要的问题要处理。

11. 把情况传给总部，不要夸大其词。

12. 危机管理人员要有足够的承受能力。

13. 当危机处理完毕，吸取教训，并以此教育其他同行。

（四）危机传播

1. 危机发生后要尽快地发布背景情况，表示企业所做的危机传播准备，准备好消息准确的新闻稿，以告诉公众发生了什么危机，正采取什么措施来弥补。

2. 当人们问及发生什么危机时，只有确切了解危机的真正原因后才对外发布消息。

3. 不要发布不确切的消息。

4. 了解更多事实后再发布消息。

5. 宣布召开新闻发布会的时间，以尽可能地减轻公众电话询问的压力，做好新闻发布会的全面准备工作。

6. 记住媒体通常的工作时间，如果发生巨大的灾难，企业也许会接到从世界各地（不同时区）打来的电话，如果必要的话，新闻办公室24小时工作。

7. 如果报道与事实有误的话，应予以坚决回击。

8. 建立广泛的消息来源，与记者和当地的新闻媒体保持良好的关系。

9. 要善于利用和控制危机传播的效果。

10. 在危机传播中，避免使用行话，要用简洁明了的语言来说明企业对所发生事情的关注。

11. 确保企业在处理危机时，有一系列对社会负责的行为，以增强社会对企业的信任度。

（五）检验危机管理能力的七个方面

以下问题可以帮助我们检验企业的危机管理能力：

1. 如果是在非办公时间出现危机，公司有什么样的内部沟通系统？例如，如果我们在周日上午 9 时遇到危机，需要多长时间可以把相关信息传达到每一位相关负责人？

2. 公司是否建有危机预警机制？有什么样的危机反应计划？这项计划最后一次更新是在什么时候？以前使用过该计划吗？它的有效性如何？它与公司的其他反应计划能否匹配？

3. 公司内部问题或弱点一旦曝光后会对公司的经营造成什么损害？如果某一个心怀不满的员工或股东的诉讼案、政府调查或者新闻调查被公布于众，公众的反应将是如何？我们将如何做出解释以降低事件对公司经营和公司财务的影响？已经采取了哪些措施把问题所发生的可能性降到最低？

4. 如果出现危机，谁将是发言人？或者由谁去与公众沟通？如果发言人不在或者不适合这样的场合，将由谁替代？他们应对记者尖锐提问的能力如何？对他们的可信度和说服力，公司有多大信心？在没有危机发生时，谁是指定的发言人？

5. 如果公司发生了危机，发言人应该与公众沟通多少信息？由谁来决定沟通信息的内容？决定的过程如何？

6. 公司如何跟管理队伍和员工沟通，使他们首先从公司内部而不是新闻媒体或者客户等外部获得公司信息？公司如何与顾客、供应商和其他重要公众进行沟通？公司应该如何做？用多长时间去做？

7. 公司的竞争对手在过去几年有什么危机被"曝光"？他们是如何处理危机的？用了多长时间？到目前为止，他们为此付出了多少成本、业务损失多少？他们被起诉和政府调查的前景如何？甩掉这样的麻烦用了多长时间？从他们的危机事件中学到了哪些经验？

五、端正态度：危机管理的起点

企业危机发生后，往往会涉及消费者、媒体和一般社会公众三个方面的关系。这三个方面的立足点可能各有侧重，但共同关注的往往是企业的态度，也就是在危急处理过程中，企业对出现的问题保持积极、真诚的态度，采取及时必要的措施去弥补，将不利的影响减到最低。这既是企业应对危机的目的，也是决定危机管理能力的首要因素。可以这样说，危机管理的起点是端正态度，尤其是端正领导层的态度。

著名心理学家弗洛伊德的研究发现，任何个人都会对具有负面影响的事物产生抵触情绪，也就是说，任何人对外界都有某种抵御机制。同样，一个组织的领导对于危机也有这种态度上的抵御机制，这就成为一个组织的抵御机制，这种态度上的抵御机制使得一个组织试图避免直视危机的存在，或者否认组织危机管理的重要性，这样的组织往往会编制一套理由来解释为什么它没有危机管理的机制存在。

对于危机企业领导者不正确的态度主要表现为以下几个方面：

其一，感到无能为力。企业领导认为由于危机发生的几率很小，只有精确计算概率和后果，才有可能采取措施，然而预测危机何时发生和在何地发生非常困难，因此即使危机发生，企业对待危机也是无能为力的，所以，采取的措施要么是根本没有用，要么就是效果甚微。在这样的态度下，企业是不会重视危机管理的，而正是这样的企业，一旦发生危机就会出现手足无措的局面。

其二，存在侥幸心理。企业领导认为，危机是会发生的，它们对企业也会产生很大的影响。但是，这些领导人或许怕麻烦，或许不在乎，虽然看到危机征兆，却心存侥幸心理，只要危机不出现，就得过且过。他们就像鸵鸟一样，一头扎进沙堆里，什么都看不见就以为危机不会找上门来。即使危机已经发生，他们还会采取不见人、不解释，一走了事躲起来，以为这样自己就对危机没有责任。有些官员在重大危机时往往住进医院，对外声称生病治疗，因而对危机的发生一概不清楚，以为这样就可以推脱责任，其实这就是一种侥幸的心理。

其三，自以为是。他们认为，只要企业经营得好，或者企业资产雄厚，有着傲人的品牌，卓越的管理人才，即使危机发生，也不会动摇企业的根本，而且大企业往往是由许多相对独立的部门或子公司组成，危机发生在某个部门或者某个子公司，并不会影响到整个企业的营运。实际上，再大的企业、实力再雄厚的企业，在重大危机出现的时候，也可能就是这个企业生死存亡的关头。

其四，自我清白。这种态度认为，危机都是因为坏人的破坏而产生，如果没有坏人的破坏，企业的危机是不大可能发生的，因此，危机管理的关键在于如何防范坏人的破坏。持有这样的态度的企业往往会忽略这样一个事实，即许多危机的发生并不是因为人为故障的破坏而产生，有时候甚至是因为好人出于无知甚至善意的想法而产生，这样的企业往往会忽略最基本的危机管理。

影响行为的最根本点是人的态度。生活在 1800 年前的古罗马皇帝奥勒利乌斯曾经说过："你有什么样的意念，就有什么样的生活。"心理学家弗洛伊德也说过："改变行为最好的方法是改变你的观念。"意志决定结果，观念改变命运。当态度发生变化时，行为就会改变，行为改变了，就会产生不同的结果。因此，危机管理的起始点应该是企业领导层态度的改变，只有领导层充分意识到危机管理的重要性，并愿意为此付出一定的精力和财力，危机管理才可能有效，危机产生的几率才会减少，即使危机发生，所产生的影响才会得到控制。那么，什么才是对待危机的正确态度？

（一）端正认识

企业的领导层必须意识到：一是虽然危机是小概率事件，但是一旦发生，对企业所产生的影响有可能是致命的。二是无论是什么样的企业，财力再雄厚，经营再完善，危机时刻都会找上门来。三是危机往往都是人为的，但并不一定是有人故意破坏才产生的，因此危机管理的重要性并不止于领导层，管理危机的意识必须从上至下贯彻到企业的每一个员工。四是虽然任何企业都有可能发生危机，但危机是可以防范的，也可以通过危机管理来减少其对企业的影响。五是对待任何危机的先兆都不能掉以轻心，对待危机的态度绝不能敷衍了事、得过且过，而是应该一丝不苟。

（二）积极预防

"预防是解决危机的最好方法"。这是英国著名危机专家迈克尔·里杰斯特的名言。居安思危、未雨绸缪是对待危机的一条重要法则。众所周知，企业危机事件的发生，不仅给企业组织带来有形物质财产的损失，也会给企业带来无形形象信誉的破坏。因此，企业在对待危机事件的问题上，应该具有高度警觉的"防火意识"，在这种意识的支配下，企业领导者、管理者应该在日常工作中，尽力协助、指导有关部门科学地设计生产工艺、科学配方，把好原料质量观，搞好生产调度安排，加强工厂的安全保卫工作和财务管理，完善售后服务制度等，使企业组织远离危机事件。这是对待危机事件的上上之策，是第一道防线。但是，由于种种原因，有些危机事件是"防不胜防"的。此时，第二道防线应及时发挥作用，即果断采取措施，把潜伏的危机事件消灭在萌芽阶段。一般而言，除了一些自然灾害、机船失事、火灾等非人为危机外，大多数危机事件都有一个演进过程，先由失误而形成危机隐患，由隐患而形成"苗头"，由"苗头"而发展为抗争，然后爆发出危机事件。优秀的经营管理者不会坐视危机事件的前期酝酿、恶化，等危机事件爆发出来后，才着手工作，而是以消除隐患、扑灭"苗头"为首选之责。

（三）正视问题

正视问题是处理企业危机的"出发点"。对待危机事件，管理人员理应"洞察秋毫"，然而，他们不可能有"火眼金睛"，有些危机事件突如其来，终于爆发出来了。面对危机事件，任何愤懑、隐瞒、掩盖，都于事无补。此时，企业最明智的办法是，面对事实、正视事实、实事求是、认真对待、敢于公开，善于及时地向社会公众开放必要的信息通道，以尽快求得公众的谅解和信任。企业要采取"三不主义"的态度，即对危机事件不回避，对危机事件造成的后果不避重就轻，对自己应该承担的责任不推卸，实事求是地解决危机问题。美国许多管理成效好的公司都牢固树立了这一观念，他们做到：一旦发现问题，他们就毫不犹豫地正视它；一旦他们感到情况不妙，就进行彻底大检查，以便在清理过程中能发现爆发危机的原因；一旦他们发现危机来临，立刻通过传播媒体，及时向社会各界通报危机的真实情况；一旦危机已经来临，他们就集中所有部门的意志和力量去对待它，在任何关系到生死存亡的形势下，没有比求生更重要的了……实际上，危机事件出现后，其规模有一个由小到大的发展过程，公众态度有一个由轻度不满到严重敌视的变化过程。在此初发阶段，如果能面对事实，面对公众，做出相应的改进措施，企业组织就能赢得公众的谅解，得以重整旗鼓，得到发展。

（四）果断应对

处理危机的第一定理就是：动手越早，危机越小。危机事件发生后，企业组织可能会"四面楚歌"，新闻记者、政府官员、顾客公众等，都会来指责企业组织，一时间可能"风雨俱来"，新闻曝光、政府批评、公众意见信等纷至沓来，企业组织压力极大，处于"危险期"。但是，"危险期"不可能一直延续下去，总有一个"终期"。这主要是因为社会在不断发展，新生事物、新的危机事件层出不穷，公众不可能只关注某一社会组织、某一危机事件，他们的关注热点会随着时间的流逝而变化。但是，在公众关注焦点未转变之前，企业组织如同危重病人一样，处于"危险期"，公众高度敏感，措施不当，或稍有不慎，都可能激起公众的群愤之情，严重的还会断送企业组织的生存权。反之，若能及时采取有效措施，及时化解危机，那么企业组织就能迅速赢得公众的谅解，重新获得公众的信任，顺利地渡过危机，获得新的生存机遇和发展机会。

（五）化危为机

通过危机事件处理可以坏事变好事，危机成良机。"危机"一词在汉语中大有讲究，一方面代表着危险的境遇，另一方面代表着大量的机会。这就是说，我们能以危机为契机，精心策划，则不仅能化险为夷，转危为安，而且还能变危机为良机，变坏事为好事。古人云："福兮祸之所倚，祸兮福之所存"，讲的就是这个道理。危机事件既已发生，就要认真处理，利用它来完善企业组织的形象，这是完全可能的。因为危机事件期间，企业组织成为新闻组织报道的热点对象，也是公众议论的热门话题，虽然公众开始时是带着恶意来关注企业组织的，但这毕竟也是一种关注。因此，这就为强化企业组织的形象提供了一个机会。在危机事件过程中，我们要善于变坏事为好事，使本来不利于企业组织的危机事件，演化成宣传企业组织的机遇。具体而言，"变坏事为好事"，应视危机事件的性质不同而确定出不同的目标。常见的情形，一是无中生有的危机事件。如果是无中生有的危机事件，我们不仅要澄清事实，而且还要进一步强化形象，发展形象，通过危机事件的处理，使各方面的社会公众更加信赖企业组织。二是企业自身不当引起的危机。如果确实是由企业组织自身不当而引发的危机，企业不仅要主动承担责任，而且要采取果断措施，塑造一种"脱胎换骨"的新形象。古人云："君子之过也，如日月之食焉。过者，人皆见之；更也，人皆仰之。"人是这样，一个企业也是如此。企业在发展过程中，因为工作不负责、失误而造成对公众的损害，只要能"闻过即改"，仍然能赢得公众的理解与信任——一种基于企业组织新形象之上的理解与信任。

总之，让每个企业以积极的正确的心态去面对不可知的命运，并在"危机"突如其来时能做出正确决策，是企业危机管理的最终目标。企业组织只有端正态度，树立正确的危机观念，才能更好地处理危机，重塑企业形象。

案例 2－1　可口可乐中毒事件

一、案例介绍

1999 年 6 月 9 日，比利时有 120 人在饮用可口可乐之后发生中毒，呕吐、头昏眼花及头痛，法国也有 80 人出现同样症状。已经拥有 113 年历史的可口可乐公司遭遇了历史上罕见的重大危机。在现代传媒十分发达的今天，企业发生的危机可以在很短的时间内迅速而广泛地传播，其负面作用可想而知。

可口可乐公司立即着手调查中毒原因、中毒人数，同时部分收回某些品牌的可口可乐产品，包括可口可乐、芬达和雪碧。一周后，中毒原因基本查清，比利时的中毒事件是在安特卫普的工厂发现包装瓶内有二氧化碳，法国的中毒事件是因为敦克尔克工厂的杀真菌剂洒在了储藏室的木托盘上而造成的污染。但问题是，从一开始，这一事件就由美国亚特兰大的公司总部来负责对外沟通。近一个星期，亚特兰大公司总部得到的消息都是因为气味不好而引起的呕吐及其他不良反应，公司认为，这对公众健康没有任何危险，因而没有启动危机管理方案，只是在公司网站上粘贴了一份相关报道。报道中充斥着没人看得懂的专业词汇，也没有任何一个公司高层管理人员出面表示对此事及中毒者的关切，此举触怒了公众，结果，消费者认为可口可乐公司没有人情味。消费者很快就不再购买可口可乐软饮料，而且比利时和法国政府还坚持要求可口可乐公司收回所有产品。公司这才意识到问题的严重性，事发之后 10 天，可口可乐公司董事会主席和首席执行官道格拉斯·伊维斯特从美国赶到比利时首都布鲁塞尔举行记者招待会，并随后展开了强大的宣传攻势。

然而遗憾的是，可口可乐公司只同意收回部分产品，拒绝收回全部产品。最大的失误是，没有使比利时和法国的分公司管理层充分参与该事件的沟通并且及时做出反应。公司总部的负责人根本不知道就在事发前几天，比利时发生了在肉类、蛋类及其他日常生活产品中发现了致癌物质的事件，比利时政府因此受到公众批评，正在诚惶诚恐地急于向全体选民表明政府对食品安全问题非常重视，可口可乐事件正好撞在枪口上，迫使其收回全部产品正是政府表现的好机会。而在法国，政府同样急于表明对食品安全问题的关心，并紧跟比利时政府采取了相应措施。在这起事件中，政府扮演了白脸，而可口可乐公司无疑是黑脸。

可口可乐公司因为这一错误措施，使企业形象和品牌信誉受到打击，其无形资产遭贬值，企业的生存和发展一度受到冲击。1999 年年底，公司宣布利润减少 31%，可口可乐公司总损失达到 1.3 亿美元，全球共裁员 5200 人。危机后可口可乐公司的主要宣传活动的目的都是要"重振公司声誉"。真是难以置信，世界上最有价值的品牌在危机发生后没有能成功地保护其最有价值的资产——品牌，正是所谓的"总公司更知道"综合征使可口可乐公司采取了完全不恰当的反应。因为一个庞大的国际公司就像章鱼一样，所有的运作都分布在各地的"触角"顶端，要使这样一个庞大而错综复杂的机制发挥效力，章鱼的中心必须训练并使触角顶端的管理层有效发挥作用，采取适当措施，做出正确的应对，因为他们最了解当地的情况。随着可口可乐公司公关宣传的深入和扩展，可口可乐的形象开始逐步地恢复。比利时的一家报纸评价说，可口可乐虽然为此付出了代价，却终于赢得了消费者的信任。

（资料来源：张岩松：《企业公共关系危机管理》，经济管理出版社 2000 年版）

二、案例分析

这是一个危机管理中不完全成功的案例，不成功之处主要在于事件没有引起高层的足够重视。企业高层全面参与危机管理的全过程是必要的，这种参与可以分成两个方面：一是面上的，即是否由高层直接对外沟通，例如，由高层接受媒体采访或接受用户询问等；二是实际运作上的，即是否由高层直接进行决策和指挥。

　　高层直接参与面上的工作可以向公众传达事件已经受到重视的信息，高层如果始终躲到后台往往会引起公众不满。在上述可口可乐事件中，公司只是在网站上粘贴了一份相关报道，没有任何一个高层管理人员出面对此事件及中毒者表示关切，因而触怒了公众，可口可乐公司被认为没有人情味，贻误了在最合适的时间处理危机的机会。

　　首先，由中下层出面可以当做缓兵之计。但危机出现后是应当以分秒作为计时单位的，必须尽快拿出解决问题的方案和策略，不能拖延。什么时候由什么人出面是一个重要的策略问题，不能够太随意。

　　其次是实际参与问题。当发生危机或可能发生危机时，企业高层必须全面参与和直接指挥事件的处理过程。如果领导正好在外地，应当迅速赶回来处理危机事件。在发生危机时，高层不在现场可以认为是渎职的行为。高层应当听取有关人员的汇报，并且对事件做出客观的调查分析，尽快拿出解决问题的策略。一个比较好的做法是，成立常设的危机处理小组，企业高层应该是这个小组的当然成员和领导。小组不能虚设，必须定期进行演练和模拟，以防不测。

　　危机事件过去后，也要由高层亲自参与对事件的总结，吸取教训，避免类似的事件发生。企业高层利用人们对这个事件的关注，保持适当的"上镜率"，告诉公众事件的后续处理情况，并借机宣传企业，恢复企业的公众形象。善于利用事件引起的公众注意力进行形象公关，是保证劫后重生和转变危机为良机的关键。

三、思考·讨论·训练

　　1. 分析可口可乐在这次危机事件中的主要失误。你有什么更好的方法处理本案例中的问题？

　　2. 你认为这次事件是偶然的吗？事件给可口可乐带来哪些不良影响？

　　3. 企业高层应该如何参与企业危机处理？

案例 2-2　杜邦"特富龙"事件

一、案例介绍

2004 年 7 月 10 日，美国环保署表示杜邦"特富龙"的关键原料——全氟辛酸铵,可能会致癌或影响生育。消息传开后,不仅杜邦公司遭遇重大危机,对于使用"特富龙"为原材料生产不粘锅的厂家,更是打击沉重。这场风波在中国市场也引起了强烈反响,杜邦不粘锅销售急剧下降,众多商场停止销售杜邦不粘锅,国家相关机构开始介入。

"特富龙"事件浮出水面后,媒体好奇、消费者担忧、厂家商家左右为难、竞争对手暗自高兴、政府相关部门密切关注。在此次重大危机面前,杜邦表现出了具有两百多年历史的跨国企业的危机处理的智慧和行动。"特富龙"事件在中国市场引起反响后,杜邦公司通过各种形式,以"迅雷不及掩耳"之势,在全国各地的主流新闻媒体上进行了一系列及时的危机应对活动。

7月15日,杜邦在香港召开紧急会议,商讨"特富龙"事件应对之策。香港杜邦公司公共事务部透露,杜邦中国集团公司已要求总部派出技术专家,前往中国内地进行支援,解答国家有关部门、客户、消费者、媒体提出的所有技术问题。

7月15日,杜邦(中国)公司常务副总经理任亚芬、杜邦(中国)氟应用产品部技术经理王文莉做客新浪嘉宾聊天室,就"特富龙"事件进行了大量的事实举证以及与消费者进行感情沟通。

7月18日,"特富龙俱乐部自在下午茶"活动在上海举行,杜邦中国的代表徐军接受记者采访。他表示,目前杜邦公司正在等待相关国家部门的检测结果,希望以此来证明"清白"。由于杜邦坚信"特富龙"产品对人体不会构成伤害,所以,公司"完全没有必要考虑研发、生产类似的不粘锅代用品"。

7月19日,杜邦中国集团北京分公司公共事务部的徐经理在接受记者电话采访时表示,目前媒体对杜邦不粘锅的报道与事实有偏差,主要是在技术和要领上出现偏差,而此次媒体见面会的主要目的就是沟通,让美国总部的技术专家来回答媒体记者以及消费者的问题,把事实的真相告诉消费者。

7月20日下午,杜邦中国集团有限公司在北京召开媒体见面会。杜邦中国公司总裁查布郎在新闻发布会上与记者见面,三位在杜邦美国总部负责"氟产品"的技术专家也携带相关技术资料来到北京,主要目的是回答媒体记者以及消费者的问题,把事实的真相告诉消费者。

美国杜邦总裁贺利得接受《人民日报》记者独家采访。贺利得向外界宣称:"我们可以拿整个杜邦公司的名誉做担保,杜邦不粘锅绝对安全。"此篇专访被多家报纸和网站转载。

10月13日,国家质检总局在对"特富龙"的检测结果中证明了"特富龙"无毒。在经过了几个月的"委屈"后,杜邦终于"重见天日"。轰动一时的"特富龙有毒"事件,终于尘埃落定,由权威机构国家质检总局的检测结果透露:在市场销售的含有特富龙涂料的不粘锅产品中,均未检出 PFOA(全氟辛酸铵及其盐类)残留物。"从哪里跌倒,就从哪里爬起来。"10 月 13 日,中央电视台经济频道在第一时间播出了特富龙检测结果无毒的专题新闻,"杜邦无毒,可以放心使用不粘锅"的权威消息,瞬间传了出去。

10 月 14 日,从全国各大报纸、网站就已经看到了铺天盖地的有关"特富龙无毒"的报道,如人民网、新京报、北京日报、北京青年报、上海新闻晨报、广州日报、羊城晚报等各大城市的主要媒体都在同一天报道。角度各异,主题却是同一个:杜邦特富龙没毒,并且以前也都一直没有存在过。

(资料来源:黎敏:《特福龙给中国企业危机公关的启示》,《公关世界》2005 年第一期;刘琼:《不粘锅粘上的信任危机——析杜邦特富龙的危机公关》,《公关世界》2005 年第 5 期)

二、案例分析

杜邦此次成功的危机处理,让我们看到了一个跨国企业应对危机的智慧、良好的素质、有序的管理和果断的行动。其危机管理有序而到位;其危机公关行动及时而主动;其危机处理态度坚决而诚恳;其危机处理方法有效而有力。充分融合新闻媒体资源,在危机期间进行不间断的说服教育。这给国内企业上了生动的一课,回顾事件始末,再看杜邦这次借检测报告展开的攻势,充分体现了"快"、"深"、"专"、"狠"的特点。

"快",特富龙被检测无毒的消息在中国质检总局公布后的第二天,各大中城市的主流媒体便纷纷报道,其中中央电视台经济频道有关特富龙的专题新闻片可谓是深水炸弹,瞬间引起各报纸媒体争相追踪报道,检测结果是 10 月 13 日公布的,14 日从报纸上就已经看到铺天盖地的有关特富龙无毒的报道了。

"深",对媒体、消费者心态把握可谓"深",为什么杜邦对公布结果的反应比被揭露有毒时的反应要快?从杜邦这次的行动可以看出,杜邦对中国老百姓的心理把握有所改善,开始深入。

"专",利用央视经济频道做媒体公关"先头部队"。众所周知,央视经济频道在国内经济新闻方面具有权威性。在中国观看此频道的观众大都是那些接受教育程度较高,相应生活水平也较高,对他们的影响也就是影响了一大半杜邦的终端消费者。10 月 13 日,央视经济频道第一时间播出了特富龙检测结果无毒的专题新闻,媒体权威消息瞬间传了出去。

"狠",发布有关杜邦检测无毒消息的媒体数量之多,公关力度够"狠"。

在 14 日全国的报纸上，据粗略统计，大约上百家报纸、电视、电台等新老媒体刊登了杜邦特富龙无毒的消息，还有一些知名新闻网站、专业网站都对检测的结果进行了报道。

杜邦特富龙风波的平息，给国内企业一个忠告，这就是不要祈祷危机会远离，一个公司必须懂得在别人把坏消息捅出来之前，就要让公众听到自己的讲述，而且必须让公众知道一切再也不会发生。

三、思考·讨论·训练

1. 杜邦公司是怎样借助新闻媒体处理"特富龙"危机的？对你有哪些启示？

2. 危机发生后杜邦公司一共有几位相关人员接受新闻媒体采访？这样做有何不妥？为什么？

3. 杜邦公司在处理这场危机中存在什么不足？

案例 2-3　雀巢公司险遭灭顶之灾

一、案例介绍

当一个巨大的多种经营跨国公司把经营范围扩展到许多产品的时候，宣传机构对它的某种产品进行的恶意宣传以及公众对此产生的消极反应并不值得大惊小怪，对此可以不必在乎，它是会自行消亡的。但雀巢公司的上述判断错了。宣传机构的反向宣传，抗议者的口头抗议，使普通公众对公司的看法不断改变，从而数年之内公司的形象越来越坏。受影响的不仅是特定产品，其他产品及公司别的部门也成了公众强烈抗议的对象。雀巢公司长期以来忽视他人对其公共形象的攻击，导致现在要使公众接受其产品已经步履维艰。

（一）

雀巢公司是瑞士一家全球知名的跨国公司，产品主要有三大类：乳制品、即溶饮料和烹调用品及其他用品。它拥有卓著的经营业绩，1982 年销售额达 136 亿美元，产品行销五大洲。

婴儿喂养奶是 20 世纪 20 年代初作为母乳的一种代用品而开发出来的，专用于 6 个月以下的婴儿，是一种牛奶、水和糖的混合物，按照母乳的营养成分比例调制而成。婴儿奶粉在第二次世界大战后销量迅速上升，到 1957 年达到顶峰。之后，西方国家出生率开始下降，一直持续到 70 年代。这种形势造成婴儿奶粉销路日窄，逼迫生产厂家寻求新的市场，它们不可避免地把目光投向第三世界。

在发展中国家的婴儿奶粉市场中，雀巢公司占据 40%～50% 的市场份额，但该产品在公司全部产品中所占的比重只有 3%。

到 20 世纪 70 年代初，上述市场风云突变。有人开始怀疑第三世界国家婴儿的高死亡率与婴儿奶粉的市场攻势有关，因为他们把目标对准那些无力解读饮用说明或因生活条件所限无法正确饮用奶粉的消费者。在一些国际会议上，医务人员、工业界代表和政府官员公开谈论婴儿奶粉饮用不当和婴儿死亡率之间的联系，但公众对此尚不知晓。

1974 年，一家英国慈善机构"为需求而战"，出版了一本 28 页的小册子《婴儿杀手》，点名批评雀巢公司在非洲的营销策略，雀巢开始成为公众瞩目的对象。

不到一年，德国的"第三世界工作组"将该册子译成德文出版，文中内容未做多少改动，但题目却被换成《雀巢——婴儿杀手》，原因是这家组织认为，雀巢作为婴儿奶粉产业的带头羊，理应承担更多责任。

雀巢总部被激怒了，与该组织对簿公堂，控告它的"诽谤行为"，案件的审理持续了两年，引起全世界的关注。虽然雀巢打赢了这场官司，但法庭建议公司就其营销手段做全面审视。"我们胜诉了，但从公共关系的角度讲，这是一场灾难。"雀巢后来承认。《婴儿杀手》的控诉玷污了雀巢的名誉。

1939 年，一位医生曾悲愤地写道："如果你们像我一样，每天都悲惨地目睹无辜的婴儿由于喂养不当而死去，那么，我相信，你们会和我怀有同样的感觉：关于喂养婴儿的误导宣传应该作为最恶毒的煽动予以惩罚，由此而造成婴儿的死亡应被视为谋杀。"风波发生后，这段重新被人们拾起的话题，注定要开启公众对婴儿奶粉的谴责与抗议之声。

问题的关键在于对奶粉饮用不当。大量第三世界国家的消费者生活在贫困之中，卫生条件恶劣，医疗保健匮乏，文盲率居高不下。在这种情况下，缺乏正确的饮用方法便是不可避免的。饮用水取自污染严重的河流，或从井中打出，装在肮脏的容器里。因此，人们可能用污染的水冲奶粉，然后倒入未经消毒的奶瓶中。此外，贫穷的母亲为了让一罐奶粉能喝更长一点时间，每次喝时都尽量用水稀释。据牙买加一位医生对两个营养不良的婴儿（大的 18 个月，小的 4 个月）的观察报告说，一罐奶粉通常只够一个 4 个月大的婴儿喝 3 天的，可是这两个孩子的母亲竟然用它喂了他们 14 天。这位母亲十分贫困且不识字，家里没有自来水和电，但孩子却有 12 个之多。

（二）

雀巢在第三世界国家的销售攻势很猛。它的营销努力不仅仅针对消费者，还针对医生和其他医疗人员。使用的媒体包括广播、报纸、杂志、广告牌，甚至还出动了装有大喇叭的宣传车。它还大量免费赠送样品、奶瓶、奶嘴和量匙。在某些国家，雀巢雇用护士、营养师和接生婆组成自己特殊的宣传队伍，正是这一手段成为激烈点评的焦点。

批评者认为，这些人实际上是带有欺骗性的销售人员，她们入室拜访年轻母亲，散发样品，劝说这些母亲停止母乳喂养。由于她们有职业身份，对于天真的消费者来说无疑带有诱导的意味。

针对医生和医疗人员开展的促销活动也引起争议。这种促销形式的具体过程是，派推销员前去向儿科医生、护士和其他有关人员宣讲产品的质量和特点，并提供诸如海报、图表、样品等宣传物品。公司还出钱资助医生和医院里的其他人士出席医学会议。

批评者指出，雀巢的这些促销手段过于直接，造成母乳喂养人数的下降。他们对雀巢的做法，主要抨击的几点如下：①奶粉喂养造成发展中国家婴儿死亡率的上升；②关于婴儿营养的小册子对母乳喂养忽略不提或是降低其作用；③媒体进行误导宣传，以鼓励那些不识字的贫穷妇女选择奶粉喂养而不是母乳喂养；④广告刻意将母乳喂养描述为原始的和不方便的；⑤免费散发样品和礼品以诱导使用奶粉喂养；⑥雇用护士组成宣传队伍，以及在医院中开展促销，都可视为厂家操纵消费者的行为；⑦奶粉定价过高，使许多消费者使用时易于发生稀释过度的行为。

在《婴儿杀手》英、德文版出版和雀巢官司了结后，消费者保护积极分子成立了专门的民间组织反对雀巢公司的做法。同时，一些机构，包括世界健康大会和世界卫生组织，也开始寻求减少婴儿奶粉产品的宣传活动。

在外界日益增长的压力下，雀巢和其他同类公司有所收敛。1975年，它们通过了一个公约，保证在今后的促销活动中做到：承认母乳喂养是最佳哺育方式；告诉消费者婴儿奶粉只是一种补充性代用品，使用时应寻求医生帮助，等等。

但是，随后几年各地的报告表明，雀巢在许多场合又故技重演。因此，1977年，美国的民间组织发起了一场抵制雀巢产品的活动，很快扩展到其他9个国家。这一活动一直持续到1984年1月。

抵制者的要求是：停止雇用护士作为宣传人员；停止免费散发样品；停止向医务人员开展促销活动；停止针对消费者的促销活动和广告宣传。他们开展的活动十分有效，不仅导致了雀巢利润的下跌，而且引发了舆论的认同和政府的行动。

（三）

在风波初起之时，雀巢的管理阶层认为，这不是一个大问题，也许用不了多久就会销声匿迹。然而，他们完全想错了，公司的形象持续受到损害，问题不仅不能在短时间内消失，反而越来越糟。更为严重的是，这一灾难已超出婴儿奶粉之外，危害到公司的其他产品。

1977年，当抵制活动刚刚兴起时，雀巢把它作为一个公关问题来处理。公司的公关部升格为企业责任办公室，雇用世界上最大的公关公司伟达公司协助开展工作。30万份宣传品被邮寄给美国的教会人员，指出地他们一味地谴责雀巢是错误的。随后，公司又聘请著名的公关专家丹尼尔·爱德曼，他建议公司保持低姿态，努力让第三者发言。

这些办法都未能奏效。1981年，雀巢停止雇用公关公司，转而开始自我恢复名声的工作。新的策略的目标是，树立公司人道的、负责的"企业公民"形象。

第一步是批准采用世界卫生组织的《母乳代用品销售守则》。这一守则禁止向一般公众做广告和向母亲发放样品。第二步是大力改善和新闻界的关系。

雀巢同新闻界的关系曾一度降到最低点。在1981年的头6个月中，仅《华盛顿邮报》就发表了91篇批评雀巢的文章。现在雀巢开始采取一种"门户开放、坦率交流"的政策来同新闻界打交道。

最有效的措施是，建立了一个十人委员会来监督雀巢对《母乳代用品销售守则》的遵守情况，并调查处理消费者的投诉。委员会由医学专家、教会人士、社会活动家和国际问题专家组成，美国前国务卿埃德蒙·马斯基任主席。它成立于1982年5月，其成员同世界卫生组织、联合国儿童基金会的代表及民间组织的代表一起工作。职责主要集中于观察雀巢在四个方面的行为：其散发的教育材料是否对母乳喂养和奶粉喂养的社会健康后果进行了对比；其产品说明是否宣扬了母乳喂养的好处和对使用有污染的水提出警告；公司是否已不再向医务人员赠送礼物；公司是否不再向医院发放样品。雀巢在所有这四个方面都做出了积极的回应。

（资料来源：查灿长：《公关事务与案例分析》，青岛出版社1994年版；胡泳、勤明：《雀巢婴儿奶粉风波始末》，《公关关系导报》1995年12月5日）

二、案例分析

雀巢作为一家全球知名的跨国公司，在其辉煌的发展历史中，险些沉湎于形象危机之中，其灾难性的一例，应该成为许多企业组织的一支清醒剂。

对雀巢来说，某种单独产品出现了一点儿不良反应似乎算不了什么。"不必去管这种'小'问题，它会自行消失的。"这就是雀巢管理层一开始的想法。事实证明，对问题采取置若罔闻的态度是最下策的。公众不会善罢甘休，如果问题牵涉到人的生命，公众抗议的声势更会一浪高过一浪。因此，万不可忽视关于企业负面报道的威力，忽视公众的威力。

对来自各方的抗议采取直接冲突的形式和坚持敌对的立场都是无济于事的。正如雀巢公司采取诉诸法庭的做法，即使打赢了官司，也只能增加对它的反面宣传，给抗议者火上浇油，尽管证据和理由都有利于公司，但反面的宣传和一边倒的批评都可能失去公众。由此看来，公司还是谨慎行事为妙，莫要莽撞陷入有损公共形象的圈套，应考虑公共形象的社会作用，本着有事好商量的精神，与反对者加强沟通，解决问题。

关于这场风波，也许雀巢自己总结得最好："所有公司都应该注意倾听消费者的声音，当出现问题时，它们应该寻求同公众领袖的对话，共同找出解决的办法。"

这起事件虽早已成为过去，但其中的经验教训无疑是深刻的。

三、思考·讨论·训练

1. 雀巢雇用世界上有名的公关公司来处理婴儿奶粉事件为何没有产生预期的效果？
2. 企业的市场营销策略对其形象有怎样的影响？试结合本案例谈谈看法。
3. 企业在处理危机的过程中可否运用法律手段？应注意哪些问题？

案例 2-4   瑞典"红牛"事件

一、案例介绍

2001 年 7 月中旬，瑞典公布的一份官方报告指出，他们正在调查 3 名瑞典年轻人怀疑因喝了红牛饮料而死亡的事件。据调查，这 3 名瑞典人中有两个人是在喝过掺有酒的红牛饮料后死亡的，而另一个是在繁重工作后，连喝了数罐红牛饮料之后因肾衰竭而导致死亡。

不到几天，马来西亚卫生部宣布，由泰国进口的蓝字品牌罐装红牛饮料和奥地利进口的蓝色罐装红牛饮料全面禁止在马来西亚出售。红牛功能饮料诞生在泰国，已经拥有 30 多年历史，销售遍及欧洲各国、美国、澳大利亚、中国等 30 多个国家和地区的泰国红牛维他命饮料公司，遭受了历史上鲜见的重大危机。

红牛饮料是一种功能性饮料，它的主要成分有维生素 B_6、维生素 B_{12}、肌醇、牛磺酸、咖啡因和一些人体必需的氨基酸。这些成分表明，各功能成分均有益于人体，但同时也表明饮用过量对人体并没有好处，尤其还有不少专家认为功能性饮料提供的"精力"确实含有综合性兴奋剂，例如，咖啡因或含有刺激成分的植物提炼剂。

红牛饮料虽然自发明至今已有 30 多年的历史，产品也行销 50 个国家和地区，年销量达到数十亿罐，从未收到有关危害健康的投诉，也无任何一个国际权威机构证明"红牛"有害健康。但是，如果饮用红牛饮料恰巧导致了病人的死亡，哪怕红牛饮料不是死亡的主要原因，甚至与死亡毫无关系，由于人们对红牛饮料安全性的怀疑，就很容易将死亡归罪于红牛饮料，这样红牛公司就会不可避免地面临危机。由于人们对红牛饮料安全性的怀疑，红牛饮料具有一定的安全危机风险。

红牛公司在进行危机风险识别时，就应该考虑到这种产品的安全危机风险。而且，也应该能识别出这种安全危机风险，因为有一些饮料和保健品生产企业曾经出现过这样的危机。如我们上文提到的比利时"可口可乐中毒"事件引发的可口可乐的安全危机。

最可能发生的情况是，红牛公司在对产品的安全危机风险评估中，低估了这种危机风险。可以看出，红牛公司对出现红牛饮料的安全危机没有太多的准备，说明红牛公司的危机风险识别或危机风险评估存在一定的问题。

2001 年 7 月 24 日下午，红牛维他命饮料有限公司在北京与新闻媒体恳谈，对沸沸扬扬的所谓"瑞典红牛风波"做出回应。公司声称：向消费者负责是红牛公司的一贯宗旨，公司置消费者利益于第一位。过去，"红牛"从未发生过任何质量问题，今后也将更加严把质量关，将来一旦有任何质量问题，红牛公司将负完全责任。

红牛公司还指出，作为一种精心配制的功能性饮料，红牛所含各种成分具有不同的功能效用，并通过相互间的协同作用，帮助饮用者消除疲劳、提神醒脑、补充体力。

详细研究这些成分（罐侧明示），比如，维生素 B_6 能促进新陈代谢，抗贫血、结石、结核病和神经系统紊乱；维生素 B_{12} 有助于保护神经组织、促进新陈代谢、抑制贫血；肌醇可以减少血液中的胆固醇和胆碱的结合，预防动脉性脂肪硬化，保护心脏和肝脏。大家都知道红牛中含有的维生素是人体内不可缺少的营养成分。红牛还含有一些人体必需的氨基酸，如赖氨酸具有促进蛋白质合成的功能，可以改善脑功能、抗氧化的牛磺酸更是人体内不可缺少的营养成分。除了这些成分，红牛中还含有咖啡因50毫克，该含量低于一杯咖啡或袋泡茶。由此表明，各功能成分均对身体无害。

红牛公司积极地向政府有关职能部门、行业协会进行汇报，同时也更加欢迎各部门、协会及新闻媒体加强对红牛产品的监督并及时发布客观公正的信息。

红牛此次的新闻恳谈收到了一定效果，不少媒体都报道了恳谈的内容，许多报纸对红牛都做了肯定的结论。

（资料来源：王涓：《瑞典怀疑"红牛饮料"对健康有潜在威胁》，中央电视台，2001年7月19日；凌红：《从"红牛"看企业危机公关》，《经济导报》2001年7月25日）

二、案例分析

相对于假冒伪劣产品而言，企业自身产品的安全性有着更强的隐蔽性，这类危机的普遍特点是企业产品本身并没有什么问题，只是在特定情况下出现危机。这种危机一旦出现，会极大地影响公众对企业产品的信任，如果处理不好将导致企业迅速失去市场。一般企业处理此类危机正确的做法大体有三步：一是收回有问题的产品；二是向消费者及时讲明事态发展情况；三是尽快地进行道歉。以此对照，可以看出公司红牛第一点并没有照办，当然在原因还没有查明前，红牛饮料还不能定论为"问题产品"；而第二点红牛公司做得非常及时和完善。在反应速度上，也可以说是比较迅速的。

当然，"红牛"事件的危机处理中还存在着几点欠缺。首先，红牛公司没有对3名瑞典青年因喝了红牛饮料而导致死亡的事件展开调查，使该事件一直没有明确的答案，也没有权威机构发表声明，表明红牛饮料与3名瑞典青年的死亡无关。这样，红牛公司不管如何为红牛饮料的安全性辩护，但没有从根本上消除人们对红牛饮料安全性的顾虑，也就是说，红牛公司在危机反应中，没有解决危机的重要方面（即红牛饮料与3名瑞典青年的死亡无关）。其次，红牛饮料的安全性在医学理论上缺乏强有力的说服力。红牛公司只是证明了喝一瓶或少量的红牛饮料是安全的，如一罐红牛饮料的咖啡因含量为50毫克，该含量低于一杯咖啡或袋泡茶，但不能说明大量饮用是否安全，所以不少专家对功能饮料的普及也表示出了一些担忧。

三、思考·讨论·训练

1. 红牛公司对危机风险识别与评估存在哪些问题？
2. 面对危机红牛公司反应迟钝，请分析一下其深层原因是什么？
3. 危机发生后，红牛公司应采取哪些正确的危机处理措施？

案例 2-5　麦当劳"消毒水"事件

一、案例介绍

2003 年 7 月 12 日，广州两位消费者到麦当劳用餐，点了两杯红茶后，发现其中有极浓的消毒水味道。当时，麦当劳餐厅的现场副经理解释说，可能是由于店员前一天对店里烧开水的大壶进行消毒清洗后，未把残余的消毒水排清所致。该副经理同时表示，消费者可以提出赔偿要求，并在 7 时 15 分通知该麦当劳店长和地区督导赶到现场以妥善解决此事。但结果却是店长和督导两人直到 9 点多才相继出现。在长达两个多小时的时间内，麦当劳的员工与两位消费者多次发生争执。后来，工商局的工作人员赶到现场调解了近一个小时，双方最终以调解失败而收场，从而导致消费者愤然报警。

两位消费者就此事向麦当劳公司提出要求，麦当劳公司应就此事件向消费者做出合理的解释和赔偿。而麦当劳方面却做出向两位消费者各赔偿 500 元的决定。并表示如果两天内当事人身体不适可以到医院诊治，医药费给予报销，但拒绝做出调查的决定。麦当劳的行为引起了消费者的极度不满，两位消费者（同时也是记者）一怒之下，将此"消毒水"事件在媒体上曝了光。事发两天后，南方某媒体记者与广东三元麦当劳公司取得联系，想了解事情的具体经过，麦当劳公司对此事保持了沉默，表示此事仍在调查之中，不发表任何看法。

事隔一周之后，麦当劳公司才发表了区区数百字的"声明"，用主要文字描述事件过程，并一再强调两位消费者是媒体记者，同时声明，麦当劳一向严格遵守政府有关部门对食品安全的所有规定和要求，并保证麦当劳提供的每一项产品都是高质量的、安全的、有益健康的。整个声明没有提及自己的任何过失，也没有提到如何加强管理或向消费者表示歉意，更没有具体的解决事情的办法。

无独有偶，2003 年 5 月，麦当劳北京某分店就已发生过把消毒水当饮料提供给消费者的事情。受害者说："没想到他们的态度特别不好，真是让我特失望，连最起码的医药费他们都不愿意出。店长还跟我说什么，现在是特殊时期（'非典'时期），他们的压力特别大，希望我能体谅她。"问题得不到解决，消费者自然会寻求媒体投诉。此间，麦当劳在中国宣布提价的事情也引起了中国诸多媒体的口诛笔伐。

（资料来源：陈秀丽：《世界十大公关经典败局》，清华大学出版社 2006 年版；http：//finance. sina. com. cn 2007 年 4 月 9 日）

二、案例分析

如果把麦当劳在中国广东和北京的"消毒水"事件做一次盘点的话，用这样的结论似乎可以概括：首先，麦当劳在中国危机管理中反应迟钝；其次，麦当劳对中国消费者轻视和淡漠。广东麦当劳"消毒水"事件后，如果麦当劳意识到问题的严重性，主动与公众和媒体进行沟通，大家自然会心平气和地接受和理解，关键是要把事情说开。然而，两次"消毒水"事件后，麦当劳公司都是反应迟钝。可以看出麦当劳在中国的危机管理是僵化的。一层层的上报与沟通，结果问题还是得不到解决。消费者的最基本要求也得不到合理的答复，看来麦当劳得了比中国某些企业还要严重的"大企业病"。试想，如果当消费者开始提出要求的时候，能够得到快速的答复和满足，还会发生后面的事情吗？

麦当劳公司缺乏专业的危机管理人员，没有正确的危机应对措施。广州麦当劳"消毒水"事件发生后，麦当劳对此事三缄其口，直到一周后才发表"声明"，没有向公众做出及时、合理的解释。对麦当劳这样的食品工业来说，其产品的卫生与安全会影响到千千万万个消费者。当危机发生后，麦当劳不但没有进行良好的沟通，给予公众一个合理的解释或说明，而且拒绝公布调查方案。从某种意义上说，麦当劳公司处理与公众的关系缺乏有效的机制，其低调与沉默会给消费者增添更多的疑虑。

三、思考·讨论·训练

1. 麦当劳应该怎样正确处理与受害者的关系？
2. 麦当劳应怎样正确对待新闻媒体的负面报道？
3. 请为麦当劳制定一份危机处理方案。

第三章　危机成因分析

知晓危机形成的原因，才能有的放矢地进行处理与传播。

——本书作者

管理者所推行的运作结构可能无法觉察到环境上的细微变化，短期效果可能很出色，但是成功的果实就隐藏着失败的种子，公司的生存开始受到威胁，最后终将有一天危机爆发，而且往往是致命的。建立具有较强免疫功能的危机管理系统的最佳组织结构，则是运作型组织在向学习型组织转变。这个危机管理系统便是能调动公司所有人员进行开放式交流与传播，并激起人们使命感的灵活性体系。

——［美］戴维·赫斯特

分析危机产生的原因，对于制定正确的预防和处理对策有着十分重要的意义。

一、企业危机发生的常见原因

（一）企业内部环境成因

1. 企业自身素质低。企业自身素质低不仅可能引发危机，而且在企业危机出现之后也难以有效地处理危机。就企业自身素质构成来说，企业自身素质低下的核心是企业组织人员素质低，这又包括领导者素质低和员工素质低。这两类人员素质低都有引发危机的可能。特别是如果企业领导者自身素质低的话，导致企业危机的可能性更大。现阶段由于我国的企业家正在逐步向职业化过渡，有些企业领导人知识结构不完善，素质低下，水平较差，对内部员工缺乏威信和感召力，不能激发员工的工作积极性，使企业缺乏凝聚力；同时，对外部公众缺乏平等意识和必要的尊重，有的耻笑外部公众，有的冷落外部公众，有的甚至谩骂、殴打外部公众。企业员工素质低成为制约企业发展的"瓶颈"，这个问题不解决，企业随时都有可能与公众发生纠纷，产生危机，并因而成为舆论的焦点，这是每个企业最不希望看到的。

2. 企业管理缺乏规范。这里讲的规范主要是指企业的管理制度和员工行为规范。管理缺乏规范的含义有两个:一是指企业组织基础工作差,规章制度不健全,以至于工作无定额、技术无标准、计量无规矩、操作无规程,给组织管理带来极大的麻烦,也给公众带来诸多的隐患。二是指员工的行为无规范,以至于员工工作不讲质量、不讲服务礼节、不讲商务信誉、不讲职业道德、甚至严重损害公众利益和伤害公众感情。这些都有可能成为引发危机的祸根。如近年来全国各地相继发生了因产品质量原因引发的企业危机,一些产品先后受到消费者投诉,企业形象面临挑战。之所以存在产品质量隐患,深究起来企业管理缺乏规范是主要原因。

3. 企业经营决策失误。在现代社会中,企业的经营决策都应自觉考虑到社会公众、社会环境的利益和要求,不能有损于公众,不能有损于环境;反之,即属于决策失误。经营决策失误的情况繁多,主要体现为方向的失误、时机的失误、策略的失误等。各种失误都可能导致企业危机的出现,特别是其中的方向性和策略性失误更是导致企业危机的关键原因。如背离公众和环境的利益与要求做出决策,或采取有损公众和环境的策略实施各种决策,都可能严重危及公众和环境,也都有可能引发公众对企业的抵触、排斥和对抗,从而使企业陷入危机状态。

4. 企业法制观念淡薄。企业经营活动的正常开展,除了必须遵循企业经营的基本准则和社会伦理道德之外,还必须守法,严格依法办事。因为现代社会是法制社会,市场经济是法制经济,企业的任何一员是否具有法律意识,是否知法、守法,是否将企业的经营活动置于法的监督、保护之下,这对于正常开展经营活动,规范企业管理行为,树立良好的企业形象有十分重要的意义。然而事实上,的确有的企业法律观念极为淡薄,置国家法律于脑后,霸气十足,随意践踏公众作为人的起码权利,终于酿成企业危机。

5. 企业公关行为失策。现代社会十分重视公共关系工作,公共关系工作实际上是一种社会信息交流工作。在信息交流过程中,严格遵循以客观事实为基础的原则,是保证信息交流正常进行,求得企业与公众之间消除隔阂,达到动态平衡的基本要求。如果违背这些原则,传播不真实,甚至有意弄虚作假、技巧运用不得法,严重损害公众利益,那么再多的信息交流也无益于企业与公众间关系的协调,它只能为公众所坚决反对和抵制,使企业与公众之间的关系走向恶化,形成危机。这具体表现为:

(1)策划不当,损害公众利益。公众利益优先,以公众利益为出发点,是企业形象策划应遵循的基本原则。如南京某房地产开发公司曾向某女电影明星赠送价值20万美元的别墅,结果并未引起轰动效应,反而伤害了公众感情,招来公众"向谁献爱心"的争论，这说明不从公众利益出发的策划是必然失败的。

（2）公共关系活动缺乏必要的准备。企业要取得以塑造形象为目的的公共关系活动的成功，就得做好公共关系的前期准备工作，准备工作做得越充分越扎实，公共关系的成功率就越高。如果企业缺乏必要的准备，或者准备不周，都有可能引发危机，使好事变成坏事。

（3）企业忽视与公众的信息交流、传播沟通。通过企业和公众之间的信息交流，可以优化组织结构，增进人际关系的和谐，取得公众对组织活动的谅解和支持，所以，传播沟通对企业至关重要。但恰恰有些企业却犯了无视沟通或传播沟通意识淡薄的毛病，从而酿成企业危机。疏于传播沟通主要表现在：重视纵向的关系而忽视横向的关系，线条比较单一，缺乏双向传播的主动性，满足于上通下达和组织自身的评价，对外界发展变化缺乏迅速反应和反馈的机制；在工作方法上，不愿意向公众宣传自身建设的情况，不愿意在平等的地位上与公众进行协商、交流，习惯于号召式的宣传，懒于做琐碎的沟通工作；企业发布信息不及时，缺乏针对性，使公众不能及时地了解到所需要的信息等。可以说，在信息爆炸、误会频起的市场经济社会，"沉默"对企业来说不再是"金"。

（4）忽视公关调研，损害企业声誉。调研是公共关系运作的四个程序中最重要的一步，是制定公关计划，开展公关活动的基础，这就犹如中医看病必须先"望闻问切"一样，没有"调研"必然贻误公关良机，出现偏差，使"病征"加剧，给企业带来不必要的麻烦，使之陷入危机之中。

（二）企业外部环境原因

1. 自然环境突变。这包括天然性自然灾害和建设性破坏两个方面。天然性自然，是自然环境运动中完全遵循大自然规律的（即不受人类行为影响的）环境要素所构成的，如山脉、河流、海洋、气温，等等。天然性自然所发生的变化，是不以人的意志为转移的变化，它往往给企业活动带来意想不到的打击。如地震、海啸、旱灾、涝灾、火山爆发、河流改道，等等。这些灾害具有很大的突然性、无法回避性和重大损失的特点，常常使遭受打击的企业面临灭顶之灾。建设性破坏灾害是一种人为的灾害，它指人类出于短视、无知、疏忽、决策失当等原因，没按客观规律办事所酿成的破坏机制。这种建设形同"破坏"，且建设的规模越大，灾害损失就越惨重，所以，它是比自然灾害更严重、影响面更广泛的、迄今仍未被予以足够重视的潜在致灾源。"建设性破坏"灾害不仅包括人工诱发地震、滑坡、工业"三废"污染引起的全球性气候异常和臭氧层破坏，滥砍盗伐加剧水土流失和沙漠化，以及烟雾事件和城市噪声等新公害现象，还包括企业规划与设计欠妥造成的企业防灾能力脆弱等弊端。比如，企业动力、热力、供水、污水及垃圾的处理等无防灾和减灾能力，加剧着灾害的隐患。

2. 企业恶性竞争。恶性竞争即不正当竞争，是指市场经济活动中，违反国家政策法令，采取弄虚作假、投机倒把、坑蒙诈骗手段牟取利益，损害国家、生产经营者和消费者的利益，扰乱社会经济秩序的不良竞争行为。恶性竞争作为引起企业危机的一个外部因素，是指本企业受到外部其他企业的不正当竞争，使本企业面临严重的经营危机和信用危机，从而发展成为企业危机。在现实生活中，一些不正当竞争者或采用散布谣言恣意损害竞争对手的形象，或盗用竞争对手的名义生产假冒伪劣产品，或进行比较性广告宣传有意贬低竞争对手的能力，或采取恶劣行径严重扰乱竞争对手的经营秩序等，这些恶性竞争行为，都可能导致企业组织严重的危机。

3. 政策体制不利。国家经济管理体制和经济政策是企业难以控制的外部因素，它对企业的经营和发展产生重大影响和制约作用。一般来说，任何企业都希望国家经济管理体制和经济政策有利于本组织的生存和发展，但这些希望在某些特定情况下又总是不可能完全达到的。如果体制不顺，政策对企业发展不利，那么企业就可能在经营活动中遭遇很大风险，出现严重问题，甚至陷入一种欲进不能、欲退不忍、欲止不利的困境。在这种情况下，出现暂时的企业危机是完全有可能的。特别是传统经济体制的约束，传统经营观念的影响，行业封锁、产品垄断等种种弊端甚至可以把一个企业逼向绝境。

4. 科技负影响。人类社会的科学技术进步，既可以给企业带来创新发展的机遇，也会导致企业原有技术的落后与贬值而出现危机。新材料、新工艺的出现，会使企业如虎添翼；而新技术、新标准的颁布也会使企业的产品在顷刻之间由合格变为不合格。因此，科技进步规律对企业危机的发生往往具有突发性的作用和特点。因科技进步而导致企业危机的原因表现在两个方面：一是技术本身的危险性导致危机。高技术本身所内含的风险性和危险性，其导致的危机往往表现为重大技术设备的严重事故。如举世震惊的前苏联切尔诺贝利核电站爆炸事故，使6000多人丧生即属此类。二是技术进步带来技术标准变化导致危机。技术进步所带来的技术标准的变化，对企业的影响是广泛的。由于企业技术手段（设备）不可能总是处于先进发达状态，所以企业总是受到高新技术及其高标准规范的冲击。每项新质量标准的实施就意味着在原标准下的产品合格变为新标准下的不合格。

5. 社会公众误解。公众对企业的了解并不都是全面的，有的公众会因获得信息的缺乏或专听一面之词对企业形成误解，尤其是当企业在产品质量、原料配方、生产工艺、营销方式、竞争策略等方面有了新的进步、新的发展、新的探索，但公众一时还不能适应，或一时认识跟不上，用老观念、老眼光，主观判断，草率下结论，更易弄出一些危机事件来。公众误解包括几个方面：一是服务对象公众对企业的误解；二是内部员工公众对企业的误解；三是传播媒体公众对企业的误解；四是权威性公众对企业的误解等。无论是哪一类公众对企业的误解，都有可能引发企业危机。特别是传播媒体公众和权威性公众对企业的误解更可能使误解范围扩大，程度加深，形成极为不利的舆论环境，带来企业严重的危机。

6. 社会公众自我保护。随着现代科技的发展和保护消费者权益的法律不断完善，消费者正在觉醒，并且学会了运用法律的手段保护自己的利益。企业原来认为合理的、正常的东西，现在在消费者的思想中已变成不正常的和非合理的，他们对企业的所作所为提出抗议，如反暴力行为、反污染行动，等等，这就使得企业面临着新的造成危机的可能。所以，客观上公众自我保护意识的增强也是企业危机增多的一个原因。

7. 全新传媒出现。国际互联网是人类社会从未有过的全新的传播媒体，它可以进行文字、数据、图像、声音多媒体的沟通，具有许多诱人的诸如范围广泛、双向互动、个性化、低成本等不同于其他电子媒体的传播特征。它的出现使人类进入了网络时代，上网的人数在成倍增加，国际互联网越来越成为全新的重要传媒。在网络时代若不重视为公众，尤其是为顾客服务的企业就要注意了，因为互联网的威力是十分强大的，任何一个对企业不满的顾客，都可能成为高破坏力的"危险分子"。无疑，新兴传媒的出现客观上增加了企业危机出现的几率，对此企业不可不察。

以上是从企业组织所处的内外部环境分析容易诱发危机的诸多方面原因，实际上，任何危机的发生都并非由一个原因促成，而是多个原因综合作用的结果。只有对造成企业危机的原因进行深入剖析，才能拿出充分的依据，为正确处理危机奠定坚实的基础。同时，明确导致危机的因素也为企业预防危机的发生提供了可能。

二、企业危机发生的根本原因——危机与振兴理论

美国管理专家戴维·赫斯特在其所著的《危机和振兴：迎接组织变革的挑战》一书中揭示了企业组织成长过程中危机发生的根本原因，提出了危机

与振兴理论，现在此做一介绍。

（一）学习型组织——猎人社会的动力机制

一个组织发展的幼年期（初创时期）是一个典型的学习型组织（见图3-1），是一个"猎人社会"的动力机制。处在这一时期的组织注重学习各种东西——学习掌握高难技术，学习对不同公众的要求做出反应，学习筹集幼年企业发展所需的资金，等等。这种学习通常是试错式的。

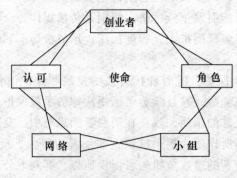

图3-1　学习型组织

1. 创业者（人员）。他们是具有非凡技术和经验的人，具有特殊热情的人，对该领域里的异常现象和未开发的机遇十分敏感。

2. 角色。角色是自行选择的，每个人的角色都反映了其天生的爱好和本领，每个人都身兼数职，承担着自制机制认为最合适的角色。这个阶段没有组织来物色人选，组织与其外部环境之间没有清晰的界限，组织与其外部环境之间同步发展。

3. 小组。人们以无固定程式的方式来开展工作，这一要求通过建立一些非正规、多技能的小组来实现。小组内部之间密切合作与交流，便于人们解决每个幼年企业都面临的复杂、无序和"棘手"的问题，在紧急情况下（在幼年组织里，几乎每件事都是紧急的），人们没有时间考虑等级和规矩，谁能干就由谁来干，人们好像从天而降，问题解决之后又同样旋踵即逝。

4. 网络。组织通过在一些人之间进行一些相对固定的交易而组成，这些固定的交易形成了一个小型的、有着相对密切联系的系统，成员聚会，交流大量进行，加强了网络成员联系的强度，并使之可能形成联系密切的系统，这个系统就是组织，交流是自然的、公开的。

5. 认可。最初由于共同的兴趣，大家志同道合，将组织成员吸引到一起

来，使其齐心协力往往是精神上的东西，而不是金钱，将企业凝聚到一起的报
酬制度也不是以金钱为前提的。

6. 使命。在幼年时期组织成长过程中，所有组织员工树立起一种超越个
人抱负的共同使命感，使人们在协调一致的基础上，充分发挥个人的独创精
神，而不是对人们进行监督与控制，这种价值观赋予个人以行动的权利，又使
他们互相协调一致，这种使命感的建立往往是由某个人——通常是创始人——
对未来的展望而促成的。

（二）运作型组织——牧人社会的动力机制

由于初创企业在起步时是非正规的学习型组织，组织在幼年时期其学习通
常是试错式的，而在残酷无情的竞争环境里，错误往往是致命的。许多初创组
织将以失败而告终，组织成员会像猎人们一样，不是加入到其他较为成功的团
队里，就是自己去创业，可是幸存下来的组织迟早会变得越来越像牧人。他们
的重点会从学习转向运作、从建立常规转移到恪守常规上来。这些组织当然还
会学习，但是，在诸如产品特性、生产技术和市场等重大问题得到解决之后，
即使是在新兴的行业里，学习的范围也会逐渐缩小，组织从以"学习为主"
向以"业绩为主"过渡，由"猎人"而成为了"牧人"。如图 3 - 2 所示。

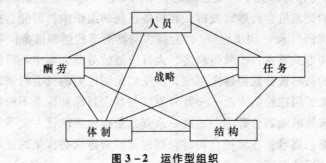

图 3 - 2　运作型组织

1. 使命→战略。随着一个共同的组织目标——使命的建立和明确，人们
就可以采取相应的、有条理的组织行动了。由于弄清了因果关系，组织内部的
行为变得合理了，人们便开始借助一个理论框架来解释他们的行动。一向被证
明是成功的行动模式被一再重复。这种模式被归纳为统一的概念并确定下来之
后，便称做战略。战略是"硬性的"使命，战略把使命变成了可操作性的东
西，限制人员的流动，为组织的所有要素划定界限，并把限制加以制度化，由
于有了这些限制，羽翼未丰的学习型组织转变成运作型组织，猎人社会的动力
机制向牧人社会的动力机制转变。试错式的学习成果被转化为运作常规，个人

在组织背景中的学习成果被整理成条文，并且在等级结构中加以正规化。

2. 角色→任务。组织在幼年时期，每个成员的角色是自行选择的，现在不同了，每个成员都有明确的工作内容和标准的操作规程，所需技能变得越来越容易理解，业绩也可用常规标准来加以衡量了。由于组织将重点转到了创造可靠业绩所需的常规和技能上来，理想便退到了第二位，创始人原有的激情开始降温。

3. 小组→结构。这时组织的运作常规及各部门职责范围也相应落实，分工明确，责任到位，以确保整个机构正规化运行，那些参与性强、技能种类多且灵活性大的小组被专业化部门所取代，这些专业化部门的活动由各种规章制度、规程和各级管理人员的计划来加以协调。如果不把日常活动变成常规，管理部门就什么也干不了，只能随时准备救急。等级制的出现，很可能是成熟组织中最难以觉察的老化的开始。因为一方面，它对组织生产的有价值的产品和服务、生产工艺和技术等起着至关重要的控制作用；另一方面，它又是一个主要的制约因素，防备人们轻易改变生产工艺、产品和服务。

4. 网络→体制。幼年组织提供"密集"信息的那些细密、丰富的网络，被专门使用"稀薄"信息的系统所取代，变得薄弱、微不足道。非正规的"信息小道"将作为原先学习型组织的残余而幸存下来，但它的功能也会因为缺少面对面的交流机会而难以发挥。在极端正规的组织中，可能会把小道消息称做"流言飞语"和"阴谋诡计"，会损害羽翼渐丰的组织形象。初创时期的那种亲密的同志关系在一个数量众多、人员分散的劳动大军中不可能再存在下去。创始人的时间被分割得越来越细，员工们见到他们的机会越来越少，信息被越来越多地运用在控制方面——及时发现与预定目标和标准不符的环节。组织与环境也被清晰地划分开了，通过一系列条条框框来取代一度是乱纷纷的信息，打着战略的旗号，在审视自我时，即使面对否定这些框架的证据，却依然维护这已被认可的框架。

5. 认可→酬劳。随着组织的稳定增长，非正规精神鼓励在一开始会有所增加，但是，由于正规物质报酬制度所确定的现金付酬可能最终完全取代精神上的鼓励。任务内容一旦明确，相应的技能就能确定下来，工作进度也能确定下来了，正规的工作评估方法也有了。组织成员将开始收集炫耀成功的装饰物，"老资格"的成员会把自己同"新来乍到"的人区别开来，这都将加快正规报酬分配制度的建立。

6. 人员也发生了变化。人是组织中最后一个发生变化的，而且是变化得最慢的要素。元老们厌恶开创新的领域，留下的"空缺"由专业管理人员填充，由于专业管理人员的到来，组织往往离"死亡"近了一点。他们无视组织变化，忽视组织历史，无视组织原有宗旨。管理者所推行的运作结构可能无法觉察到环境上的细微变化，短期效果可能很出色，但是成功的果实就隐藏着失败的种子，公司的生存开始受到威胁，最后终将有一天危机爆发，而且往往是致命的。

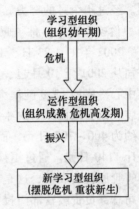

图 3－3 危机与振兴理论

危机的到来如同人体发烧，组织内将会调动所有力量去抗争，去抵御内外病毒的侵袭。这时如果组织内免疫系统增强，就会使公司重获新生。建立具有较强免疫功能的危机管理系统的最佳组织结构，则是运作型组织在向学习型组织转变（见图 3－3）。这个危机管理系统便是能调动公司所有人员进行开放式交流与传播，并激起人们使命感的灵活性体系。

所以，建立新的"学习型组织"，形成相应的危机管理组织系统，使组织内部进行自上而下的统一行动，是企业摆脱危机的根本所在。

案例 3－1 雪印公司"偷梁换柱"事件

一、案例介绍

2001 年 9 月，日本发现了亚洲首例疯牛病，引起日本全国大震动。日本国民崇尚自然健康食品，日本农水省也一向标榜管理制度严格、国产食品安全，并以此为由对他国农产品实施严格的进口卫生检疫制度。疯牛病发生后，日本农水省成为众矢之的，舆论纷纷将矛头指向农水省，指责农水省有关管理制度不健全，导致农户大量使用诱发疯牛病的进口肉骨粉。事发后，由于有关应对处理措施不当，尚未查清发生疯牛病的具体原因。一向被人喜欢的日本"和牛"顿失往日风光，不再是日本人餐桌上的珍品，销售一落千丈。养牛户、牛肉批发零售业和烤肉店立刻陷入惨淡经营的困境。

日本在野党利用此事件直逼农水大臣武部勤下台，成为威胁小泉内阁稳定的一大武器。为平息众怒，日本农水省不得不用 8800 万日元的代价让曾主管畜牧生产的农水次官熊泽英昭退职。为防止疯牛病蔓延，日本农水省决定，对疯牛病感染源和感染途径进行调查，对全国现有的存栏牛进行普查并实施从出生到屠宰的全程电脑监控管理，拨款 200 亿日元将出生两年半以上、食用肉骨粉、有感染疯牛病嫌疑的牛予以销毁，并从国家财政预算中拨款收购国产牛肉。经过 4 个月的努力，疯牛病引发的危机逐渐趋于平静。但就在此时雪印公司"偷换牛肉"事件被曝光，再次在日本全国掀起轩然大波。

2002 年 1 月 23 日，日本媒体披露，雪印乳业公司旗下的子公司雪印食品公司从 2001 年 10 月起，其关西肉食中心主管管原哲明带领 9 名社员将存放在该中心冷库的 13.8 吨澳大利亚产牛肉的外包装纸箱更换为日本国产"和牛"包装，以骗取国家对疯牛病的补助金。据报道，日本进口澳大利亚产牛肉每公斤约为 400～700 日元，而日本为防止疯牛病扩散，回收国产牛肉的价格为每公斤 1140 日元。通过更换包装，雪印公司已经领取国家补助款 900 多万日元。尽管管原哲明表明，这是他自作主张的个人行为，但大量事实证明，这是雪印公司总部负责经营部门授意的。消息一经披露，日本举国为之震动。雪印公司似乎并没有从前两次危机中接受教训，反而在日本遭受史无前例的疯牛病冲击时想再发一笔"国难财"，为骗取国家补助金，不惜铤而走险。

2002 年 2 月 22 日，陷入经营困境的雪印食品公司宣布，经过临时股东大会决定，雪印食品公司决定终止经营重组的努力，于 2002 年 4 月底前解散公司。公司将在 3 月底前逐步缩小肉类、火腿和香肠的经营规模，并分期分批解雇 950 名职工。据初步统计，伴随着雪印食品公司的解散，其负债金额将达到 240 亿日元。雪印集团总部将拨款 250 亿日元用于偿还各类债务及应支付的营业款项。雪印食品公司的解散是日本首例因消费者抵制而关闭的公司。

事件发生后，因处理疯牛病不当备受指责的日本农水大臣武部勤愤怒至极，表示要严肃处理，绝不姑息。日本农林水产省立即召唤雪印食品公司社长吉田升三，向其传达了五点指示：一是对有关人员予以处分；二是弄清伪装国产牛肉的事实真相；三是对牛肉、牛肉加工制品的生产及销售进行自律；四是制定防止类似事件再度发生的公司行为准则；五是对疯牛病进行普查前，由雪印食品公司保管的 226.2 吨牛肉不列为国家补助对象，其销毁费用全部由雪印食品公司自行负担。

身处经济结构改革困境的小泉纯一郎首相也表示，这是非法行为，这不仅损害了雪印的声誉，也给日本国民带来麻烦，并表示雪印公司的这种行为是有关经营者的道德问题，要求有关部门予以严肃处理。日本经团联会长今井敬指责雪印食品公司的行为"根本就不是公司"。日本各地消费者对 2000 年的雪印"牛奶中毒"事件尚记忆犹新，得知消息后更是拒绝购买"雪印"品牌的食品。商家为保证顾客的食品安全和销售额，纷纷将"雪印"商标的食品撤下柜台，拒绝与雪印食品公司签订新的销售合同。

北海道江别市、神户市教委等宣布拒绝用"雪印"牌食品为所属中小学校学生配餐。北海道养牛户和北海道农协发表声明，对雪印食品公司的行为表示抗议。日本警方也介入了案情调查，大阪警署、神奈川警署及北海道警署组成了联合调查组对所管地区的雪印公司生产加工厂进行了全面搜查，发现雪印食品公司不仅伪造国产牛肉，还将进口猪肉和鸡肉伪装成国产猪肉和鸡肉上市，并将北海道产牛肉冒充熊本县产"黑毛莉牛"高价出售。熊本县农协为此向雪印食品公司提出 5 亿日元的索赔。

在巨大的舆论压力下，雪印食品公司社长吉田升三向全社会表示道歉并宣布引咎辞职，股民纷纷抛售所持的雪印公司股票，公司股票的价格一落千丈。此后，雪印食品公司试图进行重组，将肉类食品加工与集团主业乳品加工分离，全面退出肉类加工业，将火腿、香肠、果酱等生产工厂出售，大幅度缩小经营规模，以实现企业再生。然而，肉类部门的营业额占整个雪印食品营业额的30％，由于消费者对雪印食品公司产品的抵制，"雪印"牌食品不断从各地超市的柜台上撤出，致使营业额跌落到事件发生前的 20％ 左右。因在社会上信誉丧尽，该公司已无法继续经营，再生无望，雪印食品公司不得不吞下自己种下的苦果，被迫宣布解散。

雪印食品公司的解散，遭受打击最深的是在其旗下生产工厂工作的工人及长期为其提供鲜奶和牛肉的北海道养牛农户。北海道是雪印食品公司的发祥地，雪印食品公司在札幌、旭川、钏路、函馆等北海道主要城市拥有 8 个营业所，位于胆振地区早来町的道南雪印肉食中心及后志地区的日本肉食加工厂是雪印食品生产火腿及香肠的主要工厂。这些工厂已停产，雇用的 140 名临时工已被全部解雇，100 名正式员工也面临着失业的威胁。"支店型经济"是日本北海道经济的特点之一。大荣、崇光电气、松下电器等日本著名连锁店和企业纷纷关闭其在北海道的营业分支机构，大批北海道员工已经失业。雪印食品公司的解散无疑使北海道的就业形势更加严峻。此前，北海道因发现了日本第二例疯牛病，该地区生产的牛肉遭到消费者的抵制，牛只出栏量大大下降。雪印食品公司的造假行为不仅使北海道长期以来引以为豪的牛肉、乳类食品的声誉再度受损，更加剧了消费者对北海道食品的不信任，严重打击了养牛户的积极性。此外，每年雪印食品公司通过北海道农业组合联合会从北海道农户手中收购 80 万吨鲜牛奶用于乳制品加工，雪印食品公司的解散将使奶牛户的生计陷入困境。

作为一个曾享有盛誉的老字号企业，为图一时之利，竟不顾国家有关食品安全规定及消费者的利益，背弃企业对社会的基本道德责任，采取偷梁换柱的伪造行为骗取国家的补助金。这种行为不仅严重损害了消费者的利益，损害了长期为其提供支持和帮助的农户和商家的利益，也断送了企业自身的发展。

（资料来源：http://www.gmw.cn.，2002年3月1日；陈秀丽：《世界十大公关经典败局》，清华大学出版社2006年版）

二、案例分析

雪印公司解散的消息一经公布，市民无不认为雪印公司是咎由自取。在为雪印公司的解散叹息之余，我们也不由地思考，到底是什么原因造成了公司付出如此沉重的代价？

作为一个曾享有盛誉的老字号企业，竟然为了眼前的蝇头小利而抛弃了几十年坚守的"诚信"商德，企图大发"疯牛病"之昧心财，结果却为此而付出了惨痛的代价——公司解散。

承担社会责任本来是企业分内的事，可是，雪印食品公司却把其应该承担的社会责任抛之脑后，为了本企业的利益，居然冒天下之大不韪，以进口牛肉冒充本国产牛肉来骗取国家的补偿金。此举虽然能得到一时的利益，但却因此而导致企业最终破产，其代价是沉重的。

显然，雪印公司的失败是其忽视声誉管理造成的。声誉是指一个企业获得社会公众的信任程度和美誉度，以及企业在社会公众中影响好坏的程度。声誉管理是对企业声誉的创建和维护，企业的声誉管理不是某一个人的事，也不只是高层管理者或营销工作人员的事，需要从企业的每一位员工做起，建立和维持与社会公众的信任关系。

作为老店的雪印食品公司，以前的声誉不可谓不佳，但是，随着企业的成长，其声誉管理却没有得到同步提高，随着假冒事件的发生，更使其声誉扫地。假冒事件一经曝光，商家为了保证顾客的食品安全和他们的销售额，不再销售雪印食品；消费者拒绝再购买雪印品牌的食品；雪印公司的股民也对公司的造假行为极为反感，纷纷抛售手中所持的雪印公司的股票。公司失去了声誉，同时也就失去了前进的动力。

"火车跑得快，全靠车头带"。车头所行驶的方向、速度、轨道等对后面的火车车厢起着决定性的作用。从前文中我们可以看出，雪印食品公司的"车头"带领公司完全脱离了正常的轨道，结果才导致公司解散这一恶果的发生。

早在2000年4月，雪印乳业公司大阪工厂就因其生产的"雪印"牌低脂牛奶中含有葡萄球菌毒素，导致消费者中毒，造成了震惊日本全国的食品中毒案件。对成熟的知名企业而言，"同样的错误是永远不能犯第二次的"。中国有句古话说："前事不忘，后事之师。"雪印食品公司在经历了食品中毒事件之后，其高层管理者本应该从中总结经验，吸取教训，狠抓产品质量，使之成为"后事之师"，避免类似事件的再次发生。可是，他们却将这一事件完全抛在了脑后，所以才重蹈覆辙。

企业高层管理者除了要承担必要的社会责任，还要引导企业在健康、高效的轨道上发展。企业的存在和发展是为了创造更好的经济效益，这本是正常的事。但是，在经营过程中，企业高层管理人员应该从有利于企业发展的全局和长远利益出发。对企业的发展有一个全面、清晰的认识，绝不能患上"近视病"，更不能头疼医头、脚疼医脚。

企业管理者的主要责任就是研究如何更好地避开危险，抓住机遇，或者化危险为机遇，谋求更好的发展。日本当时发现疯牛病，这对雪印食品公司来说是一个严重的危险，因为它一定会影响到其肉制品的出口和销售，从而使公司的经济效益下滑。但是，管理者可以邀请新闻媒体参观企业生产的全过程，并对此予以正面的报道，使消费者更加信赖雪印食品，从而把一个社会问题转化为企业的发展机遇。

在企业处于重大危机的时刻，管理人员必须仔细考虑他所负责的企业的承受能力，以决定该企业能承担的社会责任的限度。尤其重要的是，管理层必须知道企业为了弥补风险和承担起未来的责任而需要的最低限度。一个企业为了"做好事"，首先就必须"做得好"。任何时候，如果一个企业忽略了在经济上取得成就的限制并承担了它在经济上无力支持的社会责任，它很快就会陷入困境。就拿雪印公司来说，如果当时日本的疯牛病到了无法控制的地步（当然，这只是理论上的假设），那么企业的管理层就应该考虑是否有必要继续经营下去，或者可以暂时关闭一段时间，或者予以转产，等问题缓解或解决之后再重整旗鼓，东山再起。

雪印食品公司最后解散了，可是，我们却不能将此仅仅作为企业发展过程中的一个偶然事件来看待，我们应该从中悟出一些经营上的理念和方法，吸取教训，少走弯路。

三、思考·讨论·训练

1. 雪印公司大发"疯牛病"之昧心财终至公司解散，其深刻的教训是什么？

2. 雪印公司的失败其高层管理者应负怎样的责任？

3. 企业应怎样对自己的声誉进行管理？

案例 3-2   三菱"帕杰罗"风波

一、案例介绍

(一)

2000 年 9 月 15 日，宁夏司机黄国庆驾驶着三菱帕杰罗越野车，在一个下坡弯道处踩刹车失灵，发现刹车制动管出了问题。黄国庆立刻将车辆送到宁夏出入境检验检疫局检验，检验检疫部门认定，日本三菱帕杰罗越野车 V31、V33 型在设计上存在严重问题，车后部的感载阀在车内坐上人并在颠簸的路上行驶时会压到后轴制动油管，经长期反复摩擦，造成后轴制油管严重磨损直至出现漏洞，使制动液流出，造成刹车失灵。这是涉及行车安全的严重质量问题！宁夏出入境检验检疫局立刻将情况上报，引起了国家检验检疫局的高度重视。

2000 年 9 月 29 日，三菱公司接到国家检验检疫局的通知，要求对其产品进行质量检验。可三菱公司先是极力否认设计缺陷，并反过来说这种磨损是因中国道路情况不好造成的。这些理由被中方驳斥后，三菱公司又提出，它们只能为通过正常贸易渠道进口中国的三菱越野车更换制动油管，其他的车不管。中方对此的答复是：三菱公司只要生产了有严重质量安全问题的产品，就有责任和义务进行维修和更换。这不是一般的质量问题而是人命关天的安全隐患。

在中方一再重申三菱公司若不采取措施，由此造成的后果三菱公司负有完全责任时，北京三菱事务所才勉强同意为中国境内所有的三菱帕杰罗 V31、V33 型越野车免费提供检修并更换后制动油管。2000 年 11 月，三菱公司通知其在中国的特别维修服务站对帕杰罗 V31、V33 型进行检查，发现刹车管磨损的进行更换，没有磨损的调整刹车管和感载阀的位置。

2000 年 12 月 25 日晚，湖南李志明驾驶一辆三菱帕杰罗 V31 型越野车在长沙市建湘路拐弯处因刹车失灵，撞到行人陆慧的腰部，导致她腰部严重挫伤，全身瘫痪。事故发生后，长沙市交警大队经现场勘查确认是因刹车失灵导致此次事故，湖南省质量技术监督局也检验认定，"由于该车设计不当，致使车辆行驶中感载阀支架弹簧与固定在后桥上的后制动油管相碰擦，油管磨破后制动失效造成交通事故"。

2001 年 2 月 9 日，国家出入境检验检疫局发表紧急公告，由于日本三菱公司生产的帕杰罗 V31、V33 型越野车存在严重质量隐患，决定自即日起吊销其出口商品安全质量许可证并禁止其进口。这是我国首次吊销存在质量问题的国外汽车的进口许可证。

2月12日，三菱公司北京事务所所长安乐英明向媒体宣布：三菱公司已于2月8日做出了认真的答复，决定按召回制度检修旧款帕杰罗 V31、V33，并就公司存在质量问题的产品给中国消费者带来的不安表示歉意。但是，对与帕杰罗相关的事故和损失，三菱公司认为，目前还没有具体的案例，故三菱不能做统一的答复，只要出现问题，三菱会及时解决的。对于这一表态，中消协于同一天发表五点意见，认为三菱公司应该端正对中国消费者的态度，仅仅召回汽车是不够的，必要时还应该负责赔偿，甚至接受消费者的退货。

（二）

2月15日，中消协表示，三菱公司存在隐瞒帕杰罗质量缺陷的嫌疑，决定调查"长沙帕杰罗伤人"事件，并支持消费者向三菱公司提起诉讼，按照法律规定提出索赔。

2月19日，专程来北京处理帕杰罗事件的4名三菱总部代表与中消协负责人举行首次会谈。日方希望通过中消协再次向中国消费者表示歉意，并希望与中消协合作，成立一个中日联合工作小组来应对这件事。

2月20日，李志明及伤者陆慧的代理人一起到三菱北京事务所，递交了一封要求赔偿的公开信，国内消费者投诉帕杰罗的案件开始启动。

2月21日，三菱公司专程派人赴长沙探望陆慧，并调查事故经过。三菱公司表态，绝不推脱应负责任，愿与各有关方面真诚合作，对事故全面调查，明确事故原因和相关法律责任，尽早向伤者及其家属以及公众做出满意的答复。

2月22日，三菱公司第一次就"长沙帕杰罗伤人"事件做出反应："出于人道主义考虑，愿意垫付医疗费人民币12万元。"但陆慧的亲属对此表示不满，认为"这只是垫付，并不是正式的赔偿。陆慧以后就算出了院，生活不能自理怎么办？我们全家的精神损失费又怎么算？"

2月23日，迫于中国国家出入境检验检疫局的据理力争和媒体舆论的压力，三菱公司北京办事处决定，将依据中国法规，尽快进行彻底调查；对因此而起的事故按照中国的法律给予补偿；对所有问题车实施无偿召回检修，并从检修日起对检修部位重新计算保修期。

2月26日，三菱公司将用于治疗的12万元人民币汇到陆慧代理人指定的账户。

2月28日，三菱又向中消协递交召回旧款车及对消费者赔偿方案。对此，中消协提出"承诺是银，践诺是金"的四点意见。同时，中消协就社会关注的两款车重新设计的制动油管发送到各维修站的时间表问题，要求日方尽快解决。

3月2日，三菱公司就帕杰罗检修做出七点新的承诺。

3月6日，肇事车司机李志明委托律师致函三菱公司，索赔200万元。同日，云南帕杰罗用户也开始向三菱公司索赔。

3月12日，日本三菱公司针对李志明的律师函做出回应，要求由三菱公司派员检测肇事的帕杰罗车。

3月14日，三菱公司北京事务所所长安乐英明在北京对陆慧女士及其家属再次表示同情和慰问，同时表示，如果确认实属三菱公司的责任，他们愿意按照中国法律给予赔偿。

3月份，中央电视台"社会经纬"栏目就陆慧事件做了专题节目，说"'陆慧事件'是第一起有重大影响的因外国产品质量问题对中国老百姓产生人身伤害的事件，'陆慧事件'的解决会成为今后类似事件的一个典范"。

4月17日，陆慧被长沙市公安局法医检验所鉴定为一级残废。

7月3日，陆慧的丈夫周建红再次致函三菱公司北京事务所，希望赔偿问题尽快解决，不要失信于中国消费者。

7月9日，三菱公司给陆慧的回函上写道："基于我们迄今所获得的信息，我们有理由认为肇事车辆不是合法进口的原装三菱车。"但称只要本着诚信原则充分地交流和沟通，此事件终将得到圆满解决。

8月2日，已花去50万元的陆慧由于无钱继续治疗，在家人的陪同下被迫中断治疗，从长沙市第一医院出院。

11月27日，陆慧因无钱被迫放弃治疗长达4个月之久后，在陆慧的强烈要求下，其家人把陆慧抬到了北京。

12月3日，三菱公司代表到陆慧的住地看望，表示愿意友好协商解决。

12月4日，陆慧家属与三菱公司北京事务所所长安乐英明等进行了协商，三菱公司表示将尽快拿出解决方案。陆慧方同意和解，但希望尽快解决。三菱公司表示公司办事有程序，需要时间。

12月11日，陆慧一家通过媒体向北京市民寻求捐助，并承诺与三菱协商成功后将善款退回或者转赠。

12月14日，三菱公司在网上发表声明表示：第一，肇事车是零部件散装进口，是"没有经过三菱公司同意及许可，也未被三菱公司知晓的情况下擅自使用三菱公司商标进行组装的车辆"，"三菱公司在此事件中不负任何法律责任"。在这种前提下，三菱公司愿意给予陆慧人道主义援助。第二，三菱公司与陆慧方无法达成协议，与陆慧的事情只能通过法律程序进行起诉。希望"陆慧事件"今后能根据相关法律规定按照法律程序予以解决。

12月15日，陆慧发表声明表示，日本三菱公司在事故中的责任不容置疑，要求其提供三菱不负法律责任的证据或法律条文。

12月18日，陆慧没有得到三菱方面的任何答复，故再次发表声明，表示仍坚持"根据中国法律及法律精神，在陆慧未收到日本三菱公司提供的支持其观点的具有法律效力的文件之前，陆慧对于日本三菱公司提出的有关肇事车为零部件组装进口、日本三菱公司不负任何责任的观点有权不予考虑和接受"的观点。同时，开始谋求国内有关部门的支持，与三菱公司打一场力量极不对称的官司。

（三）

2001年3月8日，新型三菱帕杰罗V73又起风波，西安消费者向北京市第二中级人民法院递交起诉状，将三菱公司告上法庭。

2001年5月17日晚，三菱公司3名中国雇员在新疆遭遇翻车噩运，司机当场死亡，3名乘员受伤。三菱帕杰罗V31在这次事故中已成祸首，值得一提的是，坐在同行的另一辆车上的三菱公司2名日方人员也目睹了这一事故。三菱余波仍在继续。三菱帕杰罗事件还在没完没了，虽然媒体会因为兴趣的转移而降低报道的频度，但潜在的影响依然存在。

（资料来源：《三菱帕杰罗事件的来龙去脉》，《光明日报》2001年2月16日；王卢霞：《回头再看三菱召回事件》，《中国经营报》2001年9月28日；朱德武：《危机管理：面对突发事件的抉择》，广东经济出版社2002年版）

二、案例分析

反思这次事件，三菱公司危机管理上的问题至少有以下四个方面：

1. 缺乏预警，导致危机。由于三菱帕杰罗V31、V33型在设计上存在严重问题，使用过程中肯定已经出现过种种问题，国家检验检疫局的初步调查结果也表明了这一点。如果三菱公司在消费者的反馈信息中发现这个问题，当宁夏检验检疫局的检验结果出来的时候，三菱公司的危机预警系统就能及时地向三菱公司发出危机警报，而不是等到国家检验检疫局正式通知三菱公司时，三菱才意识到去宁夏"详细"调查，并通过公司总部技术设计开发部门进行确认，应该说三菱早已知道自己的产品存在安全隐患，但三菱公司就是不及时采取对策。此时的三菱公司还是没有表现出危机意识，极力否认设计缺陷，直到在中方一再重申三菱公司若不采取措施，由此造成的后果三菱公司将负完全责任时，三菱公司才真正意识到危机的来临，可这时帕杰罗的危机在中国已经蔓延开来。

2. 轻视危机，消极应付。对于这次危机，三菱公司百般辩解，不主动承认设计上的问题，推卸责任。尤其是中消协发表的五点意见中指出的"此前三菱公司的产品已多次发生过质量事故，消费者据此维护合法权益或索赔都十分困难，三菱公司采取的态度不是积极的而是比较消极的。"三菱公司不采取对消费者负责的行为对所有的 V31、V33 型帕杰罗进行回收检验，却任由那些后轴制动油管被严重磨损的汽车继续在公路上行驶，导致了"长沙帕杰罗伤人"事件的发生，使三菱公司的产品质量危机出现扩大和蔓延的趋势。

事实上，三菱公司一开始就没有主动阻止危机的蔓延，只是随着危机的不断扩大，面临的压力越来越大时，才被迫采取进一步行动以阻止危机的蔓延。如果从宁夏用户黄国庆发现问题算起，到国内媒体全面报道帕杰罗事件，应该说三菱处理问题的时间是相当宽裕的。在媒体曝光之前，特别是国家出入境检验局敦促三菱公司及早采取措施解决问题后，如果三菱公司能迅速地做出检疫 2 月 12 日以后被迫采取的那些措施，事情的发展绝不会是现在的样子。从三菱公司的整个危机反应过程来看，由于三菱主观上的轻视，客观上可能因机构臃肿导致的快速反应能力降低，使三菱公司处于被动的境地。后来，三菱公司采取的阻止危机蔓延的措施似乎是利益相关者和政府部门施加压力的结果，而非自己的主动行为。这样的态度，无论是对企业还是对消费者都是不负责任的，也难以赢得公众的认可。

2001 年 3 月 7 日，德国奥迪公司宣布在全球召回 1998 年 8 月到 1999 年 3 月期间在德国生产的奥迪 A4、A6 和 AS 型轿车，原因是转向横杆球头因零件厂商制造过程中的概念偏差，使灰尘有可能落入，可能引起提前磨损。这一在大致相同时间发生的相同事件，奥迪的态度与三菱的态度形成了鲜明的对照。三菱想过没有，奥迪公司为什么要这样做？

3. 掩盖真相，失信公众。三菱帕杰罗 V31、V33 有重大的安全隐患，这已被国内外无数事实所证明。在国外，2000 年 7～8 月间三菱回收约 120 万辆车，此后又将在全球召回的计划数增到 152 万辆。在中国已经发生多起车祸，经权威部门检测，都是因同样的原因所致。至此难道三菱公司还能认为这仅仅是偶然、没有普遍必然性吗？正是由于三菱公司在出现产品质量危机时采取了一系列的对消费者不负责任的行为和言论，使产品质量危机演变为严重的形象危机。一开始，三菱公司极力否认设计缺陷，并反过来说这种磨损是由于中国道路情况不好造成的；之后退了一步，当三菱公司承认质量问题时又提出，它们只能为通过正常贸易渠道进口到中国的三菱越野车更换制动油管，其他的车不管；后来又退了一步，中方一再重申三菱公司若不采取措施，由此造成的后果三菱公司将负完全责任时，才勉强同意为中国境内的所有三菱帕杰罗 V31、V33 免费提供检修并更换后制油管，但不发布公告；再后来，只发公告不道歉；最后，被逼无奈，道歉了。2001 年 2 月 11 日，许多媒体都报道，我国检验检疫部门在要求日方尽快采取措施解决问题时，那是经过了"艰苦谈判"，三菱才同意为所有帕杰罗免费更换后制动油管。如果勇于承担责任，谈判还能这么艰苦吗？在国家做出决定、媒体曝光及舆论的强大压力下，三菱才决定全部召回，难道中国公众不主动反馈信息，三菱就不需重视中国用户的生命安全吗？这种厚此薄彼的态度，怎能不引起中国消费者的义愤？不尊重事实，百般狡辩，是三菱犯下的致命错误。

4. 避重就轻，言行不一。面对强大的舆论压力和消费者激昂的情绪，三菱公司显然缺乏心理准备，不知所措。2001 年 2 月 8 日成了三菱"沉默日"，它没有做出反应，讲明立场。在记者招待会上，露面的三菱员工只向媒体散发了简短的公开信，并避重就轻地简单地回答了有限的几个问题，记者招待会草草收场，使各大媒体和消费者义愤填膺。《中华工商时报》曾这样评价：三菱不与媒体合作，拒绝采访；在湖南和四川等地，日方代表说到未做到，言行不一；回答记者提问时，疑点颇多，很不耐心；至今对事故责任"死不认账"。以这样的态度对待媒体，必然遭到媒体抨击，从而丧失对舆论的引导权与控制权。

三、思考·讨论·训练

1. 三菱公司的"帕杰罗"事件有哪些教训值得我们吸取？

2. 三菱公司处理"帕杰罗"事件的最佳时机是什么？请为其设计一套危机处理方案。

3. 三菱公司在"帕杰罗"事件中对媒体的态度如何？请谈谈你的看法。

案例 3-3　"大奔"因何被砸

一、案例介绍

奔驰汽车公司自 1883 年创立以来，始终执世界汽车业的牛耳。公司生产汽车有 160 多个车种，3700 多个型号，从一般的小轿车到 2150 吨的大型载重汽车，以及各种运输车、大轿车、多用途拖拉机、越野车，等等，真可谓琳琅满目，种类繁多。据美国一家公司对世界近万名消费者抽样调查表明，奔驰汽车是仅次于可口可乐饮料、索尼电器的"世界十大名牌"中的第一车。可是，就是这样一个知名的大公司却出现一件令人尴尬的危机事件。

2000年12月19日，武汉森林野生动物园从北京宾士汽车销售中心购买了一台原装进口的奔驰 SLK230 型小轿车。但在该车买回来不到3个月的时间里，却"接二连三地出现问题"。武汉森林野生动物园只好不远千里将奔驰车从武汉运往北京修理。但回来之后，问题仍然不断出现。此后，奔驰代理商先后4次委派维修人员检查、维修，但每次维修过后不久，故障又会出现。

武汉森林野生动物园也曾将该事投诉到消费者协会，然而消协说，消协只受理个人消费者的投诉，不受理企业的投诉。最后，武汉森林野生动物园董事长王笙向奔驰经销部门和德国奔驰公司提出换车或退车要求，但均遭到拒绝。眼看一年的保修期即将过去，王笙决定："如不能退车，本月26日将砸毁它。"

直到2001年12月26日，奔驰公司仍然没有给予明确的答复，武汉森林野生动物园一怒之下，用一头老牛拖着崭新的奔驰 SLK230 轿车，在武汉森林野生动物园内5名年轻力壮的员工，挥舞着木棒、铁锤砸向这辆奔驰轿车，价值近百万的奔驰车被砸得面目全非。

事后，武汉森林野生动物园表示，这辆 SLK230 奔驰轿车的挡风玻璃、车灯、车身均遭到破坏，但机身并未损毁。武汉森林野生动物园有关负责人介绍说，只让奔驰车受"外伤"的原因是要保留好相关证据，他们不排除通过法律途径解决这一纠纷的可能。

2001年12月27日晚，梅赛德斯—奔驰公司就"奔驰车被砸事件"发表公开声明，内容是这样的："问题的原因已被查明是由于客户使用非指定的燃油所致。我们出于好意为客户提供清洗燃油系统的免费服务，这一免费服务将于2002年1月31日之前有效，不幸的是客户拒绝了这一善意的提议。我们对客户不接受我们对他的帮助而深表遗憾。我们重申梅赛德斯—奔驰始终竭尽全力为我们在中国的客户解决所有合乎情理的问题，正如我们在世界各地所做的那样。同时，我们对有关人士在这件事件上所采取的极端的、没有必要的行为深表遗憾。"

2002年1月7日下午，遭遇奔驰汽车的质量问题而迟迟未得到解决的几名中国消费者，聚首武汉，宣布成立"奔驰汽车质量问题受害者联谊会"。

1月10日，武汉森林野生动物园终于收到奔驰公司发来的传真声明，提了一些"前提条件"，并要求武汉车主公开道歉。10日下午3时，武汉森林野生动物园董事长助理刘月玲代表武汉森林野生动物园及其他 5 位车主就奔驰车质量纠纷问题约见了部分在北京的媒体。

1 月 17 日，奔驰公司要求"武汉森林野生动物园就所采取的不必要且侵害我公司的权益行为"出具一份公开道歉函，这份声明发至所有报道过此事的媒体。

3 月 8 日，在武汉森林野生动物园内再次砸烂另一辆奔驰车。奔驰公司当时就表态，武汉森林野生动物园在砸车的当天，将其门票提高了 30 元，表明此事有炒作的嫌疑，并将此事向消协做了通报。另外，奔驰公司对武汉 3 月 8 日的事态进行说明，内容如下：

"我们梅赛德斯—奔驰的代表怀着真诚的意愿前往武汉，希望以积极、理性的对话方式解决这一问题，在此之前我们也曾多次做过类似的努力。为解决这一问题，我们向武汉森林野生动物园提出了非常慷慨的条件，但令人遗憾和震惊的是，今天，武汉森林野生动物园方面再次在公众场合下采取了与去年相同的举措。现在这一举措使得解决问题的过程更加艰辛。客户采取任何持续的极端行为都无助于促成此类和其他问题的积极和建设性的解决方案。我们赞同全国人大湖北省代表熊同发先生在两会期间对于此类事件发表的观点，他表示'砸车事件，是一种典型的非理性行为'。我们再次强调，我们一贯严肃认真地对待所有客户所关心的问题，包括这一事件，并且我们诚恳地做出努力为他们提供服务。正如我们一直以来所做的，我们非常愿意为所有中国客户提供服务以帮助他们愉快地长期享用他们的梅赛德斯—奔驰汽车。"

奔驰公司在道歉未果的情况下，进一步以外交恐吓的方式强调："希望王先生的行为不会给正在进行国际化的中国造成不良影响。"

3 月 12 日，以奔驰车主乌根祥、蔡壮钦、黄冠、王签和王成庆等人发起组成的 23 人"奔驰汽车质量问题受害者联谊会"中的 12 人到北京维权，3 月 13 日在北京举行记者招待会。

3 月 13 日，在武汉举行的武汉汽车消费者维权研讨会上，武汉汽车行业协会副理事长说，奔驰车在中国销售，就应该能适应中国的燃油标准。如果认定该车使用的油质有问题，奔驰公司应负举证责任。该会还认为，奔驰公司在车辆被砸前的保修期间，保修服务不是高质量的，也是不及时的。奔驰公司在中国仅有 22 个维修点，对于中国这个庞大的市场而言，远远不够。武汉的车要运往北京去修理，对车主来说，享受的售后服务与购车的价格极不相称。该会还认为汽车是由上万个零件组成的高科技产品，又是大批量生产、销售，奔驰公司想制造或维护"零故障"的神话是不现实的。砸奔驰车事件对奔驰公司的形象伤害不小，如果奔驰公司不注意自己的品牌，没有优质的服务，那么中国的消费者就会联合起来抵制奔驰车，这对奔驰车是十分不利的。

3 月 15 日，梅赛德斯—奔驰（中国）有限公司和武汉森林野生动物园就"奔驰车被砸事件"进行了协商，并共同发表了联合新闻公告。至此，"奔驰车被砸"事件才稍有缓和。

（资料来源：鲍勇剑、陈百助：《危机管理：当最坏的事情发生时》，复旦大学出版社 2003 年版）

二、案例分析

危机发生后，公众和媒体往往在心目中都有一杆秤，会对企业的所作所为有一个预期评估，即企业应该怎样处理我才会感到满意。因此，企业绝对不能选择对抗，态度是十分重要的。分析上述"奔驰车被砸"事件可以看出，企业由于对一起消费者投诉的不当处理，致使只留存于极少数用户中的义愤变成了整个消费者群体的义愤和反感，并使以往鲜为人知的（也是并不严重的）质量和服务的缺陷被一度放大；而不当的应对技巧和备受非议的法律应对，使得奔驰公司的形象在中国人心目中变成了"店大欺客"的印象。奔驰公司在"奔驰车被砸"事件中的举动，被一些公关公司奉为最经典的"处理不当案例"，甚至被作为笑料在专业人员中广为流传。

在这件事例上，奔驰公司在危机应对中的几大忌讳几乎都犯了。2002 年 3 月 25 日，奔驰也终于对它的危机管理的失败做出检讨，梅赛德斯—奔驰（中国）有限公司总裁麦基乐承认"与客户沟通缺乏技巧"。

在"奔驰车被砸"事件中，奔驰公司的所有声明都有对消费者的指责，并给予它令人难以接受甚至是十分反感的定性。第一辆奔驰车被砸后，奔驰公司的声明对此事的定性是："极端的、没有必要的行为"、"非理性的而且无意义的举动"、"不必要且侵害我公司的权益的行为"。这样的声明在没有得到任何积极反应的背后遭到了更多人的强烈反对，也给奔驰公司带来更多的危机。

其实，有公关专家在评论奔驰的处理不当时，对"奔驰车被砸"这种结果并不感到意外，甚至认为"这是迟早要发生的事"。因为说来令人难以置信：这个世界顶级品牌的汽车公司，在中国居然没有聘用一家专业的公关公司，当然就更没有"危机处理小组"和"危机对策中心"这样的协助机构。因为没有专业的公关代理，疏于与媒体沟通以致出现这种尴尬景象，大笔的公关费投下去，危难之际竟无一家媒体援手，这当然是由于记者的良心和正义或民族情绪或舆论压力，以至于不愿或不便出手，也只能是心有余而力不足了

——因为奔驰的应对措施实在让人不敢苟同。

虽然在涉及奔驰的几次官司中，奔驰都成功地运用法律手段保护了自己。从法律角度看，它们的行为无可厚非，但法律是一把双刃剑，对商家来说，赢得官司并不等于赢得胜利。奔驰公司所采取的法律措施，却使众多并不熟悉法律的消费者对其产生了更多的非议。在"奔驰车被砸"事件中，奔驰公司给人的印象只有店大欺客和蛮横自负。结果使自己为解决这一事件做的很多努力都付诸东流。

奔驰以为自己的力量可以阻挡消费者的投诉，但消费者的投诉却将奔驰公司令人憎恶的形象印在了中国消费者心中。事件过后，我们再想想，奔驰公司在这场危机事件中的失败，主要是因为犯了一个大错误，那就是：没有真诚地和客户沟通，和客户形成了对抗关系，对客户无端指责和威胁，从而使公司很快在公众中形成了难以磨灭的傲慢自负的形象。

我们知道，危机发生后，公众通常会关心两个方面的问题：一是利益问题。利益是公众关注的焦点，因此，无论谁是谁非，企业应该勇于承担责任。即使受害者在事故发生中有一定责任，企业也不应首先追究其责任；否则，因为利益上的原因，双方会各执己见，加深彼此间的矛盾，从而引起公众的反感，不利于问题的解决。二是感情问题。公众一般都很在意企业是否在意自己的感受，因此，企业应该站在受害者的立场上给予一定的同情和安慰，并通过新闻媒体向公众致歉，解决深层次的心理、情感关系问题，这样即使公众中有人受害了，也会赢得他们的理解和信任。

三、思考·讨论·训练

1. "奔驰车被砸"事件对奔驰品牌造成了什么消极影响？

2. 究竟是什么原因造成了这次危机事件？

3. 企业应该怎样处理与消费者之间发生的纠纷？

4. 如果你是梅塞德斯—奔驰公司的中国主管，你如何应对奔驰遇到的这一系列事件，使公司远离危机？

案例 3-4 光明乳业"回奶事件"

一、案例介绍

光明乳业股份有限公司是一家股份制上市公司，主要从事乳制品的开发、生产和销售。1999 年，"光明"乳制品商标荣获中国驰名商标；2002 年，由中国企业联合会、中国企业家协会评选入围中国企业 500 强并入围首届上海100 强企业。2003 年，光明乳业入选"上证 50 指数样本股"，同时被著名媒体《财富中国》评选为"全国最具领导力的 20 家上市公司"。然而，天有不测风云，2005 年 6 月间的一场危机使这个乳业名牌骤然蒙尘。

6 月 5 日，河南电视台经济生活频道报道：光明乳业过期牛奶回炉再包装后重新进入市场销售。该报道披露：记者装扮散工，进入郑州光明山盟乳业有限公司下属的牛奶回收车间工作，发现大量过期牛奶露天堆放在车间，很多奶袋子上沾着腐烂物和蠕动的蛆，拆开后发出恶臭。拆奶工划开奶袋，把牛奶倒进大桶后，推进车间，工人用管子把这些牛奶都吸进一个被称为回奶罐的金属容器加工生产，而在车间一旁，靠墙堆放的就是生产出的新"光明"纯牛奶、"光明"巧克力奶等产品。记者按照最低标准估算，仅郑州光明山盟乳业一年就销售 200 万袋回收奶。6 月 6 日，全国媒体迅速转载该节目所报道的内容，各门户网站均在首页显眼位置以"光明牛奶，你还敢喝吗"之类的专题进行跟踪和讨论。光明乳业也迅速反应，立即派高管到郑州进行调查，同时向消费者发布"诚告消费者书"。

6 月 8 日，光明乳业董事长王佳芬接受"每日经济新闻"采访时称："我们已从上海派人到郑州进行调查，这个事情不存在，光明不可能做这个事情。"6 月 10 日，《都市快报》报道称杭州出现光明"早产奶"。6 月 13 日，《中国经营报》报道称上海出现光明"早产奶"。6 月 15 日，光明乳业股票在连续四个交易日下跌后拉出了一根大阴线，虽然盘中有过反弹，但是尾市的大量抛盘最终还是使光明乳业暴跌 9.64%。5 个交易日后，光明乳业的流通市值就已经损失了 2.04 亿元。

6 月 9 日，郑州市相关职能部门成立调查小组，"由食品安全委员会牵头，联合质监局、卫生局、工商局等部门组成"，宣布将对此事展开全面调查。

6 月 20 日，郑州市食品药品安全委员会就对光明山盟乳业有限公司有关"光明牛奶利用过期奶再生产"事件发布了书面调查报告。报告称，尚未发现光明山盟回收变质牛奶再利用生产，而存在库存产品在保质期内经检验合格再利用生产；本次调查所涉及该公司的两个产品的所有指标符合有关标准要求；但报告同时显示，郑州光明山盟乳业有限公司管理存在 7 项严重问题。调查发现，光明山盟 4 月 21 日到 5 月 20 日生产的库存滞销产品光明山盟纯牛奶共37.99 吨，其中 18 吨因超过保质期或被污染而直接作报废处理，经检验合格在保质期内作为含乳饮料原料进行再利用的共计 19.99 吨。同日，光明发布正式澄清公告："郑州光明山盟乳业有限公司存在用库存产品在保质期内经检验合格再利用生产"。

6月24日,光明乳业在其网站上挂出《光明乳业诚致广大消费者》书,首次就郑州事件向消费者表示道歉。针对光明20日澄清公告中提到的"郑州光明山盟乳业有限公司存在用库存产品在保质期内经检验合格再利用生产",光明承认该行为"是不能容许和不可原谅的"。针对从浙江和上海被曝光的"早产奶"事件,光明表示其产品生产日期是按照全国食品工业标准化技术委员会和国家标准化管理委员会有关规定来执行的。

（资料来源:方明辉:《光明乳业的危机管理缺陷》,《企业改革与管理》2005年第10期;莫名:《光明危机公关不"光明"》,《财富》2005年第6期）

二、案例分析

从整个危机处理过程中,我们不难发现,光明乳业在坚持"消费者至上"原则上的缺陷。危机的类型千差万别,危机的处理手段多种多样,但是,坚持以消费者利益为先是危机处理的最高原则,危机处理的始终都要站在消费者的立场来考虑问题。因为只有这样,企业针对危机制定的各项政策措施才能达到同消费者沟通并获得他们的理解和信任的效果。为消费者考虑也是企业应承担的责任。同时,坚持消费者至上和主动沟通的原则,才能把危机造成的损害减小到最低限度。在平时,"顾客第一"、"消费者是上帝"的宗旨不绝于耳,消费者很难关注,而真正到了危机事件的发生,社会各界才会睁大眼睛去观察该企业是否言行一致。

在处理危机时,不论是何种性质的危机,不管危机的责任在何方,企业都应主动承担责任,妥善处理危机。即使受害者在事故发生中有一定责任,企业也不应首先追究其责任;否则会各执己见,加深矛盾,不利于问题的解决。在情况尚未查明而公众反应强烈时,企业可采取高姿态,宣布如果责任在己,一定负责赔偿,以尽快消除影响。

反观光明的危机处理过程,一开始就把自己的责任推得一干二净,从公司致消费者的公开信到董事长的表白,都给人这样的感觉。如董事长一口咬定:"我们已从上海派人到郑州进行调查,这个事情不存在,光明不可能做这个事情。"事实是,最后的调查结果不是这样。作为一个企业管理者,维护本企业的利益是天经地义的事情,然而,在危机面前,应该考虑什么是企业的最大利益。实际情况是,本企业的作为已经危害到了消费者的利益,进而使自身的品牌形象也受到实质的损害。面对这种情况,正确的做法不是讳疾忌医,而是要站在消费者立场上考虑问题。即使到了调查结果出来以后，光明乳业也没有对消费者受到的损害给个说法。

三、思考·讨论·训练

1. 光明乳业在危机沟通上存在哪些缺陷？如何克服？
2. 光明乳业怎样预防类似事件的发生？
3. 如果你是公司的董事长，危机事件发生后你将做何反应？

案例 3 - 5　罗氏公司遭遇危机中的危机

一、案例介绍

罗氏上海制药公司是由世界著名的瑞士豪夫迈·罗氏有限公司和国内知名的上海三维有限公司合资建立的制药企业，创建于 1994 年 5 月 6 日，总投资额 4500 万美元，新厂坐落在有"中国药谷"之誉的国家级生物医药工业生产基地——浦东张江高科技开发园区，占地面积 7 万平方米，公司拥有员工 400 多名，其中大专以上学历占 88%，拥有 200 余名医药销售代表，并在京、穗、沪等 35 个城市设立了办事处和销售点。罗氏上海制药公司引进罗氏高效、优质的专利产品和以研究为基础的药品，主要有抗生素、免疫抑制调节剂、抗癌药物、心血管及神经系统药物、移植后抗排斥感染药物、止痛药以及多种维生素等十余种药品。该公司是一个集现代化管理和高科技规模化生产于一体的新型制药企业，工厂整体布局按最新版国际药品生产标准设置，投资规模在我国医药行业中居第 2 位。

2003 年 2 月 8 日，一条令人惊恐的消息在广东以各种形式迅速蔓延——省会广州出现流行疾病。几家医院有数位患者死亡，而且受感染者多是医生。

2 月 9 日，罗氏上海制药公司为了蝇头小利而不惜放弃道德准则，在缺乏政府与权威专家指导的情况下，在广州召开媒体见面会，声称广东发生的流行疾病可能是禽流感。"从症状上判断，广东此次爆发的疫情与 1997 年香港发生的禽流感极相似"。罗氏上海制药公司有关人员说，该公司的产品"达菲"治疗该病疗效明显。

与此同时，网络上广为流传一篇帖子，文中有这样的话："广州市正受到一种未知名病毒侵袭，迄今为止，广州市数家大型医院已传出多例死亡病例。"文章分析道："目前，是否是禽流感病毒还不得而知，但专家指出，从种种发病特征上可以看出，此次'疫情'绝非普通流感这么简单。"文章的结尾部分指出："目前国际上唯一能够有效预防流感病毒的抗病毒产品——瑞士罗氏公司的'达菲'近日在广州全面断货。罗氏公司在华机构——上海罗氏制药公司已于 2 月 9 日晨空运大批药品到广州，明天起在广州市各大医院均有销售，零售价格每盒 30 元。"

此间，不少市民的手机同时收到另外一条关于"达菲"的短信："最新消息：已鉴定为禽流感 B－2 变异，特效药为'达菲'，可吃抗病毒药预防，不必惊慌。"在谣言流传的同时，"达菲"的医药代表则不失时机地进入各大医院极力推销，并在推销过程中向医生表明该药可以治疗禽流感。

此后，"达菲"在广东省的销量骤增。"达菲"在广东的需求量一下子由原来的 1000 盒变为 10 万余盒，价格也迅速上涨，每盒由原来的 30 元上涨为 59 元。曾有顾客以 5900 元买下了 100 盒"达菲"。而此后，事态的进展完全出乎了罗氏上海制药公司的预料，非典型肺炎发展成一场灾难，罗氏公司所谓的禽流感不攻自破。

2003 年 2 月 15 日，《南方都市报》发表文章，指责罗氏上海制药公司制造谣言以促销其药品，并向广东省公安厅举报。证据主要集中在三方面：政府已经公开辟谣，广东的非典型肺炎并非禽流感；权威专家认证，"达菲"只是甲型乙型流感的特效药，对禽流感无效，对治疗非典型肺炎亦无明显效果；罗氏上海制药公司传播了有利于其销售的虚假信息，从而取得了巨大的销售业绩。

《南方都市报》的记者在各大医院随机采访了多位市民，90% 以上的被访者都表现得相当理性，他们认为"达菲"对非典型肺炎无效，加之价高，觉得不买为妙，以免中了厂家炒作的圈套。罗氏上海制药公司遭到来自媒体、公众、政府以及经销商的口诛笔伐。

在中国遭遇"非典"危机的特殊时期，罗氏上海制药公司为了自身的经济利益，传播虚假信息，使危机雪上加霜。事后连一份向中国消费者致歉的声明都没有。虽说公司做了部分补偿，但消费者的感情已受到了很大伤害。公司保持了沉默，没有通过媒体或其他的渠道积极与消费者沟通，以求谅解，挽回自己的形象，缺乏诚意的态度，使社会公众对该公司产生了强烈的反感，罗氏的品牌形象遭受了严重损害。

罗氏上海制药公司开始面临严重的市场困境，"达菲"销量直线下跌。媒体的消息发出后第二天，广州一家医院"达菲"的销量就下降为不到 10 盒，而此前每天要售出 100 多盒，有些消费者提出了退货的要求，显然罗氏上海制药公司遭遇了危机中的危机。

2003 年 2 月 14 日，《南方都市报》记者就"达菲"与禽流感谣言一事对罗氏上海制药公司进行采访，但采访宛如一场战斗。有关人员或互相推诿，或以种种借口推脱、回避。面对危机，罗氏上海制药公司不是积极采取解决问题的办法，而是遮遮掩掩、回避问题。

在罗氏上海制药公司"达菲"谣言被揭穿后，公司也没有给社会公众以正面的回应，并否认自己的行为给整个社会带来的巨大危害，甚至还表示："谁将此罪名栽到罗氏制药的身上，我们将保留对他追究法律责任的权利。"这种缺乏诚意的态度，使社会公众对其产生了强烈的反感，导致罗氏品牌形象遭受严重损害。"非典"危机过去了很久，笔者曾登录罗氏"达菲"和罗氏派罗欣的网站。在罗氏"达菲"网站中，除了流感新闻转载外，"达菲"使罗氏制药公司陷入信任危机的消息杳无踪迹！

在"达菲"事件中，罗氏制药公司的危机管理与其国际知名品牌的身份极不相符，从危机发生到危机处理，再到危机后重建，罗氏制药公司都显得力不从心，大失水准。与杜邦调配全球业务资源力保中国市场所需的抗"非典"防护服，从而使其知名度、美誉度、企业利润三大丰收相比，与中国惠普推出应对"非典"七大措施相比，缺乏危机管理意识的罗氏反应缓慢，甚至束手无策，无法应对"达菲"事件对企业造成的严重影响。由于对危机不能进行及时、有效的处理，短期的信任危机正在积淀为长期的品牌桎梏。危机后的重建工作远比危机发生时更考验企业的抗风险能力和应变能力，取得消费者的再信任是一个任重而道远的过程。

在非典型肺炎爆发时，缺乏前瞻战略的罗氏公司借助谣言"多收了三五斗"得到了短期利益，但却失掉了消费者的信任和中国未来的市场。作为一家在国家健康领域居于世界领先地位的跨国公司，罗氏制药公司 2001 年销售额高达 292 亿瑞士法郎。但这家百年老店在"非典"爆发后出现的危机，一而再、再而三的拙劣表现，已使其遭遇了前所未有的百年品牌信任危机。

在巨大的信任危机降临之后，罗氏制药公司自上而下的反应都略嫌迟缓，而且不够诚恳，来自瑞士巴塞尔总部的反应是，罗氏公司新闻发言人科兰玛先生在电话联系中称，对罗氏中国公司涉嫌使用不当行为牟取暴利的行为属于发生自中国本地的问题，罗氏公司总部的高层对此不予单独置评，将责成罗氏制药中国区负责人亲自调查此事。

罗氏公司在危机初期没有抓住处理危机的黄金机会，但两个月后开始亡羊补牢。2003 年 5 月 3 日，罗氏上海制药有限公司通过上海市政府向卫生部捐赠了价值 1000 万元人民币的药品和资金，支援北京、上海、广州等地战斗在抗击非典型肺炎一线的医护人员。上海医药集团有限公司副总裁兼罗氏上海制药有限公司董事长黄彦正说："虽然'非典'让许多药品需求大量增加，但我们作为医药企业并不高兴，相反觉得责任很重。因为，至今尚无有效预防和杀灭'非典'病毒的疫苗和药物。"据黄彦正介绍，除了罗氏上海制药的捐赠外，上海医药集团有限公司下属研究所正在与美国同行密切合作，抓紧研制预防"非典"的疫苗，并将大量相关药品、医疗器械和卫生材料源源不断地从上海运往全国各地。

此次罗氏上海制药公司捐赠给卫生部的药品，包括提高人体免疫力的维生素 C 药片以及新型抗菌素和抗病毒药。当时，罗氏上海制药公司的生产车间一天三班轮转，全力生产各类药品。为满足中国市场药品需求，罗氏公司还加大了在阿根廷、法国和澳大利亚公司的生产力度，很快从阿根廷紧急调运了 10 万盒维生素 C 药片供应中国市场。

（资料来源：陈秀丽：《世界十大公关经典败局》，清华大学出版社 2006 年版）

二、案例分析

像以往的突发事件一样，非典型肺炎也使人们纷纷取消了不必要的出差及旅行，正常的社交和商务见面也变成了"口罩对口罩式"的会面，有的干脆就用电话或网络联系，一些原本充满活力、以商业为命脉的城市一下子变得空荡和萧条起来。客观上，非典型肺炎造成了"闭关锁国"和人人自危的局面。世界卫生组织建议游客避开中国广东和香港，在中国举行的商业贸易会议和国际体育赛事不是被推迟就是被取消。里昂证券策略师克利斯托夫·伍德在一份名为《贪婪与恐惧》的报告中这样写道："我从未见过亚洲的飞机航班像现在从雅加达飞往香港的那么空，比亚洲金融危机时还要空得多。我也从未见过哪些酒店的咖啡厅在高峰时期是如此空空荡荡。"在一篇《资本主义的原则仍然在起作用》的文章中，摩根斯坦利亚洲首席经济学家谢国忠写道："在一片愁云惨雾中，有一些行业正在因传染而得益……方便面的销售价格上涨……各地工厂正在大批量地生产外科口罩。"罗氏上海制药公司为了从中受益，在非典型肺炎尚不知病源体的情况下，公司宣传虚假信息，由此遭遇了一次典型的危机。

"风生于地，起于青萍之末。"危机的发生，毋庸讳言，时常带有一定的突发性，可它却真实地反映了企业在处理与公众关系时的利益价值趋向。这样一来，不可避免地会造成企业与公众在利益关系上产生一系列矛盾和冲突。处理不当，或者说企业没有对突发事件的预防准备，必然会导致企业措手不及，陷入与公众为敌的尴尬境地。相反，如果企业以危机为契机，危机就会变为企业的一个转折点，并为企业建立富有竞争力的声誉、树立企业的形象和处理企业的重大问题创造机会。罗氏上海制药公司在危机后的两个多月能够积极进行政府公关和公益活动，向卫生部门捐款捐物，扭转因危机给企业带来的负面影响，可谓是"亡羊补牢，未为晚也"。

三、思考·讨论·训练

1. 罗氏上海制药公司遭遇危机中的危机其原因是什么？请进行分析。

2. 请为罗氏上海制药公司制定一份详细的挽回声誉、重塑形象的危机管理方案。

3. 面对自身的危机，企业应采取哪些市场营销策略？

第四章　危机处理程序

> 每一次危机既包括导致失败的根源，又孕育着成功的种子。发现、培育，以便收获这个潜在的成功机会，就是危机管理的精髓。
>
> ——［美］诺曼·奥古斯丁
>
> 管理者处理危机事件的能力，直接显示着其管理素养和整体运作能力。
>
> ——本书作者

由非常性因素引发的企业危机，是企业的一种具有严重危害的不良状态。面对这种状态，企业绝不能置之不理，放任自流，而应采取一切有效措施，做出妥善处理。

所谓企业危机处理，是指企业领导者和管理人员，针对由非常性因素引发的企业危机事件，采取有效措施，做出妥善处理，以维护企业的良好形象，改善企业形象状态的运作过程。企业危机实质上是企业状态的一种强烈的逆转。一般来说，这种逆转的情形是，企业由于受非常性因素的影响，便直接或间接地形成了企业的自身、公众、社会舆论环境等各方面的无序紊乱状态，企业的各种社会关系严重失衡，公共关系水平下降到危险的地步，企业现有的状态与应有的状态之间的差距越来越大，企业处于一种受公众压力和社会舆论环境压力的情况之下，经营管理活动和各种正常的业务活动会受到严重影响，有时还会出现生存危机。如何面对与处理危机，变不利因素为有利因素，往往成为衡量一个企业成熟与否的标志。面对严重的企业危机局面，企业必须立即行动起来，通过各种有效手段，迅速控制危机事态，理顺与各类公众和社会环境的关系，解决危机问题，扭转危机状态。只有通过企业危机处理，才能减少各种损失，维护良好企业形象，增强内部团结，扩大社会影响。

一、采取紧急行动

（一）成立临时专门机构

危机爆发后，企业应立即成立临时的危机处理专门机构。临时的专门机构是危机处理的领导部门和办事机构。一般由企业的主要领导负责，公关人员和有关部门负责人参加。成立这样一个机构，对于保证危机事件能够顺利和有效地进行处理是十分必要的。危机处理的专门机构主要有三方面的作用：一是内外通知和联络；二是为媒体准备材料；三是成为公共信息中心，加强对外界公众的传播沟通。

（二）迅速隔离危机险境

当出现恶性事件和重大事故时，为了确保企业及公众的生命财产不受损失或少受损失，要采取各种果断措施，迅速隔离险境，力使各种恶性事件和重大事故所造成的损失降到最低限度，为恢复企业良好经营状态提供保证。危机险境的隔离应重点做好公众的隔离和财产的隔离，对于伤员更是要进行无条件的隔离救治，这也是危机过后有可能迅速恢复企业形象的基础。

（三）控制危机蔓延态势

在恶性事件爆发后的一段时间内，危机不会自行消失；相反，它还可能进一步恶化，迅速蔓延开来，甚至还会引起其他危机的出现。因此，必须采取措施，控制危机范围的扩大，使其不致影响别的事物。

二、积极处置危机

经过第一阶段采取紧急行动，控制了危机损失，之后，企业要从危机反应状态进入积极处理状态。在这一阶段，关键是要遵循正确的工作程序，融积极性与规范性于一体，有效地处理危机。

（一）调查情况，收集信息

企业出现危机事件后，应及时组织人员，深入公众，了解危机事件的各个方面，收集关于危机事件的综合信息，并形成调查报告，为处理危机提供基本依据。危机调查在方法上强调灵活性和快速性。一般运用公众座谈法、观察法、访谈法等方法进行调查。在内容上，危机调查强调针对性和相关性，一般侧重调查下列内容：一是迅速收集现场信息，以便准确分析事故的原因。二是详细、细致地收集危机事件的信息，包括危机发生的时间、地点、原因、人员伤亡情况、财产损失情况、事态发展情况、控制措施以及公众在事件中的反应情况。三是根据危机事件提供的线索，了解危机事件出现的企业组织背景情况，公众背景情况，找出企业、公众与危机事件的关节点。四是调查受害公众、政府公众、新闻媒体及其他相关公众在危机事件中的要求。

要注意从事件本身、亲历者、目击者和有关方面人士那里广泛全面地搜集本次企业危机的信息，无论是现场观察还是事后调查，都应详细地做好记录，除文字记录外，最好利用录音、录像、拍照等进行更为客观的记录，为进行危机处理提供充分的信息基础。危机事件的专案人员在全面收集危机各方面资料的基础上，应认真分析，形成危机事件调查报告，提交企业的有关部门。

（二）分析研究，确定对策

企业危机处理人员提交危机事件的专题调查报告之后，应及时会同有关职能部门，进行分析、决策，针对不同公众确立相应的对策（主要有企业内部对策、受害者对策、新闻媒体对策、政府部门对策、业务往来单位对策、消费者对策、社区公众对策等），制定消除危机事件影响的处理方案。在这个环节中，最重要的工作就是对危机影响到的各方面公众采取相应的对策。对策如何，直接影响着处理方案的运作和效果。

（三）分工协作，实施方案

企业制定出危机处理的对策后，就要积极组织力量，实施消除危机方案，这是工作的中心环节。在实施过程中，一要调整心态，以友善的精神风貌赢得公众的好感。二要工作中力求果断、精练，以高效率的工作风格赢得公众的信任。三要认真领会活动方案的精神，做到既忠于方案，又能及时调整，使原则性与灵活性均得到充分的体现。四要在接触公众过程中，注意观察、了解公众的反应和新的要求，并做好劝服工作。

（四）评估总结，改进工作

企业在平息危机事件后，一方面，要注意从社会效应、经济效应、心理效应和形象效应诸方面，评估消除危机的有关措施的合理性和有效性，并实事求是地撰写出详尽的危机处理报告，为以后处理类似的危机提供参照性文献依据；另一方面要认真分析危机事件发生的深刻原因，切实改进工作，从根本上杜绝危机事件的发生。

三、重塑企业形象

即使企业有效地处理了危机，企业的形象和销售额都不可能完全恢复到危机发生前的水平，其不利影响会在今后企业的生产经营中显露出来。因此，企业危机得到处置，企业危机处理还要进入重建企业良好形象的运营阶段，只有当企业形象重新得到建立，才谈得上转"危"为"安"。

（一）树立重建企业良好形象的强烈意识

在危机处理中，企业必须树立强烈的重建良好形象的意识，要有重振旗鼓的勇气，要有再造辉煌的决心。只有当企业的形象重新得到建立，企业才谈得上进入良好的经营状态，企业危机处理才能谈得上圆满完成。

（二）确立重建企业良好形象的明确目标

在重建良好企业形象的过程中，确立重建良好形象的目标是一个重要步骤。重建良好企业形象的目标是消除危机带来的形象后果，恢复或重新建立企业的良好声誉和美好声望，再度赢得社会公众的理解、支持与合作。具体来讲，一要使企业危机事件的受害者或其家属得到最大的安慰。二要使利益受损者重新获得作为支持者的信心。三要使观望怀疑者重新成为真诚的合作者。四要更多地获得事业的新的关心者和支持者。只有达到上述目标，危机处理才算是全面的和完善的。

（三）采取建立良好企业形象的有效措施

企业在确立了重建良好形象的明确目标之后，关键是采取有效措施，达到这些目标。这些措施包括对内和对外两个方面。对内，一是以诚实和坦率的态度安排各种交流活动，以形成企业与其员工之间的上情下达、下情上达、横向连通的双向交流，保证信息畅通无阻，增强组织管理的透明度和员工对企业组织的信任感。二要以积极和主动的态度，动员企业组织全体员工参与决策，定出组织在新的环境中的生存与发展计划，让全体员工形成乌云已经散去、曙光就在前头的新感受。三要进一步完善企业组织管理的各项制度和措施，有效地规范组织行为。对外，一要同平时与企业息息相关的公众保持联络，及时告诉他们危机后的新局面和新进展。二要针对企业组织形象受损的内容与程度，重点开展某些有益于弥补形象缺损、恢复良好状态的公共关系活动，与广大公众全面沟通。三要设法提高企业组织的美誉度，争取拿出一定的过硬的服务项目和产品在社会中公开亮相，从本质上改变公众对企业组织的不良印象。

案例 4 - 1　冰箱爆炸以后

一、案例介绍

电冰箱发生爆炸的现象十分罕见，因为如果仅从其本身结构来分析是不合原理的，但如果冰箱真能发生爆炸，则十分令人惊恐。事实上，南京的确曾发生过一起电冰箱爆炸事件，所以备受人们的关注。而沙松电冰箱厂在此次事关全局的问题上，采取的危机处理手段也成为危机管理经久不衰的话题。

1988 年 7 月 20 日晚上 10 时 30 分，南京城西的一幢住宅楼的五层上，突然响起了一声震耳欲聋的爆炸声，瞬间，一台 140 立升的"沙松牌"电冰箱开了花。现场是恐怖的。强大的爆炸气浪产生了难以想象的冲击力，使拇指粗的电冰箱门锁被扭弯，箱门飞出两米远砸到对面墙上，冰箱强大的后坐力使冰箱后面的墙上留下了几个窟窿。家中四人都是侥幸捡了条命：紧靠冰箱的床上，睡着上午刚刚出院的产妇和刚出生四天的婴儿，母女俩未受伤害；男主人当时正在另一处洗澡，否则也难逃厄运；几分钟前，家中雇用的保姆还在冰箱前忙活，幸好当时已离开，算是万幸。

此事引起了新闻界强烈关注。《新华日报》的记者、南京广播电台的记者、《中国消费者报》的记者都到沙松驻南京办事处进行了采访。7月22日，南京《扬子晚报》根据用户的投诉，派记者采访了用户，并于当天刊出了《一台沙松冰箱爆炸》的现场照片，报道了冰箱爆炸的情况。

这条爆炸性新闻一时间在南京几十万冰箱用户中引起了一场轩然大波，沙松驻南京办事处前熙熙攘攘，川流不息。一些人纷纷给报社打电话，询问冰箱爆炸的原因；一些冰箱用户则干脆把冰箱隔离出了卧室，以求平安；尤其是一些沙松冰箱的用户，更是将冰箱视为"定时炸弹"，惶惶不可终日。

对于沙市电冰箱总厂来说，冰箱爆炸无异于晴天霹雳，祸从天降，企业形象和产品信誉面临着生死攸关的挑战。冰箱爆炸事件当天见报，沙市电冰箱总厂南京办事处的一位工作人员马上挂长途电话到上海，将情况报告给了沙市电冰箱总厂驻华东办事处罗主任。罗主任闻讯后连夜乘火车赶到南京，并将情况火速电告远在千里之外的沙市电冰箱总厂。

此危机事件给企业带来极大的威胁，严重损害了企业形象。全厂产品一旦因此滞销，企业便会面临破产倒闭的危险，到那时就欲哭无泪了。沙市电冰箱总厂厂长傅清章接到罗主任的电话后，马上做出决策：派该厂总工程师、法律顾问和该厂日方技术专家及翻译乘一辆面包车，由两个司机轮流驾驶，昼夜兼程从湖北沙市赶赴江苏南京，会同该厂已先期抵宁的罗主任组成危机事件处理小组，负责处理这件事。

危机事件处理小组在路上即制定了一整套方案，以便最大限度地消除危机事件的影响。

到达南京后，他们马上以重金包下了南京玄武湖饭店的一个会场，专门接待南京各新闻媒体的记者。他们对记者做出了如下承诺：一是尽快调查清楚冰箱爆炸的原因，并将全部结果公之于众。二是如果属于产品质量问题，一定要向南京市人民交代清楚，使几十万冰箱用户放心。对于沙市电冰箱总厂的这种务真求实的态度，记者们感到十分满意。这样就给这些无冕之王从主观上留下了一个好印象。

紧接着，事故处理小组召开了事故责任论证会。与会的有南京市的各报记者、保险公司、消费者协会、物价局、标准计量局及一所大学专门搞制冷的教授。当沙市电冰箱总厂的总工程师和日方的技术顾问小林晃等出现在与会者面前时，大家都对厂方对此事件的重视态度表示赞赏。会议进行了半个小时，没有讨论出任何结果。于是，在处理小组的建议下，论证会移到冰箱爆炸现场进行。到了现场后，日本专家小林晃只用了不到 5 分钟就完成了对爆炸冰箱的全部检查工作。检查的结果表明：虽然经过爆炸震荡，压缩机工作正常，制冷系统工作正常。这毫无疑问地表明，爆炸原因与冰箱质量无关。因为既然冰箱的机械系统完好无损，由塑料发泡构成的箱体又不可能自动爆炸，爆炸的原因肯定来自外部。对现场的检查过程，南京电视台做了录像和报道。

尽管沙市电冰箱总厂可以就此罢休，但是，为了对消费者负责，他们决心一定要查清冰箱爆炸的真正原因。于是，决定带着新闻界深入用户家中了解情况。但该用户一方面不配合，拒不回答冰箱内储存过什么物品；另一方面又要求沙松厂赔偿一台 180 立升的电冰箱，理由是 140 立升的冰箱总使他们想到以前的爆炸而害怕不已。尽管在现场的记者都感到这是一个过分的要求，但罗主任为了顾全大局，使这位用户能讲出实情，使广大用户不再每天提心吊胆地守着冰箱过日子，就当场表示可以赔偿一台 180 立升的双门电冰箱。

整个交涉过程都在各路新闻记者的参与下进行，并通过传媒向全市人民做了报道。厂方的这种态度、这种胸怀感动了南京的各家新闻单位和记者，纷纷表示要跟踪报道这一事件，帮助沙市电冰箱总厂调查清楚爆炸原因，在场的南京市民也都认为沙市电冰箱总厂应该向用户了解真正的原因。

然而几天过后，冰箱爆炸的原因还未找到，南京的几家新闻单位建议动用仪器检测，查个水落石出。该用户却说，他不管爆炸是什么原因，只要求赔冰箱，其他一概不管。有人要拉走冰箱检验，他不让检；有人来调查，他不接待。按常理而言，协助调查冰箱爆炸的原因是用户应尽的义务，但他们却不合作。更让人怀疑的是，事故发生后，用户很快就清理了现场，连冰箱内壁都擦拭得十分干净。面对这种情况，危机处理小组成员并不退缩，他们还是三番五次地到用户家中找用户谈心，督促劝说他讲出实话，一再询问冰箱到底放了什么东西，但用户仍支支吾吾，拒不回答。

对于用户这种不合作的态度，在外界环境压力下，危机处理小组的态度也不得不强硬起来。他们对用户进行了最后一次摊牌，总工程师和罗主任对用户强调说：社会各方面都要求把这次爆炸原因搞清楚，我们还是诚恳地希望你们能够配合。厂方要同湖北省公安厅共同检测，如果湖北搞不清楚，我们就送到北京，让轻工部做鉴定。如果经科学鉴定是用户使用不当造成的，那用户就要承担全部经济、法律、道义上的责任。直到这时那家用户才被震动，男主人终于讲出实话，承认自己在冰箱内存放了易燃易爆品丁烷气瓶。爆炸真相终于大白。丁烷气瓶在低温冷冻状态下，金属瓶壳收缩，导致了丁烷气瓶气阀松动和瓶壳破裂。泄漏出的丁烷气与冰箱中的空气混合并超过一定浓度，遇到温控器开关启闭产生的电火花引起爆炸。

南京新闻界很快将这一情况做了通报。当天，《扬子晚报》便刊出了一则消息："冰箱不会自行爆炸"，副标题是"沙松冰箱爆炸原因查明"。《南京日报》也刊登了同样的消息，并且十分醒目地用公关语言写道："厂家提醒用户不要在冰箱内存放易燃易爆物品。"

当天晚上，为了感谢沙市电冰箱总厂对南京市人民高度的责任心，南京电视台在晚上黄金时间特邀了总工程师与广大市民见面。在这次现场直播的栏目上，总工程师发表了一个简短的讲话：一是讲明电冰箱爆炸的原因，二是感谢南京市的新闻界对沙松的支持，三是感谢南京市民对沙市电冰箱总厂的关心和爱护。总工程师的讲话，为沙市电冰箱总厂的危机处理画上了一个圆满的句号。

尽管这次爆炸事件的原因在于用户，但是，为了处理这件事，却由沙市电冰箱总厂花费了1.8万元。沙市电冰箱总厂的举措不仅成功地处理了一次危机事件，而且极大地提高了该厂的知名度和美誉度，尤其是在南京市民心目中的地位，这是十倍的价格也买不来的。由此，沙松冰箱在南京家喻户晓了。

在"冰箱危机"圆满处理一个半月后，《南京日报》又刊登了一篇文章，题为《沙松电冰箱销势仍旺》，记者同时在文章中分析了原因：一是当时国内冰箱市场走势仍旺；二是沙松冰箱质量确实较好；三是"爆炸"事件带来的影响，尤其是厂家在这起危机处理中所表现出的风范。

（资料来源：张岩松：《企业公共关系危机管理》，经济管理出版社2000年版）

二、案例分析

《一台沙松冰箱爆炸》的消息，不啻为一枚"新闻炸弹"，轰动了石头城，在几十万冰箱用户中掀起了轩然大波，人们惶惶不可终日，视"沙松"为"定时炸弹"。倘若此时有人去买冰箱，见此情景恐怕要思之再三了。对沙市电冰箱厂来说，这无异于晴天霹雳，祸从天降，企业形象和产品信誉面临着生死攸关的挑战。

"沙松"的经营者认识到问题的严重性，他们及时做出了主动而得当的决策，他们组织了由该厂总工程师、法律顾问、日方技术专家和该厂驻华东办事处主任组成的事件处理小组，以最快的速度星夜赶赴出事地点。这一方面表示了该厂对事件的重视和责任感；另一方面这个小组成员组成具有技术上的权威性，对用户和广大社会公众来说，具有信赖感和说服力。事故处理小组到达南京后，采取了稳住新闻媒体的正确策略，他们不急于做技术性说明，不推诿有可能承担的责任，而是遵循"公众必须被告之"这一朴素的公共关系准则，以谦逊而富有诚意的态度，首先赢得了公众的好感，然后又用事实"说话"，冰箱门都炸飞了，却还在制冷、运转正常，使公众得出"可见，沙松冰箱质量不错"的结论，达到让"用户放心"的预期目的。试想：如果事件处理小组开始不是这种态度，而是先解决冰箱不会自行爆炸，宣传"沙松"质量如何可靠，指责用户使用不当，将会是什么结果？

实际上，这则"爆炸新闻"是那个无知的用户一手制造出来的，是他在冰箱中放置了丁烷气瓶才导致爆炸事故的，然后又煞有介事地"投诉"，才掀起了这场轩然大波，置"沙松"于困境。沙松冰箱爆炸的原因是公众普遍关心的问题，也是平息风波的关键，在查找沙松冰箱爆炸原因的问题上，沙市电冰箱厂体现了高超的艺术性，它们初步排除质量原因的可能性后没有操之过急，马上宣布找到了危机的真正原因，而是以其胸襟气度，显示出了对南京人民真诚的关心，并且最终找到了原因所在。尽管找出的原因与冰箱厂关系不大，但它的做法却棋高一着，得理不嚣张，从而赢得了媒体和公众的赞赏和尊敬。

正是成功而富有艺术性的企业危机处理，使得沙市电冰箱厂的形象更为鲜明生动，使其信誉进一步巩固提高，其举措可谓"天才之笔"。

三、思考·讨论·训练

1. 体会沙松冰箱爆炸危机处理的程序。

2. 沙松冰箱爆炸真相大白之后，各家媒体纷纷替"沙松"洗清不白之冤，是什么魅力使新闻界对"沙松"如此"卖力"呢？

3. 如何在危机处理中将维护企业形象与维护公众利益统一起来？

案例4-2   "红太阳"的"9·18"事件

一、案例介绍

新华网北京2000年9月18日发布了卫生部抽检揪出10种不合格补钙类

保健食品的消息，并警告人们补钙要补纯净的钙。

卫生部这次共抽检补钙类保健食品 185 个，根据国家标准评定，不合格的有 10 个，合格率为 94.6%。10 个不合格的补钙类保健食品分别为：彼阳牦牛骨髓壮骨粉、劲得钙、健骨藕粉、大天力壮骨粉、威士雅壮骨粉、正和羊乳钙片、2g×20 包装的超微钙、400g 包装的超微钙、海健壮骨粉、育美钙嚼片。其中健骨藕粉大肠菌群超过国家标准最高限量的 25.7 倍；彼阳牦牛骨髓壮骨粉菌落总数超过国家标准的 10.3 倍，砷含量超过国家标准的 2.2 倍；育美钙嚼片铅含量超过国家标准的 1.2 倍。

据了解，砷和铅对人体有蓄积毒性，人体摄入过量的砷和铅都会导致神经系统的病变，并影响人体造血、消化、皮肤等多个系统，国家食品卫生标准中对有害重金属砷和铅有明确的限量。这些不合格的补钙类保健食品中，有 5 个为砷含量超标，2 个为铅含量超标，可能与原料受到污染和加工过程中使用了不合格的容器管道有关。

此外，这些不合格的补钙类保健食品中发现有 5 个产品微生物指标超标，这与这些企业在生产过程中卫生管理不力有关。有些产品的标签还存在标识项目不全或擅自宣传保健功能等问题，如有的产品在标签和说明书中宣传润喉、除口臭、增强视力等。

卫生部要求有关企业应严格按照《保健食品良好生产规范》的要求，加强对原料和产品的检验，完善生产过程的质量控制，切实做到产品检验合格出厂；同时各地要加强保健食品的监督检查力度。

这次卫生部的一纸通告将几种抽检不合格的补钙保健品予以曝光，实际上，哈尔滨红太阳集团的"彼阳牦牛骨髓壮骨粉"只是批号为 20000303 的产品个别指标超标，但也被通告点名。

危机突然降临，企业的感受是困惑和茫然。红太阳集团总裁冯玉良事后回忆，当他"惊悉"卫生部通报了自己的一个产品不合格的消息后，立刻从南方赶回北京，召开董事局会议，制定了相关的应对措施。这些措施包括两个方面：

其一，迅速与政府主管部门取得联系，在第一时间内了解抽检情况，汇报企业的工作，并下令企业各部门无条件地配合主管部门对产品质量的调查和监督。

其二，向全国各地的分公司发出紧急通知，要求立刻收回批号为 20000303 的产品，并开始在生产环节中自查、整顿。

应该说，这些措施是及时、有力的。但其在处理危机的问题上存在着致命的缺陷，这给竞争对手提供了可乘之机。不久，被媒体曝光的20000303批号彼阳牦牛骨髓壮骨粉含砷事件，竟被别家补钙品厂商利用，连连上了广告版面当"反面教材"，成了"彼阳"竞争对手暗中拆台的不正当竞争导火线。该批号彼阳牦牛骨髓壮骨粉被曝光之后，就如有一只看不见的手在背后操纵，其品牌连连遭到莫名而又恶意的攻击。在某些报纸的广告版面上，频频刊出了新华社的曝光稿件或以"本报讯"开头的新闻体裁的"广告"；而在家乐福等大型超市，常有一些神秘人物将"彼阳"被曝光的文章在人群里广为散发，"彼阳牦牛骨髓壮骨粉"几字下被特地画上一道红线，以引起人们的注意；不少超市"彼阳"专柜上，促销员们一旦走开，产品盒上又会莫名其妙地被贴上曝光报纸的复印件。

　　"彼阳"厂家这回是哑巴吃黄连有苦说不出。一个批号产品出了事，被人抓住"指头"，没话好说。但有人乘虚而入、暗箭连发，对方意欲何为，几乎是司马昭之心，路人皆知。补钙品厂家、商家之间的恶性竞争由此可见一斑。而此间，以客观公正为准绳的新闻无形间竟成商战中打击对方的"杀手锏"。市工商局有关负责人日前接受采访时说，第一次听闻恶性竞争已"聪明"到如此不着痕迹。从广告审查角度看，广告不应以新闻形式来表达；而从执法角度看，此类付钱刊登新闻打击对方的形式，又让工商部门没有执法依据来惩罚当事人。但有一点可以肯定，以上那种未经批准散发广告、新闻复印件恶意攻击竞争对手的行为属不正当竞争，应坚决予以杜绝。

　　2001年6月，在经过9个月的跟踪和不断抽检之后，卫生部公布了对"彼阳牦牛"新的检测结果，认定其符合国家标准。对红太阳集团来说，"彼阳牦牛"无疑经历了一次"死而复生"的考验。如果对比其他某些保健品一旦被查出不合格马上"死掉"的结局，"彼阳牦牛"似乎是幸运的。但无论如何，"彼阳牦牛"遭遇的这次危机给企业留下了深刻的教训和许多值得总结的经验。

　　（资料来源：高文：《市场报》2001年7月9日）

二、案例分析

　　保健品行业为什么容易遭受危机呢？

　　第一，由于保健品行业属于高管制行业，即是处于管理比较严格的行业中的企业，稍有不慎就会被处罚，从而损害企业声誉，造成危机。

　　第二，越是名牌企业越要注意保护自身不受损害，因为消费者在消费时有个特点，他认了这个品牌，就认为它不错，而且认为这个牌子绝不会出错；一旦出错，消费者就有上当受骗的感觉，认为自己的梦想破灭了。

第三，中国老百姓在购买保健品时，不是理智型消费，而是情感型消费，理智型可以原谅错误，情感型最怕受到伤害，一旦品牌受损，消费者发现对方有一点缺陷，就像受刺激一样，甚至崩溃了，很难再爱起来，原来想象的美好梦想都破灭了，一下子就会把对方甩得远远的。

第四，在一定程度上保健品市场还不成熟。一度我们的保健品市场是失控的，由于厂家对产品过度的商业化炒作，把保健品说成是包治百病的灵丹妙药，结果宣传效果却适得其反，老百姓对保健品总是以一种"提高警惕，保卫口袋"的心情对待商家，存在一些戒心，对保健品的信任危机一直持续到现在还有阴影。

不单是保健品行业，一般来说，易遭受危机的企业还包括以下几类：

（1）最近刚刚经历危机的企业。前一个危机的发生表明，企业面对危机时是很脆弱的，危机发生后，企业往往忙于补救前一个危机所造成的损失，因此，注意不到紧跟其后的另一个危机的警告信号。

（2）面临财务困难的企业。这类企业忽略警告信号，分散了精力，耗尽企业与主要社会公众建立的信誉，如供应商无法及时收回货款、员工的薪水无法兑现等。

（3）拥有知名 CEO 的著名企业。企业的 CEO 被冠以"超级明星"、"天才"等桂冠，大量的媒体加以报道，使他和他的公司极具新闻价值，这样其经历的危机也会很有新闻价值。

（4）公开发行股票的企业。对这类企业的管理比较严格（证券监管机构）；相关的社会公众较多（股东、投资人、分析家）；关注公开上市公司的媒体也较多，不能幻想悄无声息地解决问题。

（5）发展过快的企业。发展过快的企业往往聘用了没受到足够培训或经验不足的员工，会在危机面前比较脆弱；进入以前从未涉足的市场，忙于日常工作，无暇顾及企业的弱点、辨别警告信号和防范危机的发生。

（6）在本行业中市场占有率居于前三位的企业。受到行业分析家和行业媒体的密切关注。公司本可以处理得很好的弱点很容易被竞争者、分析家、媒体等利用，转变成危机。

（7）刚起步的企业。同成熟企业相比，新生企业更脆弱，还没有建立广泛的信誉和获得公众的支持；缺乏危机管理人员和员工。

（8）所有者经常不在的企业。如特许经营企业和零售商店、银行、健康中心和批发商的分支机构等，这些企业的所有者、CEO 及特许经营者个人经常不在企业的经营现场，不能亲临危机。

（9）压力过大，工作环境不理想的企业。过于严格的最后期限要求；极其苛刻的管理；员工感到薪水过低和不受欣赏等。

作为最易发生危机的企业，"彼阳"缺乏应对危机的预防机制，在处理此次"9·18"危机上也是有欠缺的，这主要表现在如下几个方面：一是在如何向消费者进行解释的问题上，红太阳集团未能及时拿出对策，而是保持了沉默。这样消费者对"彼阳"产品产生了各种疑虑，报刊上的批评纷起，一个批号的产品出现问题并不能说明"彼阳牦牛"不是好产品，只要及时地进行宣传、解释，理性的消费者会做出正确的判断和选择。二是"彼阳"没有很好地防御竞争对手的无情残杀，企业没有注意保护自己，锋芒太露。三是据悉"彼阳"出现问题时，仍每天有消费者购买该产品，甚至成都有老人自费送检该产品，彼阳应从这些老顾客做起，开展具有亲和力的活动，并加强宣传报道的力度；但宣传本身要有更强的客观依据，这种依据应建立在权威的、科学的、真实的、有说服力的基础上。

为了预防危机的发生，"彼阳"今后应做以下工作：一是必须把危机管理纳入企业日常的经营管理之中，使危机管理成为企业的常规工作，尤其是将危机管理与产品质量管理融为一体，精益求精。二是重新审定质量责任体系和生产工序，按照（国际药品生产标准 GMP）组织生产，建立计算机质量监控体系。三是成立危机小组，对员工进行危机预防与处理培训，按照危机处理程序要求，危机发生时必须 24 小时内及时进行处理，让信息透明化，不出现真空地带，杜绝各种误会和猜测的发生。四是注意保护自己，理顺各种关系，如媒体关系、竞争对手关系、供货商关系等，因为只有市场做得好，没有其他协同保护是不行的。

三、思考·讨论·训练

1. 请为"彼阳"制定一份处理"9·18"危机方案。
2. "彼阳"应做哪些工作，加强管理以预防危机的发生？

案例 4-3　重庆开县井喷事故

一、案例介绍

2003 年 12 月 23 日 22 时许，位于重庆开县高桥镇的中国石油集团四川石油管理局川东钻探公司钻井二公司 12 队罗家 16H 矿井突然发生井喷。富含剧毒硫化氢的天然气喷涌而出，造成 243 人死亡（其中两名是气矿工人，其余都是矿井周围居住的居民），2142 人因硫化氢中毒住院治疗，6.5 万人被紧急疏散安置。由于高浓度的硫化氢气体持续井喷的时间超过了 48 小时，并且一度迅速扩散，因此，以事故发生地川东气矿罗家 16H 井为中心，半径达 5 公里的范围之内都属于重灾区。在一些污染较为严重的村落，农田里的蔬菜上和村民的住房上覆盖着一层灰蒙蒙的尘土，而一些因为中毒死亡的牲畜的尸体也随处可见。据统计，这次事故的直接经济损失达 6432.31 万元。

据悉，这次事故，系属世界石油天然气开采史上伤亡最惨重的事故，也是人类工业史上最大的悲剧性事件之一。事故原因一经传出，舆论为之哗然。对中国石油集团而言，这无疑是一场危机，而对危机的处理又无疑是对中国石油集团危机处理的一次考验。该事故受到国家、地方和中国石油集团高度重视，也引起广泛的国内和国际关注，并进入了新华社评选的 2003 年国内十大新闻。

国务院调查组查明，对罗家 16H 矿井的特高出气量估计不足；高含硫高产天然气水平井的钻井工艺不成熟；在起钻前，钻井液循环时间严重不够；在起钻过程中，违章操作，钻井液灌注不符合规定；未能及时发现溢流征兆，这些都是导致井喷的主要因素。另外，违章卸掉钻柱上的回压阀是造成井喷失控的直接原因；川东钻探公司及有关决策人员对本井是否应采取放喷管线点火措施制止硫化氢气体扩散问题，未能尽快做出果断决策和明确的指令，导致周围群众疏散不及时，也是事故扩大、酿成重大灾难的原因。

事故发生后，中国石油集团做了很多积极的危机处理工作，比较突出的有以下几点：一是危机发生后，积极配合国务院专家组进行事故调查。二是指定技术发言人，回答媒体对相关问题的提问。三是积极理赔，尽快协商出台了合理的赔偿标准，让受灾的村民能早日安心回家过年。截至 2004 年 1 月 10 日下午，受灾核心区的 30 个村中，已有 28 个村、334 个社、3755 户领到了财产损失赔偿，井喷事故灾民财产损失赔偿工作基本结束。四是公开致歉。当灾难发生后，相关机构负责人都应该正式地公开致歉，这在国际社会已经是通行不二的做法，它回应的不是具体事件的解决程序，而是一方对另一方的负责精神。

在事故发生五天以后，中国石油集团副总经理苏树林到开县人民医院看望了受伤群众并表达了"深切的歉意"，表示将"通过地方政府对受灾群众造成的损失给予赔偿"。

另外，中国石油集团在事发半个月后正式以"广大干部职工"名义公开道歉。

2004 年 4 月 14 日，国务院批准中国石油天然气集团公司总经理马富才引咎辞职，同时，确定给予中国石油天然气集团公司分管质量安全工作的副总经理任传俊记大过处分。

2004 年 9 月 5 日上午，重庆市第二中级人民法院对重庆开县"一二·二三"井喷事故案做出一审判决，6 名被告重大责任事故罪罪名成立，分别被判处三至六年有期徒刑，一人缓刑。至此，重庆井喷事件才算告一段落。

（资料来源：刘韵秋等：《从重庆开县井喷事故反思企业危机公关管理》，《公关世界》2006 年增刊）

二、案例分析

本次重庆开县井喷事故首先是一次重大事故，同时也给中国石油集团带来了形象和信誉危机。面对重庆开县井喷事故，中石油在危机处理上做了积极的努力，但还是缺乏危机处理专业水准，还需要做好以下几方面工作：

1. 强化危机意识，提高应对危机的反应速度和管理水平。一方面，企业要提高事故发生时现场的领导反应速度。例如，根据国务院专家组的鉴定报告分析，从 22 时零 3 分井口失控至 23 时 20 分井场泥浆泵停泵，至少有 1 小时 17 分钟，完全可以安全地放喷点火。如果在这段时间内，现场负责人能果断地安排专人监测数据，就能及时确定放喷点火时间，及时向上级请示放喷点火，就不会错失点火的最佳时机。另一方面，企业要提高危机处理的行动速度。在死亡人数达 243 人，开县及周边医院、卫生所全部爆满，以及政府安置接收灾民近 6 万人等危急状况下，中国石油集团应依据事态发展迅速改变低调处理的态度，并采取相应的危机处理措施，从而抓住争取公众谅解和支持、改变企业形象的最佳时机，避免中国石油集团的形象下滑。企业危机处理行动应该始于事故发生的那一刻，容不得任何的拖延，因为一旦危机过后，企业处理危机的效果就会大打折扣。川东钻探公司应急指挥中心主任在井喷事发当晚 22 时 13 分在重庆接到井喷现场打来的紧急电话，率队从重庆出发前往事故现场。24 日上午到达距离事故现场 500 米左右的高桥镇，但却因没有防护服不能往事故井场踏勘或指派专人踏勘，以致在不了解现场状况下不能及时做出放喷点火决定，扩大了井喷事故。可见，当事人的危机意识有待进一步强化。作为像石油企业这样存在安全生产隐患的大企业的职工，必须保持高度的警惕性，牢固树立危机意识。这也为企业又一次敲响了警钟：必须强化对职工进行危机意识教育，使全体职工具备一定的应对危机的素质，从而从总体上提高企业应对危机的反应速度和管理水平。据悉，中国石油集团公司质量与安全管理部门的同志都有高度的危机意识和强烈的责任感。他们几乎天天下井场、到矿区监督、督促基层做好质量与安全管理工作,十分辛苦。然而,如果安全教育及基层基础管理工作不能落实到现场每个工人身上,成效就将大打折扣。

2. 强化协作意识,提高与政府部门、卫生部门、社区委员会等其他组织的协作水平。通过重庆开县井喷这次重大事故可以看出,当企业在面临重大事故危机时,仅靠企业单方面的力量是不够的,企业必须强化协作意识,在处理危机事故时,注意与政府部门、卫生部门、社区委员会等组织的高效通力合作,尽最大的努力、以最快的速度减小事故引起的伤亡人数及所带来的损失。

3. 抓住时机做好危机传播沟通工作。当企业面临危机时,一定要抓住有利时机,做好危机传播沟通工作。因为,这是争取公众同情、理解与支持,快速扭转企业形象的重要一环。

首先,要适当宣传积极形象。当井喷发生后,钻井队队长曾带领部下三次试图冲上井台,关住阀门。尽管均未成功,但公司若能抓住时机,适当宣传井喷后公司职工抢险救灾的感人事迹,缓解不满甚至敌对的情绪,也是一个将功补过的机会和必要的危机传播举措。

其次,积极公开发言人及联络方式。中国石油集团在限制发言权、指定技术发言人的同时,还应积极对外公布发言人及相应的联络方式。这样就能在与媒体的配合中争取媒体的信任和支持,并使相关信息准确、流畅地传递,从而避免疑虑和猜测,甚至流言,同时使得情绪比较激愤的公众有了发泄情绪的渠道。

再次,正式公开致歉一定要真诚、及时。尽管质量是所有人的责任和义务,但以"广大干部职工"名义道歉就可能产生把责任公开地推到广大干部职工身上的负面效果。因此,当大型企业面临危机,如果其高层领导能在道歉时强调自己的第一责任,就能在集团内部赢得职工的信任和尊敬,增加管理者的威信,同时又给公众一个真诚的形象。另外,当危机发生以后,在尚未查清具体是谁的责任之前,就应及时向公众公开致歉,切忌畏缩拖延。因为,既然作为一个社会群体的企业已经给公众和社会带来了损失,就应立即以真诚的态度向社会表明自己负责任的精神和面临危机的勇气,以此来缓解公众的紧张情绪。

最后,抓住时机,积极促进行业发展。按照我国加入世界贸易组织石油领域的进程,中国三大石油公司都必须尽早锻炼自己,主动地逐渐脱去保护的外衣。因此,在条件允许的情况下,中国石油集团甚至不妨在危机时刻促成三大石油公司联手的讨论会或发布会,进而在行业内达成共识,推动石油法的建立。这样，在推动行业发展为行业做出贡献的同时，向社会公众宣传本行业的积极的态度，从而抓住受公众高度关注的有利时机，变"危机"为"契机"，优化自身形象。

三、思考·讨论·训练

1. 作为石化企业如何从根本上预防类似重庆井喷事故的发生？应强化哪些制度建设？

2. 中石化公司应采取哪些措施消除事故的影响，重塑企业形象？请制定一个可行方案。

案例 4 - 4　百事可乐罐里的针头

一、案例介绍

1993 年 6 月 10 日，美国西雅图的一家电台报道了这样的一则消息：一对当地夫妇在一听百事可乐饮料中发现了一个针头。不久，在西雅图又出现同样的事件。这使美国联邦食品药品管理局（FDA）发布了一项区域性信息，来提醒顾客在喝百事可乐前先把饮料倒入玻璃杯里。然而，这则警告引起了国内其他媒体的注意，24 小时内，不同地区的新闻媒体都在报道百事可乐有针头的消息。公众的强烈反应，上级管理部门的详细调查（即饮料中还存在受污染注射器的可能），加之对 7 月 4 日国庆节期间可乐销售高峰的威胁使得百事可乐公司面临着其品牌及声誉前所未有的挑战。由于从大规模机器生产的角度来讲，对这个奇特事件没有合理的解释，所以，FDA 建议，不要做退货回应。但新闻媒体对此却无法保持沉默，它们坚持报道此事，并要求百事可乐公司做出解释。

1. 调查。很久以前，百事可乐公司就确立了预防处理危机的计划和指导方针，随着百事可乐公司的规模和结构不断地发展和变化，通过近十年的研究和考验，危机计划已经由初步的、操作性的灭火程序演变为成熟的沟通网络。百事可乐公司以其他世界级公司解决危机的方法为基点，进一步完善了其处理危机的指导方针：持续高效率的沟通是解决危机的关键因素。危机计划在解决1993 年针头恶作剧事件得到了成功的应用，百事可乐公司危机小组计划和执行了反应对策，迅速地结束了这场危机事件，恢复了公众对产品的信心。

2. 计划。百事可乐公司在西雅图的瓶装厂开始调查哪里出现问题，以便对新闻媒体和公众做个交代，经过一个星期的恐慌之后，百事可乐公司的危机反应计划被促成了。在那个星期里，危机小组的工作人员，为努力使顾客确信百事产品及大规模生产操作程序的安全性，以及保留人们对有着95年历史的百事商标的信任，保护公司80亿美元的生意而努力工作着。

百事可乐公司公共关系工作的目的是协调公司上下及来自生产部门、法律部门、危机调查组专职专家的关系，赢得他们的支持，其目的是使公众确信他们生产的产品是安全的，确信那所谓计划好的"针头事件"的发生是不合逻辑的，而且回收是不能解决问题的。

这一策略将对新闻媒体全面公开，并且迅速而经常地向公众告知事实，"百事"与FDA紧密配合调查可乐中存在注射器的真实原因。"百事"的中央联络网是为了所有受到影响的群体而建立的，例如，顾客、媒体、专职官员、装瓶工、股东、雇员及在零售店、饭店和所有百事外卖点里的顾客，这样就能使这些人逻辑地、理性地看待此类事件。"百事"为执行此计划的预算经费达50万美元。

3. 执行。危机小组不断地评估媒体报道及事态的发展，并告知所有的相关公众。在最初阶段，百事可乐公司开展工作迅速，排除了给大规模生产过程带来的损失，并且同意发一个新闻稿来让公众确信百事可乐公司一定会弄清楚事情真相。西雅图瓶装厂同意公众现场参观，允许当地新闻记者等人员进入生产车间，来给高科技高速度瓶装线拍照。危机小组运用了信息和工具——包括电视新闻报道、报纸新闻报道、顾客讨论话题、瓶装厂顾问、雇员简报、贸易信件、照片、图片和访问——来联络那些可以帮助百事可乐公司的顾客及FDA调查员来使这次恐慌快速平息。

百事可乐公司依靠电视来尽可能快地联络最广泛的顾客公众。危机小组聘请了长期电视制片人和媒体顾问，罗伯特制片公司来编排电视片，形象地阐明公司的主旨。经过全国卫星的传播，这些电视片带领公众参观了百事工厂，显示了生产过程的迅速和安全，消除了公众的抱怨。百事可乐公司经理在每个主要网络新闻节目中正式宣布有99.99%的肯定性表明在百事工厂不可能发生这样的事。

危机期间，百事可乐公司6个公关人员处理了来自报社、电台和电视台记者的2000个电话，与此同时，24个销售专家，由40位志愿者协助，回复了成千上万的电话。每天"百事"400个装瓶厂都会收到两次通过传真发来的询问，而且有6个人被派去指导装瓶工作及从事现场工作。在经历了产品骚乱之后，FDA组织担任了百事可乐公司的危机顾问。FDA官员在全国尤其是具体地区集中精力寻找对注射器申诉的起因，而百事可乐公司则集中全力展示其包装及生产线是经得起骚乱事件的。

4. 评价。针头事件在开始出现后不到 7 天就结束了。虽然这次危机使百事可乐公司销售额减少了 2500 万美元，但还不到夏季中期的时候，公司就恢复了元气，销售额达到五年里的最高峰，比前一个夏季增长了 7%。在危机之中和危机之后，消费者在收银台处明显地对百事可乐公司及其产品表明了信心，购买上升，并在态度和认识上给予了肯定。

在危机高峰期间，94% 的消费者说百事可乐公司正以令人值得信赖的方式处理着危机，他们中 3/4 的人说他们感到百事可乐公司的产品更好了，因为百事可乐公司处理问题的方法很好。从新闻网中百事可乐公司 VNR 卫星输送服务来看，在危机出现的一周内，新闻网传送 VNR 公司中百事可乐公司的使用率最高。观看全部 4 个 VNR 的观众超过了 5 亿人次。在打给百事可乐公司的电话中有 800 个电话和成百的信件中，消费者表达了他们对百事可乐公司的支持。而且在全国的评论中，媒体评论了其自己在使事件升级及消费者对未证实的产品控告和瓦解控告中所扮演的角色。美国众议院鉴于百事可乐公司快速而果断地结束了全国恐慌的行动而在国会记录中称赞了百事可乐公司。

（资料来源：［美］杰里·亨德里克斯著，董险峰译：《公共关系案例》，机械工业出版社 2003 年版）

二、案例分析

处理危机时，如果你没有极快的反应速度，不论你有多强的实力，都会招致灾难。这是因为危机的危害是逐步加深的。就拿危机的不当信息传播危害来说，在危机出现的最初 12 ~ 24 小时内，消息会像病毒一样，以裂变方式高速传播。而在这时候，充斥着各种谣言和猜测，真实的消息往往不多。公司此时的一举一动将是外界评判公司如何处理这次危机的主要根据。媒体、公众及政府都密切注视公司发出的第一份声明。对于公司在处理危机方面的做法和立场，舆论赞成与否往往都会立刻见于传媒报道。如果公司在信息沟通上慢了一步，公众的舆论就会置你于死地。因此，公司必须当机立断，快速反应，果断行动，与媒体和公众进行沟通，迅速控制事态，否则会扩大突发危机的范围，甚至可能失去对全局的控制。危机发生后，能否首先控制住事态，使其不扩大、不升级、不蔓延，是处理危机的重中之重。由于百事可乐公司对这场危机有迅速的反应，及时地把真相告知公众，其声誉很快得到了恢复，公众对其产品也就更加信赖。百事可乐公司不仅没有在危机中毁灭，相反在危机中更得到了提升。

百事可乐公司"针头"事件圆满地解决了，百事可乐公司主管公共关系的副总裁说："千万不要扭曲，你唯一的朋友就是事实，不管事实如何，千万不要对事实进行挑选删除，百分之百地将事实讲出来。"百事可乐公司针头事件是任何一个企业都有可能遇到的。我们将百事可乐公司的名字换成是可口可乐、麦当劳、迪斯尼、康师傅方便面，类似的事件也很可能发生在这些企业身上。总结本案例中百事可乐公司的成功经验是很有借鉴意义的。这主要包括：①危机小组迅速反应，立刻行动。②企业高层的重视和全身心投入。③准确鉴别危机的性质。④积极与美国食品药物管理局合作并且采纳其建议。⑤选择正确的应对危机的手段（电视）。⑥完全迅速地呈现真实。⑦坦诚相见，讲真话且不带任何扭曲。⑧幸运地拍摄到有人打开一罐百事可乐并将东西放入的镜头。

……

三、思考·讨论·训练

1. 百事可乐公司为什么能够成功地处理这起"针头"事件？
2. 百事可乐公司的成功还表现在哪些方面？你能再总结一些吗？

案例4-5 杭州奶业72小时

一、案例介绍

2002年3月15日，中央电视台3·15晚会曝光了一批国家抽检不合格奶制品，其中杭州市"美丽健"、"双峰"两个企业的产品名列其中。从3月16日上午起，超市集体撤柜被曝光的奶制品，消费者问询电话不断，媒体更是头版头条争相报道。面对这一突如其来的危机，杭州奶业紧急开展了一系列危机处理活动。

1. 紧急行动，争取政府和商家理解。3月16日下午，杭州市贸易局、市农经委、市卫生监督所、市质检局联合被点名的两家企业，邀请了好又多、上海华联、万家福等超市召开紧急碰头会。会上，主管抽检单位——杭州技术监督局稽查所介绍了检验情况和点名原因，公开了事件真相。说明这次检测是国家乳制品质量监督检测中心于2001年第4季度进行的调味奶国家监督抽查活动，抽查只抽了一个样品，而且只是一个日期，这并不等于所有产品、全年都不合格。被点名原因是，杭州双峰乳业的塑料瓶装"甜滋滋"甜牛奶总固形物指标检验结果为 8.36%，单位等级不达标；杭州美丽健奶制品的强化维生素 AD 钙奶"微生物"指标检验结果为"非商业无菌"，单项等级未达标；这说明了对被曝光两个产品的指标"总固形物"、"商业无菌"科学评价结论是非致命致病因素。会上被点名企业郑重保证，一定吸取教训，举一反三，全面提升产品质量，同时欢迎监督部门、商家和消费者对企业加强监督，承诺因产品在饮用过程中发现任何卫生质量问题愿双倍赔偿。两家企业真诚负责的精神，为解除抵制打下良好的基础，碰头会取得了较好的公关效果。

2. 增设渠道，全面与消费者沟通。一是开设全天专线电话接受消费者和经销商问询，在电话中不仅说明事件真相和被点名原因，而且表态：如喝了本企业产品有损健康或造成其他损失则双倍赔偿；消费者如要求退奶，企业立即同意办理，从早 7 时到晚 7 时有专人值班恭候。二是邀请媒体、市民代表参观生产现场的工艺流程，介绍产品质量保证体系，树立其对企业产品的信心。

3. 正确的宣传。首先，向媒体介绍被点名原因等情况。比如，双峰乳业拿了国家监测报告和产品到报社向记者介绍国家标准中含乳饮料的理化指标有 5 项，5 项达标即为合格品，而该企业为了提高牛奶品质、增强市场竞争力，有 7 项内控标准高于国家标准，如"固形物"为 9% ~ 11%，这次抽检为 8.36%，就是依据企业标准判定的不达标。从 2001 年第 4 季度起，内控标准已改为 8%，这对人体健康没有任何损害。其次，介绍产品质量情况。两个企业都把产品质量作为宣传的重点，如双峰乳业声明其鲜牛奶、酸牛奶等主要产品 99.5% 符合国家标准。美丽健公司对产品质量更是十分重视，已经通过 ISO9000 质量体系认证，是国家学生奶定点生产企业。再次，在媒体上公开承诺。设立服务专线而且双休日不休息，随时倾听消费者的意见。双峰乳业通过媒体郑重推出三项承诺：第一，在浙江市场上销售的每一种双峰牛奶均为优质牛奶，产品符合国家标准；第二，5 年内每年在浙江省消协存放一笔 30 万元以上的信用保证金，用以支付对消费者受损的补偿；第三，5 年内分期向浙江省消费者保护基金会捐赠 30 万元，用于全省消费者维权事业。

通过以上一系列宣传举措，杭州新闻媒体逐步改变了态度，开始比较客观公正地报道事件的经过和真相，特别是大量报道了企业真诚整改的意愿和承诺措施以及一些有益于企业的消费者意见，如"别一巴掌拍死两家企业"、"总不能因为 0.5% 让企业栽跟斗"等，一些媒体头版标题刊出了"杭州奶业紧急行动"、"厂家重整山河"等正面新闻。

4. 加大广告宣传力度。两家企业分别花了几十万元的临时广告费用，几乎占据了杭城所有报纸的头版，用以阐明企业产品的安全性。美丽健公司的广告词是："别担心，美丽健牛奶可以放心喝"。双峰公司的广告词是："双峰牛奶，您完全可以放心"。广告均立足于证明产品质量，强调"其余所有产品均为合格产品，不存在质量问题"。其宣传效果十分明显，比如，双峰乳业从 3 月 16 日的销量下降 33%，到 3 月 18 日已挽回 13%。

（资料来源：沈祖德：《72 小时救助——杭州奶业 72 小时追踪》，《公关世界》2002 年第 6 期）

二、案例分析

杭州奶业在经历了前所未有的危机后认识到，如今市场竞争激烈，传媒发达，对突发性事件引起的危机，稍有不慎，就有可能对企业形象和品牌信誉造成毁灭性的打击，给企业带来灭顶之灾。两个企业从领导到普通员工都全力以赴，分析形势，研究对策，联络媒体，接待公众，做到了临危不乱，从而使危机很快得以解决。危机处理的成功之处在于：

首先，及时研究有效对策，迅速付诸行动。从争取政府部门支持，到向消费者保证；从与媒体沟通，到超常广告宣传；从承诺赔偿损失，到推出信用保证金和捐款帮助消费者维权等举措，逐步使社会舆论转向有利于企业，消费者也开始同情和欣赏企业行为。

其次，以危机为契机，狠抓产品质量，配合促销措施，努力恢复市场份额。为了重新获得消费者信任，让经销商放心，两家企业一律停止点名产品的生产销售，其他产品重新报送检验，把重新检测的合格证书复印给经销商，促进了恢复上柜；把承诺在媒体上公布，以取信于民，增强促销力度，使产品在市场重新上市，并迅速反弹。据 3 月 18 日恢复上柜后 3 天统计，超市销量已恢复到原先的 40% ~ 60%，全省销量仅比 3 月 15 日以前下降 10% ~ 20%。两家企业打算在 3 个月内恢复并超过原先的平均销量，挽回危机带来的经济损失并重建信誉。两家企业通过这次危机更加深刻地体会"产品质量就是企业生命"的道理，认真总结经验教训，加强质量管理，重新制定标准，改进生产工艺。正如双峰员工所说，在这次危机中，超市虽然只有 3 天停销，但教训深刻，一定要狠抓产品质量，重视企业与品牌形象的塑造。

从杭州奶业危机事件中可以看出我国企业开始重视危机管理，正确处理危机能力在提高。危机并不可怕，可怕的就是企业的漠视。无数事实证明，只有在危机处理中措施有力，效果才能立竿见影。

三、思考·讨论·训练

1. 本案例体现了相关企业怎样的经营理念？

2. 传播沟通在危机处理中具有怎样的作用？

3. 体会杭州乳业处理危机的基本程序。

案例 4 - 6　大亚湾不是切尔诺贝利

一、案例介绍

当我国政府决定在深圳大亚湾修造一座核电站之际，正值世界核电业面临着最严重的挑战的时候。继 1979 年美国"三里岛"事件后，1986 年 4 月 26 日苏联又发生了切尔诺贝利核电站核泄漏事故。这一事件受到了世界各国人民的广泛关注。同时，我国在大亚湾建核电站之举也成为香港各界公众的热门话题。香港各报特地辟出版面，对此间议论做广泛报道，最后形成了一股反对在大亚湾修建核电站的社会舆论。香港公众还为此组织了专门机构，并发起香港各界 100 万人的签名运动。在为了"保障香港公众安全"的舆论调动下，有 125 万香港公众参加了签名运动。反核机构又派出了请愿团赴京请愿。这时，有人主张不予理睬，理由是我们是在自己领土上修建核电站，任何人无权干涉我国内政。但有关部门认为，产生不利舆论的根本原因在于我们对大亚湾核电站的修建缺乏宣传，致使香港公众产生误解。处理此事应采取全面的公共关系宣传，以"软处理"的方式化解矛盾。于是，有关当局采取了以下对策：

（1）立即组建核电站公关处，由一位高级工程师任处长，以增强公关宣传的针对性。

（2）通过新华社、中新社等新闻媒体如实报道切尔诺贝利核电站核泄漏事故调查及救援工作的情况，并及时详尽地报道调查结果：事故是由于操作人员操作不慎所造成，绝非技术问题。

（3）由权威的核科学家和核电专家在香港举办核电知识讲座，对于安全标准、压水堆的设计，以及核电站与香港的距离等敏感问题做出解释。这些针对性的公关宣传缓解了公众的核恐惧心理，成功地引导了公众舆论。

（4）组织香港公众代表参观大亚湾核电站的基地及设施，增加了工程决策、设计、施工、管理及技术等方面的透明度。

（5）中央有关领导会见请愿团，向香港公众做认真的说明和解释工作，沟通信息与感情，让香港公众感到我国政府对此是襟怀坦荡的，从而增强了他们的信任感。

（6）有关当局和香港一家有影响和信誉的公关公司合作，在日本广岛举办和平利用原子能的展览会上宣传核知识。

通过以上一系列危机应对措施的开展，一场反对修建大亚湾核电站的轩然大波终于平息了。

（资料来源：奎军：《公关经典 100》，广州出版社 1998 年版）

二、案例分析

如何应对突然而至的危机，"大亚湾"这个案例中有许多可借鉴之处：

首先，要临危不乱。危机的来临，一般而言都有其突发性和不可预见性。面临突兀而至的危机，首先是要保持镇定，这样才能认清危机的本质，不至于手忙脚乱。

其次，迅速查清危机产生的根源。对大亚湾核电站的敌意，起因于公众对自身安全的担忧。而造成这种情况的原因，则是由于宣传核电安全性的欠缺，以及由此造成的公众无知状态。随着大亚湾核电站的管理状况、水准、设备安全性、专家意见及相关数据的公布，这种无知状态被消弭于无形。相关公众理解了大亚湾核电站，这是危机消除的关键所在。

最后，危机的消除要靠各个方面的帮助。在这个案例中，上至国务院总理、下至平民百姓都参与其中，才使"大亚湾"得到最广泛的关注与最可能多的理解。而这些成效单靠企业的力量是做不到的。

得道多助，此言不虚。但其前提是：要让帮助你的人明白，"道"在你这一边。

三、思考·讨论·训练

1. 面对失实或部分失实的不利舆论时，社会组织应如何应对？

2. 我国政府有关当局面临大亚湾核电站风波对香港公众所开展的公关活动，作为一种补救措施是非常成功的，但是，在整个事件的处理过程中是否也暴露了我们在协调沟通中的某些不足呢？我们应如何引以为戒？

案例 4-7　联合碳化物公司毒气泄漏惨案

一、案例介绍

美国联合碳化物公司是在 1917 年由林德气体产品公司、国民碳素公司、联合碳化物公司以及它们的子公司在纽约合并而成。1920 年建立了碳化物和碳化学公司，成为美国最早生产石油化工产品的企业之一。1957年改名联合碳化物公司。

这样一个业务庞大的公司在1984年却陷入了一场灾难，致使该公司多年不振。1984年12月2日子夜，印度博帕尔市郊联合碳化物公司农药厂的一个储气罐的压力在急剧上升。储气罐里装的45吨液态剧毒性甲基异氰酯，是用来制造农药西维因和涕灭威的原料。1984年12月3日零时56分，储气罐阀门失灵，罐内的剧毒化学物质泄漏了出来，以气体的形态迅速向外扩散。一小时之后，毒气形成的浓重烟雾已笼罩在全市上空。

从农药厂漏出来的毒气越过工厂围墙首先进入毗邻的贫民区，数百居民立刻在睡梦中死去。火车站附近有不少乞丐怕冷拥挤在一起。毒气弥漫到那里，几分钟之内，便有10多人丧生，200多人出现严重中毒症状。毒气穿过庙宇、商店、街道和湖泊，飘过25平方英里的市区。那天晚上没有风，空中弥漫着大雾，使得毒气以较大的浓度继续缓缓扩散，传播着死亡。

在这次灾难中，中毒人数达20多万人，10多万人终身残废，5万人双目失明，3000多人死亡。对于死者来说，他们经历了短暂而又悲惨的痛苦就离开了人间，而对于那些可怜的幸存者来说，悲剧、痛苦才刚刚开始，人们丧失了劳动能力，他们的孩子简直成了痴呆儿。事故发生后，博帕尔降生了许多畸形怪胎，博帕尔被人们称为"死亡之城"。

这是一起震惊世界的毒气泄漏事故，是有史以来最严重的一次工业事故，造成无法估量的巨大损失。事后，印度政府向美国联合碳化物公司索赔139亿美元，也导致这家大公司在成立50周年之际一蹶不振。

造成这次事故的最直接原因是农药厂将原先设计互不连通的安全阀排气孔总管道与工艺流程中的排气孔总管道用软管连通，致使贮罐进水，引起化学反应而使毒气恶性泄漏。

该厂在制造农药西维因时，是用一根导管将甲基异氰酸酯从贮罐送至反应釜，在反应釜中经过一系列的反应后经常剩有少量反应物。大多数化学公司都将其回收，并尽量再循环利用。经过分离之后将甲基异氰酸酯中的杂质除去，然后，再返回贮罐。由于联合碳化物公司的净化装置不能正常运转，杂质通过排气管和软管进入贮罐发生化学反应，导致温度升高，压力增大，最终毒气从贮罐喷出。

本来，如果安全预防系统时时处于良好状态，并且定期清除贮罐内的杂质并及时检测；如果各种监测仪器、仪表反应灵敏；如果操作人员责任心强，具备应有的操作技术和安全知识，并能按要求做好工作，那么，即使有杂质进入贮罐，甚至已引起化学反应，泄漏事故也是可以避免的。但实际情况却是事故发生时该厂的 5 个安全系统都未在正常工作状态，有的装置正在修理，有的因缺少配套设备而闲置一旁，工人又缺乏必要的防护知识，最后酿成惨祸。因此，对于事故的发生，联合碳化物公司负有不可推卸的责任。

当位于美国康涅狄克州的联合碳化物公司总部得到灾难消息时，采取了如下行动：

（1）立即向全世界各地的分公司发出指令，停止该种气体的生产和运输。

（2）危机当天，公司在康涅狄克州举行了新闻发布会。公司向与会记者表示，它们正在向印度方面提供帮助，并成立技术专家小组调查事故原因。

（3）派出一个由 1 名医生、4 名技术人员组成的小组赴印度调查事故原因。

（4）第二天，公司董事长沃伦·安德森冒着被逮捕的危险飞到了印度博帕尔做第一手调查。到 1984 年 12 月 7 日星期五那天，总共有超过两千的当地居民死亡，另有两万多人因中毒得病。

（5）董事长沃伦·安德森在被印度官员释放后说道："我现在最关心的是那些受灾难影响的人们。"这句话立刻引起了大家的共鸣。在他的声明中没有提到他被印度政府逮捕的事。

整整一个多月，这一事件成了新闻报道的热点。联合碳化物公司为此付出了巨大代价。一时间新闻媒体的记者、环境组织的代表、政治家、毒气专家都介入了这场灾难。有关博帕尔事故的报道在几小时里就出现在报纸的头版，成了头条新闻，电视广播也在主要的新闻节目中对事故进行专门报道。整整一个多月，这一事件成了新闻报道的热点。

尽管博帕尔灾难是一个突发性的事故，但事实上还是有可能抓住处理危机的主动权。联合碳化物公司基本上做到了这一点，危机当天公司就在康涅狄克州的一家饭店举行了新闻发布会，当时新闻发布会内的会议大厅里挤满了记者，到会的记者们提出了许许多多的问题，当然大部分是带有猜测性的。

那时的情况非常紧急，记者们都被要求要尽快报道这起事件。联合碳化物公司能告诉记者们的就是公司正向印度方面提供帮助，如送去医疗设备和防毒面具、派出医务人员等。最后公司宣布它正派去一个技术专家小组检查工厂的情况并调查事故的原因。

总体上看，联合碳化物公司基本上摆脱了被动的地步，逐步赢得了主动权。

（资料来源：http：//www. wst. net. cn/history/12. 3/1984_ 1. htm）

二、案例分析

危机的发生一般带有一定的突发性。如果企业不预先制定完善的危机防范策略，并在危机的最初阶段对其态势加以控制的话，那么危机造成的连锁反应将是一个加速发展的过程——从初始的经济损失，直至苦心经营的品牌形象和企业信誉毁于一旦。博帕尔事故是一个典型的危机事件。事故的严重性及其所造成的恐慌令全球震惊。美国联合碳化物公司在事故发生后所需处理的问题，与任何一个组织面临危机时所遇到的问题都是一样的，它是一场人类的灾难。

这个震惊世界的惨案，联合碳化物公司应负全部责任。由于疏忽管理与安全教育，致使工人的安全意识和防护知识欠缺，事故来临时无法采取有效的措施，导致最终酿出惨祸。最后，联合碳化物公司之所以能够摆脱被动的局面，完全是因为公司坚持了危机管理的基本准则。危机管理的整体运作关键是要做好以下几点：

第一，保持清醒，以静制动。危机会使人处于焦躁或恐惧之中，令人心神不安。所以，企业高层管理者在危机处理中应保持清醒，以"冷"对"热"、以"静"制"动"，镇定自若，以减轻企业员工的心理压力，给外界一个坚强干练的形象。

第二，统一观点，形成共识。在企业内部迅速统一观点，对危机形成一致的认识，包括好的和坏的方面。这样做的好处是可以避免员工的无端猜测，从而稳住阵脚，万众一心，共同抵抗危机。

第三，组建团队，各负其责。一般情况下，危机处理小组的组成由企业的公关部成员和企业中涉及危机的高层领导直接组成。这样，既可以保证高效率，又可以保证对外口径一致，使公众对企业处理危机的诚意感到可以信赖。

第四，谨慎决策，迅速实施。由于危机瞬息万变，即使信息匮乏，危机决策也要迅速，任何模糊的决策都会产生严重的后果。企业必须最大限度地集中决策使用资源，迅速做出决策，系统部署，付诸实施。

第五，利用资源，借助外力。当危机来临时，企业不要把自己看做是唯一可以挽救自己的救世主，而是应该和政府部门、行业协会、同行企业及新闻媒体充分配合，联手对付危机，在众人拾柴火焰高的同时，增强影响力。

第六，标本兼治，消除危机。要真正彻底地消除危机，需要在控制事态后，及时准确地找到危机的症结，对症下药，从根本上解决问题。如果仅仅停留在治标阶段，就会前功尽弃，甚至引发新的危机。

以上六个方面的工作是企业处理危机时必须做到的，如果其中任何一个环节出了问题，那么这个危机的整体性处理就是不成功的，其结果就会给企业带来一定的损失。

三、思考·讨论·训练

1. 美国联合碳化物公司在处理博帕尔事故中，其危机管理整体运作上具有哪些特点？

2. 这次危机是偶然的吗？为什么？

3. 对处理此次危机你还有什么更好的建议？

第五章　危机处理策略

> 易嚣、易悖、易涣、易讹……其法莫如镇，镇则定。有矫情而镇
> 之者，有晰理而镇之者，有审势而镇之者，有量力而镇之者，有迎击
> 而镇之者。
>
> ——（明）白豪子

在企业危机处理过程中，策略是针对公众心态、需求的不同而进行的决策定位，它要为维护、恢复和发展企业形象服务，同时要适应公众的心理特征、个性背景。

一、企业危机处理的总体策略

企业危机的处理除必须按照一定的程序进行外，还必须重视讲究有关的策略。企业危机处理的策略是指具体进行企业危机处理所须采取的对策与方式及其相应的原则规范。重视讲究企业危机处理的策略，对于尽快平息企业危机、有效重塑企业的形象、迅速恢复改善经营状态，具有十分重要的意义。

（一）积极主动

在企业危机处理时，无论面对的是何种性质、何种类型、何种起因的危机事件，企业都应主动承担义务，积极进行处理，即使起因在受害者一方，也应首先消除危机事件所造成的直接危害，以积极的态度去赢得时间，以正确的措施去赢得公众，创造妥善处理危机的良好氛围，而不应一开始就采取消极、被动的态度，追究责任，埋怨对方，推诿搪塞，从而耽误处理危机的时间，造成危机处理的被动局面，引发更大的危机。积极主动还表现在维护公众利益，公众之所以反抗企业组织"制造"出危机事件来，最基本的也是最重要的原因就是公众感到在利益上受到了一定程度的损害，他们要运用新闻、法律武器，保护自己的合法利益。因此，企业要以公众利益代言人的身份出现，主动弥补公众的实际利益和心理利益。

（二）情谊联络

在危机事件中，公众除了利益抗争外，还存在强烈的心理怨怒。因此，在

处理中企业不仅要解决直接的表面的利益问题，而且要根据人的心理活动特点，采取恰当的心理情谊策略，解决深层次的心理、情感关系问题。情谊联络策略，主要是为了弥补、强化企业组织与公众的情感关系。有的因生疏造成的危机事件，直接利用情谊联络的方式，就可以达到消除危机、增进友谊、发展感情的目的。公众都是有感情需要的人。公众情感是在对企业组织的评价和情感体验的基础上形成的，具有重要的行为驱动作用，是公众理解和支持企业组织的动力源泉之一。在大量的危机处理过程中，有意识地施加情感影响，可以大大强化其他措施的影响力，树立组织的良好形象。

（三）如实宣传

企业危机处理的一个重要原则就是如实宣传，实事求是。危机发生后，企业要如实地与公众沟通，并主动与新闻媒体取得联系，公开事实真相。对于新闻媒体记者和广大公众，都不能因为他们不在现场，不知底细，或不懂某一专门行业对其弄虚作假，更不能对其采访和打探情况设置障碍。总之，对各方面公众都要如实宣传，这也是危机处理的基本要求。

（四）超前行动

企业危机尽管具有潜伏性的特征，但许多事情还是可以预测的，只是不知道在什么时间、什么地点爆发罢了。这一策略就是指企业要通过经常的调查分析，及早发现引发危机的线索和原因，预测出将要遇到的问题以及事件发生后的基本发展方向和程度，从而制定多种可供选择的应变计划。对一切有显露的问题要积极采取措施，及早做出处理，将危机扼杀在萌芽状态。对没有显露的问题也要细心观察，做好防御，以便在问题显露时做出快速反应，努力减少危机造成的损失。

（五）富有创意

处理企业危机要发挥创造性，渗透着创造性的危机处理，其结果往往是"旧貌换新颜"，有时甚至还会出现一种出乎人们预料的美好结局。其实，所谓创造性策略就是在设计危机处理方案时，在充分考虑各方面的条件和因素的前提下，因人、因地、因事而制宜，达到对公众、社会、企业都有益处。

（六）注重后效

注重后效是指既要着眼于当前企业危机事件本身的处理，又要着眼于企业组织良好形象的塑造。不能采取头痛医头、脚痛医脚的权宜之计和视野狭窄、鼠目寸光的短期行为，而应从全面的、整体的、未来的、创新的高度进行企业危机事件的处理。因为危机与机遇并存，所以，危机的处理必须努力取得多重效果和长期效益。

二、常见企业危机事件处理要点

企业可能出现的危机事件很多，对各种不同的危机事件进行处理的方式及侧重点也不同，这一点必须引起企业的高度重视，以努力保证危机处理的适宜而有效。

（一）公众误解事件处理要点

在企业发展过程中，有时自身的工作、产品质量没有任何问题，经营中也没有发生损害公众利益的事件，但由于种种原因，被公众误解了，公众无端地指责企业，企业因此而陷入危机之中，这就是误解性危机事件。不利的社会舆论导向、社会流言、新闻工作者的误报、竞争对手的误导乃至造谣破坏等都是误解性危机事件发生的外部诱因，企业面临此类事件后，不能"无为而治"，而应及时采取措施加以解决。处理误解性事件的要点是：

1. 调查此类事件发生的原因、误解性信息的传播范围、公众对误解性信息的相信程度、误解性信息对企业已造成的不良影响以及其潜在的影响等。

2. 策划公共关系传播作品、宣传活动，巧妙地公布事实真相，澄清事实，消除误解性舆论的不良影响。对于因竞争对手的误导特别是造谣破坏而产生的误解性危机事件，企业还可以考虑借助法律武器来保护自己的形象。

3. 反省企业在传播工作中存在的问题，改善企业的公共关系宣传工作。公众之所以会轻易盲从他人意见，从公众方面来说，存在随大流、从众等心理问题；而从企业方面来说，说明企业平时与公众沟通不够，没有让公众了解到具体情况，导致公众不太信任企业。因此，企业应亡羊补牢，全面审视企业的公共关系工作和对外宣传工作，并加以整顿，强化企业与公众之间的沟通与信任机制。

（二）事故性事件处理要点

在企业发展过程中，由于自身的失职、失误，或者管理工作中出现问题，或者产品质量上出现问题，由此引发的危机事件，会使企业形象受到严重破坏，并且这种事件的责任完全在于企业自身。因此，对于此类危机事件的处理，要把握以下要点：

1. 果断采取措施，有效制止事态扩大。

2. 真诚接受公众批评，及时向公众及新闻界披露真情、公开致歉，以期迅速获得公众的谅解、宽容。

3. 组织专门人员，立即采取善后措施，尽量减少公众损失，主动提出合理的赔偿方案。

4. 认真检查，切实做好改进工作。

5. 适当宣传，把事态的发展情况、改进措施，对公众的承诺和服务等内容，通过适当的媒体、传播方式公之于众，以消除公众的不良印象，恢复公众的信任。

6. 借此向全体员工进行教育，避免今后再度出现类似的问题和差错。

（三）他人假冒事件处理要点

这主要是他人未经许可假冒企业的包装式样、商标、名义等推销伪劣产品，使企业形象受到损害，名誉遭受损失。由于他人的假冒，自己企业却陷入困境，在这种危机事件中，企业是假冒的牺牲品，但消除它的影响，还要靠企业自己的努力。一般而言，处理因他人假冒而形成的危机事件，通常有以下几种途径：

1. 诉诸法律，拿起法律武器，借助法律渠道，澄清是非真假，恢复企业的真实形象。

2. 借助大众传媒，开展新闻揭丑活动，赢得公众的支持，提高公众的辨别力，使假冒伪劣产品没有市场。

3. 强化产品个性，同时增加产量，以创造规模效应为手段，进一步降低成本，使假冒者无利可图，从根本上杜绝假冒现象，维护企业形象。

4. 策划公共关系活动，充分调动企业员工和公众力量，共同打假，维护企业形象。

（四）火灾事件处理要点

火灾事件是企业的一种严重安全事故，它对企业形象损害极大。处理火灾事件的要点是：

1. 发现火警后，应立即通知消防公安部门，并根据已知情况当即做出安排，组织灭火。

2. 迅速进入现场，奋力抢救各类人员和财产。

3. 及时抓好对伤亡人员的抢救和处理工作，并对其亲属做好安抚。

4. 深入情况对火灾事故责任人做出严肃处理。

5. 将调查结果、事故原因、损失情况、处理情况实事求是地提供给政府部门及新闻单位，控制舆论走向。

6. 发动员工总结经验教训，制定防火措施，并将落实情况及成效公之于众，求得各方理解与支持，逐渐恢复企业的形象。

（五）内部纠纷事件处理要点

企业内部纠纷事件往往是由于职工的物质利益被忽视，工资奖金分配不合理，福利待遇偏低，职工有后顾之忧，工作环境差，职业病得不到很好的医治，处理问题不公平，对待职工不能一视同仁等引起的。内部纠纷事件处理的要点是：

1. 心平气和地倾听职工群众的批评、意见和建议。

2. 给职工群众心理上、物质上的补救，为化解矛盾做好铺垫。

3. 引导职工群众"向前看"，把组织的困难之处向职工群众"交底"，求得职工群众的了解与理解。

4. 对因搞不正之风引起职工群众强烈不满的个别干部做出严肃处理，以平息职工群众的不满情绪。

5. 事件平息后，把对事件的处理结果向职工群众公布，从各方面争取职工群众的谅解。

（六）通报批评事件处理要点

通报批评事件是指企业受到政府及主管部门通报批评而出现的企业危机事件。企业组织受到通报，其声誉必然下降，无形中会使企业内部处于低潮，企业外部公众信任度降低。因此，企业必须正确对待通报批评事件。通报批评事件处理的要点是：

1. 以诚恳的态度接受通报批评，向上级或主管部门对本企业的热忱关心表示感谢。

2. 认真学习、研究通报文件和批评意见，努力吸取教训，提出改进工作的有效措施。

3. 以实事求是的态度对待通报批评，如发现通报中有不当之处，可诚恳地请求发出通报机关进行调查更正。

4. 当企业的整改见到成效时，应及时恢复企业声誉。

（七）改变决策事件处理要点

改变决策事件是指企业组织在其经营管理过程中，为避免因已做出的错误决策造成不良后果而重新做出正确决策的行为所导致的企业危机事件。从错误决策转向正确决策，本是一件很好的事情，但由于公众对原有决策业已适应，突然的改变，却可能使他们一下难以适应，因此，也可能形成企业危机状态。改变决策事件处事的要点是：

1. 采取各种有效途径和措施向公众宣传企业改变决策的重大意义和必要性，特别要注重宣传改变决策将给公众带来什么好处和利益，以争取公众的了解、理解和支持。

2. 通过各种渠道和媒体向公众解释与说明企业改变决策的基本原因，切实把握舆论导向，努力防止以讹传讹的现象发生，为企业营造一个有利的舆论环境。

3. 对于伴随改变决策事件而产生的关系各方的利益调整，要认真对待，妥善处理，特别是对于改变决策事件给有关公众所造成的重大经济损失，要视情况给予补偿。

4. 对于改变决策后产生的阶段性成果，应通过新闻媒体予以宣传报道，以使企业的新的决策深入人心，让公众及早适应。

（八）失实报道事件处理要点

失实报道是指新闻媒体发布出来的与客观事实不相符的一些新闻、消息、评论等。从性质上，失实报道可分为片面报道和虚假报道两种。片面报道是由于媒体发布的信息量不足，导致公众对企业形象片面理解。虚假报道则是由于新闻媒体发布信息失真，从而诱导公众，对企业形象产生负面理解。

造成新闻媒体失实报道的原因有两个方面：

首先来自企业方面。企业出于某种目的对其所有或部分信息进行封锁，容易激起新闻媒体挖掘新闻的决心，它们会千方百计地从其他公众（如竞争者、消费者或不了解企业情况的社会人士等）那里了解信息，从而造成新闻报道与事实之间的偏差，这是"信息源"的失实。企业出于自身的原因，仅仅向新闻媒体提供部分信息，甚至只报喜不报忧，是引发失实报道的根源。出于自身考虑的企业向媒体故意提供一些虚假的信息，以期影响公众，达到自己的某些目的，是造成虚假报道的根源。

其次来自新闻媒体方面。某些新闻媒体工作人员工作态度浮躁、不踏实，不愿深入企业一线去采访真实素材，而是偏听偏信，易于产生失真报道。某些新闻媒体或其人员出于某种目的，对某些问题带着个人好恶，戴着"有色眼镜"去报道，该报道的不报道，不该报道的反而出笼了，甚至有所夸大。更有个别的新闻媒体人员缺乏职业道德，以制造虚假信息、进行新闻炒作为能事，以提示所谓企业"丑闻"来迎合部分公众的心理，易于造成新闻报道的失控。

失实报道事件处理要点包括：

1. 充分重视新闻媒体在危机管理中的作用。企业要慎重对待媒体的宣传报道，尽量减少自身在新闻报道中的失误，在"源头"上杜绝失实报道的出笼。美国著名企业家艾柯卡警告说，有时企业可能对新闻报道的动机产生怀疑，但任何人如果低估了它的作用，那他就是天真的，简直是愚蠢的。艾柯卡特别忠告："一个得不到新闻界信任和好感的企业，是不可能有大发展的。要能得到新闻界的信任是一个企业最重要的财富。"

2. 企业认真对待新闻媒体。企业要协助媒体做好新闻报道工作。为其提供各种条件和便利，帮助澄清事实真相，把客观实在的信息传递给公众，不管这些报道是正面的，还是负面的，企业均应持积极欢迎的态度，有则改之，无则加勉。注意加强与新闻媒体的日常交往，沟通感情，并在可能的情况下帮助新闻媒体解决一些难题，树立企业的良好形象，这样能够最大的防止有关的失实报道。

3. 及时化解不利报道的新闻效应。艾柯卡对于处理企业与媒体关系时提醒说："当某一个人因某事受到谴责时，新闻界马上给予公布，而当事实证明他无辜时，新闻界的报道见分晓很迟缓。"在出现错误的媒体报道时，企业的行动关键，要采取正确的公关措施，迅速行动，查清事实真相；可以对记者开放企业，实地参观，借记者之口挽回声誉损失，使流言不攻自破。

4. 消除面对失实报道的消极心态。一是对失实报道疏于应对，听之任之。一些企业对于危机不愿声张，盼望随着时间推移，公众会忘记这一切，其结果是不但没有消除失实报道的影响，反而有可能愈演愈烈。二是仓促赤膊上阵，针锋相对，对抗新闻媒体。企业对失实报道的气愤之情在所难免，倘若以此态度来对待新闻媒体，就要与新闻媒体针锋相对，甚至对簿公堂了，现实中许多事例都说明其结果多是得不偿失。

案例 5-1　肯德基处理"苏丹红"事件

一、案例介绍

1. "红色风暴"袭来。从 2005 年 2 月底开始，一种可能致癌的人造化学色素"苏丹红一号"披露在各大报端。联合利华、亨氏、肯德基等一些跨国企业的部分食品均上了英国食品标准局下令回收的"黑名单"。一时间人们谈"红"色变，而国内各地也掀起了一场反"苏丹红"风暴，大大小小的"苏丹红案"很快被抓住"辫子"，并被曝光。而洋快餐巨头肯德基被卷其中，则将该事件推向高峰。在网上，用搜索引擎查看"苏丹红肯德基"一项，竟可以得到 20 万条以上的搜索结果，当时，苏丹红、肯德基都是排名前 10 位的"热门词"。在针对此事件的新闻中，几乎 80% 以上的报道以"指责"为主。肯德基顿时陷入十分被动的境地，危机已经降临。

2. 肯德基沉着应对。面对突袭而来的"红色风暴"，肯德基面对危机处变不惊，果断采取了以下危机处理举措：

（1）建立专门机构。在这次"苏丹红"事件中，肯德基在 2 月底就启动了危机小组，由营运、产品质量控制、物流、公共事务等部门的 10 多位员工构成小组核心，并组建多个管理小组分别负责多方事务的处理工作。如沟通小组负责统一发布有关信息，市场小组则负责新产品开发，并有专人进行部门间的工作协调。

（2）表明立场态度。危机小组成立后，立即确定了统一的应对危机的立场，3 月 16 日，肯德基在全国各地同一时间发表了公开声明，称前一天晚上在新奥尔良烤翅和新奥尔良鸡腿堡的调料中发现含有"苏丹红一号"，各门店从当天起停止销售相关食品。声明在向公众致歉的同时，明确表示了维护广大消费者的健康是肯德基的一贯原则。

（3）针对不同公众的举措。首先，在企业内部向全体员工通报了事件情况，并表示不会因此事件而裁员，此举赢得了广大员工的理解与支持。其次，公司急召全国各地销售经理回总部，通过有效的沟通取得他们的谅解，并由他们带着公司《给消费者的信》回到全国各地，他们便成为公司与客户之间的桥梁。再次，为能及时给不明真相的消费者以明确答复，公司紧急培训了数十名专职接线员，开通热线电话，对问询者做出准确的解释，以消除人们的疑虑。最后，事件发生后，面对来自媒体和同行的炒作甚至不公平的宣传，肯德基保持了应有的冷静与克制，并积极与新闻界接触，争取机会进行实事求是的客观介绍。

（资料来源：舒昌：《从肯德基处理"苏丹红"事件看危机公关》，《企业经济》2005年第 11 期）

二、案例分析

在市场经济条件下，任何企业都处在一个开放的社会大系统中，企业生存与发展在很大程度上受经营环境的影响，包括由经济环境、政策法律环境、技术环境等构成的宏观环境和以顾客、竞争者、中间商、股东、社会公众为主的微观环境。而影响企业运营的上述环境因素又是动态变化的，环境的变化既可为企业带来机会，也可能会形成某种威胁，特别是那些突发性变化的环境因素常使企业措手不及。事实上，近年来，许多企业都有过因突发事件而导致的企业经营危机。但是，肯德基面对突发的危机处变不惊，有条不紊地采取积极措施解决问题，其鲜明的危机意识和成熟的危机处理手段在此确有可圈可点之处。

肯德基面对经营危机，准确分析了各方面公众在危机处理中的作用，区分轻重缓急，采取不同措施进行沟通，效果十分理想。面对政府公司明确表示执行国家法令，配合政府对其他食品的抽样检查，在政府和社会公众面前展示守法经营的良好形象；面对员工，肯德基深知员工的理解与配合是企业顺利渡过危机的重要因素。为此，事件发生后，公司及时召开员工大会，告知员工事件经过、公司解决危机的方案，以便统一认识、稳定情绪，特别是公司承诺不会因此事而裁员，员工面对危机空前团结，这无疑是事业成功的基础。面对消费者，肯德基采取了一系列维护消费者利益的措施：公开宣布秉承其维护大众健康的一贯原则，提出多项改进措施，以确保不再发生类似事件，并开通热线电话为消费者答疑等。种种举措让人真切地感受到危机处理绝非企业作秀之举，而是实实在在为顾客利益着想，是企业对顾客负责、诚心经营的体现，这大大增加了消费者对品牌的忠诚度。面对媒体，肯德基在危机事件中始终以一种坦诚而理性的态度处理与媒体的关系，主动向全国媒体通报，还立即成立信息沟通小组及时发布相关信息，更为不易的是，对于个别媒体的非客观报道及个别同行的叵测言辞，公司保持了应有的克制和冷静，这一切赢得了业界与公众的赞誉。

三、思考·讨论·训练

1. 请结合本案例，总结一下危机处理过程中针对不同的公众应该采取哪些相应对策？

2. 在"苏丹红"事件中，肯德基是怎样体现自己是负责任的企业的？

案例 5-2 丰田汽车的"霸道"广告风波

一、案例介绍

在 2003 年第 12 期《汽车之友》杂志上，丰田公司刊登了三份由盛世长城广告公司制作的汽车广告，分别为其三款新车"陆地巡洋舰"、"霸道"和"特锐"进行宣传。在"霸道"车的广告页面上，一辆霸道牌汽车停在两只石狮子之前，一只石狮子抬起右爪做敬礼状，另一只石狮子向下俯首，背景为高楼大厦，广告的文案为："霸道，你不得不尊敬"。同时，丰田"陆地巡洋舰"在雪山高原上以钢索拖拉一辆绿色大卡车，拍摄地址在可可西里。

广告刊登后，很快招来 XCAR、TOM 和新浪网上汽车网友的一片愤怒之声。许多网友认为,石狮子在一定意义上有象征中国的意味,丰田"霸道"广告却让它们向一辆日本品牌的汽车"敬礼"、"鞠躬",有辱民族尊严之嫌。联想到"卢沟桥、石狮子、抗日"三者之间的关系,更让人愤恨。而丰田"陆地巡洋舰"广告中的卡车与我国的军车非常相像。这触动了国人敏感的民族情绪,引起轩然大波。

12月2日之前,丰田公司方面始终没有对这件事引起高度重视。12月2日《汽车之友》顶不住压力,在自己的网站上向公众道歉,并表示立即停发相关广告。12月3日下午,盛世长城广告公司也在网络上就丰田广告事件向公众公开道歉。12月3日,丰田中国事务所公关部的电话几乎被打爆。部分媒体的记者也聚集在北京丰田中国事务所要求采访。对此事件,如果不及时处理,给出一个明确的答复,第二天各大媒体的头条新闻将是"丰田拒绝对霸道广告做出答复",这必将引起事端的进一步扩大。

当天下午,丰田公司启动危机处理程序,紧急会议在北京丰田中国事务所召开。经过激烈的争论,大家一致认为,广告事件是谁的过错引起的已经不重要,重要的是民族情绪已经被激发出来,而且是对日本人的,丰田必须承担责任。当晚9时,由一汽丰田汽车销售有限公司总经理古谷俊男对在等候中的记者口头表达了道歉;4日,在新浪等主要网站上,刊登了正式的道歉信;4日晚6点30分,日本丰田汽车公司和一汽丰田汽车销售公司联合约见了十余家媒体,称"这两则广告均属纯粹的商品广告,别无他意",并正式通过新闻界向中国消费者表示道歉,由古谷俊男正式宣读了道歉信,在致歉信中,丰田表示,"对最近中国国产陆地巡洋舰和霸道的两则广告给读者带来的不愉快表示诚挚的歉意","目前,丰田汽车公司已停止这两则广告的投放"。丰田表示,将从今天起在全国30家媒体上刊登致歉信,并已就此事向工商部门递交了书面解释。同时,也婉转地说明两则广告的创意其实是中国人设计的,"但我们是广告主,我们要负责任"。

丰田的诚恳态度得到了公众的谅解,12月5日后,整个事件戛然而止。

（资料来源:http://www.southcn.com/car/lmrd/200312040022.htm）

二、案例分析

这是一起由于传播误导引起的危机。无论如何日本企业在中国刊登如此张扬的广告,都会引起中国人民的反感,甚至激化了民族情绪。

危机发生以后,丰田公司迅速采取措施,平息危机,防止事态进一步扩大。在处理危机过程中,表现出丰田公司的老练。此事既然已经发生,再从细节上追究到底是广告公司的责任,还是一汽丰田的责任都已经不重要了,重要的是中国民众对日本企业有意见。由于历史的原因,这种对个别企业的意见,甚至可能上升为两大民族之间的情感问题。所以,必须从大局的高度来认识问题,以最大的诚意向情感上受到伤害的中国公众道歉。

由于这次伤害只是情感上的,所以应当主要从传播入手,通过大众传媒,向广大的中国公众表示歉意,承认错误。不管广告是谁制作的,但都是丰田汽车的广告,所以必须由日本丰田公司来道歉。从实践上看,丰田公司所采取的措施是得当的,迅速化解了危机。

在危机解决以后,为了消除中国公众对"霸道"汽车的恶劣影响,丰田公司决定将"霸道"的名字改名为"普拉多"。日本汽车在中国叫做"霸道"就很不得体,再加上发生了广告风波,会使公众对这款汽车印象更加不好。重新命名是一个好办法,为使公众忘记过去那些不愉快,丰田甚至连"凌志"的名字都改为"雷克萨斯",以便使更名行为更为自然。

三、思考·讨论·训练

1. 丰田公司在危机汹涌而来时,采取了哪些措施来化解危机?

2. 就广告而言,应该说丰田的这两则广告的创意还是不错的,如果投放在别的国家的话,可能什么事情都不会发生。为什么在中国这两则广告就掀起了波澜?

3. 跨国公司应如何对待它的国际公众?

4. 危机解决后,丰田公司对品牌进行了改名,对此你有何评价?

案例 5-3 傲慢的埃克森公司

一、案例介绍

1989 年 3 月 24 日晚上 9 时,埃克森"瓦尔代兹"号超级油轮满载原油从阿拉斯加州起航。起航后仅 3 小时,油轮突然在阿拉斯加州威廉太子湾附近触礁,5000 万加仑原油泄漏,1300 平方公里海面变成了浓稠的油面,2000 多公里的海岸线油污遍地,受到侵蚀。作为美国和加拿大的交界处,这里以前很少有石油货船通过,从未受到过污染。这里海水湛蓝,沿岸山清林密,风景如画。这里还盛产鱼类,海豚、海豹成群。事故发生后,在这片海域,3 万只海鸟以及海獭、鱼类等动物纷纷惨死。在后来的统计中,约有 10 万~30 万只海鸟以及 4000 头海獭死于这场事故。泄漏的 5000 万加仑原油只蒸发了 30% ~ 40%，回收了 10% ~ 20%，其余仍滞留在海洋中。如果要使这片海域的生态系统恢复到漏油前的状态，需要 15 ~ 25 年时间。

事故发生以后，地处较偏僻的阿拉斯加地区少有记者光顾，偶尔有几个，他们也只是随处拍几张照片，报道的只不过是一般性的泄油事故。环境保护组织对这一突发事件感到伤心。加拿大和美国政府的官员敦促埃克森公司尽快采取有效措施解决这一难题。然而，埃克森公司却极其轻视这一事故的影响力。它既不彻底调查事故原因，也不采取及时有效的措施清理泄漏的原油，更不向加拿大和美国当地政府道歉，结果使事态进一步恶化，污染区越来越大。

对此，美国和加拿大地方政府、环保组织和新闻界对埃克森公司这种不负责任，企图蒙混过关的恶劣态度极为不满，由此发起了一场"反埃克森运动"。各国新闻记者纷至沓来。电视台、电台、报纸、杂志、新闻电影制片厂等媒体，像发动一场战争似的，向埃克森公司发起总攻。

由于各国新闻媒体的群起围攻和国际环境保护组织的批评，惊动了布什总统。1989 年 3 月 28 日，布什总统派遣运输部部长、环境保护局局长和海岸警卫队总指挥组成特别工作组前往阿拉斯加进行调查。然而为时已晚，埃克森公司的油轮此时已漏出原油 1000 万加仑，成为美国历史上最大的一起原油泄漏事故。特别工作组和新闻界在经过详细调查后才得知，这起恶性事故的原因是管理失误造成的。为此，埃克森公司陷入了极为被动的境地。

在这关系到埃克森公司生死存亡的紧要关头，埃克森公司终于被迫主动求"和"。他们以重金请工人使用高压水龙头冲洗海滩。甚至用双手刷洗岸石。事故发生在初春，阿拉斯加寒风袭人，海滩清理工作十分费力，清理工作进展缓慢。埃克森公司仅此一项就付出了几百万美元，加上其他的索赔和罚款，埃克森公司不仅在经济上蒙受了重大损失，而且其形象也遭受了严重的破坏，西欧和美国的一些老客户纷纷抵制其产品，形成了"反埃克森运动"。

看了上述案例，不禁使我们想起了 1971 年在旧金山海湾泄油后埃克森公司的公关活动。1971 年 1 月的一个午夜，浓重的大雾弥漫在旧金山的上空，好像一个又大又宽的纱帘把什么都遮住了。只听一声巨响，埃克森公司的两艘油轮不幸相撞，导致一艘油轮船体破裂，船上 84 万加仑的原油流入港湾。

事故发生后，埃克森公司立即采取了两方面的行动。一方面仅在一小时之内，公司迅速组织数百台不同型号的清油设备，几百名公司的工人和数千名志愿者赶赴出事现场清理泄油，其规模足以对付比实际泄油大 20% 的事故；另一方面公司的公关部门动作迅速，事故刚发生，公司公关负责人的床头电话铃就响了。早晨 7 点 30 分,公司的新闻处开始对外工作,到 10 点钟左右,公司电话铃声持续不断,由于电话太多使公司新闻处和记者的联系几乎中断。为此,公司又专门安装了特别线路,每天编辑两次简报,报道事故现场的处理情况。一是派专人向外发送简报;二是通过电传将简报传送到北加利福尼亚的 30 多家报社。

埃克森公司公关部门策划活动的主要目的是让人们知道原油泄漏之后的工作正在有条不紊地进行着,并使人们相信埃克森公司将尽最大努力及时完成善后工作。这些活动的效果非常好。撞船后的一个月内,旧金山地方报纸就发表评论指出,埃克森公司出色地完成了清理工作,媒体的宣传使那些谴责和不实之词不攻自破,埃克森公司还收到了大量赞扬清理工作的信件。

1971 年,旧金山海湾原油泄漏,埃克森公司尽职尽责地及时处理了这一灾难事故,不仅赢得了公众的理解,还获得了社会的赞誉。相反,1989 年,同样是埃克森公司,面对阿拉斯加原油泄漏,却表现出了无所谓的态度,根本就不把环境保护和公众的意愿放在眼里,结果成为众矢之的。很显然,前者是个成功的危机处理案例,后者是个失败的危机处理典型。

（资料来源:孙玉红、王永、周卫民:《直面危机:世界经典案例剖析》,中信出版社 2004 年版;弗雷泽·西泰尔著,陈险峰译:《公共关系实务》,机械工业出版社 2004 年版）

二、案例分析

阿拉斯加原油泄漏事件发生后,引起了媒体和公关学界的广泛关注。1989 年秋,美国公共关系协会会员、权威公关学者詹姆斯·卢卡斯泽基教授在美国《公共关系季刊》上对埃克森公司所犯的错误做出了这样的概括:反应迟钝;企图逃避自己的责任;难以应付地方当局;丝毫没有准备（既无实践,也无计划）;傲慢无礼,特别是在同加拿大政府官员发生冲突时;玩忽职守（让一位喝醉酒的船长指挥油轮）;信息系统失控;忽视了能够赢得公众同情支持的机会;自以为自己已完全控制事态;存有侥幸心理;错误地估计了事故的规模;丝毫没有自责感。概括地说,埃克森公司的失误主要有以下几个方面:

1. 管理不善,缺乏预防。"瓦尔代兹"号油轮泄油事件的发生凸显了埃克森公司管理上的漏洞,事故在所难免,企业必将自食恶果。这起恶性事故的导火索是由于"瓦尔代兹"号油轮的船长约瑟夫·黑兹尔伍德饮酒过量,擅离职守,让缺乏经验的二副代为指挥造成的。依据媒体报道,黑兹尔伍德有酗酒史,他的下属和埃克森公司的管理层都知道,而且他本人还因此而被迫接受了一个嗜酒者康复项目的治疗。虽然事后埃克森公司的管理人员解释说,他们并不知道黑兹尔伍德在接受治疗后仍在酗酒,但任用一个有严重酗酒问题的人员来指挥这样的超级油轮,乃说明了埃克森公司的管理层存在着严重的人员管理漏洞。

同时,埃克森公司还存在严重的应急处理的漏洞。依据美国政府的规定,石油公司在运输石油过程中,一旦发生泄漏事故,其清理工作也应由该公司负责。根据规定,阿拉斯加输油管道的管理和质量控制由埃克森公司参股的联营企业阿里斯卡公司负责。埃克森公司为了获得在阿拉斯加地区开发石油的准许权,曾经通过阿里斯卡公司向当地的民众和政府许诺,装备最好的高科技污染控制设备,维持足够的处理油品泄漏所需的给养和设备,以及配备经过专门训练的、随时待命的应急反应队伍,从而消除人们对石油泄漏会对环境、野生动物和当地工业造成巨大影响的担心。然而,事实证明,埃克森公司并没有按照它承诺的那样去做。1987 年,美国联邦政府曾要求阿里斯卡提交一份应急方案,说明其如何处理一起 20 万桶原油泄漏事故。该公司曾经信誓旦旦地表示,如此大规模的原油泄漏事故几乎不可能发生,并承诺一旦发生事故,将启动应急方案,在 5 小时之内将有关的清理设备运抵出事地点。"瓦尔代兹"号油轮泄油事件发生后,埃克森公司以及联营企业阿里斯卡公司毫无准备,措手不及,使得清理工作从一开始就进展不畅。当第一批清理设备运到事故地点的港口时,距事故发生已经超过几个小时,严重丧失了事故初期有效控制原油泄漏的大好时机。

2. 处理不当,反应迟钝。反应速度对于任何一次突发危机而言都是至关重要的因素。原油泄漏事故发生后,埃克森公司迟缓的反应遭到了政府官员和新闻媒体的强烈批评,公司的形象因此严重受损。在漏油事故发生后的几天到几周内,很多问题涌现出来。当时,人们的第一反应是震惊,因为这种灾难性事故在技术如此发达、人们如此关注环保的情况下发生,对所有人来讲都是难以接受的。但是,人们也知道没有哪个行业不存在风险,如果公司能够采取适当的行动并及时与公众沟通事故处理情况,就会赢得人们的理解。当时公众急于想知道的是:公司是否尝试并阻止事故蔓延;是否尽快地采取可能的补救措施;公司对发生的事故是否很在意。埃克森公司既没有做好上述三点,也没有采取适当的措施来表示对事态的关注。例如,没有派高层人员亲临现场,指定危机善后负责人,并与公众进行情感沟通等。人们的期待随即转化为愤怒,进而引发了对埃克森产品的联合抵制运动。

在公众和媒体的强大压力下,公司的高层在事故发生一周后才举行记者招待会,然而,他们讲述的内容与公众从别的渠道得来的消息相矛盾。例如,埃克森公司的发言人说漏油造成的危害很小,而当时的媒体和观察家都认为,危害将是极其严重的。所以,当媒体的报道结束时,舆论的强大压力使得有关利益各方将矛头一致对准了埃克森公司。此时,埃克森公司的名字已经等同于"环境灾难"。

此外,很多人也指责埃克森公司的首席执行官劳伦斯·劳尔在原油泄漏事故后没有及早赶往出事现场。虽然事后接受新闻采访时,劳尔承认他在技术方面不太懂行,亲自前往也起不了多大作用。但是,这也只能说明他本人缺乏应对危机的能力。作为公司的首席执行官他对外代表着企业的形象,如果不能在事发的第一时间赶赴现场,至少他应该出面对公众说明危机的严重性。此外,劳尔先生还应在 24 小时内在纽约总部成立危机管理指挥中心和新闻中心,并建立政府联络办公室,以传达公司所做的努力,寻求政府的支持。遗憾的是,劳尔说的和做的都太少了,也太晚了。

3. 面对危机,推卸责任。漏油事故发生后,埃克森公司的一系列逃避责任的行为和言论激怒了许多消费者。首先,它指责阿拉斯加州政府和美国联邦政府延误清除油污,并试图逃避政府依法对公司所做的高额处罚。面对联邦政府陪审团裁定的 40 亿美元的惩罚性罚金,埃克森公司一再上诉,将法庭判决拖延了 10 多年。其次,事故发生后 10 天,埃克森公司花了 180 万美元在百余家报纸上登广告,对漏油事故道歉,但态度并不诚恳。重要的是,仍然拒绝承认事故责任,企图蒙混过关。对此,《纽约时报》称:"对一些读者而言,这个广告看起来平淡无奇,并未着墨于公众已经提出的有关埃克森公司行为的众多尖锐问题。"《金融世界》也载文指出:"该公司事后不招人喜欢举措之一就是宣布将以经营成本的形式将此事故的相关支出转嫁给消费者。"此外,埃克森公司一再发表与事实不符的公开声明,也显示了其自以为是的侥幸心理和没有自责感的心态。例如,埃克森的发言人称,在该公司自己设定的最后期限到来之前,所有受到污染的海滩的"环境将稳定下来",不会再对鱼类和野生动物造成威胁。另外,公司的一位代表在 9 月份的第一个星期结束后,对清理工作部负责地说:超过 1060 英里的海岸已经得到清理,剩下的危险地带不足 25 英里。但是,阿拉斯加的环保官员经过实地考察发现并不是所有海滩都得到清理,部分岛屿仍然到处是油污。公司的发言人尚且如此,作为公司的首席执行官劳尔先生也错误地估计了事故的后果,他在接受杂志专访时表示,漏油事件并不会对环境造成太大的影响,甚至认为几年后,威廉太子湾就会彻底恢复正常,如同什么也没有发生一样。诸如此类不负责任的言论引发了消费者对埃克森公司的反感和愤怒,各种批评之声不绝于耳。根据一项研究显示,事故发生几年后,还有 54% 的被调查者说他们倾向于不买埃克森公司的产品,本来埃克森公司在《福布斯》的全球 500 强公司榜上排在第 6名,事故发生一年后,即 1990 年,急降到第 110 位。

4. 傲慢无礼,缺乏沟通。漏油事故发生后,埃克森公司拒绝与媒体、公众以及当地政府进行沟通合作。它既不彻底调查事故发生的原因,也未能在事故发生的第一时间采取及时有效地实施清理泄漏的原油,更为恶劣的是,发生了如此严重的环境污染的重大事故,埃克森公司却不向加拿大和美国当地政府道歉,这种傲慢无礼的行为使得事态进一步恶化。最终,引起了社会各方的一致反对,导致企业的形象一落千丈。

三、思考·讨论·训练

1. 比较埃克森公司 1971 年和 1989 年两次面对危机所采取的危机处理策略,为什么会产生截然不同的效果?

2. 在 1989 年危机中,埃克森公司错过了哪些重要的与公众沟通的机会?

3. 请为埃克森公司制定一份正确的危机处理方案。

4. 企业应该怎样应对突发性危机? 请谈谈具体措施有哪些?

案例 5-4 "碧绿液"绝地反弹

一、案例介绍

"碧绿液"是法国生产的一种有着悠久历史的矿泉水品牌,这种品牌的矿泉水远销世界各地,销量非常好,仅在美国年销售额便达到 5.5 亿美元,占美国矿泉水市场的 85%,这可是一笔相当可观的数目。矿泉水在国外不仅仅是用来饮用的,其用途还有很多,因此对矿泉水的质量要求是非常严格的。然而,在 1988 年 2 月,一件令该公司始料不及的事发生了。美国食品及药物管理局宣布,在对"碧绿液"抽样检查中发现产品有超过标准 2~3 倍的致癌物质——苯,长期饮用会危及人的生命。这是一件非同寻常的事情,因为这件事关系到"碧绿液"的命运。

对此,生产"碧绿液"的公司做出了一系列积极反应,首先对事件发生的前因后果进行调查分析。在此基础上制定了工作目标。碧绿液公司所制定的措施,必须要达到其预设的目标:消除世界各地对"碧绿液"的恐惧怀疑心态;制止劣质"碧绿液"矿泉水的进一步销售;通过媒体重新塑造新形象。

为实现这些目标,"碧绿液"公司采取了如下活动:

其一,公司充分利用了媒体,主动向媒体发布了该消息,并且在发布消息的第二天,公司召开了记者招待会,由公司总裁在会上宣布公司将收回 2 月 9 日以后出厂的销往世界各地的全部产品，并就地予以销毁。由此可见，该公司并非采取低调处理态度。他们主动联络对该事件颇感兴趣的新闻媒体，并且不隐瞒事实真相，以实告之，而且是由对这件事的解决最具有发言权的公司总裁来宣布公司的决策。可见，该公司对这一事件是极其重视的。另外，记者们注意到该公司要销毁世界各地的矿泉水，而并非仅是事故发生地美国，且被销毁的矿泉水达1.6亿多瓶，总价值达2亿多法郎，此举足以说明公司很负责地处理这件事的决心，也为公司重新树立形象打下了良好的基础。

其二，公司总裁紧接着以极准确的数字，公开说明事故发生的原因是人为技术事故，没有在净水处理过程及时更换滤水装置，而使滤水能力降低导致苯含量过高。这就排除了水源被污染的不利因素，为再树形象扫清了障碍。公司宣布将会对举世瞩目的水设施全面及时更新，提高滤水能力。也就是说公司绝不会再发生类似事件。

其三，该公司还聘请了医学专家在记者招待会上详细讲解有关苯的知识，让消费者减轻其饮用的顾虑，同时也是为了防止出现对"碧绿液"的盲目抵制。

其四，他们为了尽快恢复市场、巩固地位，发动了大规模的宣传攻势，在"碧绿液"重新上市前，在其主要市场地的报刊上刊登了整版广告。包装瓶商标上，特别印上了很醒目的"新产品"字样，并配有文字说明："出于对新品质的追求和对消费者的尊重，我们加强技术管理以保证其纯度"。新产品的这个标签就是高纯洁度的标记，因此也赢得了世界各地的信赖和再次的青睐。

其五，在危机发生地的美国，公司在广告宣传攻势上更是费尽心机。他们在"碧绿液"矿泉水在美国上市的那天，特意安排了法国驻纽约总领事馆举行"碧绿液"重新投放市场的招待会，并让美国分公司总经理仰首痛饮"碧绿液"的照片首先见诸报纸。一系列的措施，加上强大的舆论宣传攻势，再次征服了美国消费者的心。

信誉危机终于烟消云散，"碧绿液"又成为消费者心中一个响当当的名字，"碧绿液"的销售高潮又卷土重来。

（资料来源：张玉波：《危机管理智囊》，机械工业出版社2003年版）

二、案例分析

企业应当如何处理危机，技巧固然重要，但更重要的是企业对社会、对公众的道义感和良知，以及对自身发展的远见卓识。

当发生突发事件或重大事故的时候，组织的经营处于危机状态中，面临强大的公众舆论压力和危机四伏的社会关系环境，危机处理不当，将会给组织带来不可弥补的重大损失，甚至可能导致组织的失败。危机处理往往需要动员整个组织的力量以及综合运用各种传播媒体，使之成为一种复杂的且特殊的专项活动。"碧绿液"公司注意到了这一点，该公司努力处理好与公众的关系，并且充分利用了传播媒体。

本案例说明重大事件发生后，首先应该运用有效的调查手段，迅速查明情况，判断事件的性质、现状、后果及影响，为制定应对政策及应急措施提供依据。相关部门在处理危机事件时，应遵守以下原则：保持镇定，查明情况；最大限度地平衡企业与公众的利益；真实报道，争取主动；积极善后，稳定各方，控制局势，平息风波，挽回影响。可以说法国的这家公司确实做到了，该公司在事发后并没有乱了阵脚，而是很冷静地分析事故原因，并且主动与媒体沟通，向他们解释整个事件的过程。他们妥善处理了与公众、媒体以及美国事发地的关系。也正因为他们制定了这些原则要求，所以他们最终成功地处理了危机。

处理危机事件的宗旨是："真实传播，挽回影响"。当事件发生后，与该事件有关的人们出于趋利避害的本能，强烈要求了解事件的状况及与自身的关系。如果缺乏可靠的信息，则往往做出最坏的设想来作为自己行动的根据。只有真实、准确地传播，才能获取公众的信任，争取公众的谅解与配合；只有把握舆论的主动权，才可能变不利因素为有利因素，尽快恢复组织的社会声誉。从上面我们可以了解到，处理危机关键在于掌握主动权。法国"碧绿液"公司清楚地认识到了这点，该公司自始至终都采取了主动态度。

三、思考·讨论·训练

1. 结合本案例说说组织遇到危机时的正确态度是什么？
2. 本案例突出说明了公布事实真相的重要性，你觉得这是为什么呢？
3. 试为某组织设计一危机处理计划，确定应该事先准备哪些材料，如何召开记者招待会。

案例 5-5 法斯通公司的轮胎回收案

一、案例介绍

1972 年，在美国成立了消费者产品安全委员会，以加强对生产厂商提供的产品实施的监督，这个委员会成立后，使一些因产品质量问题而引起公众关注的厂商遇到了"麻烦"。

在 20 世纪 70 年代初,法斯通公司向市场售出了 2000 万只 500 型辐射轮胎,其中一些是通过轮胎商出售的,另一些则作为元件装配在汽车上。早在开始使用与出售时,就有一些顾客遇到了意想不到的事故,向公司提出过投诉。出售了两年以后,公司的发展部主任向最高管理部门报告说:辐射式 500 型轮胎的最初设计质量就不过关,这种轮胎在跑了较长的里程以后,轮胎边缘就会开裂。据新闻媒体事后报道,1975 年,公司在它的研究与发展科进行了一些试验,结果用来试验的 46 个轮胎中,大约有一半没有通过政府规定的高速试验和严重磨损试验。政府没有要求法斯通公司就此提供报告,法斯通公司也就得过且过按下不表了。

在 1976～1977 年间,消费者对 500 型轮胎质量问题提出的投诉,在汽车安全中心越积越多,各种数据被转送到国家公路交通安全管理委员会(即公交安管会)。

1977 年 2 月,法斯通公司收回了 40 万个该公司认为特别有问题的 500 型轮胎,这批轮胎出产于 1973～1974 年间,当时 9 个生产 500 型轮胎厂家中的一个在轮胎钢丝网程序上出了问题。但公司坚持说,这些回收来的 500 型轮胎并非质量或安全上有问题,而是顾客使用不当如充气不足所致。公司极力驳斥那种认为轮胎剥离是由于压焊不足而引起的提法。当时的《华尔街》杂志刊登过一篇文章,谈到这个使"轮胎制造商尤其头疼的问题",因为轮胎脱裂往往是在跑了 1.5 万甚至 3 万英里以后才会出现。

对此事,国家公交安管会于 1978 年做出反应,决定由委员会出面对 8.7 万名使用辐射式 500 型轮胎的汽车购买者进行一次调查,了解他们的使用情况。在被调查者中大约有一半的车使用法斯通的轮胎。8.7 万名受调查的汽车主中有 5414 人对调查做出反应,这其中有 1971 人报告说他们的轮胎有这样那样的问题,如轮胎开裂、胎面剥离、轮胎变形等。这 1971 人中的 46.4% 对法斯通公司提出了指责和批评。公交安管会制定了计划,准备将他们的调查结果公之于众。

法斯通的法律顾问指责这个调查是"靠不住的"、"不准确的",并在克利夫兰的美国地区法院提出上诉,要求禁止将这一调查结果公之于众。法官批准了法斯通的请求,颁布了禁令。

法庭的这一行动以及围绕这一行动的种种做法,引起了全国机动车消费者与新闻媒体的注意,就像是一种条件反射,那些感兴趣的媒体立即提出诘问:法斯通为什么"拉起吊桥"?法斯通究竟想掩盖什么?

　　不论怎样，旁观者自然会得出这样一些推论：调查结果将给法斯通的市场带来灾难性的打击。事实上，法斯通的轮胎销售量已在下降；另一种推断估计，轮胎的全面回收将耗费法斯通及其股票持有者1.5亿～2.3亿美元；还有一种解释是法斯通这一时期出现了少有的亏损。一个不可忽视的情况是，在公交安管会掌握的材料中，牵涉到1.4万宗辐射式轮胎所引起的事故，其中29人死亡，50人受伤，数以百计的车辆蒙受损失。

　　1978年3月，汽车安全中心将调查结果搞到手并披露给新闻界，一家杂志公布了这份报告，使之成为众所周知的事实。这个中心向新闻界解释说：他们依据情报自由法向公交安管会索取有关材料，这份关于法斯通的调查报告不知怎的夹在其中了。

　　联邦法官对于披露调查结果一事进行了严厉的指责，并就法斯通一案传唤交通部部长，公交安管会会长及负责调查的官员到庭，指控他们蔑视法庭的裁决。

　　1978年8月，交通部在华盛顿举行意见听取会，两家联邦机构和一个国会下属的监督与调查委员会参与了调查。

　　使事情更加不利的是新闻界的介入，新闻界发表了各种各样的评论和文章，对此进行推测和评论，以下摘录的是其中极小的一部分：

　　法斯通由于不能明确地表达他们的观点和立场而受到损害……他们错误地估计了公众与政府的反应。

　　今天一家公司的成功与否，不只是在于它如何生产并推销自己的产品，还在于公众如何看待它。

　　法斯通的名字已经在法庭上、国家意见听取会上以及报纸广播中被玷污了。

　　法斯通试图阻止公布调查结果的做法，只能是搬起石头砸自己的脚。

　　在新闻宣传上做手脚，只能是自作自受。

　　法斯通轮胎与轮胎橡胶公司开始了一场将成为历史上最昂贵的产品回收运动。

　　新闻界指出，法斯通正在掩藏他们有问题的轮胎的证据。

　　《灯塔》杂志向法斯通公司提出了4个具体问题，而公司的公共关系部主任却只做了一个笼统的回答而没有答复所有的问题。

　　法斯通的公关人员应该回收提交国家公路交通安全管理委员会的材料说明，法斯通公司是知道他们的轮胎有严重问题的。但是，公司的公关主任却一再向新闻界声明说轮胎毫无问题，甚至还说轮胎的问题是因为消费公众对轮胎保养不善而造成的。

这些新闻报道的势头一上来就对法斯通不利，而法斯通却没有通过大众传播媒体采取有力措施与反面的新闻报道抗衡，以向广大公众证明法斯通是通情达理的。在职业观察家们眼里，法斯通所采取的态度似乎是一味地寻求法律解决。

当然，法斯通也做了许多沟通工作，不仅仅与政府方面的批评者打交道，也注意利用有控制的内部信息媒体将公司的观点和立场传递给公众。下面列举的是在争议最激烈的时候，法斯通公司发出的各种材料中的一部分，其中包括了讲话、信件、印刷文件、新闻稿、职工刊物文章，新闻报道的复印件以及产品回收广告等。

1978 年 5 月，副总经理与总顾问在国会下属的监督与调查委员会所作的发言。

1978 年 6～7 月，法斯通职工刊物文章——《我们的立场》；刊登在给股东分红通知上的文章——《政府的指控是没有道理的》；职工刊物上的文章——《回收无理》。

1978 年 8 月，法斯通在国家公路交通安全管理委员会上所作的声明；给全体职工的信，以提高他们在遇到挑战时的自尊与自信。

1978 年 12 月，职工出版物文章——《就回收的细节达成了协议》；发给推销商们的对回收计划细节的解释；就与国家公交安管会达成的最后协议致全体职工信；消费者回收信息手册；回收广告。

1979 年 8 月，新闻稿——《法斯通已经替换了 310 多万个轮胎》；各个时期给消费者与推销商的信件；两篇新闻稿的复印件，一篇为《轮胎专家说美国缺乏关于法斯通 500 型轮胎有质量问题的证明》，另一篇为《500 型轮胎顺利通过 1976 年的试验检验》；回答具体的消费者意见的信件。

法斯通公司的公共关系部主任弗雷泽尔先生提出了一个在公关领域值得讨论的问题：一个公司为了赢得"实事求是"、"为公众利益着想"的名声，就一定要对批评者投降，并在没有根据的攻击面前放弃为自己辩护吗？当然，法斯通公司最终"投降"了。对此，弗雷泽尔先生说，随着对令人怀疑的公交安管会调查的争执的发展，国家公交安管会、消费者团体、新闻界与法斯通公司变得越来越两极对立。他继续说，今天的新闻报道能够在人们的心目中制造一种强烈的印象，似乎产品回收的合理性是不容置疑的，根据十足的，余下来的事只是法斯通什么时间投降了。

他说，在1978年那个漫长的夏天里，法斯通慢慢地意识到，不管公司最终将在法律的法庭上如何获胜，它却明显地正在公众舆论的法庭上失势。正是这一意识促使公司在8月底做出了产品回收的决定。

法斯通公司于1978年10月主动开始了轮胎回收。10个月以后，他们再次发布广告，提请消费者注意，及时参与轮胎更换的活动。在广告的标题下用黑体字醒目地表明了公司的态度：我们需要你们的帮助。

"1978年10月，法斯通公司与国家公交安管会共同宣布了对某些法斯通辐射式500型轮胎回收运动的开始。这场回收运动已经开展4个月了，我们在尽我们的所能来完成对此类轮胎的全面回收。"

"然而，我们无力独立完成这件事，只是你们将轮胎送来，我们才能对它们进行更换。"

"我们再一次发布这个广告，以提醒那些可能还在使用属于更换范围轮胎的驾驶员，你们应该尽快将轮胎送来更换，使我们能够完成我们的回收工作。"

"我们需要你们的帮助和合作。我们强烈要求你们，我们恳求你们，现在就将属于回收范围的轮胎送来更换，并检查一下你们的备用轮胎，它也许也在被回收之列。"

广告的正文详细地说明了轮胎回收的背景及型号，注明有两种轮胎完全免费更换，包括轮胎的拆装。广告附有图表，详细介绍如何辨识应被回收的轮胎。用户可将胎面的花纹与广告上所附的图案相比较，也可以从购买的日期来判断；若这两者都不能肯定，还可以检查轮胎侧面所印的号码，号码最后3个数字代表着轮胎出厂的年份和周数。如最后3位号码为355，它的意思就是1975年第35周出厂。假如这样还不能做出判断，则可以到附近的法斯通轮胎推销商或商店里去求助，那里每个人都会乐意相助。回收广告还详尽地向消费者解释了更换轮胎的时间地点，以及所需花费的时间和可供选择的新的轮胎型号。广告的结束语是这样的：

"正如你们可能想象到的，这次轮胎回收更换工作是一项巨大的工程。这需要我们付出巨大的劳动。我们确实是这样做了。我们是把在我们的工厂里生产轮胎，在我们的商店与销售点更换轮胎作为首要的工作来完成的。这场回收运动还得到了公司以外的许多单位与个人的合作，其中包括国家公路交通安全管理委员会，全国各地的消费者组织和团体，我们忠诚的推销商以及他们的职工，当然，还有我们所有的顾客，有了你们的大力协助，我们将继续努力。完成这项任务，这是我们给你们的保证，我们宝贵的顾客。"

　　到 1979 年年底，法斯通回收的 500 型轮胎大约有 300 万只，在整个回收运动中，法斯通回收了近 800 万只 500 型轮胎。到 1984 年，仍然还在使用的 500 型轮胎已经寥寥无几了。

　　（资料来源：李温：《中外公共关系案例分析》，大连理工大学出版社 1992 年版；奎军：《公关经典 100》，广州出版社 1998 年版）

二、案例分析

　　法斯通轮胎回收案向我们提供了一个企业如果放弃积极的公共关系工作时机，而在社会舆论的压力下被动地采取挽救措施的反面案例。

　　依照危机管理的原则，对待危机事件的基本态度应该是"未雨绸缪"，以防为上，争取主动。但法斯通公司对此采取得过且过的态度。据案例中介绍："早在开始使用与出售时，就有一些顾客遇到了意想不到的事故，向公司提出过投诉"，"出售两年后，公司的发展部主任又向最高管理部门报告了设计质量问题"。这个时候，本该引起注意，检查自己的工作，提高产品质量，以防止更大的问题发生，但法斯通公司却自得于"政府没有要求法斯通就此提供报告"，而得过且过按下不表了。

　　当轮胎质量问题引起消费者的关注并导致政府机构采取行动时，法斯通公司本该对此做出积极反应，坚持"真实至上"的危机处理原则，及时向公众说明真相并采取补救措施，回收有问题的轮胎，但这一时机又被法斯通公司错过了。他们竟设法阻止将调查结果公之于众，这就进一步将事态扩大，引起了更大范围内的消费者与新闻媒体的注意。

　　虽然法斯通力图掩盖调查结果，但却相反引起各种推测和评论，新闻媒体参与此事的报道后，事态对法斯通更加不利。这时法斯通公司公关工作的更大失误在于没有采取有力措施，通过大众传播媒体与不利的新闻报道抗衡，而只是力图通过法律程序寻求解决问题的途径，这样就在舆论上失去了优势。

　　总之，法斯通公司本可以减少甚至避免回收造成的损失，但由于它面对危机事件采取了错误的决策，延误了时机，使其陷入了被动，其教训是深刻的。无疑此案例是国内有类似反公关行为的企业的前车之鉴。

三、思考·讨论·训练

　　1. 走法律程序是否是解决法斯通公司问题的唯一手段？

2. 如果能够在法庭上获胜是否可以不顾舆论？

3. 法斯通公司违背了哪些公共关系原则？

案例 5 - 6　日航与"全日空"危机

一、案例介绍

2001 年 1 月 27 日，90 多名中国乘客与其他国家和地区的乘客一起登上了日航 JL782 航班。按照原计划，飞机将于 18 时降落在日本东京成田国际机场，之后，这些中国客人将分别转机，飞赴美国、加拿大、巴西等地。需要说明的是，这张日航机票的费用包含了客人在东京转机时，一个晚上的住宿及饮食费用，他们所持的过境签证与机票是允许在日本国内（机场之外）停留 72 小时的。

由于东京下起了大雪，JL782 航班在飞抵东京后没有降落，而是通知说将飞往大阪，同时说明日本航空公司会妥善解决转机问题。20 时，JL782 航班飞抵大阪，飞机广播告诉乘客请在机上耐心等待，乘客不可以走下飞机。飞机上既无食品供应，又不允许乘客下飞机，乘客只能在饥饿中等待。当时因天气原因紧急降落大阪机场的飞机大约有 18 架，眼看着其他飞机上的客人被一批批地接走，JL782 航班却没有动静。而事实上该航班头等舱的客人这时已经被陆续地接下了飞机，并得到了妥善安排。

22 时左右，日航开始将 JL782 航班上经济舱内的日本客人和西方客人接走，并向每个日本客人提供了 2 万日元，让其自己乘火车返回东京，而中国旅客依然被要求"耐心等待"，无人理睬。

已过 23 时，90 多名中国乘客终于被允许走下飞机，并得到"妥善安排"的许诺，在日航一位空姐的带领下，他们进入大阪机场的一个大厅，厅内没有一张可供乘客休息的坐椅，日航小姐在把中国旅客带入大厅后说了句"地勤人员会安排你们的"，然后就消失了。当中国乘客向大厅内唯一的日方值班人员提出解决暂时的食宿问题时，这个日本人的态度很无礼，他说他什么也管不了、什么也不能解决。最让来自中国乘客气愤和不能容忍的是，当这位日本人发现在这批人当中还有被"遗漏下"的两个金发碧眼的洋人后，很客气地将他们放行了，随后在查验护照时，4 个来自中国台湾的客人也被允许放行，而持中华人民共和国护照者则一律不许离开！

1 月 28 日凌晨，中国旅客的情况已经十分糟糕，十几个小时中人们还未吃饭、饮水和休息，尤其是老人和儿童更是在艰难中等待，手机在日本又不能用，而当时大厅内没有一个电话，中国乘客完全与外界失去联系。此时，当中国旅客手持签证告诉日本官员他们有权离开机场，他们能在日本过境停留的时间是 72 小时，这位日本人再次做出了"听不懂"英语的模样，但他可以用英语说出"不能离开"。情况一直持续到 28 日凌晨 3 时多，中国旅客终于被带到大厅楼上的一个地方，每人得到一小块三明治，依然没有饮用水。28 日上午，日本航空公司的人员出现，答复说将在中午 12 时飞回东京，依然没有食品提供。

1 月 28 日 13 时，飞机飞抵东京成田机场。愤怒的中国乘客找到了日航办事处，将他们到美国后的电话、传真、手机号等留下了，日航方面表示将会把这次事件的情况报告上司，给客人们一个满意的答复，但是，他们在美国期间从未接到日本航空公司的任何回复。

这些 JL782 航班乘客回国后，起草了一份由全体中国乘客签字的《委托书》，其内容是：日航将旅客长时间滞留，并且置之不理，连基本的饮食与休息条件都不予提供，严重伤害了乘客的身体健康，这是对基本人权的漠视。况且旅客的机票内已经包括了在东京一晚的食宿，日航严重违约。最让中国乘客不能接受的是，日航在此次事件中的种族歧视行为、日本大阪机场的值班人员存在的地区歧视。JL782 航班上的西方乘客和日本乘客全部得到了妥善安置，唯独对中国客人不予理睬，拒绝持中华人民共和国护照的人过境，造成他们在 24 时内无法得到应有的食宿，得不到最基本的生存、休息条件，这是对中国公民人身、精神权利的粗暴践踏。现委托李浩先生、李金秋女士为代表，在天津提起诉讼，向日航索赔损失。

2 月 14 日，日航天津支店店长接受《中华工商时报》记者采访，表示"这一定是个误会，乘客对日航是误解了"。他们会尽快向总部汇报，将关于此事的调查情况尽早向中国公众回复。

2 月 15 日，中国消费者协会表示愿意介入此事，帮助中国乘客维护权益。

2 月 17 日，回到国内的 63 名中国乘客向中国消费者协会递交了一份集体签名的投诉书，指出日航"严重侵犯了中国乘客的基本权利"，要求赔偿精神损失每人 1000 万日元。从此，中国乘客开始了对日本航空公司长达 6 个月的索赔历程，而日航在此期间也连续向中国消费者协会递交过三份调查报告，从而引发了日航危机风波。

一直对中国乘客的投诉不予理睬的日航公司在得知《中华工商时报》将此事披露后，即与乘客取得联系。2 月 16 日，首次与李浩等乘客见面。当晚，日航总部就将一份"情况说明"传给了《中华工商时报》等相关媒体，否认乘客所有的指责，再度引起乘客强烈不满。

2月19日，起诉日航公司的律师团成立，中国乘客代表李浩正式向中消协递交投诉书，要求日航公开赔礼道歉，并组织律师团，准备起诉日航。

2月20日，日航北京办事处首席代表到中国消费者协会表示，日航不存在种族歧视，愿意就服务问题表示歉意，并将继续对此事件进行调查。针对"日航事件"中中国乘客关于日航"违反了国际航空条约"的指责，日航在给乘客和媒体的"说明"中表示："根据国际条约而制定的日航的'约款'中规定：因气象原因发生迂回情况时，仅向旅客返还机票中未使用部分的票款及手续费，日航不承担其他一切责任。因此，我公司认为，没有提供住宿和就餐的法定义务。"日航承认："一般地说，日航会为当日不能转机的旅客提供一晚免费住宿及免费早餐。"但是，"因天气等不可抗力的原因，造成航班转降其他机场的情况发生时，所造成的损失，不应由航空公司承担。"日航称，已尽最大的努力公平对待了所有乘客。

2月23日，《北京晚报》报道，外交部发言人朱邦造在例行记者招待会上就中国乘客受到日航不公正待遇一事回答了记者的提问。他说："我们对日本航空公司在对待中国乘客时的所作所为表示关注，我们注意到日航当局表示将对此事进行全面调查，希望日航当局尽快本着认真、负责的态度，做出圆满处理，不要拖延。"

2月25日，日航发表公开信，向乘客道歉，但中国乘客认为其内容没有诚意，拒绝接受。之后，日航又向乘客提交了对此事件的调查报告，乘客仍认为不能接受。期间，日航的律师王晓滨先生表示，日航非常重视中国外交部对于日航的关注和希望，一定会尽最大努力争取圆满解决此事。同时，王先生还透露，日航将有一些新的决定出台面对乘客和媒体，现在正等待日航总部的最后确认。

3月12日，在日航递交报告过程中，中消协负责人一直试图和中国乘客代表及日航方面沟通，希望能圆满解决此事，但调解远非那么简单。中消协有关负责人在和乘客代表商谈中强调，他所安排的双方协调，前提必须是日航方面有诚意，双方在事实认定上有一些基础，否则，中消协不予安排日航和乘客沟通的机会。同时，中消协敬告日航方面，不能无休止地停留在事实调查方面，日航应尽快有一个结论。

经过日航方面数次出具调查报告和中国消费者协会、新闻媒体的努力，2001年3月12日和5月21日召开了两次座谈会，专家就此进行论证，为解决纠纷出谋划策，专家对事件的定性一致为服务纠纷，而不是什么民族歧视。这一准确定性坚定了双方和解的信心：只要有一线希望，都不放弃任何和解的可能。

6月28日，乘客代表李浩向媒体声称：日航主动认错，乘客同意和解。

7月29日，中日双方签署和解协议书，"日航"事件终于尘埃落定。日航方面表示，此次事件后，日航成立了十几人的专门调查委员会，对当时的所有环节进行了查实，检验紧急情况发生后应急的做法，找到了不足，并着手改进，包括：采取措施，花两年时间对整个公司员工进行培训；增加日航航班上中国乘务员的人数，北京航线上中国籍的乘务员由2名增加为3名，上海航线上由3名增加到4名；变更开水热饭的供应，在机场增加了食品的储备量；增加毛毯的供应，关西机场达到1000条，成田机场增加到2000条。此外，就乘客意见较多的指示牌、示意图，日航准备制作，并请机场方面增加中文标志；机场内还备有2000张能打国际长途的电话卡；紧急情况发生时，为便于疏散旅客，安排住宿，准备了紧急对应袋，内装情况说明书、地图、地面交通时刻表、饭店地址及电话卡。

7月30日，日航总裁在人民大会堂向中国乘客道歉、赔偿，面向广大媒体郑重承诺，日航将真诚地以此次事件为教训，努力改善服务质量，为中国乘客提供更多的方便，为两国人民的友好做出应有的努力。在庆祝日航风波圆满解决的恳谈会上，日航总裁虽然没有使用"道歉"一词，但他一再对乘客和双方律师，特别是中国社会各界所致的"道谢"，确有使人感到"更上一层楼"的意味，一位记者用简·奥斯汀的两部小说名字来评价"日航"事件的整个过程，开始是"傲慢与偏见"，结束是"理智与情感"，不无道理。

同样是服务问题，同样是日本航空公司，与日航危机几乎同时发生的全日空危机风波，历经风雨之后的结果却很耐人寻味。

2001年1月1日，华中科技大学刘良博士等4位中国乘客，在日本成田机场转乘"全日空"航班回京，预定北京时间13时35分抵达目的地。快到北京上空时，因北京有沙尘天气无法降落，飞机又在当地时间16时许返回成田机场。下机后，"全日空"工作人员表示可以联系住宿，但对乘客提出的安置费用则闭口不谈。这时，航班上大多数当地乘客纷纷先行离去，只剩下刘良等4名持"全日空"全程机票的中国乘客，以及12名美国西北航空公司因晚点而转乘全日空航班的中国乘客。大家多次根据国际航空条例向"全日空"交涉，希望航空公司负责一切安排及费用，但对方始终拒绝。至20时30分左右，美国西北航空公司代表处接走了那12名乘客并表示免费安排食宿交通。而2名"全日空"员工不顾刘良等的抗议，径自离去，把刘良等4人丢在机场不管。刘良找到"全日空"的柜台要求安排食宿，柜台小姐请示上级后予以回绝。

回国后 10 天左右，刘良就向"全日空"北京代表处反映，但对方无任何表示。"日航"事件的良性发展，再次燃起刘良等 4 人的希望之光。刘良对媒体表示，他们准备向消协反映并诉诸法律，目的有两个：一是讨回中国消费者的公道，再就是希望借此触动日本的航空企业从这些事上吸取教训，改进他们自身的工作。

期间有这样一个插曲，"全日空"北京代表处一位女士在接受媒体采访时说："全日空北京代表处没有接到类似的投诉电话，我们也已经把此事反馈到日本，东京成田机场已经开始调查此事。"刘良却对媒体说："我当时打电话到'全日空'北京代表处时没有说自己的名字，只是把情况向他们反映了，希望他们对中国消费者有一个交代。'全日空'北京代表处在电话里对我的答复是：根据航协的规定，因天气原因而引起的类似情况航空公司不负责免费安排食宿交通，并建议我向其他航空公司询问一下。"刘良表示："如果需要的话，我可以到电信局查一下当时的通话记录来证明我打过电话。"

3 月 1 日，"全日空"北京办事处给有关报社发来传真函件（中文两份、日文一份），中文题为《2001 年 1 月 1 日全日空 NH905 航班因天气原因造成返航的说明》，与不久前的日航给有关媒体的答复如出一辙。"全日空"称："根据国际旅客运送条款第 11 条的规定，由不可抗力（如天气）原因造成飞机延误或取消，航空公司没有义务承担食宿等费用。我们正是按照这种国际通常的做法来做的，我们认为其他航空公司也会这样处理。"记者向刘良等 4 人通报"全日空"对媒体的答复后，他们一致认为"全日空"没有诚意，并表示一定要找消协和有关法律机构协助，向"全日空"讨回公道。

3 月 4 日，刘良代表另 3 名消费者正式向湖北省消费者委员会递交了《关于"全日空"侵害消费者权益的投诉》，要求"全日空"公开赔礼道歉，承诺今后改进服务，并赔偿经济损失。湖北省消委副秘书长代表湖北省消费者委员会正式受理了刘良等人的投诉，表示"作为同胞，我们对刘良等 4 位'难友'的遭遇深表同情，一定会尽快办理这一投诉。我们会与全国消费者协会联系协商。如果达成一致意见，后天我们就会直接派人上京，送呈刘良的投诉材料。"此前，刘良等人的遭遇经披露后，引起了较大的反响，一些律师表示，愿意全程免费为刘良等人打官司。

经中国消费者协会、湖北省消费者委员会持续 4 个多月的积极调解，"全日空"最终表现出诚意，与刘良等 4 位中国消费者达成协议。2001 年 7 月 19

日，"全日空"北京办事处代表专程来武汉，当着众多新闻媒体向刘良等消费者致歉，并给予消费者一定的经济补偿，向中国消协、湖北省消委致歉，并面呈致歉书。"全日空"致歉说，因对不可抗力导致飞机停班时，航空公司对乘客的住宿费不承担义务的规定没有对客户进行充分说明，从而导致4名中国消费者在成田机场的不愉快经历和遭遇，深表歉意。对此调解，刘良表示满意，并代表其他3位消费者接受"全日空"致歉，也希望企业切实把消费者当成"上帝"，提高服务质量。

然而，还是好事多磨。根据天津有关新闻媒体报道，"全日空"并没有因此改变自己的服务措施，2001年8月21日又有3名天津乘客遭遇了刘良等人相同的"全日空"服务。

8月21日，蔡琪等3名中国乘客购买了8月16日从北京飞往关岛的往返机票，航程中需要在大阪转机。当准备乘坐"全日空"的航班从关岛转道大阪回国时，被"全日空"告知大阪有台风，航班需改道东京再回天津。蔡琪等3名中国乘客因没有日本签证，"全日空"方面称没有签证无法登机，也不予退机票，解决方法只有乘坐3天后的下一个航班，而3天中的食宿需自行解决。另两名中国乘客只得将机票作废，换机回国，蔡琪则在机场附近一家旅店住下，8月24日，蔡琪继续乘坐"全日空"航班回国。

9月8日，蔡琪与"全日空"的代表进行了双方的第一次接触，"全日空"方面以"不得进入私人房间"的理由拒绝了新闻媒体的采访。会谈时间大约持续了2个小时，双方在没有达成任何协议的情况下结束了会谈。据蔡先生介绍，"全日空"方面根本没有诚意解决问题，在陈述关岛事件事情经过时，总是有推卸责任之嫌，而且有些事实的认定与他的经历出入很大。如称当时"全日空"没有拒绝3名中国乘客登机经东京转机，而是说"建议不去东京成田机场"。蔡先生认为，当时如果没有强制他们不许登机，谁会在关岛多等3天呢？由此可知"全日空"方面对事实的认定是不尊重事实真相的，在对方如此缺乏诚意的情况下再谈下去显然没有什么意义。蔡先生表示，不会有任何情况可以阻止他将这件事进行到底，他将为自己的尊严而战。

（资料来源：张玉波：《危机管理智囊》，机械工业出版社2003年版）

二、案例分析

"日航"事件是国内近年来得以圆满解决的屈指可数的成功案例之一，尤其是日本航空公司采取了对双方而言都皆大欢喜的和解方式，更是值得我们关注其成功的经验与教训。走出危机、重建辉煌是每一个身处危机不能自拔的企业梦寐以求的事情，采取什么措施可以使得危机的噩梦结束得更快些呢？

首先，与中国消费者协会等有关机构的沟通，为危机的解决奠定良好的基础。日航危机的出现，恰逢三菱公司、东芝笔记本电脑等危机事件之后，也正值中国消费者对日本产品与服务强烈攻击之时，可谓舆论环境最差之时。此时，危机处理就需要足够的真诚并付出巨大的努力，真诚需要表现出对事件解决的足够诚意，不是虚情假意的；努力体现在重建措施上的到位，对事件的解决是真正有帮助的。因而，争取中国政府机构的支持是必不可少的，尤其是争取消费者投诉的仲裁机构——中国消费者协会的支持与信任是尤为重要的，毕竟作为一个国际服务性公司争取所在国的相关权威机构支持是个强有力的砝码。从现实运作过程来看，日航的努力还是有回报的。据中国消费者协会官员的说法，在进行投诉定性时，就没有把它看成是民族歧视，而是一个经营者和消费者之间的矛盾，解决这个矛盾的依据仍然是以中国消费者权益保护法和国际公约为准。由此，日本航空公司避免了陷入"日货危机"的泥沼，为危机化解开了一个好头。

其次，日航承认错误，加强沟通，袒露真诚，终于达成与中国消费者的和解。日航事件的发展进程很有戏剧性，前面波澜起伏，后面风平浪静，让人直观地感受到企业理念与服务态度在危机管理中的作用所在。起初，尽管日本航空公司数次出具调查报告，但都收效甚微，原因之一就是企业的态度不是坦诚的，对核心问题采取回避措施。最终，日本航空公司还是不得不表示，此次事件是由于日航应对紧急情况措施不力，对乘客服务以及解释和投诉工作的不周，与中国乘客主动沟通不够造成的。中国乘客则表示，作为中国乘客我们为我们的行为和努力而感到骄傲，同时我们也赞扬日航为解决问题、改正缺点所表现出的勇气。正是由于中日双方都拿出了诚意，成熟而客观地面对问题，才使日航风波得以圆满解决。姿态改变了，效果也变了，和解成为双方皆大欢喜的结局，尽管日本航空公司付出的代价颇高，但有什么会比庞大的市场前景更有吸引力呢？同时，新闻媒体对此也进行了大量的跟踪报道，使和解的新闻效应迅速扩大化，无形中为日本航空公司提升了形象声誉。

再次，坚持非诉调节，进行个别的深入沟通，形成"双赢"结果。这次"日航"事件之所以能和解，调解人在其中起了很大的作用，这也是日航的聪明之处。从有利于双方当事人的角度看，非诉调解应该是一种优先选择，双方纠纷当事人在不损害公共利益的前提下，通过平等协商，按照自治处置自身权益，达成和解，有利于免除一旦投入诉讼需要承受的经济、精力、时间等方面的负担，同时也有利于和解协议内容的顺利执行。"和为贵"，是我国文化传统中一个重要的哲学命题，也是现代社会生活应提倡的一种人际境界。在和解过程中，其一，要注意"己所不欲，勿施于人"，即承认对方，平等对待。应该认为双方是平等的，在权利义务的关系上是平等的，否则无法调解。其二，双方在"讲理"之前，先讲"礼"，以礼相待。无论企业受到多大的委屈，也不能采取报复的功利方法，你伤了我，我必伤你。一旦发生冲突，双方先有情绪上的激化，然后导致理智上的降低，因此应当以礼貌、礼仪使双方在情绪上平静下来。重要的是在利害关系上求同存异，双方得到的是最大的利益，即"双赢"的结果。在纠纷解决过程中，日航的高姿态加深了与中国乘客的交流，重新取得了中国乘客的谅解和信任，这是日航的宝贵收获。"吃一堑，长一智"，关键是企业要在危机之后把问题的根源弄清楚，把管理的漏洞堵上，把服务的质量提高上去，这是危机重建的关键所在。日本航空公司采取利用中国空中小姐为中国顾客服务的弥补性服务措施以提高为顾客服务的质量，充分体现了国际大公司善于改进不足的良好风度和"以人为本"的服务原则，事实上这也是赢得中国公众信赖的一个途径。

最后，提供具体翔实的调查报告，争取媒体的公正报道。在"日航"事件中，最先点火的是媒体，最先拔高的是媒体，最先泼冷水的是媒体，最后形成和解也靠媒体。开始，日航几次出具调查报告，但都是对事实真相遮遮掩掩，缺乏实质性的赔偿或赔礼道歉条款与行动，招来中国消费者的极大愤慨，以致导致危机一拖就达半年之久。一个原因在于，日航没有了解中国消费者的内在需求——赔礼道歉与赔偿，以及航空公司并没有认识到自己的错误，而是一味地回避、推卸责任。而最终促使媒体态度转变的因素主要有两个：一是日航的调查报告逐步趋向具体翔实，记者对事实了解得越多就越清楚地认识到，这是一个商业纠纷，从而使此前一段时间内广为炒作的民族歧视问题得以尘埃落地，这也为日航降低了危机处理的难度，避免了引起国内更大舆论的压力。二是媒体自律起了很大作用。日航积极争取新闻媒体的谅解与支持，2001年"3·15"之前，部分媒体老总在一起开了一个座谈会，对"日航"风波取得了共识，从此以后，舆论开始转向冷静客观，这就为日航与消费者之间取得和解奠定了良好的舆论氛围。

因此可以说，要挽救危机中的企业形象，在企业、受害者和社会公众等三方面利益协调一致的前提下，进行成功的危机处理是首要任务。遵循"顾客至上"的基本原则，坦诚地承认自己的错误，虚心接受公众的批评，并有积极的挽救或改进措施，达到企业、受害者和社会公众的沟通理解，化解彼此间的误解或敌意，再建企业与公众之间的信任关系。可以说，危机处理的成败很大成分是源于危机传播的成功与否，而日航危机的化解也正说明了这一点。

在日航危机顺利化解的背景下，"全日空"的推诿只能导致自身备受谴责，正是企业的不负责任才使得新闻媒体一味地"痛打落水狗"，使得新闻媒体对企业的一举一动、任何一点小疏漏倍加关注，肆意渲染。可以这么说，当企业采取故意拖延企图不了了之的时候，或者不思悔改、没有切实改进措施的时候，往往是危机恶化的开端，这也为新闻炒作提供了合法的理由，这是企业应该警惕的。

面对危机，"全日空"必须学会汲取日航成功处理危机的基本经验！

三、思考·讨论·训练

1. 日航公司的危机处理对我们有哪些启示？
2. 如果你是"全日空"的危机处理人员，你将如何处理这场危机？
3. "全日空"应该汲取日航哪些经验以处理自身所遇到的危机。

案例 5-7 婴儿之死引发的故事

一、案例介绍

1997 年 6 月 12 日深夜，一阵急促的电话铃声将杭州未来食品公司的总经理蒋敏德从睡梦中惊醒。电话来自四川省内江市的一个推销商："出事了！内江市有一位出生仅 3 个月的婴儿中毒身亡，死前婴儿曾食用 4 个厂家生产的婴儿食品，其中就有咱们公司生产的'未来牌营养米粉'。婴儿的父母怀疑孩子的死与这些食品有关，已经投诉到了内江市卫生防疫站。"

获此消息，蒋敏德感到非常震惊，但他很快告诉自己，此时必须"镇定，镇定，再镇定"，弄清事实后再快速做出反应。于是，他略加思索后对推销商指示道："不要慌！你立即把我们的产品送到内江市卫生防疫站，供他们检测，并代我向死者的家属表示安慰，我会尽快赶到内江来处理此事。"

6 月 13 日上午，蒋敏德召开公司管理层大会，会上他通报了内江市发生婴儿中毒的事件。他说："消费者买我们的产品，就是对我们的信任。虽然我们深信自己的产品绝不会出现质量问题，但是，我们必须重视这件事，不能小看这件重，毕竟四川是我们的命根子，我们企业的产品将近一半是在四川省销售的，好不容易树立起来的产品形象不能因这件事而受损害，好不容易建立起来的市场不能因此而丧失殆尽！"最后决定：首先弄清楚事实，不管事件责任在谁，都要自始至终用真诚融化受害者的愤怒之情，用真心的帮助和慰问去化解矛盾。同时决定，由蒋敏德总经理亲自带领有关人员赶赴四川省内江市处理这一事件。

但是，杭州当天没有飞往四川的航班。为了不浪费时间，尽快赶到事发现场，当天晚上他们转道上海虹桥机场。6月14日清晨7时，蒋敏德一行登上了飞往四川成都的飞机。

6月14日下午2时，蒋敏德在推销商杨彬的陪同下，来到内江市卫生防疫站了解情况。蒋敏德希望卫生防疫站能尽快检测未来公司的产品，并做出以下表态：

第一，如果"未来"的产品真有质量问题，企业绝不推卸责任。

第二，即使"未来"的产品没有质量问题，但是死者的家属曾购买过自己的产品，也就是对自己企业的信任，企业有责任帮助他们。

第三，希望防疫站的工作人员能带领他去死者的家中探访。

下午3点，蒋敏德和市防疫站产品卫生监督科的吴小川及推销商杨彬一起来到了那个正沉浸在伤痛中的家庭。蒋敏德目睹了家人的悲哀气氛，不禁热泪盈眶，他手抚婴儿照片，站在那对夫妇面前，深深地鞠了两个躬，随即取出4000元现金，哽咽着说："请收下吧，我为你们的不幸悲痛，这是我们的一点心意。因为你们是我们公司的顾客，婴儿是我们公司产品的消费者，我们感谢你们对我们公司的信任。但这绝不是抚恤和赔偿，如果孩子的死与产品有关，我公司一定按有关法律加倍赔偿。"当泣不成声的老奶奶从门外走进来时，蒋总又掏出2000元交到了老人手上。临行前，蒋敏德再次对那对夫妇致以亲切的慰问，并郑重许下诺言："节哀保重，早生贵子，我们公司将承担把你们的子女培养成大学生的责任。"

蒋敏德的言行不仅感动了那对夫妇和亲友，也使陪同其一起来的防疫站的吴小川和推销商杨彬感动不已。吴小川称："在产品质量检测结果还没有出来前，一个企业能如此敢于承担责任，至今，我还是第一次看到。"

其实，婴儿中毒身亡的消息早已在内江市民中不胫而走，并被炒得沸沸扬扬，厂家的一言一行自然成为市民关注的焦点。在这次危机事件的4个涉嫌生产企业中，杭州未来则是第一个来到出事地点的，且是总经理亲自带领有关人员来处理的。

三天来，以蒋敏德为首的杭州未来食品公司的有关工作人员在内江市的一言一行早已在市民中间广为传颂，企业的知名度和美誉度更是以前所未有的速度在当地大幅攀升。几天后，内江市防疫站给杭州未来食品公司打来电话："4家企业生产的婴儿食品经检测均没有质量问题，婴儿中毒与食品质量无关。"

至此，杭州未来食品有限公司遭遇的这场"婴儿中毒身亡"事件按理说应该画上句号了。然而，在蒋敏德的心中仍有一块心病没有得到解决，那就是公司想在内江设立分厂的希望尚未得以实现。

原本，近年来，杭州未来食品公司在对四川市场的拓展上取得了可喜的成绩，销售量已占公司生产量的近一半。早在1995年，杭州未来就有在四川设立分厂的打算，在厂址的选择上，内江最为企业决策层所看好。由于种种原因，这个愿望一直未能实现。这次事件发生后，身为总经理的蒋敏德敏锐地感觉到可以借中毒事件之东风，趁热打铁，实现企业的发展计划。

但如何借势？以什么形式进行？却是一个值得推敲的大问题。于是，蒋敏德决定依靠群体的智慧，召集公司的营销、公关人员座谈此次内江危机事件，形成一个策划思路：借精神文明建设这股东风，搞赞助，借机扬企业之风帆。经过充分的酝酿，公司决策层做出决定：向内江市捐赠10万元人民币，赞助该市的精神文明事业，然后借机商谈双方的合作事宜。

7月下旬，公司派出一位副总经理赶赴内江洽谈赠款事宜。很快，杭州未来公司赠款10万元资助内江市精神文明建设的消息见诸报端，与此同时，杭州方面也将希望能在内江市建立分厂的信息传递给了当地的有关部门。很快，未来公司的赠款举动和希望在内江设厂的信息被传递给该市市委、市政府的主要领导，并受到他们的高度重视。不久，内江市有关机构便向杭州未来公司发出了合作邀请，内江市副市长接见了蒋敏德，高度赞扬了未来公司对内江市精神文明建设事业的关心。市领导及卫生防疫部门的负责人先后陪同蒋敏德等人考察了当地的6家工厂。最后，未来公司与一家工厂签订了合作意向书，并于1997年11月正式投入生产。

在危机发生期间，杭州未来公司共花费人民币10万余元，在当地消费者心中就获得了极佳的口碑，销售量更是直线攀升，显然，这是平时花100万元的广告费都难以实现的。更为重要的是，由于企业的行为最终变"危"为"机"，未来公司凭借其对顾客绝对真诚、认真负责的精神及卓越的危机处理技巧，反而在危机中树立了企业闪光的形象，使得企业在事件后很短的时间里便实现了自己多年的计划——在当地设立分厂，并受到当地有关部门的热情欢迎，获得了许多优惠政策和特别关照。这一切，正如蒋敏德后来在反思这次危机事件时所说的："危机处理的真谛是扎扎实实地塑造好自己企业的形象，时时不忘把公众的利益放在首位。"

（资料来源：张玉波：《危机管理智囊》，机械工业出版社2003年版）

二、案例分析

杭州未来食品公司的成功之处主要在于：公司在危机爆发的第一时间就做出了迅速反应——由公司总经理亲自率队，并以最快速度赶到事发第一现场，以真诚、负责的态度感动了事件当事人，迅速缓和了企业与当事人之间的矛盾与对立情绪。

"未来"人着眼未来，公共关系也看重长远。尽管受害者已失去孩子，现已不是未来公司的顾客，但未来公司向那对夫妇郑重承诺，如果再生孩子，孩子的教育费用由未来公司全部承担，直到孩子读上大学。这一承诺，为未来公司的这次公关活动提高了一个层次。其后，在确切得知事故真相即婴儿中毒与公司产品无关的情况下，企业却能以独特的视角，变危机为商机，变坏事为好事，从而使这一事件成为未来公司进一步拓展市场的契机，这不能不说企业的决策者在危机处理方面具有卓越的才能。

一场牵涉数家企业的突发危机，其结局迥然不同：一家超然脱俗，远远胜出；另外几家却默默无闻，悄然退出。个中的道理，看似简单，实则深奥。企业危机管理的奥妙在未来公司的身上可以清楚地看到——时刻把公众的利益放在第一位，是在危机中赚取美名的最佳途径。

三、思考·讨论·训练

1. 未来公司成功地处理了危机事件，这其中体现了企业怎样的经营理念？
2. 通过危机事件的处理，开辟了一方市场，对此你有何评价？
3. 有人说："危机就是危险＋机遇"，结合本案例谈谈你对这句话的理解。

第六章　危机传播管理

我自己对危机最基本的经验，可以用六个字概括："说真话，立刻说"。

——[美]诺曼·奥古斯丁

对交流的有效管理如同处理危机本身一样重要。毕竟，外界对危机的看法依赖于他们所收到的信息。

——[英]迈克尔·里杰斯特

传播沟通在管理的任何时候都十分重要，缺乏良好的沟通，任何管理行为都无法有效地实施。企业危机发生后更离不开传播沟通，它是迅速处理企业危机的关键。

一、危机处理中的传播沟通策略

企业危机事件发生后，为了求得公众的准确了解，深入理解，全面谅解，很有必要向广大公众传播有关信息。因此，在企业危机的处理中，为了增强信息传播的有效性，策划者必须提出一定的传播对策，以确保企业危机处理的顺利进行，取得良好的危机处理效果。

（一）迅速开放信息传播通道

企业危机事件的出现，往往会引起新闻媒体和广大公众的关注和瞩目，这时企业必须做到迅速开放信息渠道，把必要的信息公之于众，让公众及时了解危机事态和企业正在尽职尽责地加以处理的情况。面对新闻界的竞相报道和社会公众的着意打探，如果企业组织在这时隐瞒事实，封锁消息，不仅不会给企业带来什么好处，反而会引起新闻界公众的猜疑和反感，促使他们千方百计地从各种渠道收集材料、挖掘信息，这就很容易出现失实和不利的报道，从而更有可能给该企业的危机处理带来麻烦，产生新的企业危机。这时的社会公众也是最容易产生猜疑、误传或者轻信不良情况的，这更会给企业造成不利的社会影响。因此，明智的做法是，开放信息传播渠道，公布事实真相，填补公众的信息空白，让新闻界传播客观真实的信息，让广大社会公众接受客观真实的信息。当然，开放信息传播渠道并不是让企业危机事件及其处理情况的有关信息放任自流，而是要让其有秩序地传播。这样，便要求企业做好信息传播的基础工作。

首先，准备好要传播的信息。这主要包括信息的收集、整理、分析、加工等内容。一是信息的收集。信息的收集一定要全面，要通过有关途径取得完整的企业危机事件及其处理情况的一切信息。二是信息的整理。其关键的问题是对已收集的信息进行分类存档，以备查用，或为新闻界提供原始材料。三是信息的分析。即分析各种信息的真实性、可靠性，以及所有这些信息反映的企业危机事件及其处理过程的发展情况。此外，还要对这些信息中哪些应尽早传播，哪些应稍缓传播，哪些应大范围传播，哪些应控制范围传播等做出具体分析，拿出具体意见。四是信息的加工。即对需要传播的信息进行内容和形式的加工，其目的是确保信息传播的真实性和准确性，帮助新闻界做出正确的报道。

其次，确定信息的发布者。即确定企业危机事件及其处理情况的正式发言人。发言人最好由危机处理专门机构正式确定，也可以临时委任。发言人的人选应视危机事件的性质和严重程度而定。发生重大危机事件的情况下，一般由总经理担任。发生一般危机事件的情况下，一般由公关部经理担任。确定发言人的目的是确保对外传播信息的准确性和权威性。因此，在企业危机处理的过程中，危机处理专门机构的信息要全部汇向指定的发言人，发言人要完全了解和明白企业将要发布的信息。

再次，设立一个信息中心（PIC）。在企业危机事件，尤其是重大的危机事件发生后，前来采访的记者会很多，前来咨询的公众也会川流不息。这时必须考虑设立一个信息中心。信息中心的任务是负责接待前来采访的记者和前来咨询的公众；负责为新闻记者指引采访的路径，并为其提供通信、休息乃至食宿的方便；负责向公众解答有关的咨询问题，并将公众的意见做好记录；在危机处理专门机构的统一部署、统一指挥下负责公布危机处理的进程。信息中心的负责人一般由危机处理专门机构委派的发言人担任，也可以由企业公关部经理担任。

最后，始终坚持两个原则。在企业危机处理的过程中，整个传播过程都要贯彻两个基本原则：一是统一口径原则；二是充分显露原则。危机处理的传播工作很重要，因为一言既出，事关全局，影响甚大，传播出去，驷马难追，所以必须注意统一口径，避免企业人员的言辞差异；坚持统一口径原则还能给公众留下企业是团结战斗的整体，企业领导人有能力、有决心、有诚意处理好这一危机的美好印象。还要坚持充分显露原则，对有关危机事件及其处理的信息知道多少要传播多少，不要有所取舍，更不要隐瞒或歪曲。

（二）有效控制新闻传播走向

开放的信息传播通道有利于避免新闻记者和广大公众的猜疑、误传，为人们提供了可靠的信息来源。但是，由于新闻记者和广大公众对于企业危机事件所持的态度不同，看问题的角度不一，因而也有可能使信息传播朝着不利于企业危机顺利处理，企业形象恢复重建的方向发展。所以，在开放了信息传播通道后，还必须有效控制信息传播的走向。

首先，尽力进行事前控制。这是指在新闻媒体发布有关信息之前所进行的新闻传播走向控制，它是新闻传播走向控制的最为主动的办法和最为有效的措施。具体办法有：请权威人士发布信息；以书面形式发布信息；制作完整的新闻稿件，聘请权威新闻机构的新闻记者担任新闻代理人；邀请政府官员出面发表见解等。企业若能做好事前控制，对尽快摆脱危机，恢复正常的经营状态是十分有利的。

其次，适当进行即时控制。这是指新闻媒体即将发布有关信息之时进行的新闻传播走向控制。这种控制一般难度较大，原因是记者如何写的一般不容易知道。所以必须多动脑筋，设法进行。一般来说，主要要掌握前来采访记者的情况，如有哪些记者曾前来采访过，他们是哪些新闻机构的记者。在此基础上，可通过两条途径进行控制：一是通过向新闻机构及时传达信息，达到对偏向新闻进行及时堵塞的目的；二是通过原来与新闻机构建立的各种联系，借助于内线人物达到对偏向新闻进行纠偏的目的。

最后，设法进行事后控制。这是指新闻界在发布了有关偏向信息之后所进行的新闻传播走向控制。这方面的办法主要有：当新闻记者发表了不符合事实真相的报道时，可尽快与新闻机构接洽，向其指明失实之处，提出更正要求；当新闻记者或新闻机构对更正要求有异议时，可派遣重要发言人，如当事人或受害者本人接受采访，反映真实情况，争取更正机会；当新闻记者或新闻机构固执己见，拒不更正时，可用积极的方式在有关权威媒体上发表证明正面申明，表明立场，要求公正处理，必要时可借助法律手段，但要慎重采用。

（三）消除危机处理中的谣言

谣言是毁坏企业形象、涣散企业组织的恶魔，企业在危机处理过程中，应注意预见谣言产生的可能性，一旦谣言产生要沉着应战，遇事不慌。危机事件中产生谣言的主要因素有：公众缺乏可靠的来自正常信息渠道的信息，人们得不到正常渠道的消息，就会向非正常渠道获取，就难免谣传纷起；公众缺乏完整的信息，信息不完整就会给人留下想象或捏造的空隙，从而产生谣言；危机形势紧迫，公众担忧和恐惧，感到形势无法控制，对前景丧失信心，悲观失望，任由事态发展，也会产生各种谣言；传闻失实，小道消息流传，使公众对正常渠道的信息产生怀疑，这种怀疑使一些人信谣和传谣；从企业传出的信息有出入，不是统一口径，公众从企业听到不同的声音，自然会产生思想疑虑，这种疑虑是导致谣言产生和流传的基础。

企业消除谣言首先要消除产生谣言的气候和土壤。在企业危机处理中，要认真研究以上因素，仔细分析和观察事态的发展，保证信息渠道的通畅，积极沟通，这样，就能在一定程度上防止谣言的产生，一旦谣言产生，企业要以积极郑重的态度对付谣言。辟谣的对策包括：首先，要分析谣言传播的范围、造谣者的意图和背景、谣言的起因，以及谣言造成的影响，在分析的基础上寻求阻止谣言流传的最佳方案。其次，要选择恰当的媒体，及时提供全面的、确凿的事件真相，让事实讲话，让行动证明，动员一切可以动员的力量（包括企业员工和本地区的行政首脑、知名人士、舆论界权威和一切有社会影响的人），通过多种渠道、多层次的宣传，对付谣言的流传。最后，在企业内部广泛地开展谈心活动，进行各种形式的信息发布，让企业全体人员体会到企业辟谣的决心，加强企业的凝聚力。辟谣方案实施前，应召开基层人员座谈会，听取意见，保证辟谣工作的实施。

二、危机处理中的内部沟通

真正做好危机管理工作，需要企业高度重视内部人力资源的利用与潜力挖掘，在内求团结的基础上才会使得员工为企业的转危为安贡献才智。这时，企业内部沟通发挥着巨大作用，对于危机中的企业来说是至关重要的事情，必须提到议事日程上来。通过沟通，员工可以详细了解危机状况，容易焕发出员工对企业处境的同情并增强责任感；通过沟通，员工会减少对企业的胡乱猜测，避免去做任何他们认为可能伤害到企业的事情，很少会主动去传播有关企业的谣言；通过沟通，员工安心于本职工作，保持工作的积极态度，自觉地充当企业危机管理的宣传者，有助于说服顾客、供应商和其他公众产生同感。

（一）危机中如何与员工进行沟通

首先，尽快和员工沟通。对于危机中的内部沟通，很多危机管理专家都强调一个"快"字。在危机发生之后，员工们应该得到在通过其他途径了解危机情况之前获知危机真相的权利，让他们成为企业喜怒哀乐的分享者。企业应该就危机形势与所有员工开诚布公地进行沟通，让员工清楚地知道企业可以公开的信息，如果有可能，可以采纳员工对危机的建议。如果危机比较严重，发生员工伤亡损失事故，要尽快通知员工家属，做好慰问及善后处理工作，并争取把这些坏消息毫不隐瞒地告诉其他员工。

其次，尽可能多地向员工传达有关信息。在危机中，员工希望知道尽可能多的危机情况，尤其是一些核心信息，谁也不希望被隐瞒。如果员工觉得自己能够以一种真实的不被操纵的方式了解整个情况，他们可能会更支持企业，但如果企业认为员工想要知道的是机密的事，要注意向员工解释为什么现在不能告诉他们。此时，企业可以根据需要细分员工，根据不同级别，采取不同的沟通方式，发布不同的核心信息。

再次，设身处地地为员工着想，确保所有的员工基本上能同时得知所有重要的信息。站在员工的立场上，用企业希望被对待的方式来对待员工，想一想如果企业是他们，那么他们想知道什么，企业有义务说明什么，会希望通过什么途径知道这些信息，时间间隔会是多长？此时，同时将信息传达给所有的员工可以使被传达的信息保持一致性，可以减少员工通过其他途径得知这些信息而出现信息偏差的机会，有利于企业沟通工作的开展。

最后，为员工提供更多的机会来表达个人意见。在危机处理中，员工需要有机会来提问题，探究问题的根源以及发泄不满。企业要通过诸如领导个别接见、部门或员工大会等途径给员工提供充分的提问机会，收集和了解员工的建议和意见，做好说明解释工作，让员工知道在出现新的信息和事情有所改变时，企业会及时与他们进行沟通，确保员工对于危机变化的情况都能及时了解，让员工随着企业的行动而行动。

（二）企业内部沟通的途径

在危机中，企业要考虑选择效果最好的沟通工具来传递信息，向员工告知事故真相和企业采取的措施，使员工同心协力，共渡难关。下面是一些企业可能会采用的沟通途径。

1. 员工大会与部门会议。这是企业说明重要问题的惯常做法，也是最权威、最正式的内部沟通方法之一。当企业员工人数比较少或者员工分散在许多地方但不能实现电视、电话会议时，所宣布的事会对企业产生很大冲击，需要一个人同时向所有的人传达同一个信息时，员工大会这种形式是很实用的，通常效果也最好。要注意的是，应该留有大量的时间用于回答员工的问题，倾听他们的评论和建议。如果所宣布的事并不是很紧急或者企业太庞大以至于无法召开员工大会时，所传达的信息对某些部门的影响要超过对其他部门，部门层次的会议就是最合适和有效的了。在企业高层官员之间简要传达后，各部门的经理可以根据自己的领域进行发言，以表达他们对企业所采取行动的支持和信任，也要注意留出足够的时间来回答问题或听取员工的意见和评论。

2. 企业简报、公告、公告牌或企业报纸。在危机中，企业简报、公告牌或企业报纸是强化关键信息和提醒员工有关企业的信息和行为的便利工具，可以承担起内部沟通的媒体作用，尽可能真实反映危机的真实情况以及危机管理的措施。只是由于企业报纸的出版周期会长一些，不利于危机的快速反应。一般来说，企业多采用企业简报、公告牌在企业内部随时发布信息及时向员工通报企业的行动趋向。

3. 单独会见。单独会见是企业领导经常采用的内部沟通措施，可以很直接、随意地交流看法。当所传达的信息只会影响少数员工，并且需要他们理解企业决策以及对他们产生的特殊影响非常重要时，或者传达的信息特别敏感和重要时，单独会见是最有效的。

4. 电话与电话会议。电话作为便捷的沟通工具，在企业里应用最为广泛，危机管理中很多信息的传递都会涉及电话。当企业需要快速传达所要沟通的信息，并且不会因为这样做过于私人化而让员工反感时，可以考虑打电话。当只向很少的人传达信息，并且在传达的时候不需要同时联系多个员工时，电话是最有效的。而当处于危机中的几组员工需要迅速知道信息而且能有机会提出问题并给予反馈时，电话会议也是一种有效的沟通方式。

5. 互联网。互联网是现代社会沟通的便捷手段，很多企业通过内部局域网的建设，构筑了企业的网上世界。企业可以采用电子邮件、网络寻呼与电子公告、公告牌等方式随时向员工发布最新的重要信息，提供最新的管理策略，以及寻求员工们的建议与支持。

6. 非正式传播渠道。员工在工作中形成的人际关系构成了企业内部非正式传播的交流网络，传播形式多表现为小道消息。这种小道消息往往传播速度快，不受时间、地点限制，容易使双方产生亲切感，能够立即得到信息反馈并可根据信息反馈及时调整谈话内容，能够获得正式传播达不到的效果。小道消息具有两面性，如能善加利用，通过员工在生活中形成的一定人际关系所构成的非正式传播交流网络进行传播，传递正式传播所无法传送或不愿传送的信息，可以达到理想的传播效果。

三、危机处理中的新闻发布

在危机中，企业可以通过什么途径进行沟通，如何保证效果，是危机传播管理工作应该考虑的核心问题。一般来说，企业与新闻媒体接洽、沟通，争取其公正客观的报道，可以利用的形式主要有：

（一）新闻稿

新闻稿是一个由企业自己拟定的、用来宣布有关企业信息和官方立场的新闻报道，是关于危机情况的"明确"的新闻信息。新闻稿可以是企业声明，可以是企业新闻，也可以根据情况和需要决定其具体形式。通常，新闻稿篇幅短小精悍，当危机具有新闻价值时，企业可以及时分发给有关新闻媒体。实际上，许多企业都备有新闻稿，以便紧急情况下派发。大多数危机管理专家都认为，在危机中，新闻稿很难成为企业的唯一声明，但有助于说清事实真相，提供详细的背景信息，在企业希望把同样的信息同时传递给多家媒体的时候，采用新闻稿是最有效的。

（二）新闻发布会

新闻发布会具有隆重、高规格的特点，更重要的是，记者可以在会上就自己感兴趣的问题和自认为最佳的角度进行采访，也可以促使企业与新闻媒体更加紧密和默契的联系和合作。如果危机引起了较大的关注，企业应该考虑召开新闻发布会。但是，是否应该组织新闻发布会，何时组织，如何组织，是一个很难做出但又非常重要的决策，企业需要考虑周全，这将直接关系着企业的命运。选择好新闻发布会召开的时间很重要。在危机中，如果新闻发布会开得太早，企业所能提供的可信信息就会很少，或者根本就提不出来，反而使宣传效果不佳；太晚则会丧失转化舆论的先机，面临谣言四起的尴尬局面，增加企业危机管理的难度。企业一般只有在调查得到了足够多的信息，充分了解了企业的处境与所采取的措施之后，才会主动召开新闻发布会，而在持续时间较长的危机中，可能还要召开多次新闻发布会。

当决定召开新闻发布会时，企业应考虑以下问题：一是新闻发布会要达到什么目的？二是除新闻发布会外，是否有别的替代方式？三是回答记者提问是有助于解决问题，还是会使问题更糟？四是在危机中，企业对公众负有什么责任？计划采取什么措施予以解决？五是是否在新闻发布会前发布一个事先准备好的声明，将复杂的事情简化？需要特别强调的是，记者往往精于判断新闻的真实性，因此，企业发布的消息是否有新闻价值要在新闻发布会之前必须予以确认，此新闻为什么在现在发布、效用如何，必须考虑清楚，除非企业能提供一个重要的、合乎时宜的声明，否则就不要轻易召开新闻发布会。

新闻发布会应避免与一些社会上重大的活动和纪念日相冲突，具体时间最好选在上午10点或下午3点为佳，这样，既可以让危机管理小组成员在早上或中午再花些时间进一步对所要发布的消息进行处理，也方便记者到会，还可以给记者留出几个小时的时间来编辑加工。一般的新闻发布会，正式发言时间不超过1小时，会留有时间让记者提问，发布会后，一般为记者准备自助工作餐，给记者提供交流和对企业领导人进行深入采访的机会。确定好具体时间后，企业要提前向记者发出书面邀请，最好在邀请函上附一回执，以便确认记者的身份，做好接待工作，同时也给记者留出充分的准备时间。

要注意新闻发布会举办地点的安排。一是会场选址。新闻发布会的选址应该考虑要发布的新闻性质，同时，要考虑到交通方便，电话、传真等信息传递设备的完备等因素。通常新闻发布会选择在宾馆或新闻中心等地举行，主要是考虑到上述要求。二是会场布置。选定会址以后，还要注意会场环境布置，布置格调、室温、灯光等问题要考虑周全，要选一个富于时代感的设计人员来布置会场，使新闻发布会现场既能体现企业精神，又能让记者及其他来宾产生宾至如归的感觉。会场应在入口处设有记者签到处，引导记者以及参会的代表入席，会场座次安排要分清主次，特别是有贵宾到会的情况下。在每个记者席上准备有关资料，以供记者们深入细致地了解新闻发布会的全部内容。

新闻发布会工作人员选择，首先，要确定主持人和发言人。主持人的作用在于把握主题范围，掌握新闻发布会进程，调控会场气氛，担负着化解情绪、打破僵局等特殊任务。新闻发言人要面对记者的各种提问，头脑冷静，思维清晰，反应灵敏，措辞准确，代表企业发表权威性意见。许多时候，企业为了证实所发布的消息是准确的、全面的，特别是一些专业性技术问题，往往会通过一位内部专家或外部专家代表企业提供更专业和更详细的背景情况，解释事故发生的原因和解决问题的措施，协助媒体了解情况。其次，选择现场服务人员。现场服务人员要严格挑选，从外貌到自身的修养均要合格，体现出企业的风采与水平，并注意服务人员的性别比例，以便发挥"异性效益"。服务人员的主要工作有：安排与会者签到；引导与会者入座；准备好必要的视听设备；分发宣传材料和礼品；安排餐饮工作；安排一位摄影师专门拍摄会场情况，以备将来宣传之用。

（三）媒体采访

接受新闻媒体采访是危机中企业领导和新闻发言人的必修课，因为记者总是渴望知道得更多，而企业领导和新闻发言人无疑是最佳采访对象，这时企业就要考虑如何面对新闻媒体的专访问题了。一般来说，当企业要给媒体提供特定的线索或消息时，最好是采用一对一的媒体专访，这也是与个别媒体联系的最好方法。不过，在记者的采访过程中，很容易遇到记者提出的一些难题。记者为了获得更多的新闻素材，往往会采用职业技巧来让被采访者自动地落入记者的圈套中，甚至是采用欺骗的手段，特别是对那些不能够给予媒体很好印象的企业，记者会竭尽全力地挖掘企业的新闻价值。此时，企业领导和新闻发言人就迫切需要提高个人能力，掌握应对记者的基本技巧了。这里结合中美史克公司新闻发言人杨伟强就《中国经济时报》记者的专访，谈谈应对建议。

第一，错误前提。记者故意以一个声明作为问题的开端，测试企业是否会更正这个声明。真正的问题也许跟这个前提毫无关系，但记者会用它来判断企业的反应。要是没有反应，记者就会据此推断企业对于这个前提的某些看法。

对策：如果该前提不正确，在回答问题之前应立即给出实际情况，进行纠正，绝对不要接受一个错误的前提。

记者：有人认为，国家药监局的政策有点仓促，中美史克是否承担了不该承担的损失？

杨伟强：药监局作为国家药品安全管理部门，肯定要对全国老百姓的健康负责。回到我刚才说的，这就是大我与小我的关系。我是相信药监局既想保护企业，也想保护老百姓的健康，一旦两者发生冲突时，政府自然要把12亿人口的利益放在第一位，小我要服从大我。

第二，假设情况。记者想要企业来谈论某些企业也许会回避的事情时，最常用的方式之一就是通过对某些可能发生或者根本不会发生的事提问，希望企业能够谈谈这件事，从而使企业透露某些具有新闻价值的信息。

对策：告诉记者企业不会就假设的情形发表看法，而且要管住自己不这么做。

记者：根据你个人以及企业所知道的专家意见，你认为康泰克到底有没有问题？

杨伟强：一个人或者几个人的看法不足为据，要想得出一个权威的结论，必须有一个专家群的统一意见。

第三，我听到一个谣言。有些记者为了对企业内部信息了解更深入，也许会看一看企业对他们事先捏造的事情有何反应，从而在无意中从一个有趣的角度涉及关键主题。

对策：如果谣言不是真的，就应该立刻加以否定，还要注意给出企业合理的理由，最好随时准备好一些有利于企业申辩的材料，以便更有说服力地答复这些问题。

　　记者：PPA 事情出来后，就有消费者给我们打电话说，他吃康泰克有副作用，康泰克早就应该被禁。对这一问题，你如何看待？

　　杨伟强：康泰克在中国销售了 12 年，之所以能在市场上发展这么多年，不是靠我们打广告能做到的，靠的是这种药在大多数人那里是安全的，有疗效的。从销售开始，如果平均每次服用 4～6 粒，那么全中国就有 8 亿多人次服用过这种药，如果没有疗效，恐怕早就被扔到臭水沟里了，怎么会生存 12 年呢？但药的副作用是客观存在的，有些人副作用可能会大些，有些人可能会小些。

　　第四，对竞争对手做出评论。很多时候，记者会要求企业对竞争对手进行评论，这些问题可能很自然地涉及竞争对手的新的广告活动、企业领导或转移到新目标市场的决策，但是，企业要知道这有可能会引起企业与同行之间的争执与竞争。

　　对策：把不谈论竞争对手作为企业的行为准则，尤其是在危机中，向记者说明企业的处境并争取其理解。需要注意的是，企业不可能完全了解竞争对手所做出的决策，而且任何企业也不会愿意让竞争对手来剖析自己，所以，企业最好不要对此抱有什么幻想。

　　记者：你们的竞争对手在 PPA 事件发生后，利用这一市场空隙，你怎么理解？

　　杨伟强：在事情发生以后，我们的一些竞争对手必然会利用这个机会多占些市场份额，也有和我们代理商接触的，这很容易理解。但在这个问题上，我们的代理商始终和我们站在一起，这令我非常感动。

　　第五，固执的记者。有时候，有些记者为了获取独家新闻，会试图要挟企业提供他们正在寻找的信息，要是企业不愿配合，他们就会以报道不利的新闻或从其他地方查找信息来威胁，给企业造成压力。

　　对策：企业冷静地向记者表明记者可以做任何他们想做的事，但企业不会背离自己的原则和判断，同时简要地解释一下企业为什么不愿深谈的原因。

　　记者：康泰克在中国感冒药市场上占的市场份额有多少？

　　杨伟强：说不清楚。你们知道，现在各种对市场份额的统计很难说是准确的。

记者：你们的产量有多少，是否可以透露一下全年的销售额？

杨伟强：这不可以说。药品是有季节性的，冬季和春季，一般是感冒高发季节，感冒药的市场需求就大，是感冒药销售的黄金季节，这段时间产量就会相对大一些；反过来，夏季的产量就小一些。

第六，对新闻媒体说"无可奉告"。很多经验表明，企业"无可奉告"只会显得企业本身不可信或者在试图逃避问题。

对策：在回答记者的提问时，尽可能不说"无可奉告"，只要企业有所准备，就应该多披露一些内情。为了避免说些不利的事无法直接回答被问的问题，可以采取多种方法予以转移话题，而不要总是说"无可奉告"。

记者：康泰克的停产给企业造成了多大的经济损失？

杨伟强：暂停使用康泰克确实给企业带来了经济损失，但是这里边有一个大我和小我的关系。从大我的角度来看，我们认为，政府做出这样的决定，是对消费者负责，是有道理的。

四、建立良好的媒体关系

建立良好的媒体关系，是一家企业取得社会舆论支持、树立良好社会形象的首要任务，企业主要应从以下方面建立良好的媒体关系：

（一）有效地利用大众传媒

我国新闻媒体包括电视、报纸、杂志、互联网、广播、通讯社等。各新闻媒体有着不同的优势与劣势，如果企业管理人员对不同的新闻媒体的信息传播要求具备一些基本常识，扬长避短，无疑能获得较多的合作机会和传播便利。企业要掌握新闻媒体的报道动向，注意分析报纸的第一版，尤其是头版头条消息，以及一些评论性文章；电台、电视台的新闻栏目中重复出现频率高的信息，也反映了他们的报道动向，从中发现企业可能利用的传播机会，使企业传播的信息与新闻媒体的重点一致起来。

（二）积极参加新闻媒体活动

参与新闻媒体的相关活动，企业不仅能与新闻媒体保持经常性的联系，而且成为某一媒体的通讯员，则可以利用其发达的信息网，为企业所用，更有效地开展企业信息传播工作。

（三）尊重新闻媒体

首先，要以礼相待，企业的有关人员在与新闻媒体公众打交道时要注重以礼相待，即对待各媒体机构和记者要友好热情，为其来企业采访写稿、核实工作等提供必需的帮助和服务。

其次，要以诚相待，企业要讲真话，向媒体提供真实可靠的材料和数据，既不夸大企业成绩，也不掩盖失误，更不能制造假新闻。如确系保密的技术和参数，或预见报道可能会给企业带来巨大的经济损失时，应如实向有关记者、编辑说明利害关系，请他们酌情掌握。

再次，要平等相待，即对各新闻媒体公众一视同仁、不分厚薄亲疏，绝不因新闻单位名气大小和级别高低的不同而采取截然不同的态度。应尽可能使他们获得平等的信息量，使他们平等获得采访企业经营状况的机会。

最后，要严阵以待，由于新闻界与企业所处的立场、需要和动机常常不同，当企业发生那些对企业形象、声誉不利的事情时，新闻界往往感兴趣，甚至还会有意报道阴暗面，以期问题得以解决。在这种时候，企业采取的态度极为关键，企业应当严阵以待。严阵以待并不是去想方设法掩盖"家丑"，也不是去对新闻媒体横加指责，而是应本着虚心接受批评、认真查明事实真相、积极承担责任这样的态度与新闻界公众进行合作，以期化"险"为夷。在这方面不少企业为我们谱写了成功的案例，也有不少企业为我们留下了失败的教训。

（四）支持新闻媒介

新闻媒体也有需要支持的时候，如果企业在这种时候能"雪中送炭"、鼎力相助，往往能起到事半功倍的作用，使新闻界对企业形成良好的印象。此外，企业学会"制造新闻"也是对新闻界的"无私奉献"，因为它们向媒体提供了"食粮"，这种支持企业也不应忽视。

（五）结交新闻媒介

由于新闻具有强大的舆论力量，欧美便有学者把新闻媒体看成是继司法、立法和行政三大权力机构之后的第四大权力机构。服务于各大众传播媒体的记者也被尊称为"无冕之王"。所以，企业若想搞好媒体关系，还必须重视同媒体公众的交际，善交"无冕之王"。为此企业要经常向新闻媒体提供有新闻价值的信息，与其建立长期稳定的联系。能得到新闻界的信赖，是一个企业最重要的财富。

（六）正确地引导记者

无论是抱有表扬，抑或批评性目的的记者，都需要对他们进行引导。这种引导不是任意扩大有利于企业的事实或者改变不利于企业的事实，扩大的事实或歪曲的事实都可能导致报道的失误，其责任会由提供事实的企业负责。正确的引导，不仅要提供真实的情况而且要表明企业对事件的看法，把企业与记者的观点协调起来。

五、危机传播公式

与媒体打交道需要一定的技巧。福莱灵克咨询公司发明了一个简单的与媒体合作的公式：

$$(3W + 4R) \cdot 8F = V1 \text{ 或 } V2$$

用这个公式既可以评价危机中沟通的成果，也可以用来分析与记者沟通的效果。

公式中的3W是指在任何一场危机中，沟通者需要尽快知道的三件事：一是我们知道了什么（What did we know）；二是我们什么时候知道的（When did we know about it）；三是我们对此做了什么（What did we do about it）。媒体提问和企业反应之间间隔的时间，将决定这个反应是成功还是失败。如果一个企业对于它面临的危机认识太晚，或是反应太慢，那它就处在一个滑坡上，掌控全局会变得很困难；如果不能迅速地完成3W，它将会无力回天。对于企业来说，信息真空是最大的敌人，因为总有人会去填充它，而且往往是负面的信息。

公式中的4R是指企业在收集了正确的信息以后，给自己在这场危机中的态度定位：遗憾（Regret）、改革（Reform）、赔偿（Restitution）、恢复（Recovery）。与危机打交道，一个企业要善于表达遗憾，保证解决措施到位，防止未来发生相同事件并且提供赔偿，这一定位要保持到安全摆脱这次危机之后。

8F是沟通时应该遵循的八大原则：

（1）事实（Fact）：向公众说明事实真相。

（2）第一（First）：在其他方面做出反应前率先对问题做出反应。

（3）迅速（Fast）：处理危机一定要果断迅速。

（4）坦率（Frank）：沟通情况时不要躲躲闪闪。

（5）感受（Feeling）：与公众分享你的感受。

（6）论坛（Forum）：在公司内部建立一个最可靠、准确的信息来源，获取尽可能全面的信息。

（7）灵活性（Flexibility）：对外沟通的内容不是一成不变的，应关注事态的变化。

（8）反馈（Feedback）：企业对外界有关危机的信息要做出及时反馈。

如果3W、4R和8F做得正确，企业在危机中会成为V1，即"勇于承担责任者"（Victim）。公众会认为企业很负责任，从而会对企业从轻发落。反之，企业很可能会被当做V2，也就是"恶棍"（Villain）。公众会认为企业的行为和言辞避重就轻、不负责任，这容易导致员工意志消沉、股东抗议、消费者投诉等不良后果。

下面几个问题可以帮助企业判断自己与媒体的危机沟通是否达到了要求：

（1）在危机发生的最初几天后，媒体报道还在继续吗？

（2）消极报道的新闻数量是增加了还是减少了？

（3）记者是否不再向企业探询看法或信息，而报道其他方面的新闻？

（4）企业对自己与所接触的新闻媒体的关系该如何评判——热情而专业还是对立而不信任？

（5）企业的核心信息是否都被媒体采用了？

案例6-1　许继集团的"曹博士事件"

一、案例介绍

1998年11月以来，许昌继电器集团公司（以下简称"许继"）因派人员到郑州"跟踪监视"已被免职、并已在郑州注册新公司的原许继研究所自动化室主任兼许继股份有限公司副总经理曹全喜博士，受到中原地区乃至全国媒体的"曝光"，一时间，许继"不重视人才"、"挤走人才"等恶名播向四方。

据《大河报》报道：曹全喜，1988年考入哈尔滨工业大学电力系自动化专业，1993年获博士学位。曹到许继后，完成多项重大科研项目的研制，有的已经产生较大的经济效益，由此当选为河南省九届人大代表。曹全喜因提出改进企业管理模式的设想，对公司现行管理方式提出善意批评，被误解为"有政治野心，要争权夺利"，因此，受到排挤、压制，职务被架空。曹全喜两次被安排去省委党校学习、一次参加省九届人大一次会议，均遭公司阻拦，无奈之下，只好辞职。1998年11月，曹全喜被公司免职，停发工资，并受到全厂批判，还被迫在"不能在河南干，尤其不能在郑州和许昌干，否则罚款1800万元"的协议上签字。曹全喜及其家属多次接到恐吓电话和恐吓信，无法在许昌安身，只好暂到郑州发展。12月，他自筹资金930多万元，在郑州经济技术开发区注册了一家高新技术企业。没想到，许继派人"跟踪监视"，干扰其生活和工作，曹全喜不得不求助于公安部门和律师，但也无济于事，他不禁慨叹："难道我曹某在河南竟无立足之地？"许继纪委副书记则扬言："他在这些地方工作对许继威胁太大！"

1999年2月初，郑州市副市长约见曹全喜，表示愿意创造条件，让他安心为河南、郑州高科技事业的发展做出贡献。曹全喜表示愿意留在河南，为家乡的经济发展和科技进步尽自己的力量。

3月19日，《南方周末》对此做了报道，"曹博士事件"的影响延伸至全国，引起国内众多高校、科研机构和企业家的关注。很明显，由于全社会对尊重科技人才意识的强化以及先入为主的观念、同情弱者心理，大家对曹全喜的处境表示同情、关注，对许继的某些做法表示难以理解，甚至认为应该受到谴责。许继的信誉遭受到前所未有的怀疑和挑战，许继由此成了一家"压制、排挤人才"、"封闭、落后、专断"、"前景不妙"的企业。

作为国家大型骨干企业、河南省高新技术企业、河南省第一家开展博士后工作的许继集团在经历了短暂的慌乱之后，开始积极开展全方位挽救信誉危机的活动。

1. 抓住要害，以正视听。在《大河报》"曹博士事件"公众大讨论中，许继积极表明自身的立场、观点，据理力争，极力争取公众对许继的理解和支持，以维护国有企业的正面形象和合法权益。

在双方的论战中，许继方面紧紧抓住问题的要害——曹全喜的出走目的在于窃取技术产权。许继认为，曹全喜出走的目的就是想窃取技术另起炉灶。自1998年6月起，曹全喜就开始为自己的出走做准备，私下频繁与省内外几家公司联系，以其掌握的技术和商业秘密作为资本和条件，让对方以8位数的投资与其合作，并为其本人索要近一半的"技术股"。而后，又以厚利为诱饵，唆使许继的技术骨干出走。许继认为，曹全喜有偿献给其合作企业的"进见礼"便是许继多年投入大量资金经过集体努力所得的产品成果，这绝不属于曹全喜一人所有。这一成果是经过不断提高才日趋完善的，并已经向用户批量供货。许继不愿让曹全喜在郑州、许昌等地工作，也是为了捍卫国家利益且有法律依据。劳动部《关于企业职工流动若干问题的通知》第二条规定："用人单位也可规定掌握商业秘密的职工在中止和解除劳动合同后的一定期限（不超过3年），不得到生产同类产品或经营同类业务中有竞争关系的其他用人单位就职；也不得自己生产与原单位有竞争关系的同类产品或经营同类业务。"

许继还特别强调：我们许多国有企业滑坡的重要原因之一就是无人对国有

资产负责，任由（有形和无形）国有资产流失或被挖窃，得益的是某些利欲熏心的个人和不正当竞争者。许继是快速、健康发展的大型国有控股企业，将依法捍卫国家、集体和股东的利益。

2. 正面宣传，重塑形象。在许继的精心策划和正面感召下，1999 年 3 ~ 4 月间，郑州地区部分新闻媒体先后对许继做了系统、全面的宣传，这对澄清公众对"曹博士事件"的模糊认识、恢复许继的信誉，发挥了积极的作用。

3 月 26 日，《郑州晚报》头版发表《这样的企业永远辉煌——许继集团重视人才、尊重知识纪实》。它以王大为、檀国彪、张学深 3 位科技人员的亲身经历告诉公众，许继是重视人才、尊重知识的，该报道既及时又有针对性，影响较大。该文指出，在许继集团现有 4100 多名员工中，专业技术人员就达1850 人，10 年来先后有 500 多名优秀人才通过"请进来"的方式来许继工作。

1990 年年初，许继集团兴建了科研大楼，添置了大量的科研仪器，为每一位专业人员配备了电脑。近年来，许继集团还加大了招聘人员的力度，新进入人员的年薪逐年升高，博士生达到 12 万元。企业每年拨出销售总额的 6% 作为科研经费，科研人员的工作积极性被充分调动起来，1998 年许继集团的销售总额达到 10.1 亿元，高科技产品的销售收入已占销售总额的 72%。

3 月 29 日，《大河报》头版头条发表《深化内部改革，调整劳动体系——许继集团加快企业持续发展建设》，介绍了许继集团推动人事动态管理、分配向贡献倾斜、试行员工共有制等种种改革举措。

4 月 3 日，《河南商报》头版头条发表《求才、爱才、育才、重才——许继集团用人创造"神话"》，指出由于高科技人才政策恰当，许继集团的总资产从 1200 万元发展到 16.5 亿元，30 年增长了 137.5 倍。

（资料来源：张玉波：《危机管理智囊》，机械工业出版社 2003 年版）

二、案例分析

可以说许继集团与"曹博士事件"危机应对是及时有效的，通过及时大量的宣传报道，扭转了许继集团在舆论上的劣势地位，同时正面宣传高屋建瓴，赢得了公众的信赖。

这个案例告诉我们，尽管企业本身没有什么错误，但是，如果企业出了类似"曹博士事件"这样的负面新闻，一般来说，公众是会很自然地站到"弱势"的一方而形成对企业的误解，这可以说是现实中的正常现象。此时的应对措施不仅仅是说明问题的性质，更重要的是让公众知道其中的问题关键——

真正的责任人到底是谁，谁应该为危机付出代价，一切的宣传都应该以此为中心。只有把事情的真相告诉公众，误解才会真正消除，否则企业的努力不仅不会获得公众的支持，反而会加深对于企业的误解。类似误解的事例在现实中并不鲜见，企业对此应该有所警惕。

三、思考·讨论·训练

1. 面对新闻媒体的误解，许继集团积极应对，其中体现出的核心理念是什么？
2. 有一句话说"成也媒体，败也媒体"，你怎样理解？
3. 信息时代应该怎样处理企业和媒体的关系？

案例 6 – 2　麦德造纸公司制服臭气

一、案例介绍

20 世纪 80 年代，人们普遍要求一个干净的生存环境，而现代生活方式及现代技术发展导致了严重的环境污染，现实生活中这一尖锐的冲突越来越严重，令人关注。因此，当麦德造纸公司宣布，将在密执安湖的上半岛上的埃斯克诺巴建造一座生产牛皮纸的造纸厂时，当地持怀疑态度的人们成立了一个本地保护空气委员会。这是因为，大凡造纸厂，尤其是牛皮纸造纸厂，在生产过程中总要排出令人讨厌的臭气，当麦德公司宣称它们的新技术能够消除臭味时，人们的口气变得更加强硬了："你拿出一家这样的工厂给我们瞧瞧！"

首先是密执安新闻界，然后是全国的新闻媒介从这个公众委员会的建立中嗅到了火药味，于是派了新闻记者前来采访。底特律《自由报》的一个记者将他的报道发回报社，哥伦比亚广播公司派了一个新闻小组到埃斯克诺巴来，全国新闻界报刊纷纷登载文章，引起了全国性的公众舆论。

埃斯克诺巴的本地保护空气委员会起草并散发了致全体居民的公开信：

致全体居民的公开信

自从 1884 年发明了硫酸盐处理造纸法以来，世界上没有哪一家牛皮纸厂是没有味道的，包括在 1969 年投产的最先进的造纸厂。造纸工业的科学家们断言，建造一座没有味道的牛皮纸造纸厂是根本不可能的。硫酸盐制浆过程中

释放出的空气污染物其威力之大,只要十亿分之一便可被人的嗅觉感觉到。全国公众对造纸厂的舆论是值得我们借鉴的:

俄勒冈州奥尔班尔市:"造纸公司曾大吹大擂说已对烟与臭味做出重大改进,然而他们除了使烟的味道变了变以外,实在还没有做成什么。怪味与烟仍与我们同在,看样子是要永在了。"

俄亥俄州西利克斯市:"对于我们西利克斯来说已经为时太晚了,但我祝愿你在拯救埃斯克诺巴中获得成功。"

缅因州波特兰市:"我已经快70岁了,所以我觉得我忍受这种恶臭的日子不会很长了。"

华盛顿州埃沃雷特市:"你们要是信了他们能去掉臭味的诺言,你们将来的日子将搞得一塌糊涂。"

加利福尼亚州尤里卡市:"造纸厂说我们在尽力而为,我们的造纸厂是世界上最先进的,从经济角度来说是没有办法再改进了。"

密执安州摩斯科根市:"我们这里有一座大型硫酸盐造纸厂,经常放出一种很强烈的类似卷心菜味道的污染空气,结果使我们这一地区人口减少,经济萧条。"

宾夕法尼亚州替隆市:"我们为争取干净的空气在与西弗吉尼亚造纸公司交战,但不管是哪一家公司,味道都是一样的。"

加拿大新斯科台省彼克顿市:"那时候他们说,这是一家新工厂,不会像其他厂那样气味难闻,但事实上味道强到连我们房子上银灰色的漆都开始变黄。"

我们所收到的信中,没有一封不是说硫酸盐造纸厂给他所在社区带来的除了损害以外别无他物。

空气污染条例应该承认,不管是州级的还是联邦一级,现在还没有测量气味的技术标准,唯一真实的测量标准是人的嗅觉。为此,我们根据地方法令,由本地监督委员会提名,成立了由有责任感的人士组成的保护空气委员会,来听取意见,搜集意见,并为解决本社区的空气污染与臭气问题制定出合理的解决方案。这对于解决像无法用科学仪器来测量气味的空气污染难题尤其有益。这个委员会将设在我们社区一带,以便对每个市民与各行各业做出及时的反应。

硫酸盐处理法并不是制作印刷纸张的唯一方法,对于麦德及社区来说,还有其他的选择,还有别种方法不会像硫酸盐那样造成污染,并能以上半岛所生长的任何树木为原料生产出制作印刷纸张的纸浆。我们意识到麦德处在一个竞争性很强的行业，而且硫酸盐处理法为他们提供了某种好处。但我们恳切地希望麦德能重新考虑他们的计划，建造一所不会污染、不会损害我们环境的造纸厂。他们若是肯放弃硫酸盐处理法的话，这不是做不到的。

我们希望我们社区的每一个居民都前往参加 10 月 28 日星期二晚 7 时 30 分在埃斯克诺巴中学礼堂由密执安空气污染控制委员会举行的公众意见听取会。这将体现出你对我们宝贵环境的前途的关心。埃斯克诺巴的居民包括每一个个人和团体齐心协力，终将能够保住美国最纯净的空气。

埃斯克诺巴保护空气市民委员会

邮政信箱 94

密执安　埃斯克诺巴　49829

事情因此闹大后，由政府出面进行了调停。如上面的信中所述，密执安州政府空气污染控制委员会召开了一次公众意见听取会。而麦德公司在整个事件的处理过程中，始终采取公开的、直截了当的方针，把问题的一切都摆在社区居民及新闻媒体面前。在一次会议上，密执安大学的学生站在埃斯克诺巴保护空气委员会一边，认为麦德公司不该在当地建厂。麦德公司的公关人员立即邀请一位特别坦率的学生与公司副董事长见面，并请他参与共同审议公司所说的控制臭气的研究与技术。

为了实现公司提出的消除臭味的承诺，麦德公司做了大量的工作。在工厂建造与早期生产过程中，出现很多严重事件。因为怪味、臭味可以来自蒸煮器、蒸馏器、回收炉、石灰窑以及纸浆冲洗的任何环节，要同时控制这么多漏洞是需要花费很大力气的。其中最伤脑筋的一次是沉淀器失调，大量白色粉尘外泄，覆盖了附近整个地区。麦德为此停工 3 次，并耗资 200 万美元增设了一个改进系统才将局面控制住。而整个控制空气污染的设备与措施总共花费了 600 万美元。

为了及时与社区公众沟通，麦德公司公关部门提供了专用电话线及时受理投诉，认真回答询问。在白粉外泄事件发生后，公关人员挨家挨户给受损失者打电话，发送洗车赠券，听取公众意见。麦德公司的做法赢得了社区居民的信任，埃斯克诺巴的负责官员在接受《华尔街》杂志社采访时代表大家说了这番话："麦德本可以只是把这个问题谈滥了而什么也不做，但是他们没有这样。他们是坦诚直率的、直截了当的、实事求是的。要是有什么事情办不到，他们就会告诉我们：诺，这个不灵，我们还得回头再试试别的什么。我们都知道麦德在解决他们的问题时是卖了力气的，我们社区里大多数居民都觉得他们差不多已经把事情搞妥了。"

麦德终于用了 3 年的时间把难题解决了。

（案例资料来源：李温：《中外公共关系案例分析》，大连理工大学出版社 1992 年版；查灿长：《公关实务与案例分析》，青岛出版社 1994 年版）

二、案例分析

麦德公司用了 3 年的时间把空气污染的难题解决了，与其说麦德公司是采取科学技术手段解决了这一问题，不如说是以高度的公关意识与公关手段赢得了公众，后一个方面甚至对问题的解决具有重要的意义。

麦德公司在解决问题的过程中，始终坚持了公关先行的策略，采取公开真相、实事求是、坦诚交流的方针，把问题的一切都摆在社区居民及新闻媒体面前，尊重社区公众的正当权益要求，保持与公众合作的高姿态，一旦出现问题又及时沟通，认真处理，不惜花费人力、物力和时间，使公众了解麦德公司为了解决问题是认真的、卖力气的。

为了保证承诺的真正实现，花费百万美元巨款安装控制空气污染的设备与防范措施，这一切都使麦德公司赢得了公众的信任，从危机中走了出来。

三、思考·讨论·训练

1. 为什么污染问题容易酿成企业危机？为防止这类危机的发生，企业应做哪些基础工作？

2. 假如麦德公司没有能够实现它的许诺而在一定程度上打了折扣的话，那么埃斯克诺巴及密执安的保护空气委员会和空气污染控制委员会能与麦德公司和睦相处、相安无事吗？

案例 6-3　"三鹿"成功处理媒体误报事件

一、案例介绍

2004 年 1 月 16 日，阜阳市林泉县吕寨镇勇庄村 42 号张文奎投诉所购三鹿奶粉（批号 2003.9.3）有质量问题。阜阳市卫生监督所检验科检验后认为是不合格产品，向三鹿集团发出确认通知书后，经进一步核实，举报奶粉属假冒的三鹿奶粉。为慎重起见，阜阳市卫生监督所又对市场上销售的三鹿奶粉进行抽检，共抽查 6 份三鹿牌系列产品，经检验全部合格。

4 月 19 日中午 12 时，中央电视台经济频道"经济半小时"栏目对安徽阜阳大头娃娃与"杀人奶粉"的情况做了全面的报道。4 月 19 日下午，三鹿奶粉当地经销商、阜阳永发糖酒公司经理张伟接待了一个上海某报的记者，该记者声称其经销的三鹿奶粉有问题，要其"拿两万元摆平此事"。张伟于当日下午 14 时 45 分到当地公安机关报案。14 时 49 分，阜阳市 110 也转来了该记者的报案，称其在永发糖酒公司采访时人身自由遭限制。该派出所随即出警，将该记者带回派出所调查。派出所在当日得出的结果表明永发公司并未限制该记者的自由。

该记者随即撰写新闻稿件《专项调查组抵阜阳调查劣质奶粉，查清产地是关键》的新闻稿。该报随即于 4 月 20 日刊载，东方网随即转载。该文影射三鹿奶粉有质量问题，并有"记者在采访时被强行扣留"的字句。集团公司在看到报道后，随即以集团公司名义向东方网传真了相关情况说明，并要求该网站尽快撤销其中涉及三鹿集团的不实报道，并与该记者进行了严正的交涉。

"经济半小时"栏目对阜阳奶市场的报道出来后，在阜阳当地造成了极大的震动。阜阳市政府要各相关部门必须于 4 月 20 日将抽检合格的奶粉名单上报。工商局上报了 9 种，卫生局（疾病控制中心是卫生局下属单位）上报了 12 种，卫生局上报的名单包括三鹿奶粉。

4 月 22 日，阜阳《颖州晚报》头版刊登阜阳市抽检不合格奶粉名单，原来假冒的三鹿婴儿奶粉并没有被注明是假冒产品，被排序在 32 号，不合格项目为蛋白质含量 7.47%。该公告落款为阜阳工商局、阜阳卫生局、阜阳消协。

此报道随即同阜阳"杀人奶粉"事件飞向全国，全国各地各级电视台、广播电台、报纸、网站等纷纷转载、曝光，使三鹿奶粉在阜阳及全国各地市场造成了严重影响。全国各地各级执法部门对三鹿奶粉的经销进行封杀，将各地大小商场的三鹿奶粉撤下柜台、封存，消费者对已经购买和在食用的三鹿奶粉退货。

"4 月 22 日之后，三鹿奶粉的销售立马出现雪崩式下滑，从 4 月 22 日开始，到最严重的是 4 月 26 日，销售下滑 80%。期间我们的损失大约是两千万"，公司副总经理张振岭说。

在得知《颖州晚报》的报道之后，三鹿集团立即进入紧急危机处理状态。22 日上午 10 时，公司的三鹿项目组接到了三鹿集团的告知电话，决定立即组成危机处理小组，全方位配合三鹿集团处理误报事件。

首先，公司利用自己广泛的媒体关系，立即开展媒体沟通工作，将真实情况书面告知媒体，防止媒体误报，并争取快速公布更正消息。在短短一天内，共通知了全国93家新闻媒体，有19家新闻媒体在刊登时撤下了三鹿奶粉的名字。同时，公司针对误报事件，写作了十多篇新闻稿件，陆续在《北京青年报》、《新京报》、《京华时报》、《南方都市报》、《齐鲁晚报》、《楚天都市报》、《中国食品质量报》、《中国质量报》、《中国经营报》等20多家权威媒体上刊登，尽可能地防止了误报带来的大面积传播，并及时发布正确信息，为更正视听打下了良好的基础。

就在公司紧锣密鼓进行媒体沟通的同时，在外地出差的集团副总经理蔡树维当日早晨驱车赶往阜阳，副总经理张振岭从河北石家庄乘坐飞机于当日下午抵达阜阳。当天下午，他们二人会合后即到阜阳市工商局了解情况，工商局说"是阜阳市疾预防与控制中心提供的材料"。他们随后又到阜阳疾控中心了解情况，疾控中心查找了相关档案后，证明是由于内部人员工作疏漏和失误，把假冒三鹿奶粉在未标注假冒的情况下以三鹿婴儿奶粉为不合格产品上报，并于当日出具了证明。

"当时市政府要的太急了，把半年来抽检不合格的产品都报上来了。阜阳疾控中心承认确实不是故意，也不存在竞争对手捣鬼的情况，是一时疏忽。相关人士现在压力也很大。"张振岭强调说。

当天下午，三鹿集团向阜阳市全面开展伪劣奶粉及工业食品专项整治工作领导小组提出了正式书面要求：以专项领导小组的名义，立即在阜阳电视台、电台、报社等有关媒体上澄清事实；以专项小组的名义在阜阳新闻网上澄清事实真相；就"三鹿奶粉不合格"曝光事件向省及国家级调查小组说明事实真相，争取更高层次的关注与支持。

他们与当地相关部门政府协商之后，决定召开新闻发布会。政府相关部门在会上面对媒体向三鹿公司公开道歉。

23日上午10时，阜阳工商局、卫生局、消协、专项领导小组正式召开新闻发布会。宣布公告三鹿奶粉为不合格产品系误报，并向三鹿集团公开道歉。24日，全国各报纸、网站、电视、广播电台纷纷报道了更正消息，澄清了事实。中央电视台26日中午的"时空连线"节目中采访了张振岭，在4月26日中午的"经济半小时"栏目里又对此做了专门的澄清。紧接着，全国各地几千家媒体都登载了澄清消息。

4月26日，卫生部、国家工商管理总局、国家质检总局等四部委就三鹿奶粉事件联合下发文件，要求各地执法部门允许三鹿奶粉正常销售。中央四部委就一企业的产品联合发文是绝无仅有的事例。

"五一"放假期间，三鹿公司危机处理人员没有休息，他们马不停蹄地赶赴石家庄密会三鹿集团老总，敲定了三鹿奶粉下一阶段的市场扩张策略与方案。

据分析，"阜阳奶粉"事件后，原来有问题的奶粉都将从农村市场中退出，中国农村市场必然出现大量市场空缺。为此，三鹿集团认为：应在紧急处理危机的同时，一定要做好紧急启动农村市场的策略，在农村市场加强市场的精细化操作，以最快的速度填补农村市场空隙，扩大市场份额。

在广泛讨论后，三鹿集团制定了相应的市场策略。

第一，与行业协会、国家有关部委、媒体加强沟通，加大宣传力度，树立消费者消费国产奶粉的信心。

第二，加大建立健全销售渠道与网络建设力度，启动农村营销体系。

第三，加大生产与质量管理力度，开展高质量竞赛活动，加强奶源建设，生产流程更加严格要求。

第四，针对婴幼儿健康主题，举办一次全国性的健康公益活动。

（资料来源：高超：《"三鹿"危机公关纪实》，《经济论坛》2005年第1期）

二、案例分析

本次危机处理历时35天，从整体角度上看，"三鹿危机"得到了圆满的处理。总结起来，三鹿在以下几个方面做得比较到位：

第一，决策迅速。事件发生当天，三鹿集团主要领导立刻组成危机处理指挥部，全面协调各方面关系，并及时准确地向各部门下达危机处理各项指令。在危机发生时，迅速正确的决策成为此次危机处理成功的第一要素。

第二，有良好的媒体资源关系，能在较短的时间内消除负面影响。中央电视台的"新闻联播"和"经济半小时"栏目都对"三鹿误报"事件做了专题报道，在全国20多家都市类媒体发布了几十篇正面报道，国内各大门户网站对此做了转载。

第三，与政府协调沟通力度大。三鹿集团及时向河北省委、省政府汇报，并通过它们直接向国务院转达了整个误报事件的经过，国务院专项调查组在阜阳召开新闻发布会时，阜阳市政府就误报事件向三鹿集团道歉。

第四，信息渠道畅通。阜阳事件发生时的情况、三鹿集团内部的情况、三鹿各地市场的情况等都汇集到三鹿危机处理小组，让集团领导及时了解事件的进展，做出迅速而准确的决策。

三、思考·讨论·训练

1. 三鹿集团成功处理了媒体误报事件，你认为其成功表现在何处？
2. 处理媒体误报事件的基本思路与操作过程是什么？请进行总结。
3. 预防误报事件的发生，企业可以做哪些工作？

案例 6-4　富士公司的败局

一、案例介绍

20 世纪 80 年代初，中国国内有 7 家胶卷和相纸生产厂家，由于国外同类产品大举进入，攻城略地，仅富士胶卷就占据了中国胶卷市场的半壁江山，中国国内感光材料企业举步维艰，负债和亏损累计近百亿元。一触即溃的中国感光行业已经没有了退路，时间再拖下去，整个感光业性命难保。当时，舆论普遍认为，这是国外公司低价倾销造成的。后来，经过调查，情况并非如此。于是，中国有关部门开始考虑国内感光材料行业对外开放。中国官方的态度是，如果要合资就对全行业合资，利用跨国公司的资金和技术对全行业进行整合。

在当时中国感光材料全行业亏损的情况下，中国政府急需跨国公司的资金和技术对中国感光材料进行全行业整合，这对于任何一家有实力的跨国公司来说都意味着极大的市场机遇。无论哪一家企业与中国政府达成协议，都能得到中国政府在政策、融资等方面的大力支持，从而获得极佳的发展机遇，成为中国感光材料行业的老大。

中国政府有关方面首先向日本富士公司表达了合作意向，但富士公司却表示没有兴趣，并拒绝了中国政府抛出的"橄榄枝"。于是，富士公司的强劲对手——美国柯达公司便成了中国合资合作的当然之选。当年参与签订协议的一位中国官员说："富士没想过来中国合作建厂，但柯达却是主动找上门来的。"柯达公司在跟中国有关部门进行了多轮谈判后，最终达成了"98 协议"。该协议规定，柯达与中国 7 家感光企业中的 6 家进行合资合作（乐凯公司除外），总投入 12 亿美元，以控股的方式与厦门、无锡、汕头 3 家感光企业组建合资公司，上海、天津、辽宁 3 家企业在合资公司 3 年基建期内不能与其他外商合资合作。中方承诺，在协议签订的 3 年时间内，不批准另外任何外资企业进入中国的感光材料行业。

如果当时富士公司果断地做出决策，接受中国政府的合资条件，那么，趁着当时富士胶卷在中国市场的既定优势，今天在中国市场上的胶卷业霸主就很可能不是柯达而是富士了。可是，富士公司对中国政府提出的全行业合资所需投入的巨额资本感到恐惧，害怕投入大量资本后这些企业的经济效益不能好转，自己的投资难以收回。一篇文章在谈到富士和柯达的中国市场战略时毫不客气地说："富士在中国投资裹足不前的小家子气，实实在在地表明其没有长期的发展规划。一家声名显赫的世界级企业，在一个全球一致看好的中国市场上没有一个长远的战略规划，显然是极其危险的。"所以，富士公司白白地放弃了这一难得的战略机遇。

而柯达公司则紧紧地抓住了这一良机，不但与中国政府顺利地达成了合资协议，而且还签订了具有排他性质的条款，从而将其他公司拒之门外，这就等于在中国形成了独家垄断。

据美国《财富》杂志统计，创立于120年前的柯达公司2000~2001财政年度销售收入接近140亿美元，居世界500强的第375位；而成立于1934年的富士公司销售收入为130亿美元，居世界500强第399位。柯达公司利润是14亿美元，利润率约为10%；富士公司利润是10.66亿美元，利润率约为8.2%，富士与柯达难分伯仲。柯达色彩还原好，富士色彩艳丽。论冲印技术，富士开发的冲印设备全球领先，而柯达没有自主开发设备的能力，用的大多是其他企业甚至包括富士的设备。"98协议"签订后，中国国内感光材料领域对柯达开放，对富士等其他外资企业，这一领域仍是投资限制类项目。中国对进口彩色胶卷征收的是高额关税，这意味着本土化生产的柯达感光材料的市场竞争条件大大优于其他纯进口的感光材料。所以，市场的天平逐渐偏向了柯达公司。为此，柯达公司在中国市场的业绩以每年8%~10%的速度增长，至今已占了70%以上的市场份额，而富士和柯尼卡等品牌的份额，合起来也不到25%。也许，当柯达公司开始与中国政府谈判的时候，富士公司失利的命运就已经开始了。

据统计，1997年中国胶卷的消费量为1.2亿个，彩色相纸的消费量为6000万平方米。其中国产彩色胶卷3000万个，中国产彩色相纸约1200万平方米。到2000年，中国胶卷的消费量为1.5亿个，彩色相纸的消费量为1亿平方米。中国感光材料的消费需求以每年增长10%~15%的速度向前发展，成为增长最快、最具潜力的世界感光材料的三大市场之一。

一着不慎，全盘皆输。面对中国感光材料市场需求的不断增长，富士公司后悔不已。2001年成立的富士中国公司在感光材料领域一筹莫展。富士公司在中国投资建立的生产数码影像产品、医疗图像诊断产品、制版印刷产品的5

家企业，因产品耗材大多与感光材料有关而无法实现在中国市场大展宏图的目标。

由绝对优势地位滑落到弱势地位的富士公司，一度想与一直置身事外但经营日渐衰落的乐凯公司合作，以打破中国市场的僵局。柯达公司见状，也主动与乐凯公司联系。为争夺乐凯公司的"芳心"，富士公司和柯达公司都使出了浑身解数，最终由于柯达公司给出了更优厚的条件，赢得了乐凯公司的青睐，双方合作期为20年。柯达公司笑到了最后，富士公司再一次败北。

2001年11月13日，乐凯公司牵头在北京人民大会堂举行了"联合承诺"仪式，向所有的消费者保证胶卷质量。当时，柯达、柯尼卡、爱克发等厂家都出席了。令人意想不到的是，富士公司公开提出必须修改"联合承诺"的内容。富士公司表现出的这种公然挑战行业游戏规则的强硬态度不得民心，同时激起了同行的公愤，使之变成了孤家寡人。

然而，富士公司的失败还不止于此。"走私"这个危险的字眼无论安在哪家公司身上，我们都不会想到其会与富士公司有联系。可是，它却恰恰与这家久负盛名的世界级大型跨国公司扯上了关系，富士公司身陷丑闻，它那令人炫目的光环也变得黯淡了。

据报道，2003年2月中旬，黄埔老港海关调查部门接到情报，称一艘来往港澳的船舶"长港轮"20060航次载运着7个十来米长的申报废纸进口的集装箱抵达黄埔老港集通码头。这批货柜中藏有走私货物。海关迅速对其布控。14天后，在货主仍未前来认领的情况下，海关将7个货柜全部开箱查验，发现其中夹藏有大量走私货物，包括富士牌感光相纸1108箱，每箱4卷，共计4432卷，价值人民币367万元。同时，在上海的一些超市内，一卷富士胶卷的售价仅为13元，与平日相比降了六七元。

早在2002年年底，国家经贸委、国家计委和外经贸部办公厅就联合颁布《关于加强外商设立感光材料生产企业管理的通知》。通知指出，1995年10月成立的珠海真科感光材料制作有限公司当时是违规设立的，而且1998年3月它再次违规调整了内外销比例。珠海真科被勒令停产。富士中国副总经理小泉雅士称，无论是富士总部还是富士中国，从来都没有给珠海真科投过一分钱，实际上，珠海真科只与富士总社的代理商有关系。所以，有关"走私"的传闻与富士公司无任何瓜葛。富士摄影器材有限公司上海办事处市场部负责人也告诉记者，此次低价销售胶卷与富士公司无关，都是各零售商、分销商的促销策略，商家根据市场需要，在批发价的基础上对零售价进行调整是很正常的。该负责人还对记者讲，富士公司本着让利于消费者的宗旨，指导厂家、经销商、批发商、零售商每个环节的销售，是一种"垂直型"的渗透营销方式，并不是低价倾销。

富士公司由于急于从柯达公司手里夺回失去的市场，竟然铤而走险，走私胶卷到中国市场，逃避关税。富士公司利用通过走私偷漏关税获得的成本优势，在"98协议"到期时进行大幅度、大范围的降价，试图通过降价手段拉拢顾客。富士公司这次带有倾销性质的降价风潮，激起了包括柯达公司和乐凯公司在内的同行的一致愤慨，使之群起而攻之。降价风潮也引起了中国政府有关部门的警觉，并开始调查富士公司涉嫌参与走私的内幕。一批内地、香港律师经过100多天的深入调查表明：内地有关公司从香港中港照相集团下属富士摄影器材有限公司购货开始，后来发展成为与其合伙走私，并有严格的分工。货物进入内地后，一部分由珠海真科感光材料制作有限公司销售，另一部分由该公司转交给富士摄影器材公司在北京、辽宁、四川等地的分公司进行销售。事情一经媒体报道，一石击起千层浪。

我国对感光材料市场的管理一直非常严格，富士公司在中国是没有权力生产感光材料的，其在中国市场上销售的胶卷均为直接进口，按正常对外贸易，进口彩卷的到岸价为每卷1.3美元。我国对进口民用胶卷征收的关税是60%以上，再加上17%的增值税、生产成本和经销商与分销商等的利润，进口民用彩卷的最低零售价应该每卷不低于15元人民币。一位业内人士称，此次富士公司降价可能有两个原因：一是清理库存，为新产品的销售开拓市场。因为当时各大媒体的广告都在宣传富士新推出的200度胶卷。二是此次降价的胶卷来路不正，是水货。

调查结果显示，富士公司走私证据确凿，中国政府有关部门对此也做出了反应，富士走私的后果虽然不至于使它失去中国市场。但有一点起码是可以肯定的，那就是，从此以后富士的产品要从国外进入中国市场将要比以前花更大的代价。而柯达公司在中国市场上的竞争力与富士公司相比似乎又强了几分，这也许正应了"马太效应"的规律，强者越强，弱者越弱。

失策的富士公司如今与本来处于同一重量级的对手柯达公司相比，一个在天上，一个在地下。

（资料来源：陈秀丽：《世界十大公关经典败局》，清华大学出版社2006年版）

二、案例分析

柯达和富士在中国市场的不同遭遇，反映出了传播沟通的奇妙力量。柯达无疑是中国市场公关以及危机管理的胜利者，而富士无疑是中国市场公关以及危机处理的失败者。跨国公司进入中国后，比较头疼的一个问题就是中国的媒体环境和媒体行为与西方的差别很大。在很多时候，由于跨国公司对中国媒体不理解或者处理不当，往往触发了危机。由于社会公众与企业的信息不对称，使得公众受媒体的舆论影响很大，所以企业在很大程度上要考虑如何对媒体做公关工作。

柯达公司的媒体沟通能力是很强的。在与记者的交往中，柯达要求公关人员要做到第二次与记者见面时，能叫出记者的名字。在中国一些传统的节日，柯达会给记者们寄上一张贺卡，或者是一个有着中国地区主管签名的笔记本，公关工作做得非常细致。柯达深深知道，记者是以报道新闻为天职的，不主动做出解释，就会挑起记者的好奇心，在无法证实的情况下，挖独家新闻、挖内幕的兴奋感就极有可能被畸形放大，于是各种各样的说法就会满天飞。

2002年，柯达有一款相机出现问题，柯达的做法是，立即按国际惯例宣布召回。面对新闻界的态度则是尽量坦诚，它们甚至将柯达的解释直接发给有联系的记者，实际上，许多记者当时还不知情。但柯达明白，纸包不住火，柯达的主动反倒让许多记者提不起追究的兴趣，从而使其质量事故的传播范围最小化。同时，在整个事件中因为有了一个统一的说法，传播的主动性就掌握在柯达公司的手中，不会因为记者的分析和猜测导致另一层次的危机。这样的处理方法还有利于柯达内部的释压，没有出现被记者到处围追堵截的情况，避免了局面的失控。

富士公司在媒体沟通方面则一直不尽如人意。当"走私事件"的新闻不断被传媒曝光时，富士公司却一直以沉默作答，仅有的是一份"与自己无关"的声明，大有企图逃避中国媒体和舆论的监督、蒙混过关之嫌。富士公司在对待媒体时更多的是声色俱厉，试图使媒体屈服。富士曾将一纸声明函发给北京某著名财经报纸，表示要诉诸法律来解决其被曝光事宜。然而，就在富士公司发出声明后的两个星期，这家著名的财经报纸仍然利用较大的篇幅对富士走私事件进行了追踪报道，并配有社评性质的评论，大有将富士走私事件追踪到底之势。

富士公司作为一家跨国公司，在与媒体的沟通上却没有显示出与跨国公司身份相匹配的风范。实际上，富士公司进入中国以来，一直在媒体面前显得非常被动。走私事件被曝光后，北京、广州等国内各大媒体开始了大规模的追踪报道，更是把富士与媒体不和谐的关系表露无遗。与柯达相比，富士缺乏一种与媒体互动性的双向沟通。这种双向沟通不仅仅是一种物质利益上的关系，更重要的是精神层面上的东西。结合近年来发生的东芝笔记本事件、三菱帕杰罗事件、松下手机事件等，可以看出，日方企业对待危机的处理方法多是"以我为中心"，以保护自身的短期利益为目标，能推就推，责任能避让就避让，使人丝毫看不出解决问题、对消费者负责的诚意。

三、思考·讨论·训练

1. 造成富士公司在中国败局的原因是什么？
2. "走私事件"被媒体曝光后，富士公司应如何应对？
3. 柯达公司在中国成功的市场开拓给我们哪些启示？
4. 柯达公司在媒体沟通方面有什么独到之处？

案例 6-5 美国海洋浪花公司安渡危机

一、案例介绍

感恩节是美国的一个传统节日。几百年前，第一批移民乘坐"五月花"号漂洋过海，历经艰辛到达美洲新大陆的时候，未卜的前途、难测的命运都摆在他们的面前，给这些刚从大洋中历尽磨难的人们心中留下了深深的阴影。所幸美洲大陆物产丰富，气候宜于稼穑，这批人才能作为居民生存下来。为了感谢"天主"的恩赐，人们把 11 月的第三个星期天定为"感恩节"，以表达自己对"主"的感激之情。火鸡、克兰梅、三明治就成了感恩节的传统食品。

克兰梅是美洲本地产的一种深红色酸果，近二百年来，一直是美国人感恩节餐桌上必不可少的食物之一。每年 11 月初，克兰梅产销两旺。纽约海洋浪花公司就是制作克兰梅果汁、果酱的最大商家之一，年销售量达数千万美元。

1959 年 11 月 9 日，美国卫生教育福利部部长弗莱明突然在一次聚会上口出惊人之言："克兰梅在生长的过程中，受除草剂的污染，在实验室的大白鼠身上做实验，结果发现了癌细胞。""虽说没有证明这种克兰梅在人身上也有致癌作用，但公众亦应慎重对待，好自为之。"

在传播媒体发达的美国，这样的消息当然不胫而走。广播、电视、报纸纷纷报道、刊登、转载这个消息。而在 20 世纪五六十年代，癌症正是人人"谈虎色变"的不治之症，一时间，"克兰梅会致癌"的消息家喻户晓。虽然众多的虔诚的基督徒们十分感谢上帝的圣恩，可要让他们提早哪怕是一天到上帝那里报到他们也是不情愿的。

面对坐电梯一样疾速下降的克兰梅销售量，海洋浪花公司意识到，厄运之神找上门来了，若不及时做出反应并有所行动，有可能会面临灭顶之灾。

海洋浪花公司求助于 BBDS 公关公司，以副总裁斯蒂文森为首的危机处理小组投入了行动之中。

新闻界既能把克兰梅可能致癌的消息报道得有鼻子有眼，也应该能把"克兰梅是纯净的"的故事描述得活灵活现。11 月 10 日，斯蒂文森举行了记者招待会，并征得全国广播公司的支持，在"今日新闻"中安排了一次专访，随后又安排了一个食品杂货制造商、销售商会议。当然，这些行为的目的都是尽可能地布置一个"讲坛"，让斯蒂文森好有机会陈述自己的观点，澄清不利说法。

他们又致电弗莱明，要求他立即采取措施，挽回他不慎的言语所造成的损失，遭到了弗莱明态度强硬的拒绝。

11 月 11 日，斯蒂文森致电美国总统艾森豪威尔，要求他把所有的克兰梅作物区划为损失惨重的"重灾区"。同时电告弗莱明，他们已向法院起诉，控告弗莱明言语失当给他们造成的损害，并要求赔偿 1 亿美元。

11 月 12 日，在公关顾问的策划下，海洋浪花公司请来了总统候选人肯尼迪和尼克松。在电视镜头前，尼克松自己就吃了 4 份克兰梅，而肯尼迪也应邀喝了一杯克兰梅果汁。

在此后的几天里，海洋浪花公司继续和弗莱明保持接触。19 日，当法庭审理诉讼案时，双方已经达成了协议，对克兰梅作物是否有害于人体进行化学试验。

经过一系列的"救火"行动，公众所受的权威人物弗莱明的影响也大为减轻。到感恩节的前两天，克兰梅制品的销售量已恢复往年同期的 90%，海洋浪花公司躲过了这场突如其来的厄运。

（资料来源：奎军：《公关案例 100》，广州出版社 1998 年版）

二、案例分析

海洋浪花公司之所以能够在危机面前从容镇定，在于他们有着较强烈的危机意识并积极采取行动，这是他们渡过危机的关键。

面临危机不慌乱，并且迅速与专业公关人员合作，是其高质量公关活动的前提，也是它们能在三天之内做出多项危机反应的原因。像克兰梅这种节日性强的食品，节前的每一分钟都很宝贵，一旦过了节，就失去了市场，所以海洋浪花公司迅速的反应在解决危机中显得异常重要。

紧紧抓住传播媒体是其躲过危机的关键。"克兰梅可致癌"这样的消息之所以迅速传遍千家万户，跟媒体大有关系。所谓"解铃还需系铃人"，只有通过媒体传播，才能尽可能快捷、广泛地消除不利影响。所以，记者招待会排在危机应对的第一步，通过它，传递出正面信息：克兰梅是洁净的，没有受到污染。相关公众马虎不得，制造商和经销商会议的"醉翁之意"就在于此。名人效应往往比正面信息更有效。无论是致电美国总统，邀请总统候选人，与弗莱明打官司，都是致力于借名人的号召力影响公众。

海洋浪花公司那麻利的运作，纯熟的危机传播管理手段，在危机管理史上久久为人们所称道，堪称经典之作。

三、思考·讨论·训练

1. 海洋浪花公司为什么能够安渡危机？其成功之处何在？
2. 在危机中，企业应该怎样通过传播沟通影响公众？

案例6-6　霞飞"3·15"危机事件

一、案情介绍

1993年3月15日，这天是世界消费者权益日，也是中国化妆品行业的灾难日。这一天，中央电视台在"国际消费者权益日"的晚会上，对中国8大化妆品企业（其中6家产值逾亿元，有4家是合资企业）的10种化妆品，因其外在包装不规范而曝光于天下。此时，引起所有中国人高度关注的、旨在提高产品质量、打击假冒伪劣产品的"中国质量万里行"，正震撼着中国大地。

3月18日，国家卫生部"为配合'中国质量万里行'的活动"，就同一问题向全国各省、市发文通报。于是，这些本来畅销于国内外，在消费者中享有极高知名度的化妆品，一夜之间，被消费者误认为是劣质产品。

中国化妆品遭遇了空前的大劫难。据估算，化妆品行业预计损失5亿元。全国各大百货站、公司、销售网点均以质量不合格为由，纷纷退货并禁止销售。正处在化妆品销售黄金时节的化妆品企业一蹶不振，有的濒临倒闭的边缘。

在这场灾难中，首当其冲的是上海霞飞日用化工厂。"霞飞"中国十大驰名商标中唯一的化妆品商标，一度代表着中国化妆品行业的骄傲。此刻仅仅以其3个小包装的小标签没有中文"合格"字样，就被抛进了危机的旋涡。企业形象受直接损失30余万元，间接损失70万元，预计损失将达3000万元。

一个正在勃兴的企业陷入灭顶的困境。

小毛病酿成大危机，其症结何在？

1984 年，管化妆品生产管理的轻工业部发布了《化妆品生产管理条例》，1989 年 1 月 1 日实施化妆品生产许可证制度，其中包括了卫生标准的检验。1991 年 1 月 1 日，卫生部又发布《化妆品卫生监督条例》。政府的两大部门在化妆品生产管理上的"两堂会审"，使企业无所适从。为此，国务院有关部门曾多次召集两部协商解决，重申有关实施细则必须经两部会签才能发布、生效。然而，1992 年 3 月 27 日，卫生部单向发布实施了《化妆品卫生监督条例实施细则》，1992 年 6 月 26 日，轻工业部单向发文暂缓执行《实施细则》。轻工业部、商业部、民政部、农业部、国家技术监督局等 5 个部门联合上书国务院，要求修改卫生部的《化妆品卫生监督条例实施细则》。

3 月 15 日，在打击假冒伪劣商品之际，化妆品各大名牌因小包装问题被卫生部推向曝光台上，聚光灯下真正的假冒伪劣化妆品，那晚必定放心地长吐一口气。

"霞飞"等化妆品成为政策错位、管理部门之间失调的牺牲品，只可意会的错位酿成了企业的危机。

历经风风雨雨的霞飞日用化工厂，在范国威厂长"成也公关，败也公关"的感慨和领悟下，3 月 2 日正式设立公关部。3 月 6 日，傅钟虎出差返沪，方知已被授权挂帅。这位原厂办公室主任、现公关部经理，万没有想到自己在 10 天后，竟成为炙手可热的新闻人物。

曾在日本留过学，感受了现代市场经济竞争气息的傅钟虎经理同厂长迈出了关键的一步：请教公关专家。

当天，傅经理穿梭于上海公关协会等公关组织，坦率地将情况向公关专家说明，求教解决危机的方案。综合专家们的建议，挽救"霞飞"形象于危难中的公关目标确定：

抓住"3.15"曝光的非质量问题，恳求政府解决管理部门"各树权威、企业遭殃"的问题，迅速同有关组织（销售网站、行业协会）、新闻媒体通报事实真相，唤起公众的广泛同情，控制住危机局势。

一套完整的危机管理方案形成：

第一步：迅速组织销售人员奔赴各地，热情向客户解释包装问题，将退货局势稳定在最小限度。

第二步：向上海党政领导人说明真相，请求帮助，向上海新闻界含蓄透露真相，以达到对曝光"冷处理"的效果。

第三步：赶赴北京，联合其他厂家，通过中国香料香精化妆品工业协会（下称"中国化妆品协会"）向上级陈情，以期尽快得到有关领导的批示。

第四步：向中国公关协会求援，向驻京新闻记者求助，造成广泛的公众舆论同情。

3月17日，傅钟虎经理受命飞赴北京。中国公关危机管理也随之起飞了。

紧紧依靠行业协会，由中国化妆品协会将下情上达，是"霞飞"此番公关策略的关键所在。事后证明，这一决策在沟通政府、联合企业、联络新闻媒体方面，保持公众传播渠道畅通，显示出其他决策无法替代的作用。

3月20日，化妆品协会发出《紧急呼吁》。

3月24日，协会又将6家企业归拢一起，写就《非产品质量曝光，大型企业面临倒闭》的联合呼吁书。

3月26日，协会将上述材料直接送到了朱镕基副总理、有关部长的办公桌上。

3月27日，朱副总理批示：化妆品"曝光要兼听两部意见，不可过分。质量曝光事先要向行业管理部门商量，务求准确、实事求是"。

保持信息开放及密切与新闻媒体的联系，让公众及时了解事态原委和发展。"霞飞"的公关手段在走向成熟。

3月19日，第一次记者招待会在远方饭店举行，公开"曝光"真相，诚恳发表对"曝光"的认识。

3月22日，第二次记者招待会在化妆品协会召开，散发协会"紧急呼吁"。

3月26日，第三次记者招待会，通报事态发展。

傅钟虎在京10天，先后约见10余名记者，还同其中的几位记者彻夜长谈。

处于高度繁忙的傅钟虎，一天也没有中断与厂长的"热线"，有时一天3个电话，将进展情况向决策层汇报，为决策层提供了必要的信息与建议。

致力推行国货精品的中国公关协会，对"霞飞"求援予以高度重视。3月28日，由中国公关协会主持的中华国产精品推展会以整版篇幅在《经济日报》刊发启事："捍卫国产精品的光辉形象"，声明霞飞化妆品不是伪劣产品。《中国青年报》、《新民晚报》、《文汇报》、《解放日报》等也都以同样篇幅刊发启事。

4月2日，国务院有关领导同志指出："把不属于质量问题的化妆品曝光，是很不妥当的，后果是严重的"，指示商业部"不属于质量问题的化妆品一律照销照卖"。

4月6日，中国化妆品协会发出"关于'3·15'非质量曝光事件"的通报，认为"坚决维护企业的合法权益，决不能逆来顺受"。

4月11日，《中华工商时报》头版头条刊出《"3·15"曝光的再曝光》，呼吁："给我们一个具有权威性统一的国家法规吧！"4月28日以后，《报刊文摘》等报纸相继摘发此文。

至此，"霞飞"化妆品退货记录终止，市场在缓缓启动。5月末，化妆品生产量已接近"曝光"前的2/3，再也没有退货事件发生了。

（资料来源：张岩松：《企业公共关系危机管理》，经济管理出版社2000年版）

二、案例分析

霞飞厂在处理"3·15"危机事件中，无忙乱失措之举，而是牢牢抓住"政策错位，企业遭殃"的危机实质，迅速制定目标明确的危机管理方案，有条不紊地展开全方位的工作（派出工作人员，求助地方政府和媒体，联合其他厂家协调行动，制造舆论，等等），结果在短时间内控制住了危机局面，这反映出霞飞厂在处理危机方面颇有经验，似训练有素的"沙场老手"。

霞飞处理此事件的成功之处，还表现在它善于全方位展开工作，在治"标"的同时把重点放在治"本"之上：依靠行业协会下情上达，时刻不忘借助新闻媒体来保持公众传播渠道的畅通，注意运用游说、制造舆论等手段协调政府关系，促进危机事件的解决。

"霞飞"公关部经理傅钟虎由此总结的《危机公关操作思路》，对企业公关危机的处理颇有启发，它是中国危机管理走向成熟的标志之一。摘录于此，供读者参考。

1. 保持沉着冷静。首先在观念上变被动为主动，然后跳出事件圈子，同局外人一样，从宏观出发，透过现象看到该事件本质的东西。

2. 只争朝夕。一旦发生危机，必须全力以赴。既要冷静，又要果断。

3. 确立必胜信念。任何事情都有解决的方法。世界上的事情一定会不断发生，反过来任何发生的事情都能得到解决，这是确立必胜信心的基础。

4. 灵活机动。任何危机都不可能雷同，应因人、因事、因地做出正确的判断，制定合理的处理方案。

5. 牢记中国公关的特点。处理危机时，一定要搞好政府公关，取得各有关行政领导的支持，这叫"巧借东风"；要充分理解背靠领导、面向公众的重要。

6. 千做不如一算。危机公关一定要用巧力，学会用杠杆原理解决问题。

三、思考·讨论·训练

1. 行业协会在"霞飞"处理"3·15"危机事件中起了怎样的作用？其优势何在？

2. "霞飞"处理危机事件的过程中，为什么能得到当地政府、行业协会、新闻媒体的大力支持和积极配合？

3. 企业应建立怎样的"预警"系统以避免成为政策错位、管理部门之间失调的牺牲品？

4. "霞飞"在处理"3·15"危机事件时，其传播沟通有哪些独到之处？

第七章　危机预防对策

预防是解决危机的最好方法。

——［英］迈克尔·里杰斯特

面对任何危机，你首要的目标是尽快结束危机，而比这更重要的
是要做到防患于未然。

——［美］戴维斯·扬

除了一些自然灾害、机舰失事、火灾等非人为因素造成的危机外，企业危
机大多是可以预防的。预防是企业危机管理的重要组成部分，涉及企业管理的
各个环节、各个岗位、各个部门，以及每个员工，甚至涉及设备、环境、管理
方式和管理职能，是一项复杂的系统工程。在当今社会，由于企业组织自身的
构成因素复杂多样，所处的社会环境变化加剧，因而各种企业组织出现危机的
可能性都在增大。在这种情况下，任何企业都应重视危机预防的管理工作，且
都必须运用科学规律、科学规范、科学方法、科学手段进行危机的预防管理。
正如美国学者戴维斯·扬所说："面对任何危机，你首要的目标是尽快结束危
机，而比这更重要的是要做到防患于未然。"危机预防管理水平如何是评价一
个企业的管理水平、衡量一个管理人员的管理能力高低的一项重要指标。

企业危机预防管理是企业危机管理的基本工作内容之一，是企业为预防和
平息危机，对自身危机隐患及其发展趋势进行监测、诊断与预控的一种特殊的
管理活动。其目的在于防止和消除企业危机隐患，保证企业经营管理系统处于
良好的运行状态。"其手段是在企业中一种对危机能加以预警和预控的自组织
免疫机制"。企业危机预防的意义对树立企业员工的危机意识，减少企业危机
的发生概率，提高企业危机的处理水平都具有重要意义。

企业危机预防的具体对策体现在如下几个方面：

一、寻找薄弱之处

很多企业尽管可能是行业的翘楚，但是或多或少地会存在薄弱的地方，善
于发现自身的弱点是现代企业的必修功夫，连微软都声称离破产只有 18 个月，
我们的企业呢？这时企业需要反思，哪些薄弱问题可能会导致企业陷入危机？

企业可以从企业内外部，如企业董事会成员、离职或退休的员工、政府官员、社区居民、新闻媒体、行业分析人士等获得相关信息，这样，企业就可以准备两张表，第一张表包括那些最有可能发生的弱点或潜在危机，各项目按先后顺序排列，以红色、黄色和绿色三部分加以区别。第二张表则按"对企业的严重损害"的顺序排列这些弱点和潜在危机，同样以红色、黄色和绿色三部分加以区别。

（一）编制"发生可能性"表

潜在危机或"发生可能性"

最有可能发生（红色）：

（1）

（2）

（3）

（4）

（5）

……

能够发生，但在近期内不会发生（黄色）

（1）

（2）

（3）

（4）

（5）

……

不可能发生（绿色）

（1）

（2）

（3）

（4）

（5）

……

（二）按"对企业的严重损害"的顺序排列的弱点或潜在危机

潜在危机或"对企业的损害"

会造成严重损害（红色）：

(1)

(2)

(3)

(4)

(5)

……

会造成损害，但是能够加以管理（黄色）：

(1)

(2)

(3)

(4)

(5)

……

会造成很轻微的损害，并且可以很容易地加以管理（绿色）：

(1)

(2)

(3)

(4)

(5)

……

在分析这两个表的基础上编制第三张组合表，要特别注意那些被认为是既可能发生又会对企业造成最大损害的弱点或潜在危机。首先，从前两张表中同时被列为"红色"的弱点或潜在危机开始归纳。其次，是在一张表中被列为"红色"而在另一张表中被列为"黄色"的弱点或潜在危机。再次，记下前两张表中同时列为"黄色"的弱点或潜在危机，然后是"黄色"和"绿色"的弱点或潜在危机。最后，归纳在前两张表中同时被列为"绿色"的弱点或潜在危机。这样就把所有可能的薄弱方面按先后顺序排列出来，企业会直观地看到哪些薄弱环节应该进一步加以明确、防范。

（三）可能发生的严重损害

最有可能发生，会造成严重损害（红—红）：

(1)

(2)

(3)

(4)

(5)

……

最有可能发生，会造成损害，但可以管理（红—黄）：

(1)

(2)

(3)

(4)

(5)

……

会发生，但在近期不可能发生，会造成严重损害（黄—红）：

(1)

(2)

(3)

(4)

(5)

……

在短期内发生可能性很小，会造成损害，但可能管理（黄—黄）：

(1)

(2)

(3)

(4)

(5)

……

弱点分析会帮助企业识别出应该多加关注以防止它们变成主要问题的薄弱环节，同时也为企业将来的危机计划活动提供了需要注意的方面，这是其最大的效用，进行危机预防首先要重视弱点分析。

二、进行预警分析

企业危机预警分析，是对企业危机风险进行监测、识别、诊断与评价，并由此做出警示的管理活动。在企业组织内部，预警对象包括企业的领导者、管理人员和全体员工，预警的目的是引起他们对危机的了解和重视，以便于他们做好必要的应对准备。在社会组织外部，预警的对象是与可能出现的、与危机密切相关的公众，预警的目的是通告他们危机信息，以便于他们及时离开危机险境，有效地避开危机危害。

（一）危机风险监测

危机风险监测是指对社会组织系统中已经或可能出现的危机风险进行监视和预测，收集各种反映危机风险的信息、信号，这是一项非常重要的工作。进行企业危机风险监测，要根据不同企业的具体情况，把最可能引发危机的影响因素或最可能出现危机的实践领域作为重点对象。要采取有效的监测手段，对监测对象的活动进行全过程的关系状态监视，对大量的监测信息进行整理、分类、存储，建立监测信息档案，形成系统有序的监测信息成果。

（二）危机风险识别

危机风险识别是指根据危机风险监测收集的危机风险的有关信息，在比较分析的基础上，判断危机风险实际存在状态。危机风险识别必须在把握通用的状态识别指标和专用的危机状态识别指标的基础上，进行综合分析，反复研究，多方判断，对危机迹象识别进行方向和数量方面的准确描述，以达到对危机全面而深入的把握。

（三）危机风险诊断

危机风险诊断是指对已被识别的危机风险进行基本成因分析和发展趋势预测，为危机预控提供根据。这是危机预防的十分重要的环节。由于危机风险发展趋势是建立在准确的危机风险成因分析的基础上的，因此，必须深入、具体、客观地分析危机产生的原因，运用科学的方法，以保证预测结论符合逻辑，准确有效。

（四）危机风险评估

危机风险评估就是对危机发生的可能性的大小和危机造成的潜在影响进行衡量，使危机管理者能更全面、更准确地预测和管理危机风险。其核心是进行危机的损失性评价，即可能的危机对企业的公共关系、经营管理、相关公众、社会环境将造成的危害。坚持定量评估方法与定性评估方法相结合是开展危机风险评估的关键。

三、实施预控对策

企业危机预控是指根据预警分析的活动结果，对企业组织可能出现的危机事态进行早期矫正与控制的管理活动。发出危机警示并不是危机预防管理的根本目的，对危机进行有效的预控才是危机预防管理的根本目的。预控对策的活动内容包括以下几个方面：

（一）思想准备

企业的每一个员工都要从思想上做好应对各种危机的准备。这就是我们通常所说的要具有"防火"意识。在日常工作中，企业员工尤其是管理者、领导者要在高度警觉的"防火"意识支配下，尽力协助、指导有关部门科学地设计生产工艺、科学配方，把好原料质量关，搞好生产调度安排，加强企业的安全保卫工作和财务管理，完善售后服务制度，等等。要使组织的员工具有应对各种危机的思想准备，关键是要开展各种危机教育，让全体员工都了解危机的特征和危害，使全体员工都具有一种危机感，并由此增强他们的危机意识，帮助他们形成优化自身行为、预防各种危机的思想。

（二）组织准备

组织准备是指为预控对策行动开展的组织保障活动，具体包括：

1.设置危机管理机构。危机预防管理与特定的危机处理不同，特定的危机处理是一次性的，而危机预防管理是日常性的，这是由于危机在现代社会组织中广泛存在的特性所致的。危机预防管理的日常性，决定了危机预防管理不能只是应急，而应该不断地长期进行。因此，在企业中，设置危机日常管理机构是非常必要的。危机日常管理机构的设置，不仅可以由其承担危机风险的日常监测、识别、诊断、评估和预警、预控工作，而且可以向组织内外公众表明企业组织认真负责的管理态度。危机管理机构一般由职位较高的组织者、公共关系部门负责人组成，他们必须具备市场推销、业务推广、售后服务，人事、管理、技术以及善于与人沟通等方面的特长，彼此之间应该配合默契，成员组成的原则是领导主持，专家依据需要参与，优势互补。

2.建立危机管理制度，约束组织成员的危机管理行为，保证组织危机管理方针、政策、措施的有效实施。建立危机管理制度很重要的一个方面是确定危机发生时共同遵守的准则，如危机发生时不要混淆事实真相；不要做无谓的争论；不要小题大做；不要在事情未弄清之前随便归罪于别人；不要在实施沟通计划时偏离企业的政策，等等。

3.训练危机应急队伍。一般应抓好以下几件事：一是进行旨在提高应对危机事件能力的培训；二是进行危机事件的应对策略的培训；三是进行各种企业危机处理案例库的建设，让企业从中吸取经验教训；四是进行综合性的预防演习，这种演习不但可以检验危机管理预案的可行性程度，修正不足，还可以提高企业组织的反应速度，强化企业组织自身的行为。

（三）条件准备。

危机的预防和危机事件的处理都离不开必要的物质条件。准备好各种物质条件，为危机的预防和处理提供必要的物质保证，是危机预防管理阶段的一项重要的基础工作。在危机管理中，一般需要准备的条件大致可以分为三类：第一，危机管理经费的准备。危机管理离不开充足的经费支持。第二，危机管理设施的准备。预防管理阶段，一般应有开展危机监测的各种工具和危机信息处理的各种工具。在危机事件处理中，所需的硬件设施也是比较多的，这些硬件设施平时就要有所准备，并要安排有关人员学会其使用操作，这些硬件设施主要包括：复印机、传真机、能收发电子邮件的电脑、连通内线和外线的多部电话机、移动电话、数码摄像机等。第三，危机管理信息资料的准备。每一个企业需要有重要的内外公众的基本情况、企业基本状况等能随时取用的书面材料，这些资料要归类存档，以便于查询，使企业尽快地解除危机。

（四）基础工作

预防企业危机的基础工作是十分重要的。危机"病毒"是普遍存在的，它环绕在企业周围，每时每刻对企业都构成威胁，任何企业想战胜危机，超越危机，就必须努力增强自身的"免疫力"，苦练内功，夯实基础。正所谓要打造转危为安的方舟，就必须有厚积薄发的底蕴，企业只有做好各项基础性工作，才能保证企业的效率高、质量优、服务好、效益大，才能增强企业对环境的适应能力和竞争能力，使企业管理系统有序地运行，减少和消除企业所存在的"危机"。为此，企业要不断强化危机意识，全面提高员工素质，加强与各类公众沟通，建立"揭短露丑"的信息反馈系统，严格执行科学的管理制度，保证良好的产品质量和服务质量，及时理顺公众情绪，防止因一些枝节问题引发企业危机。

（五）危机处理

危机处理只是一种"例外"性质的"预防"对策，即只有在特殊情况下才采用的特别管理方式。它是在企业管理系统已无法控制企业状态的情况下，以特别的危机处理措施，介入企业的危机管理过程中，一旦危机事件解除，企业形象得到恢复，危机处理的任务便告完成。实际上，从某种意义上说，危机预防才是危机对策中的上策，"预防是解决危机的最好方法"，危机处理是不得已而为之的下策。无论何时，"防患于未然"都是具有重要意义的。

四、制定危机管理计划

危机管理计划是给管理者提供对付危机的"通用"方法，而不是处理所有危机细节的完全手册，因为企业不可能写一个危机管理计划来处理每一个危机，何况几乎没有一样的危机。一个好的危机管理计划能够让危机管理小组在面对特定危机时，知道如何采取特定的方法处理危机。危机管理计划规定了危机中各个危机管理小组成员和企业各部门之间的分工，一旦发生危机，每个部门和每个人就能很快地根据危机管理计划的要求承担自己的职责。危机管理计划指明了危机所需资源的最佳配置，危机管理所需的资源可以以最佳的方式获得，可以减少危机事件管理中出现的不合理行为和违背全局观念的行为，使危机管理行为更加科学化、合理化。

制定危机管理计划不仅是危机管理人员的事情，更应该成为领导参与下的全体员工的事情。危机管理计划包括两个部分：一是企业具体的危机管理职能，二是危机管理计划的常规项目。一个危机管理计划最好包括能想到的所有内容，但是，对大多数企业而言，是不现实的。最好的危机管理计划就是当企业面对危机时，它能告诉管理者从何入手，如何做。

（一）危机管理职能

1. 危机管理小组。危机管理小组的使命定位；危机管理小组的核心领导者与组成人员；危机管理小组涉及哪些部门、各部门的职责和权力；危机管理小组各部门的人员组成，他们分别属于企业的哪个部门（如有变化，就要变更，就要变更记录）；各部门成员之间的关系，如何进行沟通与合作；危机管理小组的演练；如何与危机管理小级别成员保持随时的联系，以便在需要时能立即找到他们，包括详细的电话资料、家庭住址等信息；危机发生后，如果危机管理小组某些成员由于种种原因不能承担职责时，替代人选的顶替，联系方式与方案变通等措施；不同情况下，危机管理小组的部门设置和人员配备应如何进行调整；外部力量的借鉴途径与方式。

2. 危机管理所需要的资源储备（指处理危机所要使用的财、物和设备）。危机管理需要的资源有哪些，重要的是要专门做出预算。其中包括危机管理小组的维持费用与训练演练费用等；企业储备的资源状况，企业没有储备的资源通过何种途径获得；储备资源由谁管理，通过何种方式可以尽快地使用它；资源的梯度管理（即当某一个地点的资源用完后，如何向其他地点或企业获取资源，以保证危机处理所需要的资源不会枯竭）；储备资源的维护制度，如定期检查制度、及时保全制度（当发现资源出现损耗时，就要进行修理或变更，保证资源的使用价值）等；资源使用说明或使用手册，以保证资源被正确地使用。

3. 沟通政策。危机信息通过哪些专用和非专用途径进行沟通；如何收集信息；信息如何相互转换；内部沟通的原则；信息沟通的原则与方式；处理企业外部关系的原则与方式；与消费者沟通的原则与方式；对待利益相关者要求的原则与方式。

4. 媒体管理。根据不同的媒体特点和对危机管理重要性的不同，对媒体进行分类和分级，对不同种类的媒体，采取不同的传播管理方法；新闻发言人的指定与责任明确；媒体管理人员的选择和培训；媒体管理人员的职责和权力；媒体管理的总原则（如何与媒体进行交流，如何处理媒体的不公正报道，如何吸引媒体的注意力，等等）。

5. 形象管理。企业在危机中的形象定位；维护企业形象需要什么样的行动；形象管理人员的职责和权力；维护形象的短期行为与长期行为之间的关系协调。

6. 危机预警。如何建立危机预警体系；谁负责维护警报系统，他们是否合适；危机预警的合理性评价；危机预警信号的内涵与所代表的意义；企业可能存在问题的薄弱环节，详细列举可能发生问题的地方及问题的类型；危机中的预警信息流程；如何进行危机预警体系的动态改进和维护；危机预警后应采取哪些反应措施，可以使用哪些资源。

7. 危机管理。危机管理小组各部门的设立和地点选择；危机中各部门协调工作的原则与程序；危机中的每日信息汇报集中制度；指挥、协调和控制所需要信息的获得方式与传递渠道；危机可能造成的损失有哪些，如何制定消除的策略；危机中的负面影响有哪些，如何制定消除的策略；危机中需要哪些企业提供外部的帮助和配合，这些组织的联系方式和联系人是谁。

8. 危机后重建。危机带来的长期影响有哪些，如何减少或消除；危机恢复所需要的时间估计，可以采取哪些措施以加快危机的恢复；如何对危机中的损失进行重建和修复；危机恢复要哪些组织的配合以及合作方式；危机管理与企业日常管理行为之间的关系；为进行有效的危机恢复，企业内要进行哪些协调工作。

（二）危机管理计划的常规项目

危机管理计划的常规项目一般包括如下几个方面：

1. 封面。主要包括危机管理计划名称、企业名称、编号、日期、主要电话号码等细节。

2. 授权书。由企业领导以信件形式发出的授权文件。

3. 与危机管理计划有关的人员。包括危机管理计划的制定者、使用者、阅读者的详细信息。许多企业要求阅读者阅读危机管理计划后签上姓名和日期以便责任到位。

4. 危机管理计划的目标和任务目标之间的关系和重要程度。

5. 政策部分。包括危机管理计划和信息的保密政策、危机管理计划的应用条件和不同危机管理计划之间的联系。

6. 危机管理计划本身的管理。包括危机管理计划的制定程序、危机管理计划修改程序和危机管理计划的审核程序。

(三) 制定和使用危机管理计划的要求

1. 要系统地收集制定危机管理计划所需要的信息。系统地收集信息是制定危机管理计划的基础,在制定危机管理计划之前就要树立的这个观念,企业如果没有系统地收集制定危机管理计划所需要的信息,危机管理计划就不可能考虑到危机中的各种情况,也就是在危机管理计划中不能采取相应的对策,导致危机管理工作的疏漏,这样的危机管理计划是不完全的。信息收集不全的原因很多,如对危机影响的评估不够充分,对企业自身的信息反映不充分,企业环境的变化难以预测或没有对其进行预测,等等。

2. 使危机管理计划执行者了解并切实理解计划的内容。危机管理计划执行者只有了解并理解了危机管理计划的内容,才能将危机管理计划付诸实施,危机管理计划才有现实意义,否则危机管理计划就没有意义。"两张皮"是企业中并不鲜见的现象,计划制定得很好,但执行错位或者根本不执行,这对于危机管理来说是致命的。许多企业认为,危机管理计划一旦制定出就万事大吉了,因而危机管理计划被束之高阁,结果,当危机真正发生时,危机管理计划的执行者并不知道危机管理计划的内容,也就无法利用危机管理计划来指导危机管理工作。因此,危机管理计划制定者要尽可能地与危机管理执行者进行沟通,或者让危机管理与管理计划的要求相一致。为了使危机管理计划容易理解,危机管理计划的用语要简洁明了,要尽量使用通俗的语言和明确的用语,对一些可能引起歧义的术语要进行注解。

3. 危机管理计划要有灵活性与发展性。计划指导行动,危机管理计划的作用在于为危机管理提供指导原则,针对每种情况给出明确的解决方法,这样,制定危机管理计划时很容易将计划制定得较为呆板。其实,在实际的危机情形中,各种情况都有可能出现,危机发展中的变数很大,一般难以为危机中的实际问题规定确定的解决方法,而且企业环境是不断变化的,环境的变化也可能使企业的危机风险和危机情景发生变化。因而,危机管理计划应该是指导性的宏观计划，要根据经营环境的变化做出适当的调整，不能过于死板，这样的危机管理计划才具有可行性。

4. 危机管理计划要有条理性。危机管理计划是行动指南，如果危机管理计划制定得比较杂乱，没有体系，危机管理人员在使用计划时就很难找到有用的内容以指导行动。因此，危机管理计划应具有条理性并易于查询，使人们在使用危机管理计划时，一目了然，能够迅速地找到需要的内容，尤其是一些重要问题的处理原则以及重要媒体、重要机构和重要人物的联系方式要放在显眼的位置。

5. 危机管理计划要有时效性。制定危机管理的计划需要一个适当的契机。也许企业已经经历过危机，也许企业不知道危机是何物，但都需要做一个危机管理计划。在某一特定的危机发生之前，即使是最好的危机管理也不可能包括企业要处理的全部情景，因此能够把相关专家集合起来，分析和评估危机，找出有助于企业解决危机的方案，是每一个企业都应该做到的。而且，计划定期的修订也是必要的。不要以为没有危机就可以放弃对危机管理计划的重视，一年一次应该成为企业最起码的修订时间间隔。应根据企业发展的目标要求与社会环境变化的新形势，审视危机管理计划的不完善、不全面或者是落后的情况，借鉴同行企业的经验与教训，及时予以完善。

案例 7-1 35 次紧急电话

一、案例介绍

美国女记者基泰斯到东京探亲，她在东京的奥达克余百货公司买了一台"索尼牌"电唱机，准备送给东京的亲戚，售货员彬彬有礼，特意为她挑选了一台未启封包装的机子。

回到住处后，基泰斯试用时，却发现该机未装内件，是一台空心唱机，根本无法使用。她不由得火冒三丈，准备第二天一早就到公司进行交涉，并迅速写好了一篇新闻稿，题目是《笑脸背后的真面目》。

第二天一早，基泰斯在动身之前忽然接到奥达克余百货公司打来的道歉电话。50分钟以后，一辆汽车赶到了她的住处。从车上跳下奥达克余百货公司的副总经理和提着大皮箱的职员。两人一进客厅就俯身鞠躬，表示特来请罪。除了送上一台新唱机之外，又加送蛋糕一盒、毛巾一条和著名唱片一张。在谢罪的同时，他们讲述了公司自行发觉并尽快纠正这一错误的经过：

当天下午 4 点 32 分，售货员发现售出一台空机后，即报告警卫人员迅速寻找这位美国顾客，但为时已晚，遂报告监理员，他又向监督和副经理汇报。经分析，决定从顾客留下的"美国快递公司"的名片这一线索出发，当晚连续打了 32 次紧急电话向东京周围的旅馆询问联系。另外还派专员用长途电话向"美国快递公司"总部打听，结果从快递公司回电中知悉这位顾客在纽约母亲家中的电话，随即再打电话了解到这位顾客在东京亲戚家的电话，结果终于在她离开之前，打通了电话，找到了"空心唱机的"买主，更换了唱机，取得了这位美国顾客的充分谅解和信任。

这一切使基泰斯深受感动。她立即重写了新闻稿，题目就叫《35 次紧急电话》。

（资料来源：李菊英、刘志远：《公共关系》，中国电力出版社 2006 年版）

二、案例分析

此事曾被美国公共关系协会推举为世界性公共关系范例，日本东京奥达克余百货公司在不到 20 小时的时间内，能够将一起由于自身失误而引发的风波妥善地平息下去，应该说得力于其强烈的预防危机意识和及时的补救措施。

千里马也有失蹄之时。由于企业在极其复杂的现实环境中运行，因此，很难对运行中可能发生的各种情况做出完全准确的预见。这样，难免会有失误的地方，并自然而然会使组织形象受到不同程度的损害。问题在于，事情一旦发生，应该如何对待？奥达克余百货公司员工的做法是值得我们学习的。他们对待自身的失误，树立了正确的态度：亡羊补牢，向公众表明解决问题的诚意，求得公众的谅解和合作，使失误对组织形象产生的损害减小到最低限度，并由被动变为主动，这也是企业避免危机的根本所在。

失误一旦发生，企业形象便开始遭受损害，因此，要使纠正失误的公共关系工作有成效，就要有强烈的"防火"意识，及时发现，及时纠正，及时改善，其中"及时"二字最为关键。奥达克余百货公司员工为解决问题付出的努力是非常及时的。问题发现后，他们立即行动，意在顾客成为知晓公众之前解决问题。假如奥达克余百货公司被动地等待顾客上门交涉，将坐失良机，《笑脸背后的真面目》一经见报，奥达克余百货公司的日子就难过了，一场危机也就发生了。可见任何企业必须明确预防危机的基本道理：纠正失误如同"救火"。

一个企业如果因自身工作的疏漏，出现了问题，影响了企业信誉怎么办？是遮遮掩掩、推卸责任，还是勇敢地面对现实，积极地寻求解决的办法，奥达克余给了我们有益的启示。

1. 要有把信誉当做企业"第二生命"的战略目光。这一点十分重要。美国一位著名企业家曾讲过，如果创办一个企业算是企业"第一生命"的话，那么企业能在创办过程中赢得广泛的市场信誉，在市场中站稳脚跟，形成特有的风格，则属企业的"第二生命"。第二生命比起第一生命来，显得更珍贵。奥达克余的员工则深谙其中道理，他们以其优良的售前、售后服务，能迅速得知已发生的失误和顾客的姓名地址，给及时纠正失误创造了前提条件。

2. 要善于正视企业的不足和失误。一个企业或企业的员工，在平时的生产和工作中，不可能百分之百地成功，总会出现一些问题，但关键是能勇敢地正视和承担自己的责任，还是不闻不问、听之任之。我们应面对现实，一方面苦练内功，在产品质量和企业素质上下硬工夫；另一方面则要大力学习奥达克余的真经，老老实实地向社会宣传自己的产品，靠诚实的态度去赢得顾客和市场。我们的企业突出的问题是吹牛皮、说大话，往往把一些质量不过硬的产品吹得天花乱坠，而消费者真正买了却惊呼上当，企业还高高在上好像什么事没发生一样，这无疑断绝了自家的财路。

3. 要培养良好的服务道德。服务是提高企业信誉的重要手段。奥达克余的服务质量和水平，在它处理的这个特殊事件中得到了验证，是其避免危机发生的一个重要方面。

无疑，奥达克余为企业的危机预防和处理提供了十分有益的启示。

三、思考·讨论·训练

1. 本案例对组织预防危机有何借鉴意义？

2. 奥达克余百货公司在处理问题的过程中，不仅向顾客道歉、请罪，还报告了事件从发现到处理的经过，这有何意义？收到了怎样的效果？

3. 试为奥达克余百货公司的副总经理拟定一份与顾客基泰斯见面的工作计划。

4. 面对不利事件，如何变坏事为好事、提高自己的知名度？试找一个纠正失误的实例进行评价。

案例7-2　英国海上石油公司危机管理计划的制定

一、案例介绍

英国海上石油公司作为洛杉矶联合石油公司的分公司，拥有北海上的海泽

·阿尔法石油钻井平台。它委托苏格兰公共关系公司审查公司已有的处理海上事故的应急工作程序并补充一个行动计划。本案例即研究这一危机管理计划的制定过程，并揭示其中所考虑的有关复杂问题及其细节。

（一）对现有应急计划的审查

制定一个应急计划的出发点是彻底分析和审查现有的工作程序。审查结果表明，尽管英国海上石油公司有一个精心设计的应急计划，它包括了疏散、安全、防火、联络救援服务等内容，但是，它未将公共关系活动考虑在内，而在发生重大事故时，公关活动是必不可少的。

有时，企业很难认识到处理危机情况需要有一个经过反复演习的公关计划。实际上，不能很好地答复媒体的询问常会受到人们的误解，以为这是企业默认自己犯了何种过错。拒绝发布信息，无论是全部的还是部分的，都会招致人们的猜测、错误的判定或更糟的错误信息传播，甚至还会被认为是企业傲慢或意欲掩盖事实。因此，在这样的情况下，对媒体询问的最坏答复莫过于"无可奉告"。

企业不仅必须认识到在危机中与媒体沟通的重要性，而且还必须认识到那时不能与其他公众进行有效沟通会给自己带来的潜在危害，这些公众包括员工亲属、政府及其机构、当地议员、地方管理机构、警方和紧急服务机构、保险和金融机构、环境保护主义者、特殊利益集团如渔民等。

在一个紧急事件中，也许不可能与所有公众都进行直接沟通。因此，一个公司是否能与第一传播媒体保持有效沟通，对于公司的声誉至关重要。通过提供关于事件的真实信息和处理问题的步骤，发生危机的公司易被人们认为它控制了局面。与此同时，猜测和错误信息也能减少或完全消失，而公司本身成了事件的权威信息来源。

（二）工作目标

通过对英国海上石油公司现有应急计划的分析和审查，很自然地得出了新计划要达到的如下目标：一是确保英国海上石油公司在发生重大事故时，能有一批熟悉英国及国际媒体的工作人员；二是确保英国海上石油公司高级管理层能够应付电视或广播媒体的热点采访；三是确保事故发生后召集来的工作人员能及时得到有关的背景材料，以应付随之而来的媒体和处在悲伤状态下的员工亲属打来的大量询问电话。

虽然这只是一种概括，但它已反映出一个直截了当的工作任务，它需要付出许多努力和进行周密考虑，以尽可能快地设想到危机发生后可能遇到的各种情况。这里，确保工作人员得到适当的训练，以了解媒体并对其询问做出合适反应非常重要；让所有指定执行应急计划的人员清楚地了解整个应急反应工作程序也具有同样的重要性。当然，应急计划的一个关键组成部分是对计划的演习，以确定在实际操作过程中不会有疏漏或出现其他问题。

在危急情况下，组织常常会不得不使用一些对与媒体打交道没有经验或对媒体工作所知有限的工作人员。因此，对有关人员给予必要的信息并进行训练很重要，这有助于确保他们根据要求迅速进入"角色"。

（三）公关应急计划的制定

1. 媒体。第一步是确定对事故感兴趣的媒体范围，以下是英国媒体的分类：地方报纸、全国性日报、通讯社、地方广播电台和电视台、全国性广播电台和电视台以及贸易、技术和专业媒体。这里，不是仅仅把媒体分类情况告诉公司的有关人员就行了，更重要的是让他们了解这些媒体不同的截稿时间。例如，通讯社的功能是把新闻"卖"给其他媒体，因此，它会24小时不间断地就最新情况向外发送信息，以赶上各地媒体的截稿时间；地方和全国性广播电台不断报道最新新闻，因为在很多情况下它们都有简要新闻报道。电视台主要的截稿时间是午间、清晨和晚间新闻报道前，其中晚间报道对全国性电视台最重要，而晚间稍早些时间的新闻简要报道则对地方电视台来说最重要。早间电视报道中的新闻常常会有一些新的情况，这主要归功于记者们清晨4点就开始工作。全国性日报很少在它们最终截稿时间（大约半夜）过后加入最新材料。因此，晚上9时后，全国性和地方报纸对信息要求的压力大大减轻。晚报截稿时间是清晨，它们在早上8点到中午这段时间对信息的搜寻最为活跃。贸易和技术专业媒体一般是月刊，与本案例有关的媒体主要传播报道石油工业的技术信息，文章要求有深度且具回顾性。英国海上石油公司的工作人员得到了有关媒体的详细材料，了解了不同媒体的截稿时间和新闻兴趣，这就能更好地应付事故发生时所面临的媒体询问。

2. 危机事件中应急工作人员的作用。无论在任何时候，特别是在紧急事件中，公司员工对保护公司的声誉起着决定的作用。发生事故的企业不可避免地会成为媒体关注的焦点。因此，任何应急反应计划的一个重要组成部分就是对有关工作人员进行训练，使他们知道如何对众多的询问做出很好的答复。应急工作人员必须懂得对一个似乎无足轻重的电话询问做出轻率的答复很可能会引来误解或给企业带来潜在的危害。给发生事故的企业打电话的，除了一些善意的外部机构外，很可能是那些急于了解情况的记者或员工亲属。以下是处理询问的一些基本要求：①接电话一定要有礼貌，言辞要准确；②工作人员切勿出于好意随便与询问者探讨有关情况；③紧急事件中所有的沟通交流必须通过企业规定的正式途径，打给企业的电话都应转由公共关系或员工关系的工作人员来处理；④当现有人员无法承受大的电话压力时，或询问电话在公司危机处理小组尚未到位就打了进来，必须告诉对方稍过些时候再打来，以便有关人员就位；⑤接电话一定要注意礼貌和策略，以免引起猜测。

3. 答复各类询问。在紧急事件中，询问将来自于方方面面，因而需根据不同情况区别处理。

（1）来自员工亲属的询问。对于这类询问要以同情的态度予以对待，若一时无法提供确切的信息，也要让家属们感到他们没有被"欺瞒"。因为若信息匮乏，员工亲属们很自然地会感到焦虑和不安，这将导致他们与当地评论员或媒体接触，散布公司对员工不负责的信息。

（2）来自媒体的询问。尽快向媒体提供真实信息也同样重要。在事故刚发生时，错误的信息总是泛滥成灾。而且一旦这些信息见诸报端，它们就会构成事实假象，难以更正。因此公司至少应该准备一份初步情况的声明，直到有了足够的信息再对外发布进一步的消息，这一点很重要。

（3）来自其他利益团体的询问。这些可依据它们与事故的利害关系轻重予以分类，如海洋警卫队、警方等；另外还可能有一些无明显利害关系的公众的来电，如有些电话只是公众想表达一下他们的同情。无论如何，这类询问都需要得到礼貌的接待，并转至公司适当的部门予以处理。在危机发生时，危机处理小组承受着很大的压力，因而不太重要的电话虽应被礼貌地接待，但可要求对方有些耐心；而对那些重要电话则应给予充分的重视，要么立即给予答复，要么在其他较方便的时间回复对方。

因此，对于公司来说，接听电话是处理紧急事件时的一项最基础和最重要的工作。为此，必须有清晰的行动指南，明确这些电话将转向何处。答复这些电话很自然地会有压力，这种压力在工作人员被要求延长工作时间而无休息时，尤显突出。因此，挑选和培训危机处理小组工作人员必须十分仔细，在危机的紧急关头，特别是当危机持续几天或几周的情况时，一批候补人员可以帮助一线的应急工作人员减轻负担。处理好事故刚发生时的公众询问很重要。即使在应急计划奏效后，在随后的几天或几周内，公司可能从媒体或其他组织那里接到询问电话，这些询问同样必须被认真对待，并转至有关的部门。

（四）给紧急事件分类

英国海上石油公司对事故有一套自己的分类方法，即根据事故的严重程度以对海上事故做出相应的反应，并就此加强应急小组的工作。

1. A级事故。即可能引起严重的人员伤亡或设备损坏的事故。这是指涉及人员伤亡或设备损坏的事故，但还不至于停工或撤离。事故本身需要调查，设备需要修理，但事故已经结束，即没有引起进一步的麻烦或事故没有变得更加严重的可能性。在这种情况下，来自媒体的询问可由公司指派专人处理，而不动用媒体反应小组的全体成员或外部的公关公司；来自员工亲属方面的询问可由人事部门在警方协助下予以处理。

2. B级事故。即致命的灾祸和设备损坏并导致停工的事故。这是指涉及致命的灾祸、设备严重损坏并导致停工的事故，这需撤离非必需的人员；事故可能还在发展中，有可能变得更为严重。这种情况下，受过专门训练，能在压力下处理媒体询问的应急媒体反应小组与公司指定的工作人员或专业公关人员合作，可发挥作用；来自员工亲属的询问仍由人事部门与警方密切联系予以处理。

3. C级事故。即可能的重大灾难。这是指涉及致命的灾祸，设备需要全部撤离，且可能对业务产生长期影响的事故。这种情况下，全部应急媒体反应小组成员必须与专业公关人员合作立即开始活动。

（五）处理媒体询问的工作纲领

为应急媒体反应小组建立一套工作纲领，并对其成员进行训练，有利于帮助他们应付可能面对的各种事故。

工作纲领要求工作人员注意下列关键要点：①当事故为B级或C级时，媒体的兴趣往往十分强烈；应急媒体反应小组接听电话频率很高，压力很大。②媒体获得有关事故的新闻最早始自它们对自己信息源的常规核查，这种核查一般在早上8点（晚报进行第一轮编辑）到下午两点（晚报进行上版前的最后一次编辑）之间，对于电台和早间电视节目，常规核查可能始于凌晨四五点钟。③媒体的信息源主要是警方、医院、海岸警卫队、海上无线电台、直升机关于地面交通状况的联络和其他与海上工作人员的联络。④这些信息源经常在海上事故刚发生时给记者提供一些模糊的细节，这些支离破碎的内容会很快传播开来，从而引发出严重的问题。如当记者拿到消息时，已到了广播或报纸编辑的截稿时间，记者就不经过推敲核查，就把不准确的消息发出去。⑤公司"无可奉告"的反应，只会向记者证明公司想隐瞒什么，并刺激人们的猜想。在紧急状况下重要的是面对媒体或其他有关团体的询问，尽可能提供已知的事实真相。⑥必须准备好一个事先草拟的初步声明，以在一份内容更充实的声明之前做补缺之用。⑦应急媒体小组应接受并记录各类媒体的询问，并建议对方何时再来电询问进一步的消息。⑧当然其他有关的询问也应该被记录下来，并向对方提供有准备的有效的答复。

1. 电话应答技巧。应急媒体反应小组工作纲领中很重要的一部分是电话应答技巧。在所有的紧急情况下,与媒体联络的重要手段就是电话,小组成员必须了解电话的局限性以及电话沟通交流的特点,有关人员应该接受电话应答技巧训练,进行"标准反应"的准备与练习。训练时应强调说话要用平静、动人、真诚的语调,切勿给对方留下一种无动于衷和傲慢自大的印象。

2. "要"与"不要"。一"要"。要把经上级认可的消息提供给媒体;若有疑问,要与公众协调员商量;要只从公关协调员那里接收有关的新信息;要避免对事故进行任何的猜测;如果有人问你名字,要告诉对方;要把你的作用看成是"英国海上石油公司新闻发言人";要尽可能地有礼貌并谦虚;要在记下所有询问的同时,记下对方的名字、电话及来电的时间;要建议对方主动再来电话,这比你打给他们好;要把员工亲属的询问转至有关部门;要假设你对记者所说的每一句话都将被报道出去。二"不要"。不要提供任何未经上级认可的信息;不要假设任何事情;不要提供非正式的信息;不要轻易答复任何询问,除非已有了十分确切的消息;不要轻易展示你在公司里的真实身份;不要丧失你的冷静。

3. 使用背景材料。在任何紧急事件中,一般都有对公司背景材料或特殊技术数据的需求。应急反应工作程序中的一个重要部分就是准备这些背景材料,以便需要时提供给媒体;应急媒体反应小组的全体成员必须对这些材料非常熟悉。在危机发生的初期,媒体总是急于了解公司以及与事故有关的各种信息,向记者提供这些背景材料有助于减轻应急小组最初的工作压力。

4. 与媒体记者面对面地交流接触。虽然在危机发生的初期,公司与媒体的接触倾向于使用电话,但是随着事态的发展,媒体可能会要求面对面地采访主持工作的经理。此时应急反应小组会将这类要求转给公关协调员处理决定。在某些情况下,新闻记者和摄影记者会试图闯入公司办公室,甚至可能在公司的门口台阶上"安营扎寨",希望采访那些走出来的公司人员。应急反应计划应包括一些安全措施,以防止任何未经许可的人员在危机期间闯入公司办公室。记者得到的最好待遇就是候在公司大楼外面,公司的有关工作人员应被告知如何回复采访要求。通常来说,答复电话询问的要点同样适用于对付面对面的询问,也就是说,要有礼貌并保持冷静。工作人员必须被告知不能透露任何未经上级认可的非正式的消息,而无论这些信息看似多么无所谓。他们还必须被告知,对记者采访要求的正确反应是简单地说明自己无权代表公司接受采访,并把记者引导至公司的新闻发布办公室。公司必须向工作人员指出,一旦他们面对麦克风和摄像机就代表着"公司形象",他们必须平静、镇定和自信。

　　（六）其他工作

　　1. 与警方合作。当严重的海上事故发生时，必须按法定要求报告警方，警方会派员进驻公司办公室，以帮助公司与警方进行联络沟通。警方在答复员工亲属询问，通知那些死难、受伤或失踪员工亲属等事情上起着很大的作用。警察局会在其总部张贴通告，并随着事态的发展更换通告。这要求公司的公关协调员与警方建立密切关系，以确保双方自始至终对外发布一致的消息。警方一般能提供外线电话以接待员工亲属的询问，这样也就缓解了公司所承受的压力。

　　2. 处理非媒体的询问。很容易理解，危机事件中最敏感的非媒体询问来自员工亲属。一般情况下，这些询问最好由公司人事部门或警方来处理。但若可能，最好由公司代表出面处理，因为这样做能表明公司对其员工的关心照顾。然而大量的电话询问则要尽可能转到警方那里去。议员们、地方政府或许那些关心环境的环境保护主义者也会来电询问，这时应遵循的基本原则是区分这些询问究竟是事务性的，还是非事务性的。那些来自能源部门、防卫搜索救援部门、海岸警卫队，或其他善意的救援部门的事务性的询问应转给公司合适的部门；而那些非事务性的询问，则应转给那些可以迅速地做出判断并决定处理方法的公关协调员。

　　3. 计划演习和人员训练。虽然 C 级事故并不一定会发生，但其可能性是始终存在的。这就需要所有业务人员都有一份合适的应急计划，并阶段性地对计划进行演习，定期检查海上应急设备情况，以确保其在需要时可投入使用。那些参与处理紧急事件的人员可能会更换，为此要培养新成员；那些在紧急事件中需要向媒体提供的背景材料需要经常更新；在必要时还得修改应急媒体反应工作程序；在某些情况下，传播技术的变化还会影响信息的传播，比如，最新传真设备可传送照片。作为英国海上石油公司应急计划的一部分，苏格兰公关公司还承担了一些任务，比如，训练应急小组成员，设计应急反应练习以检查应急计划的可行性，提高有关人员处理危机的工作水平。对应急媒体反应小组成员的训练设计尽可能模仿紧急事件发生时的情况，这有助于工作人员锻炼工作能力，并把任何可能出现的问题同应急计划联系起来。作为训练的一部分，应急媒体反应小组还遇到这样的测验，即使他们对媒体可能会提出的询问类型及媒体会向公司寻求的信息类型有一个认识。

　　下面举一例，这是关于帮助工作人员准备应付一个紧急事件的练习。

　　4. 练习：媒体可能询问的问题。下面是一些重大事故发生时媒体可能询问的问题，请将它们按你认为的重要性的顺序重新排列。这个测验使你了解媒体人员所寻求的信息类型。①公司过去的安全记录如何？②钻井平台在什么地方？③事故是什么时候发生的？④有多少人受伤或死亡？⑤钻井平台离当地有多远？⑥如何安置员工亲属？⑦事故的原因是什么？⑧钻井平台上有多少人？⑨现在其他设备有没有危险？⑩采取了什么疏散人员的方法？⑪钻井平台是否已经关闭？⑫公司驻地在哪儿？⑬公司在北海经营多久了？⑭英国公司员工有多少人？⑮公司的经营范围？

（资料来源：〔美〕丹尼·莫斯著，郭惠民译：《公共关系实务——案例分析》，复旦大学出版社1996年版）

二、案例分析

"危机管理"现已成了"应急反应计划"中的一个重要术语。许多大公司都已制定了这样的计划，并将此视为对公司声誉的保险政策。本案例告诉企业在准备处理一起紧急事件时应采取的一些具体措施。

制定有效的应急计划或危机管理计划的核心问题是对细节给予最认真的关注，尽可能地考虑会发生的一切情况。然而，预测一个危机事件对企业的全面影响是很困难的，甚至准备一个"最坏情况下的计划"，也不能使企业完全应付一个大灾难的后果。

英国海上石油公司在针对处理紧急事件的训练中注意对更广泛的人员进行训练，这很有必要性。既然危机可能会在任何时候袭来，且破坏程度各不相同，拥有一定数量的人员以协助应急小组工作或能够"坚守阵地"直到应急小组成员到位，这就显得很重要。同样正如本案例所示，应急工作程序必须不断演习，并予以调整，这种更新调整必须包括对媒体的新认识。在准备应付紧急事件时，训练公司的发言人也很重要，因为他们可能在危机中遇到来自媒体的最大压力，他们的观点也会被视做代表公司。当然，这些人员必须经过挑选，并对可能带来的压力有充分的准备。

本案例还告诉人们要准备一套关于组织的详细背景材料。事实证明，这套材料作为应付媒体询问时参考是极有价值的。

正如本案例向人们所显示的，有效管理最重要的原则是保持对信息流通的控制权。这不仅指控制组织自己发布的消息，还必须保证其他有关部门的工作任务，所有参与工作的人员都必须从根本上认识他们的工作与企业的声誉密切相关。对危机管理小组一个重要的教训是若要使一个企业走出危机，并使其声誉及其与公众的关系不受损害，他们必须对危机中的传播交流工作保持一种职业上的敏感态度。

三、思考·讨论·训练

1. 海上石油公司为什么必须高度重视应急计划的制定？
2. 制定企业危机预防计划应事先准备哪些材料？目标公众如何确定？
3. 制定危机应急计划时需要考虑哪些因素？

案例 7-3　爱立信怎么不造手机了

一、案例介绍

2001 年 6 月 26 日，瑞典爱立信公司宣布，决定对其产品结构进行重大的战略调整，不再经营手机生产业务。从 2001 年 4 月 1 日起，爱立信公司目前设在巴西、马来西亚、瑞典和英国的手机制造厂以及部分美国工厂将由总部设在新加坡的一家公司接管经营，但爱立信公司将保持其手机品牌，并将负责手机的技术设计和市场营销业务。爱立信公司还同时宣布，它与中国有关方面合资经营的手机生产工厂不在这次调整范围之列。

可以说，爱立信公司这次决定出让手机生产业务是不得已而为之。近年来，爱立信公司的手机一直经营不善。爱立信公司说，2000 年因整个零件短缺、产品组合不当以及营销问题使公司在 2000 年过去的四个季度未能生产出700 万部手机。根据报告，2000 年手机部门的经营亏损达到 164 亿瑞典克朗，约合 17 亿美元。与此同时，在全球手机市场的激烈竞争中，爱立信手机在全球的市场占有率直线下降，2000 年最后两个季度内就从 15% 降到年末的 10%左右，竟流失了 5% 的全球市场份额。同为手机制造商的诺基亚，从此将顺利接收爱立信公司退出的市场占有率，稳坐占有率第一的宝座。

据《亚洲华尔街日报》2001 年 1 月 30 日报道，芬兰的诺基亚公司以及瑞典的爱立信公司，在通讯市场上早已缠斗多年。爱立信公司之所以选择退出，原因有飞利浦芯片厂火灾引起的损失、市场营销不力和产品设计等方面的问题，其中在飞利浦芯片厂火灾之后，爱立信公司没有迅速做出反应，从而引发手机生产上的深层危机，最终导致退出手机生产。

（一）

2000 年 3 月 17 日晚上 8 时，美国新墨西哥州大雨滂沱，电闪雷鸣。雷电引起电压陡然增高，不知从哪里迸出的火花点燃了飞利浦公司第 22 号芯片厂的车间，工人们虽然奋力扑灭了大火，却无法挽回火灾带来的损失。塑料晶体被扔得满地都是，足够生产数千个手机的 8 排晶片被烧得粘在电炉上动弹不得，从消防栓喷射出来的水布满了车间，车间里烟雾弥漫，烟尘落到了要求非常严格的净化间，破坏了正在准备生产的数百万个芯片。

一位飞利浦公司的高级经理说道："在消防栓的喷淋头和地板之间几乎所有的坏事都发生了。"

这场持续了 10 分钟的火灾却点燃了在遥远的斯堪的纳维亚的一场企业危机，改变了两家欧洲最大的电子公司的实力平衡，这两家公司都是活跃在全球电子行业的大玩家。芬兰的诺基亚公司和邻国瑞典的爱立信公司都是这家生产晶片工厂的客户，该工厂属于荷兰的飞利浦电子公司。晶片是诺基亚公司和爱立信公司在全球出售的移动电话中的核心部件，突然间，这一核心部件的供应断档了。更令人意想不到的是，火灾成全了诺基亚公司，害苦了爱立信公司。

（二）

飞利浦公司需要花几周时间才能使工厂恢复至正常生产水平。而移动电话在全球的销售火暴，诺基亚和爱立信都无法坐等飞利浦供货，但两家公司对这场危机的反应形成了鲜明的对照。按照当时市值计算，属于欧洲最大的企业的诺基亚使用了一种常规的危机处理方式——一种各类公司在全球商业步伐加速时都会采用的方式。

在火灾发生后的几天内，诺基亚公司的官员在芬兰就发现订货数量上不去，似乎感到事情有一点不对，飞利浦公司方面尽量把事情淡化，只是简单地说火灾引起某些晶片出了问题，只要一个星期就能恢复生产。这个信息传到了诺基亚公司处理部件供应问题的首席管理人员——39 岁的芬兰人佩提·考豪能那里，考豪能决定派两位诺基亚工程师到飞利浦公司的工厂去看看。但是，飞利浦公司怕造成误会，婉言拒绝了诺基亚的要求。考豪能随即就把飞利浦公司的这几种芯片列在了特别需要监控的名单上，这种情况在诺基亚公司每年会出现十几次，当时也没有人太在意。

在随后的一个星期里，诺基亚公司开始每天询问飞利浦公司工厂恢复的情况，而得到的答复都是含糊其辞。情况迅速反映到了诺基亚公司高层，诺基亚公司手机分部总裁马蒂·奥拉库塔在赫尔辛基会见飞利浦公司方面有关官员的时候，把原来的设计师抛在一边，专门谈火灾问题，他还特别说了一句话："现在是我们需要下很大的决心来处理这个问题的时候了。"

3 月 31 日，也就是火灾两个星期以后，飞利浦公司正式通知诺基亚公司，可能需要更多的时间才能恢复生产。考豪能听到这个消息后，就不停地用计算器算来算去，他发现这可能影响到诺基亚公司400万台手机的生产，这个数字足以影响整个诺基亚公司5%的销售额，而且当时手机市场的需求非常旺盛。

诺基亚公司发现，在由飞利浦公司生产的5种型号芯片当中，有一种在世界各地都能找到供应商，但是，其他4种型号的芯片只有飞利浦公司和飞利浦的一家承包商生产。考豪能在得到这个坏消息几个小时之后，召集了中国、芬兰、美国诺基亚公司负责采购的工程师、芯片设计师和高层经理共同商讨怎样处理这个棘手的问题。

考豪能专门飞到飞利浦公司总部，十分激动地对飞利浦公司的首席执行官科尔·本斯特说："诺基亚公司非常非常需要那些芯片，诺基亚公司不能接受目前的这种状况，即使是掘地三尺也要找出一个方案来。"经过考豪能的不懈努力，他们找到了日本和美国的供应商，承担生产几百万个芯片的任务，从接单到生产只有5天准备时间。

诺基亚公司还要求飞利浦公司把工厂的生产计划全部拿出来，尽一切努力寻找可以挖掘的潜力，并要求飞利浦公司改变生产计划。飞利浦公司见缝插针，安排了1000万个Asic芯片，生产芯片的飞利浦工厂一家在荷兰，另一家在上海。为了应急，诺基亚公司还迅速地改变了芯片的设计，以便于寻找其他芯片制造厂生产。诺基亚公司还专门设计了一个快速生产方案，准备一旦飞利浦公司新墨西哥州的工厂恢复正常以后，就可快速地生产芯片，把火灾造成的200万个芯片的损失补回来。

（三）

瑞典最大的、年收入超过290亿美元的爱立信公司的反应要迟缓得多。它对问题的发生显然准备不足。爱立信公司几乎是和诺基亚公司同时收到火灾消息，但是，爱立信公司投资关系部门的经理说，当时对爱立信来说，火灾就是火灾，没有人想到它会带来这么大的危害。爱立信公司负责海外手机部门的华尔比先生直到2000年4月初还没有发现问题的严重性。他承认说："我们发现问题太迟了。"

爱立信公司只有飞利浦一家供应商提供这种无线电频率晶片，没有其他公司可替代。在市场需求最旺盛的时候，爱立信公司由于短缺数百万个芯片，一种非常重要的新型手机无法推出，眼睁睁地失去了4亿美元的市场，虽然火灾保险使他们略获补偿。爱立信公司主管市场营销的总裁简·奥沃柏林说："可惜的是，我们当时没有第二个可选择的方案。"

2000年7月，爱立信公司第一次公布火灾带来的损失时，股价在几小时内便跌去14%。此后，爱立信公司的股份继续随同全球电讯股票下跌不止。

公司也全面调整了零部件的采购方式，包括确保关键的零部件由多于一家的供应商提供。爱立信公司消费产品分部主管移动电话业务的简·韦尔菲说道："我们再也不会出现这样的薄弱环节了。"

新墨西哥州的火灾以及其他零部件、营销计划方面问题的后遗症在 2001 年 1 月 26 日达到了高潮，爱立信公司宣布退出移动电话生产市场。公司表示，计划将所有的移动电话的生产发包给 Flextronics 国际有限公司。

（四）

正像大部分消费者知道摩托罗拉是从寻呼机开始的一样，人们知道，"爱立信"这个品牌大都是从手机开始的。事实上，爱立信公司这次决定出让手机生产业务确实是不得已而为之。

近年来，爱立信公司的手机生产一直经营不善。据报道，由于零件短缺和产品种类单一等问题，该公司的手机业务在 2000 年第二季度就开始亏损，与此同时，全球手机市场的竞争越来越激烈。一方面诺基亚公司气势逼人，短短几年间，手机的产量和销量都超过了美国摩托罗拉公司，独占世界市场份额的 28%。另一方面原本不重视手机生产的德国的西门子公司和荷兰的飞利浦公司也异军突起，它们利用技术和品牌上的优势迅速抢夺市场份额。在这种前后夹击的情况下，爱立信公司的手机在全球的市场占有率直线下滑。但名列世界 500 强的爱立信公司也并没有穷到要变卖家产的地步，事实上，2000 年爱立信公司的整体销售额上升了 27%，税前利润更是猛增了 75%，达到 287 亿瑞典克朗，约合 29 亿美元。爱立信公司的高层管理人员认为，手机技术的发展现在正面临一次新的突破，未来支持无线上网和图像传输的手机将成为市场新宠，爱立信公司现在从手机生产上脱身，就可以在新技术的研究和开发上有更大的投入，争取在将来的竞争中抢占有利地位。从这个意义上说，爱立信公司这次出让手机其实并没有出让市场。

（资料来源：朱德武：《危机管理：面对突发事件的抉择》，广东经济出版社 2002 年版）

二、案例分析

在市场竞争激烈的今天，供应链上企业之间的联系是很紧密的，供应链上的任何一个企业发生危机都可能引发相关企业的危机，企业如果没有很强的危机管理能力，很可能因为供应链上相关的企业危机而陷入困境。爱立信和诺基亚的供应链上同时拥有相同的企业——飞利浦芯片厂。飞利浦芯片厂发生火灾后，由于两家企业危机管理能力的不同，导致了两家企业结局的不同，爱立信因飞利浦芯片厂的火灾而被迫退出手机生产领域，但这场火灾却成为诺基亚强化市场地位的大好机会。虽然这两家企业的不同结局有很多的原因可以解释，但是，危机管理能力的差异恐怕是其中的重要原因。

爱立信为了节约成本，只有飞利浦一家供应商提供这种无线电频率晶片，没有其他公司生产可替代的产品。这样的采购策略使爱立信面临很大的供应风险，如果飞利浦的芯片供应出现问题，就很可能引发爱立信的芯片供应危机，使爱立信不能向消费者及时提供相应芯片的手机，导致市场份额的下降，从而出现市场危机。这必然是爱立信在日常危机管理中对供应危机风险的评估不足，供应危机风险的预防和控制措施不当，或者是由供应危机反应和恢复计划制定不恰当所造成的。而诺基亚公司则有两个供应商，这使诺基亚公司有更强的供应危机预防的能力。

同时，爱立信公司的危机预警系统是不合理的。当飞利浦芯片厂发生火灾，使芯片供应不正常时，爱立信公司内部并没有对此发出警报，以引起高层管理者的重视。而诺基亚公司却大不一样，当在飞利浦公司将问题告知诺基亚之前，一些海外的诺基亚管理人员就注意到晶片供应出现了不正常情况，诺基亚处理部件供应问题的首席管理人员佩提·考豪能两周内就将30位诺基亚公司管理人士集中到总部，共同研究解决问题的对策。3月20日，诺基亚公司接到来自飞利浦方面的通知，考豪能决定派两位诺基亚公司的工程师到飞利浦的工厂去看看，但是遭到拒绝，考豪能随即就把飞利浦公司供应的这几种芯片列在了特别需要监控的名单上。在随后的一个星期里，诺基亚开始每天询问飞利浦公司工厂恢复的情况，当得到的答复都含糊其辞的时候，情况就被迅速地反映到了诺基亚公司高层。这就体现了诺基亚公司有很好的危机预警系统。当危机征兆出现时，危机预警系统就发出警报，随着危机警报的加强，危机警报系统就向高层的管理者发出警报，从而为诺基亚处理危机奠定了基础。

爱立信公司的危机反应和恢复计划是有欠缺的。事后爱立信公司主管市场营销的总裁简·奥沃柏林说道："可惜的是，我们当时没有第二个可选择方案。"说明爱立信在危机反应和恢复计划中并没有为供应危机准备相应的处理方案。而诺基亚公司却不同，在飞利浦公司将问题告知诺基亚之后，诺基亚立即重新设计了晶片，并找到了日本和美国的供应商，让其承担生产几百万个芯片的任务。诺基亚公司还专门设计了一个快速生产方案，准备一旦飞利浦新墨西哥州的工厂恢复正常以后，就可以快速地生产芯片，把火灾造成的200万个芯片的损失补回来。

诺基亚公司和爱立信公司二者对危机开始阶段和危机爆发的反应不同。爱立信公司对芯片供应异常几乎没有采取有效的行动。而诺基亚公司却进行了积极的反应：重新设计芯片，制定提高产量计划，并要求其他供应商提高供应量；不断地质询飞利浦公司，了解飞利浦公司的供应能力；不断向飞利浦公司表明芯片供应对诺基亚的重要性；要求飞利浦公司挖掘潜力或改变生产计划，尽可能减轻火灾造成的供应量减少；设计专门的快速生产计划，以便火灾后飞利浦公司能快速地生产芯片。由于反应的差异，诺基亚公司在供应危机中占据了主动权，使飞利浦公司在火灾恢复后优先保证了诺基亚公司的芯片供应，而且通过采购其他供应商提供的芯片，诺基亚公司受飞利浦公司火灾的影响明显要比爱立信公司小得多。

三、思考·讨论·训练

1. 爱立信公司怎么不造手机了？请谈谈你的看法。
2. 建立企业危机预警系统有什么重要意义？如何建立企业危机预警系统？
3. 面对危机诺基亚与爱立信两家公司的不同表现给我们哪些启示？

案例 7-4 玻璃生产商寻找自身薄弱之处

一、案例介绍

下面我们看一下某玻璃生产商是怎样寻找自身的薄弱之处，拟订应对潜在危机的计划的。

某国际性日用玻璃产品生产商是世界上最大的生产商之一，在 15 个国家拥有生产厂。为使企业知道哪些危机最应该进行有效管理，企业决定按照正式的方式来明确最有可能发生、潜在的能够造成最严重损害的危机。

公司用了 3 个月的时间，在全世界范围内选择了一个包括高级经理、总部员工、美国国内工厂员工以及位于其他 14 个国家的工厂员工的合理的员工样本进行调查，还聘请了一家调查公司对北美、欧洲及亚太地区国家的 400 家主要分销商和 1500 名消费者进行了电话调查。此外，公司还对每个市场中的一些政治家和主管官员以及行业媒体记者、编辑进行了走访。在对这些调查数据进行分析的基础上，帮助识别企业最脆弱的方面，为企业缩小了应该进行良好防范和管理的危机范围。

下面就是该公司进行弱点分析的结果。

（一）潜在危机或"发生可能性"

最有可能发生（红色）：

（1）玻璃碴儿或碎片伤害消费者。

（2）关于产品质量的不好传闻，会使销售受到损失。

（3）生产缓慢，产品产量不足，严重伤害同分销商的关系。

（4）某位高级官员离开公司，加入到竞争对手的行列。

（5）消极的媒体报道，造成销售滑坡。

能够发生但在近期内不会发生（黄色）：

（1）主席或首席执行官的突然死亡（现年 72 岁）。

（2）某家生产工厂发生死亡事故。

（3）对公司和行业造成严重损害的政治行动。

（4）现有或以前的员工由于有不满情绪而在公司内造成他人严重伤害或死亡。

（5）严重损害企业声誉的主要诉讼。

不可能发生（绿色）：

（1）工厂突然关闭。

（2）大量解雇工人。

（3）产品造成消费者死亡。

（4）缺少矿石和其他原料，影响生产能力，无法达到预期产量。

（5）主席或首席执行官意外辞职。

（二）潜在危机或"对企业的损害"

会造成严重损害（红色）：

（1）产品造成消费者死亡。

（2）严重损害企业声誉的主要诉讼。

（3）消极的媒体报道，造成销售滑坡。

（4）主席或首席执行官意外辞职。

（5）玻璃碴儿或碎片伤害消费者。

会造成损害，但是能够加以管理（黄色）：

（1）关于产品质量不好的传闻，会使销售受到损失。

（2）主席或首席执行官的突然死亡。

（3）工厂突然关闭。

（4）某家生产工厂发生死亡事故。

（5）现在或以前的员工由于有不满情绪而在公司内造成他人严重伤害或

死亡。

会造成很轻微的伤害，并且可以很容易地加以管理（绿色）：

（1）缺少矿石或其他原料，影响生产能力，无法达到预期产量。

（2）对公司或行业造成严重损害的政治活动。

（3）大量解雇员工。

（4）生产缓慢，产品质量不好，严重伤害同分销商的关系。

（5）某位高级官员离开公司，加入到竞争对手行列。

（三）最可能发生的严重损害

最有可能发生，造成严重损害（红—红）：

（1）玻璃碴儿或碎片伤害消费者。

（2）消极的媒体报道，造成销售滑坡。

最有可能发生，会造成损害，但可以管理（红—黄）：

（1）关于产品质量的不好传闻，会使销售受到损失。

会发生但在近期不可能发生，会造成严重损害（黄—红）：

（1）严重损害企业声誉的主要诉讼。

在短期内发生的可能性很小，会造成伤害，但可以管理（黄—黄）：

（1）某家生产工厂发生死亡事故。

（2）现在或以前的员工由于有不满情绪而在公司内造成他人严重伤害或死亡。

（3）主席或首席执行官的突然死亡。

（资料来源：［美］杰弗里·R.卡波尼格罗著，杭建平译：《危机顾问》，中国三峡出版社2001年版）

二、案例分析

玻璃生产商进行弱点分析的例子能帮助我们判断所在的企业面对危机时的脆弱性如何，这些要点包括以下几个方面：

1. 在时间和预算允许的情况下，分析要尽可能全面、综合。大多数企业并不需要像玻璃生产商进行弱点分析那样投入很多的时间或预算。它们涉及的社会公众相对要少，因此需要的样本规模也会很小，从小样本中就能充分判断公众的观点，而且可提供这些企业投入这样的项目的资源也较少。记住：不管做什么分析都要比根本不做好得多。

2. 通过弱点分析将注意力集中于重要方面。这是弱点分析的一大好处。在本案例中，玻璃生产商利用这个分析过程来准确地找出企业中最值得注意的薄弱环节：玻璃碴儿和碎片伤害消费者；消极的媒体报道，造成销售滑坡；关于产品质量的传闻使销售受损；损害公司声誉的主要诉讼；生产工厂发生死亡事故；某位现有或以前的员工由于有不满情绪而在公司内造成他人严重伤害或死亡；年龄较大的主席或首席执行官的突然死亡。这样就可以帮助公司立刻集中注意力，寻找方法来防范这些危机的发生，并制定计划以便在它们发生时能够加以实施。集中于最适当的方面，并将有限的时间和精力分配到最重要方面的能力，是每一个成功企业的生存根本。

3. 弱点分析是一个持续过程。弱点分析最后完成了，企业寻找方法来确保能够克服危机，但这并没有结束。企业要有持续经营的观念，尤其是对一些危机频频光临的企业来说，要及时确定下一次分析的时间以保持危机预防的连续性与有效性。

三、思考·讨论·训练

1. 企业进行弱点分析有何意义？
2. 企业怎样进行弱点分析，寻找自身的薄弱之处？
3. 请为你所在的企业运用案例中的方法，进行一次弱点分析。

案例 7-5　古井贡从容面对"假酒之祸"

一、案例介绍

1998 年年初，正值春节白酒市场销售的黄金季节，在山西朔州发生了"1·26"假酒中毒案，不法商人用致命的工业酒精勾兑成白酒进行销售，造成严重伤亡事件，举国震惊，产生了恶劣的社会影响。

当时山西汾酒集团没有立即意识到近邻的不法行为将会殃及池鱼，舍不得投入一笔公关费来以正视听，结果是谣言四起，以致汾酒在全国遭受了被封存、拒售及出口订货量大幅度下降的厄运，切实感受到消费者"恨屋及乌"的残酷。直到 1998 年 4 月中旬，国家技术监督局正式公布针对汾酒、竹叶青酒的产品质量的专项调查结果，才为其洗清了不白之冤，但汾酒要彻底恢复元气还需要一段时间。

同样，面对山西朔州假酒案的曝光，远在数千里之遥的安徽古井贡酒却做出了与汾酒集团截然不同的反应。该公司认为，山西假酒案公之于天下，必然引起公众的恐慌，为打消人们的顾虑，古井贡酒公司主动出击，防患于未然，在全国大媒体刊登了《古井贡酒公司致全国消费者的公开信》，适时出击，防止了古井贡酒的消费者受到假酒案的困扰，使企业远离危机，而且借危机为自身的发展创造了机会。

古井贡酒公司致全国消费者的公开信

尊敬的消费者：

山西假酒大案，举国震惊。造假者利欲熏心，草菅人命，国法难容。

然痛定思痛，我们古井贡酒作为中国老八大名酒厂家之一，本着对广大消费者负责的态度，有责任呼吁：白酒生产、销售应当立法，只有立法，国家有关职能部门才能更好地依法治理、整顿白酒生产、销售市场，杜绝假酒源头，彻底防止类似云南、山西悲剧重演。同时，为了更好地配合国家有关职能部门依法监督管理白酒市场，使消费者有一个更加安全可信的饮酒环境，我"古井贡酒"还倡议：以中国老八大名酒厂家的名义成立"中国打击假酒专项基金会"，以此捍卫中国白酒的尊严！

酒无罪，饮者亦无罪，罪在造假、售假者。故此，我们强烈呼吁：法不立，民无宁日；市场不平，行业不兴。

为了抚恤死难者家属，我们古井贡酒股份有限公司董事会决定无偿捐助抚恤金 20 万元，以尽我们绵薄之力，给生者以新的希望。

长痛之余，我们古井贡酒再次郑重敬告广大消费者：购买饮用白酒时，千万要认准白酒品牌、质量和厂家，切忌盲目购买。

我们古井贡酒再次郑重承诺："提高广大人民的生活质量"、"摘取消费者心目中的金牌"，始终是我们古井贡酒最高的经营理念和永远的追求。我们必将一贯坚持"质量是生命"的酿酒方针，精益求精、锲而不舍地酿造每一滴好酒奉献给我们的"衣食父母"。

安徽古井贡酒股份有限公司
董事长、总经理　王效金
1998 年 2 月 8 日

就这样古井贡集团从容面对假酒之祸，取得了良好的宣传效果。

（资料来源：张岩松：《企业公共关系危机管理》，经济管理出版社 2000 年版）

二、案例分析

同样面对不法商人造假图财害命的恶性危机事件，两家企业做出如此不同的反应，一个是积极防御，借机制造舆论而提升企业形象；另一个是无动于衷，听任各种谣传的肆虐。从中不难发现两家企业在经营观念、危机预防举措、危机意识等方面的巨大差距，同时也不难看出企业进行危机预防的重要性，即危机管理正是要防微杜渐、以防万一。

企业所发生的一切危机并不都是企业自身的责任，一些来自外部的邪恶势力可能把企业的良好形象搞糟。在企业经营中，很容易发生他人未经许可假冒企业的包装式样、商标、名义等推销伪劣产品，或者第三者在企业的产品与服务中采取下毒、写恐吓信、制造恶性爆炸事故等卑鄙行为，使得消费者受到伤害，使企业声誉、形象受到损害。在这种危机事件中，企业是假冒与暗算的牺牲品，背着恶名，但是消除它的影响，还要靠企业自己的努力。

一般而言，处理因他人假冒、暗算而形成的危机事件，通常有以下几种途径：

1. 承担起企业的社会责任。此时的危机尽管不是企业自身的责任，但企业还是应该高姿态地表现出企业对于公众的重视，尽量抚恤受伤害的消费者，减少他们的损失；安抚广大社会公众，表示企业将为此负责，改进生产与流通环节的弊端，尽量杜绝不良事件的发生。可以说，这个环节是树立企业形象的关键之处，企业应该利用好，可以考虑采用新闻策划的套路。

2. 借助新闻媒体。企业要准确地表达立场与态度，可以开展新闻揭丑活动，向公众说明事情的真相；同时，把企业正式的产品与服务方式公布于众，提高公众的辨别力，使假冒伪劣产品没有市场。

3. 争取政府有关部门的支持。政府有关部门是处理假冒伪劣的权威机关，特别是一些造成人身危害的恶性危机事件，企业要更多地与当地人民政府、公安部门、技术监督部门、卫生部门等与企业关系紧密的政府机关合作，把危机事件的影响与发展控制在一定范围内，减少公众的受伤害程度。企业也可以考虑诉诸法律，拿起法律武器，借助法律渠道，澄清是非真假，恢复企业的名誉。

4. 强化企业生产与销售管理。企业经营管理是杜绝此类危机发生的根本，改进生产流程，使产品从企业到消费者的环节简捷可靠；强化产品个性，同时增加产量，以创造规模效应为手段，进一步降低成本，使假冒者无利可图，从根本上杜绝假冒现象。此外，化解危机的影响还需企业自身的策划，充分调动企业员工和公众力量，共同打假，维护企业形象，重获公众对于企业的信任。

三、思考·讨论·训练

1. 据古井贡酒公司的做法，你认为古井贡酒公司具有怎样的危机意识？
2. 企业应该如何应对假冒伪劣产品引发的危机？
3. 体会《古井贡酒公司致全国消费者的公开信》的写作风格。

案例 7-6 保时捷汽车公司的"伏击"计划

一、案例介绍

1989 年 11 月 12 日上午 8 时，位于内华达州雷诺的保时捷汽车北美总部（简称 "PCNA"）的电话铃响了。打电话的是一位当地电视台的记者，她刚从当地警察那里了解到一起事故。一辆运动车（跑车）撞到了载有 40 个儿童的校车，许多儿童受伤了；而且死亡的人数尚未确定，肇事运动车是一款保时捷 944 型车。司机是一位保时捷公司的经理。最初的警察报告表明，当时这辆车正以每小时超过 90 英里的速度行驶。

保时捷公司当时正在开展一次集中展示该品牌汽车种种高品质性能的广告宣传，PCNA 是制造豪华运动汽车的德国保时捷总公司在北美的市场营销管理机构。那天晚上，保时捷还计划在美国广播公司的"周一足球之夜"栏目插播两分钟的广告。一周以后，北美保时捷汽车打算在洛杉矶召开一个重要的经销商委员会会议。

上午 8 时零 5 分，一位报刊记者打电话到 PCNA，采访该公司就此事的评论。几个小时之内，许多记者的电话打了进来，媒体提出的问题越来越尖锐和难以答复。记者的问题集中在制造者一贯强调的汽车的功力和性能上。除司机责任外，是否有保时捷汽车本身存在机械缺陷的证据？司机在公路上飞速驾驶前是否受过训练？为什么他要以超过每小时 90 英里的速度驾驶，保时捷公司将对死去的和受伤的儿童的父母做何答复？公司负责人何时与媒体见面回答这些问题？保时捷公司将如何检讨自身的管理和所生产的汽车？保时捷汽车的性能是否只有超过速度限制时才能体现？

上午 9 时 30 分，一位美联社的电台记者从洛杉矶打来电话：PCNA 是否要对一个与著名律师拉尔夫·纳德有关的全国消费者权益保护组织所发表的声明进行评论？这个声明的要点是保时捷汽车不安全，而且公司鼓励粗心和高速驾驶。

　　5分钟后，从医院传来确切消息，8名儿童已经死亡，12名儿童正在重症监护中。此时，媒体的电话来势更加猛烈了，提出的问题也越发尖锐，气氛可以说是越来越紧张。

　　上午10时，PCNA收到一个特别的电话：托尼·梅奥，纽约的一位保时捷汽车经销商，他情绪非常激动，以至于话都说不明白了。他刚从一则报道中得知了这个事故，而且还引用一个消费者权益保护组织的话，说"保时捷汽车不安全"。他问道："这他妈的到底是怎么回事？"

　　保时捷汽车公司的总部立即召开了紧急会议，但是，会议不断被电话、传真和新闻简报中断，上午10时15分，汽车安全中心的查伦斯·底特劳发表了一个声明，称：目前事故的原因还不太清楚，但如此严重的事故应该考虑对保时捷汽车及该公司的某些政策加以审视。这份声明再度引发了强烈的反响。

　　上午10时45分，收到了一个住院儿童母亲的电话。她的儿子烧伤面积超过全身的50%，不得不立即转院到洛杉矶的烧伤治疗中心，这里没有可用的商业飞机，她请求保时捷公司可否帮忙租一架飞机。

　　正当保时捷汽车公司的工作人员为试图处理这个棘手的电话而烦恼之时，医院打来了电话，事故中驾驶保时捷汽车的司机，虽然受伤严重，但已经脱离了危险。医院周围包围着众多的媒体人士，他们都想同他谈话。电视和报刊的记者们正在给PCNA的主管打电话，要司机的照片和他驾驶的保时捷汽车的确切型号——最好两个都能得到。他们同时还在索要保时捷汽车的印刷广告复印件，以及保时捷汽车电视广告的录像带等。

　　现在又出现了新的紧急情况。保时捷汽车总公司从华盛顿了解到：国会下属的3个重要小组委员会的主席正准备就此事故发表声明；众议院事故和调查小组的主席也计划举行记者招待会。还有谣言说，他将深入调查这件事。该小组的主席是来自密歇根州的众议员约翰·丁格尔，他是美国轿车生产商忠实而可靠的朋友。

　　上午11时10分，"晚间视线"（Nightline）节目的制片人打来电话，节目编导泰德·考佩尔准备在当晚制作一期专访，访问和讨论的对象是各式各样的运动车，以及不断推出高速行驶的汽车的厂商们。当然，这个节目一定会紧紧围绕这次事故来展开，而且肯定会向观众播出这次事故的片断。考佩尔还可能邀请PCNA的总裁兼首席执行官布莱恩·鲍勒在节目中出现，如果鲍勒不方便露面的话，另外一位高级别的经理也会出现在节目中，他们将采用遥控的方式，对发生在雷诺的这起事故发表评论。

　　"晚间视线"的电话打过来不久，上午11时30分，保时捷汽车总公司负责销售的副总裁接到了弗吉尼亚州阿陵顿的一位保时捷汽车销售经理打来的电话，这位销售经理刚刚收到"晚间视线"节目给他的电话，邀请他参加节目制作，接受来访，并协助拍摄保时捷汽车销售的片段。这位销售经理不知该如何应对才好。

总部正在讨论他的情形时，上午 11 时 35 分，另一个电话打来了。这次是泰德·考佩尔本人打来的。他劝说公司配合和参与节目的制作，彻底而坦白地回答被问到的问题是公司的最佳选择。公司毕竟没有可以隐瞒的，不是吗？

随着几十、上百个媒体方面和其他垂询的电话不停地打进来，乱哄哄的一个早晨就这样过去了。总部的工作人员忙于处理一个接一个的棘手问题，有关保时捷公司的，也有关于保时捷汽车以及保时捷汽车公司的政策等，五花八门。紧急措施、方案、决定和努力不断推出，一切都是为了尽快平息事故造成的震荡，保护公司的利益。

这是一个极具戏剧性的事故，不仅引起了大量媒体的兴趣，同时也成为全国上下关注的焦点。其实，上述事故根本没有真正发生过。至于公告、电话、电视广播和会议等又都是真实的。原来，它们是"伏击"计划的一部分，这个计划是由美国博特—诺威力（Porter Novelli）公关公司，为 PCNA 专门设计的一套遇到临时出现的危机情况时的紧急"救火"方案。

博特—诺威力公关公司曾为保时捷汽车公司制定了一套危机方案，但是基于一般原则制定的。方案指明了各种潜在危机的类型，并进行了分析说明。制造麻烦的主要来源，包括竞争对手等，都被逐一列了出来。公司拥有的可用资源经过整理后汇总到了一起，以备紧急之需，最后还成立了危机行动小组，分工明确、训练有素。

为了搞清楚保时捷汽车公司在处理紧急情况时到底能做到多少，公司进行了实战危机演习，将所有可能出现的问题和涉及的方方面面都模拟出来，如管理决策、地方和全国性媒体、公司经营原则和策略、销售网络、政府监管当局等。"伏击"方案的演习准备是在秘密情况下进行的。保时捷汽车公司的高层知道将要按照"伏击"计划进行演习，但是他们不知道它何时会来或以何种形式出现。

上午 8 时的电话拉开了这个虚构但很重要的早晨的序幕，所以说，这是一个启动"伏击"计划的电话。保时捷汽车公司的人虽然知道这是一种训练，但他们处理应对任何突发事情时不仅相当严肃，而且积极思考、采取行动，非常紧张。毕竟，他们的表现是对公司面临紧急情况时"救火"的能力和有效性的检验。从这种意义上讲，对每一个相关的人来说，这也算是一个真正的突发事件。

"伏击"计划实施小组在博特—诺威力公关公司的指导下，从上午8时一直到下午1时，按部就班地完成了全部演练。特别行动队随时待命，根据危机处理小组做出的决定迅速反应。例如，假如保时捷公司决定召开一个新闻发布会，特别行动队就要负责在雷诺做好准备，充当媒体的角色，提出尽可能难的问题，并对所做的回答表现出最大限度的怀疑。

"伏击"方案的实战演练结束后，保时捷汽车公司又投入了大量的人力和精力，对整个任务的执行情况展开分析，召开了询问会、讨论会以及评论会等。博特—诺威力公关公司在保时捷公司总部，从公司方面所作报告中的"瑕疵"着手，听取了保时捷汽车公司特别行动小组是如何在紧急情况下做出反应以及怎样完成任务等。最终的目的是要对这个危机应对计划进行极其细致的分析。这个计划最大的受益者可能是保时捷汽车公司的高层领导。经历了这次"战火的洗礼"，他们在处理未来可能出现的重大危机时，应付各种真实情况的能力肯定会有所增强。保时捷汽车公司的首席执行官布莱恩在谈到他对这次演习的看法时感慨：生活中他从未承受过那么大的压力。

就总体而言，保时捷公司做得很好，因为它们有自己的一套可行的危机应对方案可遵循。

（资料来源：［美］伦纳德·萨菲尔著，梁洨洁、段燕译：《强势公关》，机械工业出版社2002年版）

二、案例分析

危机是对企业人员素质的严峻考验，是不是拥有足够的冷静、足够的技巧、足够的应变能力，全都亮个相。因此，拥有一支训练有素的危机应急队伍，以应对各类突发性事件，在危机来临之际帮助企业组织顺利渡过难关也是组织准备的重要方面，而进行危机综合性的模拟演习是其中重要的做法。

企业危机管理人员可以对已经发生的其他公司的真实案例进行改编，而后在企业进行实战演练。本案例的"伏击"方案模拟的危机就是从1988年发生在肯塔基州的一起事故中提取出来的。在那次事故中，一辆轻型小货车撞到一辆校车，导致24名儿童及3名成人死亡。18个月后，在审讯司机时，事故原因之一就是汽车的设计和安全性方面存在问题。这辆汽车是由福特汽车公司和Sheller – Globe公司共同制造的。

加强培训也是危机应急队伍训练的一种基本方法，它对提高员工的实战能力，培养全员的危机意识，减少危机的形成概率，实现危机的及早消除，提高危机的处理水平，从根本上避免危机的发生都具有重要作用。美国的火灾逃生计划中的办公室安全培训是比较典型的普及培训，其培训对象包括办公楼的员工和雇主。具体内容包括以下几个方面：

1. 在火灾发生前，员工应该做到：知道最近的火灾报警器的位置，并知道如何使它发出警报；知道所有工作区的两个安全出口的位置；在电话机上或其附近张贴火灾部门的紧急报警电话；知道与工作区最近的安全通道之间的门或桌子的数量（在火灾发生时，这些信息对于在黑暗中逃生非常有用）；要确保有人知道自己有暂时或永久的残疾，以便得到他人的帮助；与当地的消防部门制定相应的计划来保护自己从火场逃生。

2. 在火灾发生前，雇主应该做到：至少每年进行两次常规性的火灾训练；张贴建筑物平面图，并在新员工培训期间就有关事项做解释说明；满足员工在紧急计划实施过程中的特定需求。

3. 发生火灾时，所有人员都应该做到：即使火势变小也要启动报警器，并向消防部门报警。快速离开，关闭房门以免引入火苗和烟雾。如果在逃生时突遇烟雾或火焰，那么使用其他的安全通道。随着热气和烟的上升，靠近地面的空气会比较洁净、凉快。如果必须通过烟雾才能撤离，那么趴在地上，用手和膝盖而不是腹部朝安全通道爬行，同时保持头部在离地面30~60厘米（1~2英尺）的"安全区"，因为重的毒气会沉淀下来覆盖在地板上，形成薄薄的一层。打开门以前要先测试一下。跪在门边，尽可能去触摸门的高处或把手，并用手背来感受门的温度。如果门是热的，就要采取另一条逃生路线；如果门是凉的，则慢慢打开，并随时准备在烟雾或热浪涌入时关闭。

4. 如果不能安全逃生或被指示待在房间里，那么要保持冷静并保护好自己。如果可能，找一间有通往室外的窗户和有电话的房间；关闭你与火之间所有的门；利用胶带、毛巾、布条或被单堵住门缝，以免外面的烟雾涌进来。如果被困的房间有电话，那么拨打消防部门的紧急电话并报告他们你的详细位置，即使救护车已在窗外，也要这样做。如果有闪光灯，那么等在窗边，并发出求救信号；若没有，就挥动被单或其他颜色鲜亮的衣物求援。如果可能的话，打开窗户的上下部，让新鲜空气进来，但是如果外面的烟雾涌进来就要快速关闭，注意不要打碎窗户。要有耐心，营救所有的居民可能需要花上几个小时。

三、思考·讨论·训练

1. 保时捷汽车公司的"伏击"计划成功在何处？
2. 企业应急队伍的训练都有哪些方法？

3. 请改编本书中的某一个案例，为你所在企业制定一份模拟演习方案。

4. 美国的火灾逃生计划中的办公室安全培训，对我国的消防工作有哪些启示？

第八章 政府公共危机管理

> 危机管理的最佳途径是优化程序性决策而有效地避免危机发生。
> 长治久安根本上还是取决于公共治理结构的优化：治理主体由过去单
> 一的政府变为由政府、企业和社会组织各方有序参与的合作集体；治
> 理规范由过去单纯的国家法令变为法令、道德和社会及公民的自主契
> 约等并存；治理程序从仅仅考虑效率变为公平、民主和效率等并重；
> 治理的手段由过去单纯强调法治变为重视法治、德治和社会公民自觉
> 自愿的合作相互补充；治理的方向由过去单一的自上而下变为上下左
> 右互动。
>
> ——薛澜

任何社会都会遭受各种各样的灾难，从而面临各种公共危机的强烈冲击。
从美国的"9·11"事件到印尼巴厘岛爆炸案，从韩国大邱地铁纵火案到中国
南京汤山投毒案，从美国炭疽传播恐慌到中国"非典"疫情防治，一系列的
公共危机事件的突然出现，在不同范围内和一定程度上引发了危机。政府面对
的公共危机不仅会造成人在生命、财产方面的巨大损失，对经济和社会的基础
设施造成巨大的破坏，也会引起环境的恶化，阻碍社会的可持续发展，甚至可
能导致社会和政局的不稳定。

因此，对于一个政府而言，建立完善的公共危机管理机制，实施有效的对
策选择，不断增强政府公共危机管理能力，使在危机状态下的社会事务被有序
地管理起来，使危机给社会造成的危害减到最小限度，无疑成为政府管理活动
中的一个重要内容。

一、什么是政府公共危机管理

我国已进入社会主义市场经济为基本架构的社会，社会公共危机事件的发
生变得常规化。有效处理社会危机，将是社会主义市场经济条件下政府要经常
面对的问题。此时，社会保持稳定的关键不在于是否存在或发生社会危机，而
在于能否形成有效的政府制度安排，将危机尽可能地置于理性的基础上并保持

在理性的范围内。

按照国际社会的一般看法，危机是指对一个社会系统的基本价值和行为准则架构产生严重威胁，并且在时间压力和不确定性极高的情况下，必须对其做出关键决策的事件。从类型上政府公共危机可以有政治危机、经济危机和社会危机。从影响范围上，可以分为全球性危机、国际性危机、国家危机和地方性危机。从危机的构成来看，广义的危机主要包括：一是因不可抗力引起的自然灾害，如地震、干旱、洪水等；二是由于人的因素（如疏忽大意、非预见性等）造成的重大事故如飞机失事、火车出轨、煤矿爆炸、集体中毒、疾病流行等；三是由于人为故意因素造成的社会动乱，如党派纷争、民族冲突、宗教对抗；四是恐怖活动或恐怖事件；五是国家或国家集团之间的武装冲突或战争。

在现代社会中，危机的发生已经成为社会生活中一种常见的现象。第一，一般情况下，危机的发生往往是突然性的，难以预见，特别是人为因素造成的危机事件，由于很难发现造成危机的原因，无法找到危机的根源，使得危机的解决颇为棘手。第二，危机所造成的危害性在强度和烈度上表现得特别显著，不仅在物质方面造成巨大的损失，更为重要的是在社会公众的心理层面产生了普遍的恐慌、不安全感，进而使得公众对政府管理社会的能力产生怀疑。第三，危机的结果具有不确定性和长期性。危机造成的物质层面的损失是可以直接估算出来的，但危机所造成的对社会方方面面的影响在短期内是很难判断的。而且，由于全球经济化，使得国内问题国际化的特征越发明显。一个国家发生的危机，往往不再只是一个国家内部的事务，对世界范围内的政治、经济造成很大的影响，如美国的"9·11"事件引发全世界股市暴跌就是一个明显的例子。第四，现代传媒发达，使得一个地方的危机事件有可能在最短的时间内波及世界的每一个角落，甚至成为全球性的话题，这也从另一个方面使危机的影响扩大化。显然，危机对于社会的严重危害性已经日益引起各国政府的普遍重视。稍加比较不难发现，2003年我国爆发的"非典"的全球性传播具有时间上的突发性和直接危及生命健康的紧急性，产生原因、发展过程和可能造成的后果具有高度的不确定性，信息传递中不对称性十分突出，使得全球社会出现恐慌波动，对经济发展、文化活动和社会稳定都产生了巨大的影响，世界各国及我国中央和地方政府也直接面临着需要在高度压力下进行非程序性决策的形势。因此，"非典"的爆发，不仅仅是一种全球性恶性传染病的传染过程，更是一次典型的社会危机事件。

这些突发性事件引起社会震荡，使得社会陷入一种非正常状态，这时就需要政府出面缓解危机，稳定社会秩序，维持社会运行，在政府的管理活动中也就产生了危机管理，它是政府所建立的一整套社会危机监测、预防和快速反应的制度和运行体系，在其中政府各职能部门有明确的任务和责任，它具有组织健全、运行灵活、高效统一的特点。

二、政府公共危机管理机制的建立

对于一个政府而言，面对各种危机，最重要的战略选择应是建立一套比较完善的公共危机管理机制，并在此基础上不断增强政府以及整个社会的危机管理能力。在面对层出不穷、类型各异的危机事件时，科学的政府危机管理体系是预防和降低危机损害的关键所在。作为政府必须构建开放的、有机合理的、协同运作的危机管理系统，以便尽可能地吸纳各种社会资源参与危机管理，扩大危机管理体系的组织和资源吸纳能力，实现系统有序化、规范化和可操作化。特别是现阶段处于危机事件高频发生时期的中国，更应当完善常设性的具有极大的强制性、权威性的社会稳定预警系统的设计、运行，建立强大的反"黑客"措施和极其严密的"防火墙"，从而把危机事件对公共利益的损害程度降低到最小。我国现有的危机管理体系主要依赖于各级政府的现有行政设置，存在着缺乏专门机构和完善的体系、激励机制和惩罚机制错位、绩效考核体系不健全等弊端。各级政府仍有不少是遇到问题尽量"捂盖子"，各行其是，无法明晰责任。因此，我们亟待完善政府公共危机管理体系。

（一）树立强烈的危机意识

危机意识是这样一种思想或观念，它要求一个组织的决策者管理者从长远的、战略的角度出发，在和平、发展的时期，预先考虑和预测组织可能面临的各种紧急的和极度困难的形势，在心理上和物质上做好应对困难境地的准备，预期或提出应对危机的应急对策，以防止在危机发生时束手无策，无法积极回应，而遭受无法挽回的失败。因此，政府管理者必须建立起危机管理，不只是对危机发生后政府的迅速回应和对危机局势的严厉控制，更重要的是政府要有解决社会问题、防止剧烈危机爆发的意识。具体来说，我国的各级政府首先应从关系党和国家进步生存发展的高度上认识危机处理的重大意义，保持敏感度；实时调整、更新危机应对战略；在日常的公共决策中，则应确立以广大群众利益为先导，采取科学民主的决策方式，在源头上降低危机事件发生的可能性；在应急的非常规决策中应制定行之有效、有的放矢的危机管理计划，并及时总结、修正、调整常规性决策，标本兼治，建立科学合理的危机治理结构。公众的参与是整个社会危机管理的基础，政府应通过公共信息的传播、教育和多学科的职业训练等方式，强化社会公众的危机管理意识、知识和技能，提高其危机管理意识与能力。

（二）建立有效的公共危机管理系统

在危机中，危机管理就是在极特殊情况下对一个国家的能力和管理水平的一种检验，考察政府能否在最短的时间里运用有效的手段集中社会资源解决危机。可以说，危机管理是一门科学，更是展现人类高超管理艺术的活动。在危机发生以后，一个有效的公共危机管理系统是政府是否能够成功管理危机的关键。通过有效的危机管理系统，政府对危机的管理被纳入一个有步骤、有条理的进程中，能够将危机给社会带来的各种影响减小到最低程度。

危机管理系统包括以下几个方面：

1. 完善危机管理组织体系，发展危机管理的网络和伙伴关系。危机管理是政府基本职能和职责之一。为了强化政府管理危机的能力，政府有必要建立统一领导、分工协作的组织体制。除了政府之外，市场组织、非营利组织都可以在危机管理的过程中发挥重要作用，因此政府应该发展危机管理的伙伴关系，把危机管理的网络扩展到整个社会。此外，在经济全球化的时代，加强与国际组织的合作也十分重要。

2. 建立有效的危机管理信息系统。在危机管理的整个过程中，信息发挥着十分重要的作用。通过良好的沟通和有效的信息交流，整合和协调危机管理的行动，及时收集、传递和共享信息，能够纾缓危机，降低危机的损害。更重要的是，一旦出现灾难和危机，信息沟通和交换可以保证政府做出及时和准确的决策，并在公共危机的早期预警中发挥作用。

3. 建立公共危机管理的资源保障体系。有效的危机管理是建立在充分的资源保障基础之上的。政府有必要把危机管理的资金纳入政府的预算之中，建立应对各种灾难和危机的专项基金，并通过社会保险等方式扩大资金的供给。政府应完善战略性资源的储备，编制资源目录，以利于有效地调动资源。国家和社会应该加强人力资源的培训和训练，为危机管理提供充足的人力资源。

4. 制定预防危机战略、政策和规划。国际经验表明，为了有效地预防和回应各种公共危机，制定切实可行的危机管理战略、政策和规划是必要的。它有助于明确危机管理的目标，指导危机管理的行动，统一调配危机管理的资源，强化危机管理的能力。

（三）全面加强制度建设

实践表明，任何形式的冲突和危机，归根到底，与稀缺的资源分配不均存在直接或间接的关系。因此，加强危机管理的根本就是要在制度上为各级政府的行为选择提供相应的正向激励；要严格推行重大事故责任追究制；在进一步的深化改革中，应该改革各级政府的绩效考核体系，增加综合性社会发展要求，减少单纯的指标性要求；加快电子政务建设，切实实现各级政府运作的公开化、程序化、透明化，扩大公民的政治参与，树立统一的"以民众为中心"的理念。

（四）制定公共危机应急方案

危机应急方案是在危机发生前就准备好了的、为处理危机而所做的前期工作，包括一套应急书面方案、危机处理小组、紧急事件控制中心和培训必要人员，还要经常检验应急措施。对于危机的发生，思想上绝不可以麻痹大意，宁可信其有，不可信其无。就好像消防队，养兵千日，用在一时，它的作用要在危机发生时才可以显示出来。如果平时不做准备，危机发生时就来不及了。如果有所准备，在危机发生时就能忙而不乱，使危机处理有序进行。危机应急方案主要内容应包括：①分析可能发生的危机状态；②制定预防措施和危机时应采取的战略策略；③确定可能受危机影响的公众和机构；④确定有效的沟通渠道，最大限度地缩小对政府信誉的损害；⑤检验各项措施，演练通信手段的使用。

我们必须意识到，面对挑战，只有直面危机，勇于变革，抓住有利时机，掌握应对危机的主动权。其中，建立现代危机管理机制就是主动应对危机的关键点。当然，从根本上说，单纯的危机管理机制的形成并不能保证社会的全然无忧，危机管理的最佳途径是优化程序性决策从而有效避免危机的发生，长治久安根本上还是取决于公共治理结构的优化：治理主体由过去单一的政府变为由政府、企业和社会组织各方有序参与的合作集体；治理规范由过去单纯的国家法令变为法令、道德和社会及公民的自主契约等并存；治理程序从仅仅考虑效率变为公平、民主和效率等并重；治理的手段由过去单纯强调法治变为重视法治、德治和社会公民自觉自愿的合作相互补充；治理的方向由过去单一的自上而下变为上下左右互动。

三、政府公共危机处理的基本程序与策略

政府公共危机发生后，由于情况紧急，不免使政府和各级组织都感到手忙脚乱，为了使危机处理有序进行，必须坚持正确的处理程序，采取有效的策略。

（一）公共危机处理的基本程序

危机正确的处理程序，对危机事件的有效处理十分重要。这个工作程序应

该和危机应急方案相衔接，同时根据当时情况予以调整。其基本程序包括：

1. 成立机构，专人负责。危机发生后，要迅速成立处理危机的专门机构，由政府的主要行政长官担任领导人，会同有关职能部门如医疗救护、安全力量、消防等组成，必要时还要配备新闻发言人，代表政府向社会公众和社会各界发布政府的有关工作情况，稳定公众情绪。

2. 深入现场，收集信息。除了政府重要领导人要到达现场之外，还要有调查事故的专业人员，确实弄清事件发生的时间、地点、原因、人员伤亡和财产损失情况，并掌握事态的发展和控制的情况。了解公众的情绪和舆论的反应，要尽可能多地、全面地掌握有关信息。

3. 分析信息，确定对策。在掌握危机的第一手情况，了解公众和舆论反应的基础上，在政府重要领导者的直接参与下，深入研究和确定应采取的对策和措施。这是危机管理的关键。对策和措施不仅要考虑危机本身的处理，还要考虑如何处理好危机涉及的各方面关系，如政府与受害者、受害者家属、新闻媒体、下级政府、辖区内群众等之间的关系。

4. 组织力量，落实措施。这是危机管理的中心环节。公众和舆论不仅要看政府的宣言，更要看政府的行为。政府领导人要亲自组织和协调力量，落实危机管理措施。落实措施情况要详细记载并及时向公众和媒体宣布，表明政府正积极、认真地处理危机。

5. 总结反思，消除后果。政府应当从公共危机实践中吸取教训，反思在制度建设和政府决策方面存在的问题以及深层次的社会发展问题，改进工作不足，改善治理结构，提高执政水平，推动社会稳定和持续发展。对危机造成的后果要及早消除，对生命和健康的损害，政府要进行相关的医治和抚恤并关心受害人今后的状况；对物质损失，政府要发挥指导作用，促进经济恢复，减少人民损失；对社会公众心理层面的伤害，政府必须认识到救治的难度和长期性。

（二）政府公共危机处理的策略

政府公共危机处理的策略是指具体进行政府公共危机处理所采取的对策和方式及相应原则规范。采取政府公共危机管理策略，对于尽快平息政府公共危机，逐步恢复政府形象、地位具有十分重要的意义。它主要包括：

1. 快速反应。凡危机都是突发性的，而且会很快传播到社会上去，引起新闻媒体和公众的关注。尽管发生危机时政府面临极大的压力，但仍须迅速研究对策，做出反应，使公众了解危机真相和政府采取的各项措施，争取公众的同情和支持，减少危机的损失。高效率和日夜工作是做到快速反应不可缺少的条件。

2. 真诚坦率。通常情况下，任何危机的发生都会使公众产生种种猜测和怀疑，有时新闻媒体也会有夸大事实的报道。因此，政府要想取得公众和新闻媒体的信任，必须采取真诚、坦率的态度。英国公关专家里杰斯特尤其强调"实言相告"的原则，他指出，越是隐瞒真相越会引起更大的怀疑。苏联在处理切尔诺贝利核事故时没有将真相公布于众，结果引起东欧国家更大的恐慌，给不知真相的人们带来更大的伤害。

3. 规范传播。危机发生后，各种传闻、猜测都会发生，媒体也会予以广泛关注。此时若不能及时与公众沟通，这一真空必然会被谣言、误解和胡言乱语所填充。在危机管理中采取"无可奉告"的态度，只能激起公愤。因此，有效掌握舆论，学会规范传播对有效地处理危机至关重要，从某种意义上说，危机管理也就是传播的管理。如在处理"非典"危机过程中，党和国家领导人不时在国内外公开场合表明态度，提出建议措施；职能部门和政府有关部门召开新闻发布会坦诚面对记者，回答来自社会各方面的询问，通过正式公开的新闻传媒表明态度，以免媒体发生不规范的报道，产生不应有的负面影响。

4. 维护信誉。正如英国公关专家里杰斯特所说，公共关系在危机管理中的作用是保护组织的声誉。这是危机管理的出发点和归宿。声誉对政府来说极其重要，是政府得到人民群众拥护和支持的基础，没有了声誉，政府的工作开展就难以进行，就会没有效率可言，甚至危及政府的合法性。在危机管理过程中，政府危机管理人员都要努力减少给政府信誉带来的损失，争取公众谅解和信任。

5. 以人为本。危机在不少情况下带来生命财产的损失。新闻媒体等舆论界对造成危及人的生命安全的事故或事件尤其重视，甚至加以渲染。因此，危机处理中首先要考虑人道主义的原则，坚持以人为本，把抢救和安置灾民放在第一位。如面对"非典"危机，我国政府拿出20多亿元人民币用于"非典"防治工作，许多部门出台各种政策措施，比如，旅游局提出在本地区旅游，防止疫情向城郊扩散；北京地税局出台政策："非典"补助免征个人所得税；财政部对"非典"患者发放医疗费用救助和保健补贴等。这充分显示出政府在处理"非典"危机中宁可遭受经济损失，也要将人民生命安全和健康保证放在第一位。

6. 协同一致。由于参与危机应对的人员和力量来自各个方面，包括交通、通信、消防、信息、搜救、食品、公共设施、公众救护、物资支持、医疗服务和政府其他部门的人员，以及军队、武装警察官兵等，有的时候还有志愿人员参加，因此，危机应对中协同一致运作特别重要。突发事件的不可回避性以及突发事件应急管理的紧迫性，要求政府在事件发生后，不同职能管理部门之间实现协同运作，明晰政府职能部门与机构的相关职能，优化整合各种社会资源，发挥整体功效，最大可能地减少事故损失。

总之，在一个国家的社会生活中，可以说危机是不可避免的，但危机却是可以管理和控制的。一个国家危机管理体现出国家的能力和政府管理水平，特别是政府决策机构及其领导人的执政能力。同时，在现代社会条件下，危机管理是一个国家综合国力的反映。政府公共危机管理虽然是政府在非常时期下的管理，但它是"危难之时显身手"的管理，运用这套政府公共危机管理的科学理论和方法取代政府对公共危机自发的混沌管理，可以大大提高政府公共危机管理水平，化"危机"为"良机"，最大限度地清除危机的负面影响，提高政府公信力，塑造良好的政府形象。

案例 8－1　中国"非典"危机

一、案例介绍

2003 年春节，当人们沉浸在节日的喜悦当中时，一场突如其来的危机打乱了人们的生活——广东部分地区先后发生非典型肺炎病例，随后这一疫情逐步向外扩散和蔓延，截至 2003 年 4 月 21 日，根据中国官方统计数据，全国共累计报告病例 2001 例（医务人员 456 例），治愈出院 1201 例，死亡 92 例。其中，广东 1317 例（医务人员 329 例），治愈出院 1136 例，死亡 48 例；北京 482 例（医务人员 78 例），治愈出院 43 例，死亡 25 例；山西 120 例（医务人员 45 例），治愈出院 6 例，死亡 7 例。除上述三个地方的疫情最为严重之外，还波及四川、吉林、辽宁、广西、湖南、河南、内蒙古、上海、重庆等地。一时间，中国大地笼罩在一片恐慌之中。

值得特别指出的是，此次"非典"疫情造成恐慌的原因一部分固然是疫情本身所引起的，但最重要的是在疫情初期，由于各种谣言而导致的抢购风潮影响下的民众恐慌。

早在疫情初期，关于非典型肺炎的谣言便出了多个版本：禽流感或鼠疫引起，遭到生化武器袭击，几千人死亡等。这直接导致 2 月 10 日前后，广州、深圳、珠海、东莞等地出现市场抢购板蓝根冲剂和醋制品的现象，海南、南昌、南京等地也同时出现抢购药品现象。然而一波未了一波又起，一些不法之徒又利用居民余惊未了的心理，炮制了"米慌"、"盐慌"等谣言，非理性抢购风潮再起。这些都使得事态发展更加难以控制，这是此次危机事件的一大特点，同时也是此次危机处理的难点所在。

（一）危机原因

"非典"危机形成的原因是多方面的，具体表现为以下三点：

1. 长期以来形成的"报喜不报忧"的不良作风。其实"非典"作为一种近距离的空气、飞沫传染病，如果在发生的初期就予以重视，进行隔离与控制治疗的话，是不会导致后来快速扩散、愈演愈烈的后果的。但有关部门与地方领导长期以来深谙"报喜不报忧"的为官宗旨，使他们麻痹大意，缺乏对问题严重性的认识，即缺乏危机意识，从而在危机初期采取"上瞒下堵"的做法，直接导致此次危机的爆发。可以说，正是他们的这种做法，使政府丧失了将危机扼杀于萌芽状态、避免危机爆发的先机。

2. 信息不畅，真相不明。在疫情初期，主流媒体的缺席是导致谣言扩散、老百姓不明真相、形成恐慌的又一重要因素。在此次危机事件初期，起主导作用的是人际传播，即我们日常所说"口耳相传"。在这种缺乏权威性与客观性的传播方式中，尤其是在现代通信技术的帮助下，人们用电话、互联网等形式使得谣言不胫而走，真正做到了"一传十，十传百"，而此时主流媒体原本应该及时介入，积极披露真相，正确引导公众舆论。但这些媒体却按兵不动，不能不说此次危机事件是媒体的重大失职。

3. 医疗卫生事业发展长期滞后于经济发展和社会转型。这是导致此次危机的深层原因。从政府的角度来看，在向社会主义市场经济转轨的同时，忽视"综合平衡"的基本理念，公共卫生体系建设长期严重滞后于工业化、城市化和对外开放步伐，医疗卫生事业严重滞后。从市场的角度来看，我国虽已转向社会主义市场经济，但医疗卫生领域一直仍处在政府部门的高度垄断之下。各级政府自己既拿不出资金来增加投入，又不肯让民间资本和国外资金进入到这一领域。这一点从危机处理、疫情控制过程中医疗、人员、资金等诸方面的短缺中可见一斑。

（二）处理措施

1. 政府。为做好"非典"疫情的控制工作，中国政府强调应主要做好以下五方面的工作：一是要把控制疫情作为当前卫生工作的重中之重。以卫生部部长为组长的非典型肺炎防治工作领导小组，负责指导非典型肺炎的防治工作；由国务院副秘书长牵头的部际联系会议，协调解决有关问题。二是及时向世界卫生组织通报疫情。由卫生部举行中外记者招待会，向社会公布疫情和预防控制措施。三是进一步与世界卫生组织开展有效合作。四是抓紧建立国家应对突发公共卫生事件的应急处理机制。政府同时要求各有关部门要密切合作，进一步加强监测，"疫情日报制和零报制相结合"，全面掌握疫情动态，千方百计控制疫情扩散蔓延，切实维护人民群众的健康。五是加大对防治"非典"工作的资金投入，确保该项工作的顺利进行。政府决定，在抗击"非典"安排专项投资15.5亿元用于全国疾病预防控制网络建设的基础上，再增加投资8.126亿元，加快"非典"防治设施建设，改善医疗机构的收治能力，有效地遏制疫情向农村蔓延。

2. 医疗机构。除了组织大量医务人员奔赴抗击"非典"第一线外，为指导各级卫生部门及时发现疫情并采取有效的治疗、预防和控制措施，防止疫情蔓延，保障广大人民群众的健康和生命安全，中国疾病预防控制中心等相关机构还通过互联网向社会公布《非典型肺炎防治技术方案》。该方案是有关专家根据前一阶段防治工作总结的，包括非典型肺炎病例的临床诊断标准（试行）、非典型肺炎病例或疑似病例的推荐治疗方案和出院诊断参考标准（试行）、医院消毒隔离工作指南（试行）、病人住所及公共场所的消毒（试行）、各种污染对象的常用消毒方法（试行）、社区综合性预防措施（试行）等。这些方案对"非典"的定义、症状、预防措施、治疗办法等都做了详细说明。另外，由于非典型肺炎是一种新发传染病，其预防技术方案需要在工作中不断总结、修改、完善，因此，卫生部疾病控制司还公布了电子信箱，各地在实际工作中对非典型肺炎防治技术方案有何建议和修改意见，可及时与该部门联系。

3. 媒体。危机爆发后，媒体意识到自身的责任，采取了积极态度，以自己应有的敬业与专业精神投入到此次"非典"战役之中。具体体现在以下几方面：一是以积极的姿态介入，宣传党和政府的主张、措施，使群众增强应对危机的信心。自"非典"疫情全面爆发以来，各地相关媒体尤其是主流媒体积极聚焦政府措施与民众生活，跟踪疫情，使民众能够清楚地了解真相，了解政府的措施与努力，增强他们抗击"非典"的信心。二是宣传科学的态度方法，使群众提高应对突发事件的本领。发挥传媒优势，利用新闻访谈、专题介绍、专家座谈、开辟热线电话等各种群众喜闻乐见的形式向民众介绍各种防治"非典"常识，在实际生活中起到指导帮助人们采取正确、有效措施防范"非典"的作用。三是勇于发挥舆论监督作用，大胆介入，排除干扰，力争在公众与政府之间构筑一个信息交流的平台。媒体在采访过程中，力争发挥"以民为先"、"事实第一"的专业精神，及时披露各地防治"非典"工作进程，客观上起到了舆论监督的作用。四是弘扬爱国主义精神，增强民族凝聚力。在此次媒体"非典"疫情的报道中，有一个十分重要的闪光点，那就是对战斗在第一线的医护人员的全力报道，他们从"平凡人不平凡的付出"这一点着手，使人们因为"白衣天使"的存在而感到充满希望，并对他们的奉献精神感动不已，这不仅在客观上增强了人们战胜疫情的信心，更重要的是使全国上下在这一艰难时刻前所未有地团结一致，创造了良好的社会氛围。

4. 世界其他国家、国际组织与非政府组织。在此次"非典"事件中，美国、日本、英国等世界其他国家不仅在医疗设备与器械方面向中国提供了大量援助，更为重要的是，这些国家的相关研究机构的专家们也同中国同事一道为寻求防治良方而积极奋斗，提供了各种宝贵的意见和建议。此外，联合国、世界卫生组织、国际红十字会等机构也起到了积极的作用。在这里需要特别指出的是，世界卫生组织在此次事件中起到了非常重要的作用。在此次事件之前，世界上还没有一个固定的正式体系来让国家之间相互通告流行病的爆发或其他紧急事态。在这次"非典"爆发期间，世界卫生组织发出全球通报还是第一次，这体现了世界卫生组织在应对紧急事态反应上的真正价值，客观上起到了防止"非典"进一步国际性蔓延的重要作用。另外，在该组织的领导下，将世界各国专家集中在一起，成为此次研制"非典"疫苗的主要组织者和协调者。因此，他们与中国政府的合作对于战胜"非典"可谓意义重大。

（资料来源：阎梁、翟昆：《社会危机事件处理的理论与实践》，中央党校出版社 2004 年版）

二、案例分析

截至 2003 年 6 月中旬，"非典"疫情在中国已经得到基本控制，由此造成的恐慌也基本消除，社会生活逐渐走向正常化。

从此次事件的发展过程看，它在初期暴露的问题很多，涉及政府作风、管理能力、危机意识、媒体作用以及社会大众心理能力等诸方面。

虽然在事发当时是一件坏事，但对于后来相关应对措施而言，却又是一件好事，因为它使人们清楚地认识到问题之所在，所以才能在后来的危机应对中"对症下药"，采取有针对性的补救措施。因此，从这一层意义上来说，有人认为此次"危机"为"福机"也是不无道理的，它最为关键的作用，就在于使中国政府意识到建立起一整套行之有效的社会公共危机防范与应对措施的重要性，提高全民危机意识的重要性。

我们相信经过此次危机，中国政府今后在这一方面的工作会获得极大进步。

三、思考·讨论·训练

1. 结合本案例分析政府公共危机的特点。
2. 从中国"非典"危机的全过程来看，政府在其中扮演了怎样的角色？
3. 新闻媒体在"非典"危机的解决中发挥了怎样的作用？

案例 8-2   美国总统与危机管理

一、案例介绍

（一）摘掉总统乌纱帽的"水门"事件

1974 年 7 月底，美国国会弹劾总统尼克松。其罪名是："妨碍司法程序，滥用职权，蔑视国会"。8 月 5 日，尼克松被迫辞职，丢掉了头上的乌纱帽。

对于尼克松，人们记忆中最鲜明的恐怕就是两件事：一是尼克松访华，改善中美关系；二是"水门"事件丑闻曝光后被迫辞职。作为一位对人类历史曾做出过杰出贡献的美国总统，为何会被迫辞职呢？这得从"水门"事件说起。

美国社会有两大政党：共和党和民主党。这两大对手的力量对比往往突出地表现在总统竞选上，对两党而言，用尽一切办法使自己的党内成员竞选为总统，无疑是至关重要的大事。

尼克松总统是共和党领袖，1972 年在总统任上时，他手下的 5 名"争取总统连任委员会"成员于 6 月 17 日假扮维修工，潜入民主党总部水门大厦，在主席奥布莱恩的办公室里秘密安放窃听器，被警方当场抓获，这件事，就是著名的"水门"事件。

丑闻被揭露后，舆论哗然，对于总统的这种不道德做法，各大媒体纷纷指责，并要求就此事展开调查。

危机已经来临，弄巧反而成拙。面对此种情形，尼克却采取了不明智的做法，不向公众发出任何与此事有关的信息，他认为还是"少说为妙"，"人们会很快忘记这件事的"。然而，急于得到解释的公众对白宫这种缄口不言的做法产生了激烈的抵触情绪，在此背景下，《华盛顿邮报》的两位记者穷追不舍，力图促进国会对事件的调查。

沉默的总统还想封住别人的口，他为此做了以下几件事情：

第一，1973年年初，美国参议院成立了"水门事件调查委员会"，要求总统及其助手出面协助调查，但被尼克松拒绝了。方式是采取了"行政特权"。这一不合作的态度引起了调查委员会的极大愤慨，他们立即将这一消息向新闻媒体透露，新闻界又大肆渲染，从而使总统的形象严重受损。

第二，尼克松命令助手开列一份反政府人士的记者名单，使用"可使用的联邦机器去勒紧我们的政敌"。这种对着干的态度，使得美国新闻界那些本来就爱挑刺儿的记者们大为恼火，十分气愤。

第三，在被迫向公众解释"水门"事件时，他们以"国家安全"为理由来搪塞，其陈述是："为了国家安全，我们不得不获取情报，我们不得不在机密的情况下做这件事"。

第四，1973年7月，一位总统助理证实尼克松将他办公室里进行的谈话都秘密录了音，最高法院决定迫使他交出64盘录音带，但尼克松一口回绝。当特别检察官科克斯坚持这样做时，尼克松下令首席检察长理查生解除科克斯的职务，遭到拒绝后，他竟然免去了检察长的官职，副检察长拉克肖也遭到同样的命运。这种做法被披露出来之后，人们坚决要求弄清"水门"事件的真相。

第五，在调查此事的过程中，尼克松一再指示手下人用不正当手段掩盖真相，包括做伪证、收买被告使之缄默等，这些后来都被公之于众。

在舆论压力和法律压力下，尼克松的助手开始分化并提供证据，在录音带风波之后，国会终于弹劾尼克松总统。

（二）布什与"9·11"事件

"我是一个需要假期的人"，整整8个月，傲慢的美国总统布什一直待在得克萨斯州克劳福斯镇一个安静的农场里，一边悠闲地在高尔夫球场挥杆击球，一边与记者们交流巴以冲突问题。

华盛顿著名的智囊机构——布鲁克斯协会公布的总统支持率仅有25%，这也是1973年尼克松"水门"事件以来对总统的支持率最低的一次。但是，"9·11"事件改变了这一切。

9月11日上午9时零5分，布什第二次接到世界贸易大厦遭袭的报告；9时25分，在佛州的萨拉索搭机场，布什发表了一个简短讲话，称"现在是美国历史上一个艰难时刻"，"恐怖分子虽然粉碎了钢铁，却无法粉碎美国人民的意志"；随后，"空军一号"停靠在路易斯安那州的安德鲁斯空军基地，布什再次发表简短声明，谴责恐怖分子是"懦夫的袭击"、"美国政府绝不会姑息任何恐怖主义行径",同时对奋斗在抢救前线的每一个人表示感谢,并下令美国处于战备状态;晚上8时30分,布什向全国发表正式讲话,发誓一定要惩戒凶手。在12个小时之内的三次公开讲话中布什都是一副呆滞的表情,他眼角噙着泪水,双眼直视前方。美国公众理解了他,人们普遍地感受到他们的总统显然受到了打击——和整个美国一样。接下来布什和他的助手们做的工作是非常清晰和高效的。

9月12日10时40分,布什再次发表讲话,这次人们看到的是一个坚定的、强硬的布什,他正式宣布对纽约和华盛顿的袭击是战争行为,接着他向人们保证一定要全力抓住凶手,并在非常短的时间内将目标锁定在藏身于阿富汗的本·拉登。虽然情报部门未能提供确切证据证明是本·拉登一伙所为,但布什必须给美国民众一个心理上的安慰,一个宣泄愤怒的出口。

然后,他采取了一切措施解救被围困在现场废墟中的人们,用自己的行动安抚正在经历恐怖的民众。9月12日下午,布什身穿牛仔裤和夹克衫来到了仍然弥漫着烟尘的曼哈顿,夹杂在警察、志愿者、医生和建筑工人中,布什从一个消防员手中接过喇叭高声叫喊:"我听到了!造成如此后果的人将很快能听到我们的声音!"这是一副新面孔,他不仅仅带给民众一副市民化的亲切面孔,而更多的是向民众表达出了他的勇敢。在此之前,人们见到不打领带的总统是在高尔夫球场,穿牛仔裤的总统是在他的得州农场。

为了稳定民心,布什不仅走向了危机的"前线",也走向了教堂。布什意识到,在这个特殊的时期,美国人需要镇定,需要某种信仰的支持,他选择了基督教。他派专人接来了大主教,并参加了在华盛顿国家大教堂按照美国传统举行的弥撒,从而成为历史上第一位参加弥撒的美国总统。尽管此前的历任总统都自认为是基督教徒,但布什无疑是其中十分虔诚的一位。

9月14日,从电视画面上我们看到布什紧抿着双唇,眼含泪水地说:"我是一个容易动感情的人";并呼吁美国人民午餐时为在恐怖袭击事件中遇难的人祈祷。这一天,美国《新闻周刊》公布的民意调查显示,布什的支持率达到85%,比他父亲老布什在海湾战争时期的支持率还高,也超过了"珍珠港"事件爆发后的罗斯福总统。

9月15日,美国众参两院通过了一项决议,授权布什"动用一切必要和适当力量进行报复行动",同时参议院还通过了400亿美元紧急拨款法案,比布什计划要求的还要高一倍,其中200亿美元用于打击恐怖势力,200亿美元用于灾后重建工作。

9月18日,布什走访了华盛顿一个伊斯兰教清真寺,他告诉全世界,美国准备打击的是恐怖分子本·拉登以及包庇他们的某些集团，他还说："恐怖势力从来就没有真正的信仰，这不是伊斯兰教存在的理由，伊斯兰教代表的是和平。"同时，他也告诫美国人不要向国内的阿拉伯人进行报复。考虑到宗教因素，一周以后，五角大楼宣布将战争代号由"无限正义行动"更正为"持久自由行动"。

9月20日晚上，布什在国会参众两院联席会议上宣布美国将采取一切手段打击恐怖势力，他说："我们由悲伤转为愤怒，由愤怒转到下定决心，我们要让敌人受到正义的制裁，正义必将得到伸张。"这次演讲的精彩远远超过了一年前总统竞选时与戈尔的电视辩论，布什极具煽动性的表情和有力的手势赢得了议员们多次全体起立鼓掌的热烈场面。

这一天，盖洛普公布的民意调查结果显示，布什总统民意支持率达到创历史纪录的91%，布什的强硬和温和赢得了美国公众对他的支持，树立了强势总统的形象。

（资料来源：曾琳智：《新编公共关系案例》，复旦大学出版社2006年版）

二、案例分析

尼克松在处理"水门"事件中的做法，是十分典型的"反公关"事例，正是这种"失道"的做法导致了他的最终失败。我们不妨分析如下：

1. 与新闻界交恶。尼克松不但在"水门事件"发生后三缄其口，对外界保密，从而诱发了人们的敏感与好奇心，而且企图借国家机器来恫吓新闻记者。这对于"无冕之王"来讲，简直是奇耻大辱。他们被推向了被迫自卫的敌对面上，以不遗余力地继续"扒粪运动"的精神，去揭露事情的真相。

2. 违背事实性原则。在被迫对"水门"事件做解释时，尼克松没有及时拿出勇气来检讨自己的错误，请求公众谅解，反而拿"国家安全"等借口来搪塞，给人留下"不诚实"的坏印象。

3. 为掩盖真相，不择手段。这样做走向了"公关"的反面，令公众、法律界、议会不满，这才有了最终的弹劾。

这些做法，都是为掩盖真相而招致的直接后果。假如尼克松一开始就能坦诚地检讨错误，结果也许会好很多。

相反，布什面对"9·11"事件，面对如此严重的危机，沉着应对，反应得当，从而赢得了巨大的支持，这也说明政府领导人一定要有危机意识，要掌握危机管理的真谛，学会从容面对危机。

三、思考·讨论·训练

1. 尼克松因"水门"事件而被迫下台，你认为他应该吸取哪些教训？

2. 政府应该怎样与媒体协调关系？

3. 自尼克松"水门"事件之后，美国总统发生的丑闻事件就都被以"××门"来命名，请你收集一下有关资料，编写一个类似的案例并做简要的分析。

4. 从公众心理角度来分析，布什总统在灾后的一系列应对措施对于维护其自身形象有何影响作用？

5. 作为一个公众人物，应从哪些方面来维护自己的公众形象？

6. 面对"9·11"危机，布什从哪些方面展示了其高超的危机管理能力？

案例8-3　哈尔滨"停水"事件

一、案例介绍

我们在综合所得的官方资料、媒体报道和已有的学术研究成果的基础上，重现"哈尔滨停水"事件发生的全过程，以及在危机事件中主要行为主体应对危机的不同行为，作为案例研究分析的起点，以便于对危机中的政府危机管理行为进行客观科学的述评，进而提出有针对性的建议。现对案例的描述思路概括如下：

从纵向上看，按照危机发展的时间顺序以及危机形势的转变，将危机分为三个发展阶段：第一个阶段，诱发危机的导火索；第二阶段，危机爆发；第三阶段，危机应对。

从横向上看，在整个危机事件中，对危机的发生、发展具有影响的行为主体包括：①政府。政府作为危机管理的主要主体其行为对危机事件的发展走向具有重要作用。本案例中所涉及的政府包括吉林省政府和吉林市政府、黑龙江省政府和哈尔滨市政府、中央政府各相关部门，它们在本案例中扮演着不同的角色。②中石油吉林石化。作为直接肇事者在引发危机之后的主要表现，多少会引发我们的一些思考。③媒体。媒体作为政府与公众的沟通桥梁，是危机信息传播的重要媒介。媒体在危机事件中的应对行为对危机的发展也起到不可忽视的作用。④公众。公众对危机事件的反应是政府危机管理必须关注的问题。

案例描述如下表所示。

"哈尔滨停水"事件危机回放（一）：导火索

危机发展的时间点	标志性事件	主要行为主体在危机中的行为			
		中国石化	政　府	媒　体	公　众
2005 年 11 月 13～17 日	危机发生的导火索：2005 年 11 月 13 日，地处吉林市的中国石油吉林石化公司双苯厂（101 厂）新苯胺装置发生连续爆炸事故。由于在处理爆炸事故中对消防污水处理不当，导致约有 100 吨苯类污染物进入松花江。事件定性：由企业重大安全责任事故引发重大环境污染事件。	对吉林石化爆炸造成松花江水的污染情况保持沉默	1. 事故发生后，吉林省环保部门立即对水源进行检测，11 月 14 日 10 时，发现有大量苯类污染物由吉化公司东 10 号线入江口流入第二松花江，苯胺、硝基苯、二甲苯等主要污染物指标均超过国家规定标准最高达108 倍 2. 吉林省政府发现污染情况后，"全力防控"，加大丰满水库的放流量，稀释污染物 3. 对外否认水污染	1. 吉林省媒体围绕吉林石化公司爆炸事件的报道（多为正面） 2. 吉林省媒体对水污染事件回避 3. 黑龙江省媒体被告知"未受污染"	1. 吉林当地"水污染"是"公开的秘密" 2. 下游沿江地区毫不知情
2005 年 11 月 18～20 日	19 日松花江污染带流入黑龙江省境内	对吉化爆炸造成污染松花江水情况保持沉默	1. 18 日，黑龙江政府得知吉林爆炸污染松花江水体实情 2. 黑龙江省政府并未将信息公开	媒体处于沉默期	1. 吉林省已经无污染 2. 下游沿江地区毫不知情

"哈尔滨停水"事件危机回放（二）：危机爆发

危机发展的时间点	标志性事件	主要行为主体在危机中的行为			
		中国石化	政　府	媒　体	公　众
11月21日	21日，哈尔滨市政府发布25号公告："为了保证市区单位和居民生产、生活用水安全，市人民政府决定对市区市政供水管网设施进行全面检修并临时停止供水。" 危机性质：生态危机与城市公共危机并存 危机爆发：发生了难以预料的可能导致灾难的事件，哈尔滨的饮用水源被污染了；人们的心理和时空感发生了变化，感觉生活不再安全，工作和生活出现了失去时空的感觉，生活安排一下子脱离了常规，消费习惯一下子被打破，进入非常规生活时期；信息沟通不畅，谣言四起，各方面的消息都有，人们对于这些信息很难判断和合理选择，不知所措；公共秩序进入不稳定阶段，随时可能发生经济和社会危机	对吉林石化爆炸对松花江水的污染情况保持沉默	1.吉林石化爆炸污染松花江水源的说法，吉林省委宣传部表示目前还没有听说这个情况 2.吉林市市委宣传处一位人士表示，由于哈尔滨处于松花江下游，哈尔滨多年来一直抓住水指标的问题，做水污染的文章，这次停水是否因为吉林石化爆炸所导致还不好说。他告诉记者，自11月14日下午开始，吉林市松花江江北在恢复供水后一直保持正常	媒体沉默期	对公告提出质疑，如"零下10度，寒冷的冬天维修管道，根本没有操作性"、"现在正是供暖期，维修4天，让百姓生活在冰窖里，稍有理性的人也不会这样做，除非发生重大事件"、"管道维修从来都是一段一块进行的，全市停水，而且是4天，损失有多大，难以估量，这不符合常规"，等等。网上流传的关于停水原因的说法有两种：饮用水网中被投入了可以导致两亿人死亡的剧毒氰化钾；吉林的水源头被有毒的苯污染。与此同时，地震的谣言也疯传开来，出现市民储藏食物、夜间不敢睡觉、搬家躲避的现象

"哈尔滨停水"事件危机回放（三）：危机管理

危机发展的时间点	标志性事件	主要行为主体在危机中的行为			
		中国石化	政　府	媒　体	公　众
11月22～27日	1. 11月22日，哈尔滨市人民政府发布26号公告：11月13日，中石油吉化公司双苯厂胺苯车间发生爆炸事故。据环保部门监测，目前松花江哈尔滨城区段水体未发现异常，但预测近期有可能受到上游来水的污染。为确保市区内人民群众和机关、企事业单位用水安全，市人民政府决定市区供水管网临时停止供水。自2005年11月22日20时左右，市区市政供水管网将临时停止供水，停水时间约为4天 2. 11月22日，发布27号公告："根据省环保局监测报告，中石油吉化公司双苯厂爆炸后可能造成松花江水体污染。为了确保我市生产、生活用水安全，市政府决定于11月23日零时起，关闭松花江哈尔滨段取水口，停止向市区供水，具体恢复供水时间另行公告。" 3. 11月27日哈尔滨全市恢复供水，政府开始正视危机并全力应对、信息公开化	24日晚18时，中石油向黑龙江道歉	1. 22日，黑龙江省启动供水停水期间水质安全保障应急方案和水传染病零报告制度，保障饮水安全，采取一系列措施应对危机 2. 22日，中国政府将松花江污染事件的有关情况向俄方通报，俄方对此表示感谢 3. 24日开始，中央各部委开始介入危机管理。下午水利部工作组在松花江哈尔滨段现场勘查后，经过请示国家防汛抗旱指挥部，并协调松花江防汛总指挥部、国家电网公司，同时加大丰满水库放流量（吉林政府） 4. 24日晚18点，吉林省副省长和吉林市委书记向哈尔滨人民表达歉意	媒体开始向公众发布真实信息，随时告知广大公众事态的发展	1. 哈尔滨市民心态开始平和，谣言平息，积极备战渡过危机 2. 下游其他城市得知实情，开始提前做好充分的准备，应对危机

（资料来源：桑玉欣：《透过哈市"停水事件"看政府危机公关》，《国际公关》2006年第10期；张玉国、张亮：《析东北老工业基地振兴中的政府危机管理》，《东北亚论坛》2006年第9期）

二、案例分析

无论何种类型的危机事件，在对全社会的核心价值观和社会秩序真正构成威胁的是危机传播。我们大多数政府管理者在处理公共危机过程中，都将注意力集中于决策指挥和资源管理上，而对危机传播的管理以及如何有效地沟通却容易忽视。这次危机事件给我们如下启示：

1. 居高临下心态是真正危机的开始。居高临下是管理者的一般心理特征，他与管理对象的心理契约往往是"我懂你不懂"、"我能你不能"。这种习惯性的心理定式，在危机处理中就极容易产生"管理者效应"，即陷入了"先入为主"式的决策模式。对一个几百万人口的大城市来说，水污染意味着什么，政府和全社会都会掂量出它的分量，紧急停水自然是唯一的选择。但要不要让全社会知道事实真相，取决于处理危机的两个条件：一是社会公众的承受力；二是政府独立解决危机的能力。这两个条件有着内在联系，前一个条件是以后一个条件为基础的。在危机初期，管理者一般会高估自己的能力，做出一些自欺欺人的事情，这叫一相情愿的"鸵鸟式应对"。漠视社会的反应和恐惧社会的反应，实际是一个性质的问题，就是没有看到任何公共危机最终都要靠公众自己的力量来解决，政府不是上帝。无数危机事实证明，凡是在社会难以承受的恐慌，如"9·11"的恐怖事件、1998年的特大洪水、东南亚2004年的海啸、2003年的SARS病毒、1986年的切尔诺贝利核泄漏、英国的疯牛病以及2008年初发生的中国南方冰雪灾害等，都是政府无力自己解决的，必须动员全社会的力量才能解决。面对危机所产生的畏惧心理是正常的，百姓是这样，政府也不例外，关键是保持一种应有的理性，无畏也有无知的一面，而决策者的无知才是真正灾难和恐惧的开始。

2. 理解大众的感受是赢得信任的基础。在包括松花江水污染事件在内的许多重大公共突发事件的处理过程中，最能够帮助公众建立起抗灾信心的是国家领导人的亲临现场。危机中的沟通，是强者与弱者之间的沟通，作为政府不是只告诉人们你想要他们做的事，更重要的是告诉他们，你理解他们的感受，你在帮助公众理解影响他们的生命、感觉和价值观的事实，让他们更好地理解危机，并做出理智的决定。公共危机造就领导人的品格，已是一个不争的事实。在危难时刻，群众需要领袖站出来与他们生死与共，"你喝我就喝"，就这么简单，如果请几个专家当场做个化验，再来个权威公证，当然很好，但是恐慌就可以消除吗？有谁敢保证专家就不走眼，就不做假。形象和权威首先是一种情感的认同，行动总是胜于雄辩，党和政府与广大群众同生死共患难的举动，是战胜危机的关键。

3. 打破暗箱操作，提高信息透明度是政府公信力的首要条件。在公共危机应对过程中，由于事件的突发性、威胁性、不确定性以及应急资源的稀缺性等特点，政府的行政紧急处置权就具有非常重要的地位和作用。公共危机并不可怕，可怕的是公共秩序的危机，而公共秩序的危机是由失去理智的公民造成的。导致公民失去理智的是谣言，而谣言的传播主要是由信息不对称造成的，控制谣言最好的办法，就是加强内部与外部的信息畅通，坦诚公布，说明真相，回击谣言。信息透明是提高政府公信力的前提和手段，建立一个可靠的、负责任的政府就需要做出三项转变，即从政府本位到社会本位的转变，从政府对内负责到对外负责的转变，从政府自信力到社会公信力的转变。这一切都要求政府打破"暗箱操作"的态度，推进实现一个更加透明的公共行政。

首先，转变公共行政管理理念。在计划经济条件下，政府包打天下，包办一切事务。与其说政府是公共事务的管理者，不如说政府更像一个操心的家长，事无巨细，掌控着经济、社会领域的各个角落，为公众打点一切。然而，随着社会主义市场经济的发展，要求政府转变职能，找准自己的职能定位，更多地为社会发展、经济发展提供服务保障工作。政府不能再以单纯的管理者的角度去考虑问题，而是要更多地从人民的视角出发，从市场因素考虑，尊重个体权利、提供社会服务，告别传统的指挥式的、命令式的管理。

其次，建立危机公关传播机制。完善的危机公关传播机制可以保证公关工作的顺利进行，成立负责危机传播工作的专门机构刻不容缓。世界各国应对危机的经验教训表明，控制危机的最低成本手段就是确定科学的危机应对机制，这其中就包括了危机传播机制。西方发达国家的危机应对机构往往都有一个重要的部门——新闻中心，专门负责危机信息的对外发布工作。

最后，掌握舆论的主导权。危机因具有高度的破坏性而天然地会成为公众关注的焦点，激起公众的兴奋情绪。对此，若引导得好，公众就会向着危机管理的有利方面发展；引导不好，则有害于危机事件的处理。媒体既是公众情绪的风向标，也是公众情绪的催化剂。如何发挥媒体的积极作用对于危机解决意义重大。为此，政府要充分发挥媒体在危机处理中的沟通作用。媒体不仅可以及时监视可能导致危机发生的各种潜在因素，而且在危机处理过程中作为政府和公众的代言人起到了沟通信息、疏导情绪的积极作用。公开透明的媒体报道既可以缓解民众的紧张，也可以使谣言在事实面前不攻自破。

三、思考·讨论·训练

1. "哈尔滨停水"事件涉及的吉林省的环保部门、吉林石化和吉林省市政府、黑龙江省政府、哈尔滨市政府等相关部门，在危机管理方面存在着哪些突出问题？

2. 从本案例中可以看出，东北老工业基地存在哪些危机隐患？应如何消除？

3. 结合本案例，谈谈政府在危机管理过程中必须遵循哪些基本原则？

4. 怎样提高政府的公信力？

案例 8-4 莫斯科剧院人质危机

一、案例介绍

2002年10月23～26日的莫斯科剧院人质事件牵动了整个世界的神经，这是继"9·11"事件之后世界范围内最大规模的恐怖主义事件。在短短的60个小时内，700多名人质的安危、车臣问题的走向、普京的执政地位都吸引着世人的眼球。但与许多人在危机之初预见的不同，普京并没有以"和平"的方式向恐怖分子妥协，并没有因暂时的退让而贻患无穷。尽管武力行动付出了血的代价，但危机在短短的60个小时内就得以解决，充分反映出俄罗斯的危机管理机制在实战当中发挥了应有的功效。

在危机发生时，危机处理的中枢指挥系统是整个危机管理机制的核心，俄罗斯总统在国家政治结构与危机管理中发挥着决定性的作用，普京在此次危机中反应快速、行动果断，表现出了高超的危机处理能力。恐怖事件发生之后，普京相继采取了一系列危机处理行动：

第一，迅速召集强力部门领导人紧急会议，讨论解决之策。

第二，取消与德国总理施罗德的会谈，宣布不参加在墨西哥举行的亚太经合组织首脑会晤，坚守在克里姆林宫办公室，紧密关注事态的发展。

第三，迅速对危机根源做出判断，确定人质事件是由"国外恐怖中心策划的"。这一判断初看起来有些不着边际，但却隐含着普京深刻的战略考虑：首先可在一定程度上将人质事件与车臣问题剥离开来，从而减轻在车臣问题上所面临的压力；其次可把车臣问题与国际恐怖主义进一步紧密捆绑，从而获得广泛的国际支持；再次可借机寻找车臣问题背后的"黑手"，为今后断绝车臣武装分子的后路埋下伏笔。

第四，在面临国内和国际不绝于耳的"和解"呼声的压力下，坚定地表示，既要最大可能地保证人质安全，又"绝不向恐怖活动低头"，从一开始就明确了要用武力解决人质危机的各项准备，这在很大程度上稳定了民众的情绪，将人们的注意力集中于单纯"人质事件"的解决上，避免了国内外对普京的危机应对能力、俄罗斯在车臣问题上的立场变化甚至俄罗斯国家命运的无端揣测。

第五，在危机关头果断决策，做出以武力解决人质事件的决断。此次人质事件涉及近千人的生命，而恐怖分子又提出几乎不可能答应的无理要求，大多数媒体及观察家对该危机的解决表示悲观，普京也面临着上任后最严峻的一次考验。但普京镇定自如，果断决策，在 4 名人质遇害之时，果断下令特种部队出击，在最佳时机击溃恐怖分子，避免人员更大伤亡。不仅赢得了俄民众的信赖，也得到国际社会的普遍赞扬。普京的坚定信心与正确决策保证了俄罗斯危机管理机制的高效运转，从而保证了人质事件以较小的代价得以解决，避免了危机的进一步扩散与蔓延。

莫斯科发生劫持人质事件后，俄罗斯危机管理机制的支持与保障系统紧急启动：

第一，联邦安全局和内务部宣布实施应对突发事件的"雷雨计划"，要求所有官员立即到所在部门报到。

第二，俄罗斯政府紧急成立了由莫斯科市长卢日科夫和各有关部门领导人参加的解救人质指挥部，卢日科夫和联邦安全局局长普罗尼切夫亲自领导解救人质的行动。

第三，俄罗斯的"阿尔法"反恐怖小组和联邦安全局反有组织犯罪局的人员立即赶往事发地点，占领有利位置，并进入临战状态。

第四，俄罗斯的警察和军队封锁了通往事发现场的道路，紧急疏散文化宫附近楼房的居民和一家医院的病人；内务部长格雷兹洛夫也召开内务部紧急会议，研究如何解救被扣人质，同时向内务部所属内卫部队下达命令，要求内卫部队加强对重要设施和所有运输干线的警卫与监视，防止武装匪徒从车臣潜入俄其他地区及类似事件的发生。警方奉命更加严格地检查旅客的身份证和行李。与此同时，各重要基础设施的负责人也已接到通知，加强守卫，以防不测事件发生。车臣首府格罗兹尼也加强了对车臣政府大楼和重要设施的警卫。

第五，俄罗斯国家杜马召开紧急会议，讨论解救人质问题。一些杜马代表亲临现场，并参与到与绑匪的谈判当中。俄罗斯议会上院联邦委员会主席米罗诺夫表示可依法根据总统的要求在莫斯科实施"紧急状态"，从而为此次反恐行动提供了充分的法律保障。

在莫斯科人质事件中，俄罗斯的危机信息管理系统发挥了很强的应急作用：

第一，及时、准确地向普京总统传递情报信息。在 2002 年 10 月 24 日凌晨普京召集的强力部门领导人紧急会议上，俄联邦安全局副局长帕特鲁舍夫和内务部长格雷兹洛夫向普京汇报了人质事件的进展以及背景情况。之后，他们又数次直接面见普京，向他汇报事态的最新进展。

第二，加强与各种政治社会力量的沟通，缓解社会紧张状态。在与全俄穆斯林大会领袖的会见中，普京又明确表示打击车臣恐怖主义不等于与全俄 1300 万穆斯林为敌。呼吁俄罗斯各个民族应共同应对恐怖主义的威胁。在 25 日的电视讲话中，普京甚至告诫民众，不要因人质事件而不断增加"反车臣情绪"。

第三，普京数次发表电视讲话，直接阐述面临的形势与自己的立场，安抚社会情绪。

第四，加强对媒体的管理，避免因失实报道而扰乱人心。恐怖事件发生后，俄政府一方面允许媒体对事件的处理进行现场报道，以避免因信息封锁而导致流言四起、人心惶惶；另一方面，又根据《俄罗斯联邦反恐怖主义斗争法》的规定，对媒体进行了相应管理，防止失实信息激化公众情绪。俄共主席久加诺夫也呼吁大众媒体不要对此次人质事件及相关局势大加炒作，媒体不要因为狂热从而使局势恶化。

（资料来源：阎梁、翟昆：《社会危机事件处理的理论与实践》，中央党校出版社 2004 年版）

二、案例分析

俄罗斯人质危机事件也可算是一个成功解决的案例。除了得益于决策者临危不乱，处理有方，及早做出预案，行动迅速，沟通及时等之外，在这里特别指出的是，俄罗斯政府在此次危机事件中最出色的地方在于充分注意对媒体进行"扬长避短"的利用。一方面政府媒体统一口径，总统本人更是频频露面，极好地打击了恐怖分子的气焰，维护了社会的稳定；另一方面，政府又对媒体在加强管理的基础上，增大透明度，让更多的人了解事态的进展，有力地发挥了主流媒体的作用，杜绝了谣言的产生，从而为危机的解决创造了一个良好的社会心理氛围。

三、思考·讨论·训练

1. 俄罗斯人质危机事件是如何得到成功解决的？对我们有哪些启示？
2. 政府公共危机事件的处理要依靠哪些资源？
3. 政府危机信息管理系统包括哪些方面？

案例 8－5　比利时政府面对污染鸡

一、案例介绍

1999 年 5 月下旬，比利时爆发"二恶英"污染鸡事件。随着调查的展开，污染猪、污染牛相继出现，比利时举国震惊，政府受到各方指责，政府形象严重受损。6 月初，比利时卫生部长和农业部长同时宣布辞职。6 月中旬，德阿纳首相向比利时国王递交辞呈，宣布内阁集体辞职。新政府为重塑政府形象，在处理污染鸡事件中开展了一系列的危机应对工作。

从 1999 年 3 月开始，比利时不少养鸡场怪事迭出：活蹦乱跳的鸡突然死亡；正在生蛋的鸡"趴窝"；肉鸡不长肉，无精打采；更有的鸡绝食，坐以待毙。鸡农请兽医，兽医无计可施，只好把问题上交比利时农业部。农业部的养鸡专家经过调查研究，终于在 4 月下旬发现，喂鸡的饲料中含有致癌物质"二恶英"。但农业部开始却对此秘而不宣，只是将已经发现使用这些饲料的360 多家养鸡场置于严格监控之下，同时开始寻找污染源。

5 月 26 日，情况急转直下。专家在送检的鸡肉和鸡蛋样品中发现了超量的"二恶英"。人如果大量食用这种鸡肉和鸡蛋，后果不堪设想。据比利时专家巴格伦特介绍，"二恶英"是一种化学生成物，极具毒性，若进入人体，一般聚集在脂肪中，很难排除。"二恶英"在人体内聚集到一定程度，会发生质变，破坏人的免疫系统，能引发糖尿病、血管疾病，导致性功能下降等，更为严重的是，它会致癌。巴格伦特举例说，1997 年法国里昂癌病防治中心对 2 万名在农药厂工作、体内含有"二恶英"的工人进行过检查，发现其中有 710 人患癌症。

污染鸡事件，一俟真相曝光，举世为之震惊，比利时政府陷入严重的危机之中。

1. 舆论攻击。污染鸡事件引起各大媒体的迅速反应，舆论汹涌而来，认为政府处理污染鸡"措施不力"，而且"长久隐瞒真相，欺骗国民"。

2. 欧盟反应。由于欧盟内部统一大市场基本形成，商品自由流动程度高，比利时受污染禽蛋及其制品在欧盟大市场内均有出售，令其他成员国也惶惶不安。它们纷纷采取措施，闭关自保，对比利时实行孤立政策。德国、法国、荷兰、西班牙、意大利等国单方面宣布全面冻结进口比利时的鸡、猪、牛肉及其制品；卢森堡在边界设卡，堵截运货卡车，将比利时污染食品拒于国门之外。法国甚至成立了危机处理小组，封闭了70家养牛场，因为它们的饲料都是来自于一家比利时有污染嫌疑的饲料公司。奥地利和希腊等国也冻结进口比利时肉类产品，将比利时的禽蛋食品撤出市场。瑞士和俄罗斯等其他欧洲国家也对比利时有关产品采取了预防措施。比利时污染鸡事件也在欧盟掀起轩然大波。比利时政府未及时向欧盟通报情况，惹恼了被称做"欧洲政府"的欧盟委员会。欧盟委员会主管农业的委员费施勒指责比利时"知情不报，拖延处理，是不能容忍的"。欧盟委员会不仅对此发表言辞激烈的批评，而且采取了一系列制裁措施。最根本的一条，就是不准比利时向其他盟国出口禽蛋食品和猪、牛肉，出口"干净"的肉类食品，一定要有检验合格证。

3. 各国抵制。比利时污染鸡吸引了全世界的目光，许多进口比利时有关商品的国家"谈鸡色变"，筑起了防线。大量进口比利时鸡肉的一些非洲国家宣布停止进口；亚洲的日本、韩国和新加坡等国是欧洲奶制品和肉蛋制品的进口大户，也都对比利时产品进行抵制。一时，比利时产品成了毒品的代名词。

4. 农民抗议。6月20日，5000多位农民涌进布鲁塞尔市中心，他们提着牛奶桶，把宰杀的鸡绑在木棍上高高举起，把猪头背在背上，进行示威游行，要求政府给予赔偿。海因曼是个专业鸡农，他对记者说，他养了5000只鸡，根本就没有吃污染饲料，但因为出了"毒鸡"风波，受了牵连，鸡也不好卖了，损失太大了。据组织游行的农会人士说，农民都是受害者，他们根本想不到饲料里有什么"二恶英"，应该尽快查清这一事件的真实原因。

5. 经济损失。"毒鸡"事件使比利时蒙受了巨大的经济损失。"毒鸡"事件曝光后近两个月，损失已高达25亿欧元。污染鸡事件不仅使其经济受到严重损失，更重要的是信誉扫地。据比利时报界透露，世界不少国家的订单有的取消，有的冻结，这不仅使比利时失去了原有的世界市场，而且在今后国际市场的竞争中处于更加不利的地位。

在严重危机面前，比利时政府采取了一系列措施来维护和矫正政府形象。

首先，调查研究，查出"恶源"。经过近一个月的查证，比利时司法部门终于在6月22日找到了"二恶英"污染的源头。最初的调查表明，比利时维克斯特公司将约8万公斤含有"二恶英"的动物油脂卖给了10家比利时饲料公司。正常情况下，制造饲料需要添加动物骨粉和油脂，主要是让禽畜吃了饲料后加快生长速度。而这些饲料公司用混有"二恶英"的油脂做饲料，又把饲料卖给了比利时1400个饲养场。比利时司法部门认为，维克斯特公司就是"二恶英"污染的"来源"，遂以"制造和出售伪劣商品罪"逮捕了这家公司的老板。然而，问题是，这家公司信誉颇佳，一直做动物骨粉和油脂生意，犯罪动机难以成立。那么，真凶到底是谁呢？据维克斯特公司老板回忆，他们公司制造油脂的原料来自3家荷兰公司和1家比利时公司。调查排除了3家荷兰公司，把目标集中在比利时富格拉公司身上。富格拉公司专以收集家畜肥油和废植物油为主，粗加工后卖给油脂公司，油脂公司对动物油脂深加工后，再卖给饲料公司生产饲料。调查人员在富格拉公司送检的废油中发现了超量"二恶英"，由此初步断定富格拉公司是"二恶英"污染的来源。调查人员经过查证，指控富格拉公司装废植物油的油罐里注入了废机油，与家畜肥油和废植物油混合加热后产生了有害物质。

其次，清除污染，为民负责。立即收回全国市场上正在出售的所有国产鸡肉和鸡蛋；停售和收回所有比利时制造的蛋禽食品；销毁1999年1月1日至6月1日期间生产的所有蛋禽食品；全国的屠宰场一律停止屠宰，等待对可疑饲养场进行甄别；禁售猪牛肉内脏或混有肥肉制作的香肠、肉酱以及猪牛排骨等，紧接着比利时产的黄油也禁止出售。

最后，真抓实干，重塑形象。"毒鸡"事件，使旧政府垮台，新政府组成。比利时自由党首领费尔霍夫斯塔特任首相。费尔霍夫斯塔特在向国会阐述施政大纲时指出，新内阁的首要任务是尽快解决政府危机。为此，要尽快成立全国食品监控局，负责监督食品生产的各个环节，建立食品安全的监控机制，以尽快消除"二恶英"污染事件产生的不利影响，使消费者放心，改善比利时的国际形象。为保证国民的安全，还准备逐步关闭使用期超过40年的核电站。

（资料来源：方世南：《公共关系案例分析》，中国商业出版社1999年版）

二、案例分析

比利时污染鸡事件激起世界性恐慌，使比利时政府陷入严重危机之中。面对危机怎么办？

本案例分析了比利时政府力求摆脱这一重大危机的努力：

其一，通过调查研究，弄清事实真相，并公布于众。

其二，以向公众负责，公众利益至上的态度，不惜代价清除污染，确保消费者的食品安全。

其三，亡羊补牢，为时未晚。吸取经验教训，建立机构，加强对食品安全的监测。

其四，以实际行动求得公众对政府的重新信任，重塑崭新的政府形象，尽快摆脱危机。

以上四个基本方面就是政府面对公共危机事件的基本应对步骤，当然还要注意结合每个危机事件自身固有的情况灵活处理，这样才能收到良好的成效。

三、思考·讨论·训练

1. 在污染鸡事件发生后，比利时政府为什么要立即决定销毁受污染的食品？

2. 为什么要尽快查出事件的真相？

3. 结合本案例，请设计重塑政府形象应采用的其他高招。

案例 8−6 政府危机管理机制范例

一、案例介绍

由于世界各国国情不一样，社会、历史发展条件不同，因此，在构建危机管理机制方面，各国各有各的特点，存在着很大的差异。这里我们看一下美国、俄罗斯、以色列等几个典型国家的政府危机管理机制。

（一）美国的危机事件处理机制

美国危机事件处理机制的特征是"强总统，大协调"。它是一个以总统为核心，以国家安全委员会为中枢，中央情报局、国务院、国防部、白宫办公室、白宫情况室相互协作的综合体系。

美国的危机处理机制因时代不同，面临的任务不同，因而在体制、结构上也有所不同。20 世纪 90 年代以后，美国的危机处理机制的主要特点是增加部委协调机构，增加专业性危机处理机构。经过"9·11"事件后，美国又对整个危机处理机制进行了大幅度调整。

1. 立法。1803 年发生在新罕布什尔州的一场罕见大火，促使美国国会通过了火灾法案，这是美国历史上第一个与危机事件处理有关的法律。在此后的150 年里，美国国会陆续通过了 125 项针对相关自然灾害做出紧急反应的减灾法律。不过，这些法案都是单项法，还没有形成一个完整的法律体系，1950

年是美国危机管理立法的一个里程碑。这一年美国国会通过了第一部统一的联邦减灾法案，融合了过去的单项法，使危机管理工作得到初步统一。1988 年，美国国会通过了具有重要意义的罗伯特·斯塔福减灾和紧急援助法案，它是美国迄今最全面的减灾法律，对联邦政府在减灾、预防、灾后重建等方面的危机管理工作制定了指导细则。

在美国立法中，适用于危机管理的法律、法规和法案除了上面提到的外，还有很多，《国家安全法》是最重要的一部。此外，值得一提的还有《全国紧急状态法》和《反恐怖主义法》。《全国紧急状态法》于 1976 年经国会通过，对紧急状态的颁布程序、颁布方式、终止方式、紧急状态的期限以及紧急状态期间的权力做了明确规定。该法规定，当出现联邦法规定的可宣布紧急状态的情况时，总统有权宣布全国进入紧急状态；在紧急状态期间，总统可以为行使特别权力颁布一些法规；一旦紧急状态终止，这些法规也将随之失效。根据该法和其他相关法规，从 1979～1990 年，美国先后有 11 次宣布进入全国紧急状态。

2001 年，布什总统曾先后两次宣布进入全国紧急状态：一次是针对伊拉克；一次是针对"9·11"恐怖袭击事件。美国各州也都有州紧急状态法，州长或市长有权根据法律和危机事态宣布该州或该市进入紧急状态。作为受恐怖主义威胁最多的国家之一，美国极为重视反恐怖主义法的制定。1996 年国会通过了《反恐怖主义法》，这项法律在"9·11"事件后，美国对恐怖主义采取打击措施时派上了用场。

2001 年 10 月 25 日，美国国会通过《反对恐怖主义法案》修正案，极大地加强了美国联邦执法机构的权力。根据该法案，美国司法部长有权把涉嫌恐怖活动的非美国公民永久性关押在美国监狱中，包括联邦调查局在内的所有联邦警察人员将有权窃听恐怖嫌疑分子在美国的所有电话。另外，美国情报机构有权查阅嫌疑犯及其律师提供给联邦大陪审团的秘密口供。这项法案自"9·11"恐怖袭击事件发生后，已几经国会修改。修改后的法案规定，司法部长必须每隔 6 个月审查所有非美国公民在美国的关押情况，并向国会提出有关恐怖主义情况的书面报告。

2. 机构设置。①国家安全委员会。它是美国国家安全与危机处理的最高决策机构。②危机决策特别小组。比起国家安全委员会，它具有规模小、层次高、反应快、保密性强的特点。③中央情报局。主要职责是向总统和国家安全委员会提供有关危机的情报及对策建议。④协调国内相关情报机构的工作，在境外采取"隐蔽行动"，执行特殊任务。⑤国务院。出现危机事态时，国务院一般对外代表美国政府进行危机谈判，对内向总统和国家安全委员会汇报国际危机形势，提供对策建议。⑥国防部。在危机处理中，国防部主要负责搜集、分析和汇报军事情报，执行危机处理过程中的军事行动和事务；白宫办公室，是总统的私人政治智囊。⑦白宫情况室。任务是对全球安全形势进行全天候监视和预警，为总统、国家安全事务助理和国家安全委员会其他成员及时提供情报和信息保障。⑧联邦调查局。它是美国国内危机处理机制中的龙头老大。⑨移民局。它隶属于美国司法部，专门处理移民、外国人出入境、边界事务、难民审查、非法雇用等事务。⑩美国社会保障局，与美国移民局紧密配合，负责移民和居民身份记录和管理。⑪联邦紧急事态管理局。该机构直接向总统负责，报告并处理国家灾情。该机构有一整套"综合应急管理系统"，应付各种类型、各种规模的天灾人祸。⑫国土安全部。主要任务是预防在美国国内发生的恐怖袭击，提高美国对恐怖主义的应对能力，在恐怖袭击发生时使损失最小并尽快恢复。

3. 机制运行。美国的应急管理体系以整体治理能力为基础，通过法制化的手段，将完备的危机应对计划、高效的核心协调机构、全面的危机应对网络和成熟的社会应对能力包容在体系中。其中，何时启动什么程度的应急计划，众议院、参议院对总统如何授权，决策机制如何形成，部门之间如何协调，都有章可循。在此基础上，应急行动也井然有序、权责分明：国家安全委员会负责总体的局势分析和部门协调；总统在议会授权后具有军事和经济上的决策权；联邦调查局牵头负责调查解决危机，联邦紧急事务管理局主要负责救援等危机事后处理，国防部等联邦政府部门负责提供相关的技术支持和专门性的行动。

政府按危机发生的不同领域将危机反应划分为 12 个领域，这些领域包括交通、通信、公共设施及工程、消防、信息与规划、公众救护、资源支持、卫生和医疗服务、城市搜寻和救援、危险物品、食品、能源。每一个领域中指派一个领导机构负责管理该领域的危机反应，各个机构各司其职。

（二）俄罗斯的危机事件处理机制

自苏联解体之后，俄罗斯作为一个处于转轨进程中的国家，其政治结构、社会形态、社会制度都发生了巨大变化。政治权力危机、经济金融危机以及车臣内战危机，都给俄罗斯国民、社会和国家带来巨大灾难，正因为如此，俄罗斯逐步建立了一个以总统为核心，以联邦安全会议为决策中枢，政府各部门分工合作、相互协调的危机管理机制。

总的看来，俄罗斯危机处理机制的特点是"大总统、大安全"。俄罗斯总统比美国总统拥有更广泛的权力，它不仅是国家元首与军队统帅，还掌握着广泛的行政权和立法权。"大安全"是指俄罗斯设有专司国家安全战略的重要机构——俄罗斯联邦安全会议。

1. 立法。在危机管理方面，苏联时期的人民代表大会曾于 1990 年 4 月 3 日颁布了《紧急状态法律制度法》，1991 年 5 月 17 日，还未独立的俄罗斯又出台了《俄罗斯苏维埃联邦社会主义共和国紧急状态法》。普京执政后，在解决国家危机方面，重要的一步就是完善危机处理的法律体系。

2001 年 5 月 30 日，普京签署《俄罗斯联邦紧急状态法》；2002 年 1 月 30 日又签署了《俄罗斯联邦战时状态法》，俄罗斯危机处理法律体系由此基本确立。

《俄罗斯联邦紧急状态法》对紧急状态做了明确定义，规定只有在对公民的生活和安全或俄罗斯联邦的宪法制度造成直接威胁，并且不得不采取紧急措施才能消除这种威胁的情况下，才能实行紧急状态。

在俄罗斯联邦全境或个别地区实行紧急状态，必须由联邦总统发布命令，并立刻将此情况向联邦委员会（议会上院）和国家杜马（议会下院）通报并立即送联邦委员会批准。在关于实行紧急状态的联邦总统令中，必须阐明实施紧急状态的客观原因、理由、地区范围、保障紧急状态制度的人力和物力、要实行的紧急状态范围、限制公民和法人权利的范围、紧急状态下负责实施具体措施的国家机关以及紧急状态的期限。总统的紧急状态令要立即通过广播和电视宣布，并立即正式颁布。

2. 机构设置。①总统。总统是危机管理的核心主体，任何重大的危机管理方案与行动都必须由总统来敲定，政府在很大程度上只剩下执行总统决定的权力。②联邦安全会议。它是俄罗斯危机处理机制中枢系统的重要组成部分。③国防部。其主要作用是在国防领域推行国家政策和实行国家管理，协调联邦部委、联邦主体执行权力机构和其他联邦执行权力机构在国防领域执行权力。④外交部。它是国际危机管理中的主要职能部门。⑤俄罗斯联邦安全局，它是国家反间谍和反恐怖活动的主要机构。⑥对外情报局，是国家安全保障系统和危机处理机制的组成部分，直接对总统负责。⑦通讯和信息署。其任务是保障国家通讯和信息安全。⑧联邦边防局。它主要负责执行包括国家边界、海洋领土、大陆架和俄罗斯联邦专属经济区方面的国家边境政策。⑨紧急情况局。它是俄罗斯危机处理支持保障系统的重要组成部分，在处理自然和技术灾害型危机时，紧急情况局是最主要的责任部门。

3. 机制运行。俄罗斯危机处理的基本流程是：总统和安全会议是危机处理的中枢指挥系统，俄罗斯国防部、联邦安全局、对外情报局、紧急情况部等强力部门既是危机处理支援保障系统的主要构成部分，也是危机管理信息系统的重要组成部分。强力部门在危机处理过程中既要负责进行情报搜集与上呈，又要执行中枢指挥系统做出的决策。这样的流程还要随着危机的具体局势差异而有所不同。

（三）以色列的危机事件处理机制

以色列自1948年建国以来，长期处于战争或冲突状态，各种危机接连不断，因此建立了一套行之有效的危机处理机制。与其他国家相比，以色列的危机处理机制战备色彩浓厚，具有"小核心、小范围"的特征，总理作为政府首脑和军队最高统帅，具有最高权威。

1. 立法。以色列没有专门的紧急状态法，但在其基本法中有一些涉及紧急状态的条款，并可根据实际情况临时制定有关紧急状态的法令。1948年5月19日，以色列宣布建国后的第四天，当时的临时政府——国家临时委员会便制定了《法律与管理条例》。该条例的第9条授权临时委员会宣布国家进入紧急状态，并给予委员会中的部长们制定紧急状态法规的权力。1996年6月，在修正后的《基本法》中，取消了1948年《法律与管理条例》中的第9条，希望通过对宣布紧急状态的权力和期限，以及紧急状态法规的内容及运用的限制，来更好地保护人权。

以色列政府还制定过不少的临时性紧急状态法令。总的看来，以色列的紧急状态法规和法令主要体现为以下三种类型：

第一类是在战争状态下的法规。这类法规是在战争爆发后国家安全、物品供应以及基础服务部门受到严重威胁的情况下制定的。如1991年海湾战争期间，以色列遭受伊拉克"飞毛腿"导弹的袭击，一系列紧急状态法规随即出台，其中包括非常形势下的民防、无线电通信、电讯（安装、运行与维护）、禁止在非常时期解雇员工、教育部门的工作时间调整等方面的法规和条例。

第二类是扩大特殊紧急状态法规的效力范围的。这类法规涉及的内容主要包括公共安全、国家安全、保证物品供应和基础设施的正常运转等。

第三类是在正常状态下制定，但可在官方宣布进入紧急状态后发挥效力的法规，如1957年颁布的《对货物及公共设施监控法》就属于此类。

2. 机构设置。①中枢指挥系统。该系统由总理、安全内阁、国家安全委员会和国防委员会组成，其中总理作为政府首脑和军队最高统帅，对危机具有最高处理权。②参谋与咨询系统。这个系统包括两个部分：情报系统和以"整体安全系统组织"为代表的咨询机构，它的主要职责是为危机决策机构提供与危机有关的情报信息，以及如何应对危机的具体方案。③支援和保障系统。主要由警察总局、国内安全总局、预备役、民防和地区防御系统组成。其中，警察总局主要负责处理国内治安问题；国内安全总局主要负责协助警方等有关行动部门对危险目标进行跟踪、侦察和检查，对重要公共场所和重要政府机构进行监控；预备役主要是为危机处理做人员储备；民防和地区防御系统是以色列国防体制的组成部分，民防队的主要任务是在紧急状态下保护居民的生命财产安全，地区防御组织则由当地居民组成，发生紧急情况时与国防军协作配合。④信息管理系统。该系统的主要任务是通过教育宣传来动员群众，群策群力应对危机。

3. 机制运行。以色列危机处理运作程序主要包括预警、反应和恢复三个部分。危机预警以反恐怖为中心，包括两个层次：一是战略层次。即当遭受恐怖袭击时，反恐斗争需在政治、经济、军事、外交、法律五个领域全面出击。二是战术层次。主要体现为预防手段的运用。危机发生时，危机管理的中枢系统会迅速启动。政府各部门（内阁、国防部和总理办公室）之间、安全内阁的成员（总理与各部长）之间马上召开紧急会议进行协调。先是听取情报系统的情况汇报，然后及时制定应对计划，并责成各部门以最快的速度付诸行动。危机过后，政府会迅速采取措施，一方面妥善处理事件造成的政治影响，另一方面对人员伤亡以及经济、财产等方面的损失进行补救。比如，由外交部长、国防部长或总参谋部人力部的军方发言人通过媒体向外界发布消息，对在危机状态下以军采取的相关行动做出说明和解释。此外，政府还会责成有关单位对受害者的家属进行慰问和抚恤。政府在危机结束后还及时总结经验教训，修正日常决策中的错误或不足，弥补危机管理系统的漏洞。

（资料来源：平川：《危机管理：政府·企业·个人立于不败之地的关键》，当代世界出版社 2005 年版）

二、案例分析

相对于世界一些国家危机管理机制的成熟，反观我们国家的现状，差距还是很大。这主要表现在以下几个方面：

1. 缺乏危机应对机制与能力 。危机管理能力是考验政府的一项重要指标，由于长期生活在和平状态，我国许多政府部门和公务员大都缺乏危机意识和危机管理能力，危机应对机制的建立任重道远。

2. 公共管理与公共政策建设的欠缺。目前，医疗、工商、统计、公安等部门各自拥有一套数据，其中相当一部分是重合的基础数据，而这些数据在各部门间还没有实现有效共享，不仅造成了资源的巨大浪费，而且也妨碍了政府的统一管理与协调。因此，加强政府各部门间的有效合作，建立统一的政府信息化管理体系，对提高政府效率，应对各种社会风险和危机具有重要作用，必须加紧建设。

3. 公民意识和民族忧患意识有待提高。例如，在 SARS 危机中许多官员和民众只顾本地区的利益、只顾个人利益的现象比比皆是：形形色色的地方保护主义泛滥、民工的盲目回流、大学生的肆意逃校、居民的人人自危、各种荒诞谣言的迅速传播，以及生活方式落后、缺乏公共环境意识和公德意识，等等，都使我们更清楚地看到了社会长期存在的种种弊病。

4. 缺乏完善的国家危机管理委员会和相应管理机制。美国、俄罗斯、以色列等国家已经建立起的一整套相当完善的危机管理体系，值得我们借鉴。

三、思考·讨论·训练

1. 美国、俄罗斯、以色列的危机事件处理机制各有何特点？

2. 美国、俄罗斯、以色列的危机事件处理机制有哪些值得我们借鉴的地方？

3. 近年来，我国在危机事件处理机制方面都做了哪些工作？有何成果？

第九章 综合案例

本书前面各章基本上是按照危机管理的基本理论精选案例加以分析，以帮助读者更好地掌握各章内容。但是，企业危机管理是复杂的连续过程，需要管理者综合各方面的信息，融合各方面的知识，就复杂的管理问题提出相应的处理对策和解决办法，而管理者把各章知识融会贯通则是其中的关键。所以，现设"综合案例"一章，精选比较复杂的危机管理案例供读者参考。

教师在进行案例教学中，讲授完前述各章内容后，应运用本章案例，以考察学生的综合分析问题和解决问题的能力，让学生结合学到的相关知识处理相对复杂的危机管理问题，提出切实可行的管理办法。

在案例教学中，为了使学生参与案例讨论，拓展思路，"综合案例"未设"案例分析"。

案例 9-1 "泰诺中毒"事件

一、案例介绍

泰诺是麦克尼尔实验室开发的，而这家制药公司则于 1959 年被强生公司收入旗下。在 1960 年之前，泰诺是作为处方药被专卖的，其中仅有的活性成分对乙酰氨基酚是任何一家制药公司都能够生产的化合物。在整个 20 世纪 60 年代和 70 年代早期，作为对肠胃刺激较小的阿司匹林的替代品，泰诺仅仅通过医疗贸易杂志刊登广告，直接向医生和药剂师推荐。1976 年，强生公司又推出了超强泰诺。超强泰诺是第一种每粒胶囊含有 500 毫克止痛剂的非处方止痛药（一般止痛药每粒含有 325 毫克止痛剂，"超强"药则要求每粒含有 400 毫克止痛剂）。超强泰诺被鼓吹为"在没有处方的情况下所能买到的最有效的止痛药"，其销售额也不断飙升。到 1979 年，泰诺品牌已经占据非处方止痛药市场 25% 的份额，其中超强泰诺的销售额占 70%。由于超强泰诺的成功，一些竞争者纷纷开始效仿。1981 年，泰诺占据了 35% 的市场份额，是位列 2~4 位止痛药物所占市场份额的总和。各种泰诺产品当年为强生公司带来的销售额预计超过 4 亿美元。到了 1982 年年初，在首席执行官詹姆斯·伯克和强生公司的其他高层管理者看来，泰诺的增长势头已经不可阻挡，然而一场危机却悄悄地降临到了泰诺的头上。

（一）泰诺的第一次中毒事件

1982 年 9 月 29 日上午，都居住在芝加哥近郊，且相距不远的 12 岁的小女孩玛丽·凯勒曼和 27 岁的邮政职员亚当·贾纳斯神秘死亡。当天晚些时候，贾纳斯的兄弟也因同样的原因神秘死亡，他的妻子则陷入昏迷，并且后来再也没有醒来。由于两起事故惊人地相似，医疗卫生监管部门准备整个地区隔离。在这两起事件中，受害者近期都曾服用过超强泰诺。现场检查很快证实了当局最坏的担心。在超强泰诺胶囊中发现了氰化物，这是一种作用迅速的剧毒物质，而几位死者正是因为服用了这种药物而死亡的。

1. 迅速反应。1982 年 9 月 30 日上午，詹姆斯·伯克得到了有关中毒事件的消息。这种悲剧的发生是不可思议的，这个行业从来没有发生过这样的事情。伯克立即意识到，他的公司面临着非常严重的公共卫生问题。他最担心的是，麦克尼尔的某个工厂可能发生了污染事件。

来自芝加哥的报道基本上算是好消息。库克县的卫生官员在对所有死者进行完尸检工作之前拒绝发布任何数据。

上午 11 时 30 分，传来消息说，27 岁的家庭主妇和 4 个孩子的母亲玛丽·赖纳当天早些时候死亡。她的钱包中有 6 粒超强泰诺胶囊，其中 4 粒的氰化物测试呈阳性。

伯克决定在公司层面上承担起危机管理的责任。负责麦克尼尔管理工作的公司集团董事长威恩·尼尔森当时正在澳大利亚。伯克回忆道："我的第一反应就是打电话找到他，并了解可能发生的情况。我记得他说，他愿意拿他的奖金和一年的薪水控制措施。这让我有些放心，但我依然非常担心，因为我们当时不知道中毒事件仅在芝加哥地区发生。"

中午时分，库克县的官员举行了一个新闻发布会，他们在会上确认所有死者均死于氰化物中毒。他们指出，在死者附近发现的超强泰诺药瓶中，只有随机的几粒胶囊发现有氰化物。所有瓶子的批号都是 MC2880。这些胶囊来自麦克尼尔在宾夕法尼亚州华盛顿堡的一家工厂，这家工厂总共生产了 9.3 万瓶超强泰诺，共 470 万粒。

麦克尼尔消费产品子公司董事长，48 岁的戴维·科林斯在得知危机后的半个小时内就乘坐直升机飞往华盛顿堡。当他到达时，他发现工厂的管理者正在和麦克尼尔总裁约瑟夫·奇萨的办公室通电话。科林斯前往麦克尼尔的首要任务是搞清楚工厂何处用到氰化物。高层管理者向他保证，在这个工厂内根本没有氰化物，他把这个消息发到公司总部。然而，令科林斯吃惊的是，他后来了解到，工厂内的确有少量的氰化物，这是按照 FDA 的要求所进行的质量控制程序的一部分，用于测试泰诺生产原料的纯度。强生公司公关人员随后不得不向媒体说明这一情况，因为公司此前宣传在制造场所没有使用氰化物。

2. 关键举措。1982 年秋天，强生公司在泰诺危机的早期阶段中采取了两个关键性举动，维持了新闻媒体和公众对它的信心和信任，并在后来重振了泰诺业务。

首先是它对新闻界迅捷而自发的回应。从接到记者的第一个电话开始，到后来最初几周内的 2500 个甚至更多的记者电话，公司的态度是完全坦率和真诚的。媒体和公众能获知一切现有的信息从而得到保护。新闻媒体赞扬了公司这种公开性的积极回应，并得出了早期结论——强生公司也是芝加哥悲剧的一个牺牲品。

公司的另一个重要举措是立刻采取行动来保护它的客户，这是公司信条的第一要旨。后来的结果是，从全国市场收回所有强力泰诺胶囊，这会耗费公司数百万美元的资金。但公众了解这个决策的意义，并继续给予强生公司、麦克尼尔和泰诺品牌以信任，以表达他们对公司决定的赞赏。正是这种持续的信心和信任，使公司后来将产品推回市场，并使其再次成为最受欢迎的处方类止痛药品。

公司还通过其他方式表现了它对客户的重视。危机发生的当天下午，强生公司就设置了"800"热线来处理铺天盖地的客户质询。成百上千的电话得到答复，志愿员工们耐心地给打电话的客户以尽可能多的信息。这种场面持续在位于新布朗思维克和福特华盛顿的公司总部上演。

9 月 30 日傍晚，麦克尼尔撤回了已分销到 31 个州的 MC2880 批次产品，尽管实际上目前发生的死亡仅限于芝加哥地区。同日，45 万份电报发往医生、各家医院和商业部门，警告禁止使用泰诺，直至芝加哥事故得以澄清。各种形式的泰诺广告被无限期地中止。傍晚，第六位牺牲者，这次是一位来自伊利诺伊州埃尔姆赫斯特的两个孩子的母亲，死于氰化物中毒。在她家中发现了一瓶标有 1910MD 编号的超强泰诺胶囊。在抽查的三粒胶囊中发现其中一粒含有氰化物。

批号 1910MD 生产于得克萨斯州的朗德罗克，除了装船运往芝加哥的货物，被全部分销到美国西部各州。中毒会同时在两个不同的生产车间发生是极不可能的，至少有一瓶有毒的胶囊来自与其他胶囊不同的地点，这一事实强有力地表明中毒事件发生在芝加哥而不是在生产过程。然而，从星期五全天到周末，17.2万瓶批号为1910MD的胶囊被确认并撤离货架。同时，强生公司与FDA联系，开始撤回所有芝加哥地区的超强泰诺胶囊，并在美国全国的媒体发布禁用该产品的警告。麦克尼尔关闭了在圆岩和福特华盛顿的工厂，直至芝加哥的死亡原因得以澄清。

虽然超强泰诺胶囊已经撤出了许多地方的货架，但还没有大范围地调回和销毁该产品。1982年10月1日，伯克和强生的总裁戴维·克莱尔开始秘密讨论从全国撤回药品的选择。公司内部有反对这项举措的争论。这次撤回行动会引发全行业的恐慌？应该撤掉哪些泰诺药品呢？强生公司药品撤回会引发全行业的恐慌吗？强生公司药品撤回会完全满足杀手的欲望并给他（她）以向其他药品下毒的动机吗？

无谓的惊慌已经充斥四周。近1亿美国人过去已服用了泰诺，每一个由药物致死的人都成为可疑的牺牲品。伯克说："我可以给你举一个我记得令人难以置信的例子"：

一个卡车司机被发现死在路边他自己的车厢里，身边有一瓶已开启的他曾用过的泰诺，他被送往医院，氰化物检验呈阳性，于是被归咎于发生于该国不同地点的又一起中毒事件牺牲品。这与芝加哥是无关的。如今，我们要花费时间来解决这样的问题，当你进行氰化物检验时，你要检验这个人是否是氰化物过量者。而吸烟过量往往是氰化物过量者。该司机是患有心脏病的嗜烟者，恰巧服用了泰诺。

伯克决定等到周末结束再做出最后决定。

3. 重要决策。10月4日清晨，伯克飞往华盛顿会见FBI主任威廉·韦伯斯特和FDA主管阿瑟·海斯。周末后的第七个牺牲者，芝加哥35岁的葆拉·普林斯被确认身份。对伯克而言，显然危机已上升到美国全国级别的重要性。这不再是麦克尼尔的紧急事件。匿名和满不在乎的恐怖行动危及了美国的零售业。伯克和戴维·克莱尔留下这样的印象，在美国的商店中发生的疯子般的放纵事件具有可怕的寓意。

出乎伯克意料的是，韦伯斯特和克莱尔都坚决认为从美国全国收回药品会在当时构成矫枉过正。FBI主要关注仅有几星期之遥的万圣节，担心收回药品的这个剧烈举动可能会激发每一年万圣节他们都必须面对的美国国内的疯狂举动。"我听后表示同情。"伯克回忆，"但无论站在公众的立场还是从公司的业务着眼，我都认为这不是正确的解决方法。我有合法的权利收回药品，但我也不想使两个监督机构感到为难。"

10月5日晚上，消息传到华盛顿，在加利福尼亚奥罗维尔发现泰诺胶囊中含有番木鳖碱。这是芝加哥以外发生的第一个中毒事例。随着新闻界蜂拥而至，政府对撤回药品的反对消失了。10月6日，公司宣布3100万瓶泰诺被撤出了全美所有商场的货架，并将被销毁。

第一个星期结束时，强生公司在FBI和FDA的帮助下，对超过800万粒泰诺胶囊进行了检验。共计75粒胶囊发现含有氰化物，全部在芝加哥地区。泰诺的市场份额跌落至不到7%。除此之外，强生公司还必须承担收回、检验和销毁上百万瓶胶囊的成本。伯克估算公司在整个过程中的损失超过1亿美元。

随着时间的推移，行业分析家对泰诺的市场复苏能力变得更加悲观。《纽约时报》预测销售会持续下滑，《华尔街日报》报道："时间过去了，没有一个嫌疑犯被抓到，也没有指出这种看似随机性的谋杀的动机，这不利于泰诺声誉的上升。"

纽约大学的市场营销教授本杰明·利普斯坦在《华尔街日报》中指出："强生公司面临他们所遇到的最困难的问题——如何驱逐恐惧过后的残留因素。我头疼，但这次我服用了拜耳（另一种止痛药）。在家里我有泰诺胶囊，但若有人要用它，我将被人咒骂。"《纽约时报》引用了广告代理机构执行官杰瑞·德拉·弗米那的话："我认为在这种声誉下麦克尼尔不可能再卖出任何产品。也许会有广告人认为，他能够解决这个问题，如果我想雇用他，那也只是因为他会变戏法。"

强生公司在第一次中毒事件发生后不到一星期，就开始自己做消费者研究调查。公司发现虽然人们不认为把中毒应归咎于服食了药物，但他们还是对此感到恐惧。10月8日，强生公司宣布了将泰诺胶囊全部换成泰诺药片的计划，这种形式被认为不容易做手脚，因为更加安全。同日，伯克在《华尔街日报》上说道："我们觉察到大家内心对强生公司及其品牌极大的善意和信任。公众不会责备我们，他们感觉我们和其他人一样也是牺牲品。"

在公司内部，伯克告诉他的员工只要每个人做好本职工作，公司就能挽回70%~80%的业务。事后伯克承认这只是他的推测，但他必须用这句话给员工以信心来完成所面临的艰巨工作。

10月11日，危机发生后的第10天，强生公司的执行官们做出了挽救品牌的决策——成立了由伯克、戴维·克莱尔、威恩·尼尔森、劳伦斯·福斯特、普通辩护律师乔治·弗莱泽和执行委员会成员阿瑟·奎提等人组成的泰诺战略委员会,在泰诺身后集中了公司全部的力量。"我们预定早上 8 时在我的办公桌前会面,晚上 6 时再次碰面以回顾全天发生的状况。"伯克回忆,"实际上我们在办公桌前花费了大量的时间,整整六个星期我们互相冲着对方大喊大叫。我们剖析组织中的每一个人,动员他们去了解这项工作。"

后来的独立调查显示,有 45% 以前使用泰诺的人由于最近发生的事故将不再服用该产品。许多人没有意识到有中毒事故仅涉及泰诺胶囊而不是药片。美国的零售商把所有类型的泰诺全都撤下了货架。

中毒事故发生不久,美国全国泰诺的零售订购下降超过 25%,而安那辛－3 的生产者全天开工来提高其产品的产量。10 月中旬,百时美—施贵宝开始对百服宁和艾可斯丁实行降价 25% 的优惠措施。

仍然会有挥之不去的负疚感。"我猜这是人类的本性。"伯克讲道,"我们感觉似乎自己做了什么糟糕的事,尽管我们知道我们没有。我指的是,这儿是世界上最大的健康保护企业,经销使人们安康和解除痛苦的产品,我们对此感到骄傲,但事实上有人死亡并且死于服用了我们生产的药品。"

强生公司的执行官们还是有理由乐观的。首先是 10 月 15 日,麦克尼尔的消费者产品主管约瑟夫·奇萨正式收到了 FDA 的来信,证明麦克尼尔对泰诺胶囊中毒事故没有任何过失和疏忽的罪责。而且,由于泰诺以前在市场上的优势地位,竞争者似乎还没有其他产品能够填补空白。调查发现,撤下泰诺的货架要么是空的,要么是贴着私人商标和普通品牌的药品——没有诸如安那辛和百服宁这样在美国属于国家级的主要品牌。尽管安那辛和百服宁都是解热镇痛产品,在 10 月份收到了大幅上涨的订单,但在中毒事故发生前它们占有的市场份额太小,以至于这种产量上升并没有对市场总体产生影响。竞争者们还发觉,很难做到不显得用心险恶地来利用发生在泰诺上的麻烦。

想到这些,公司的执行官们就重新充满热情地投入到去重建品牌的工作里去。10 月 22 日是返货三个星期后泰诺的广告首次露面的日子,强生公司的医疗主管托马斯·盖茨医生出现在广告中,他强调说,中毒只是地区性的事故,而且仅包括胶囊。他还请求消费者们继续地给予泰诺信任。早在几天前,强生公司已发出了 6.1 万份署有盖茨签名的"亲爱的医生"信,描述了公司应对危机时所采取的步骤,包括自发地收回泰诺胶囊。在信和广告中,盖茨建议病人和消费者使用非胶囊形式的泰诺,直至麦克尼尔重新销售能够抗击侵害的胶囊药物。

4. 重新包装。没有什么比引进新包装更重要的任务了,伯克亲自领导着委员会向抗击侵害产品的方向前进。整个行业竞相以抗击侵害型的药物包装领先市场。

紧随泰诺中毒事故有一连串产品被侵害的事件，使得行业先于监管要求而考虑采取行动。来自丹佛的报道说，在3瓶强力艾可斯丁药中发现了含汞的氯化物，在药性最强的安那辛中发现了老鼠药，维生（Visine）眼药水中含有盐酸。艾可斯丁的生产商，百时美—施贵宝将其产品撤出了丹佛零售商的货架；美国家用产品公司和Pfizer分别作为安那辛和维生的制造商，将这种侵害产品行为标注为"隔离事件"，没有采取行动。

医药行业分析家预测，持久保护性的包装技术将会耗费制造商们好几百万美元，主要包括给目前市场上尚不能抗击侵害的药品进行替换的成本。并且没有证据显示，更安全的包装会重建对非处方类止痛药物的消费者忠诚。一些分析家预测，如果消费者对适度疼痛放弃使用药物，市场会萎缩至10亿美元以下。

强生公司仍然以快速的行动来重新包装它的药品。1982年11月4日，FDA公布了新的药物包装要求，规定在1983年2月前，"易受侵害的"药品，如胶囊，一定要包装起来，一是阻碍侵害行为，二是能明显觉察出经过不恰当处理的产品。向非处方药制造商进行说明的产权协会推荐了下列选择：

（1）包装薄膜。

（2）泡状/条状包装，每粒药需分别撕开单独使用。

（3）泡沫包装，把药品安置在一张显示卡中，并用塑料进行密封。

（4）缩短密封条或封口带使其与瓶盖外包装相吻合。

（5）使用必须撕开的锡质、纸质或塑料包装袋。

（6）瓶装药的封条须安装在瓶盖内并横跨瓶口。

（7）在盒盖和瓶盖上贴上胶条。

（8）瓶盖须毁坏才能开启。

（9）密封管必须打孔。

（10）密封盒必须毁坏才能开启。

FDA要求执行以上至少一条的安全防范措施，此外还在药品包装上告诫消费者，如果他们怀疑药品被侵害，就不要服用。11月11日，强生公司第一个执行了FDA的规定。公司举行了一个闭路电视新闻发布会议，宣告几星期后将在市场上重新推出经过三重安全密封包装的泰诺。这是可防止破坏的包装，包括泰诺外层包装盒上封口的黏合边、在瓶颈处的塑料密封条和瓶盖里面是用的强力金属箔片密封。此外，瓶子上还贴有明黄色的商标，上面标有红色警告："如果安全封条被撕破的话，请不要使用。"新的包装成本——每瓶2.5美分——由强生公司来承担。

现场电视广播通过卫星传到了30个城市，聚集了600家媒体的代表进行报道。伯克宣布未来四星期内将启动4个广告，消费者可以用他们可能废弃的泰诺来换取2.5美元的优惠券。消费者可通过拨打免费电话来获取优惠券。这项举措背后的战略意图是给丢弃泰诺的消费者（在公司的请求下）再使用三重安全密封包装的新产品的机会，而且是没有成本的。公司执行官们认为，当务之急是重建公众对泰诺品牌的信心。公众积极回应，共分发了超过了4000万张优惠券。

伯克的目标是在年底前完成新包装胶囊的分销。在伯克发表讲话后，来自纽约、费城、华盛顿、芝加哥和洛杉矶的记者可以通过闭路电视广播系统进行提问。

一些评论家指责公司的行动太快了。中毒事故发生不久就以如此攻势推行产品，会有引起消费者反感的风险，甚至会变得更容易再次遭受产品侵害事故。公司坚决地维护自己的行动，断定这是恢复消费者对品牌信心的最重要的工作。"为了达到这个目的，"戴维·科林斯说，"我们必须使泰诺回到消费者家庭中。"

到1982年11月底，调查显示泰诺重新夺回了中毒事件发生前市场份额的55%，比10月底上升了20个百分点。这些数字仅反映了账面销售，毕竟曾占据泰诺业务量40%的胶囊在当时才刚刚重新推出。《华尔街日报》把它作为市场营销的奇迹。许多行业分析家对泰诺重返市场的速度感到惊讶，对公司处理危机的手段表示赞赏。分析家引证了两个消费者情绪迅速发生转变的主要原因。其一，公众很快明白与以前产品有关的悲剧不同，错不在泰诺。其二，据耶鲁大学的斯蒂芬·普马特说："一连串的'复制猫'（copy-cat）中毒事件分散了公众集中在泰诺上的恐惧"。

中毒事件过后的一年，泰诺赢回了原来市场份额的85%，再次成为美国全国止痛药的销售龙头。强生公司在1983年用了约6200万美元来取得这个市场地位，比上年上涨了近2000万美元。1983年9月，泰诺品牌占据了非处方类止痛药13亿美元市场总量的30%。

1985年中期，泰诺品牌仍在16亿美元的非处方类止痛药市场上以35%的零售份额居于领先地位。泰诺品牌看来是经得起考验的。

（二）第二次中毒事件

1986年2月7日星期五晚，23岁的纽约韦切斯特的居民黛安娜·埃尔斯诺思，因为头疼服了2粒强力泰诺胶囊后上床休息。12小时后，她在房间里被发现死于氰化物中毒。验尸结果显示泰诺与氰化物"非常接近"的迹象，给官方提示有毒物质是和药物一起咽下的。

1. 事件应对。埃尔斯诺思的死亡消息是在2月10日的傍晚传到强生公司的。媒体质询的冲击紧随而来，公共关系人员整晚都在处理电话。

对于伯克，死亡消息带来的是似曾相识的噩梦般的感觉。"我们不相信它会再次发生。"他说道，"其他人也不会相信。"伯克的第一个行动是联系FDA和FBI。几小时后，两个机构与韦切斯特的官员取得联系，在以前曾销售过有毒胶囊的A&P药店为中心方圆3英里为半径的范围内，开始收集泰诺胶囊。伯克还发起了一系列消费者调查来帮助确定人们对于所有泰诺产品的恐惧、认识和紧张心理。同日，大西洋与太平洋茶叶公司从美国26个州内超过1000个商店货架上订购了所有的泰诺胶囊。

生产有毒胶囊的地点是福特华盛顿和菲律宾，有20万瓶。于1985年8月装船运到美国密西西比河东部的31个州。韦切斯特的官员报道，在有毒药瓶内剩下的21粒胶囊中有3粒含有氰化物。星期一晚上，纽约市卫生部门发布电视通知，警告消费者不再使用任何类型的泰诺胶囊。所有有关泰诺的电视广告都无限期停止了。

2月11日，伯克在强生公司位于新泽西州新布朗斯维克的总部举行了三场电视新闻发布会的首场直播。会上的主要声明是由韦切斯特和联邦权威机构支持的，即黛安娜·埃尔斯诺思的死亡只是一个单独的、地方性的药品掺毒事件，认为其他批量药品是在1985年4月和5月生产以及在1985年8月26日这天销售的。这批产品仅含有24种大小胶囊型号之一的强力胶囊。

"既然这种个别型号凑巧是我们流动性最强的产品——它的交易速度比其他产品都要快。"伯克补充，"基于这一点，我们没抱找到很多这个批次产品的预期。我们相信，在数学计算的基础上，本批次的大部分产品已经被公众安全消费了。"如果下毒发生在工厂，许多瓶药已被掺毒，那么近半年后才被发现似乎不可能。因为产品在很久之前就已经生产并进入销售，所以强生公司的执行官和联邦权威人士在某种程度上相信中毒只是地方性事件。媒体并不容易信服，但伯克仍坚持在当前形势下并不足以构成收回全部产品的理由。他向公众保证强生公司会继续以泰诺的名字来经销产品。

同时，强生公司、FBI和FDA对从韦切斯特地区商店货架撤回的胶囊继续进行测试。对大约 200 万个胶囊进行了分析。2 月 13 日下午，FBI 通知强生公司，又鉴定出一瓶泰诺胶囊中有 5 粒含有氰化物。第二瓶来自一家距 A&P 药店仅两个街区的伍尔斯药店，A&P 药店是第一瓶有毒胶囊被销售的地方。瓶子的型号是 AHA690，1985 年 6 月生产于波多黎各岛。在首次检查中，看起来工厂在所有 3 个点处的密封印仍旧完好。5 粒胶囊中的氰化物与黛安娜·埃尔斯诺思致死物相吻合。在麦克尼尔的质量控制实验室所使用的氰化物被证实是不同的类型。

一接到消息，强生公司就举行了美国全国新闻发布会，敦促消费者不要使用任何类型的泰诺胶囊直至进一步的通知。而且新闻发布中陈述："公司恳请全国的商贸行业仅将胶囊撤离货架，代之以泰诺药片和肠溶片。这将给上百万泰诺止痛药的使用者以可接受的选择。"当晚，在韦切斯特县开始收回泰诺胶囊。所有型号的泰诺胶囊的生产都被无限期地停止了。除了超强和常规强度药性的胶囊，公司还生产了胶囊形式的塞恩，一种治疗瘘的药物；药性极强的泰诺，也是治疗瘘的药物，以及迪麦辛，一种缓解痛经的药物。

第三瓶泰诺在纽约的灌木—橡树药店被确认，发现其中 1 粒胶囊有掺杂不明物质的迹象。官员们说这种物质绝无可能是氰化物。同日，纽约的卫生部门负责人禁止在本州销售泰诺胶囊。FDA 也发表了它的观点：1982 年的中毒事件与目前的情况没有明确的联系。随后一天，第二场新闻发布会在强生公司举行。

在开场白中，伯克将中毒事件定为"一种恐怖主义行为，纯粹而简单"。用他的话来说，"这是一个令人无法忍受的问题"，"是一个我们全体社会行动起来帮助解决"的问题。伯克还对地方媒体将事态变成了一个马戏团的行为进行了谴责。他继续说道："正如你今天看到这个问题一样，我只希望和试图解决它……当这个问题与你的朋友和家人相关时，你会问自己想做什么，因为他们处于危险中。强生公司在这里相对不重要了。社会是非常重要的。我认为当你一再地使用像恐惧和国家噩梦这样的字眼时——当你和灌木—橡树药店的店主见面时，甚至当 FDA 告诉你商店没有有毒的胶囊时——我认为这是不可容忍的。"

伯克还批评了媒体对泰诺药片和肠溶片能够安全使用的宣传不得力，而仅提及现有的竞争产品的事实。"我认为当你意识到泰诺是全国最受欢迎的药物之一，你就知道你未能给公众提供很好的服务，因为很多人指望你对他们要做的事提供指导。"伯克总结道。

戴维·科林斯那天早上汇报了在美国几个主要城市完成的调查结果。根据他的数据，1/3 的回答者不确定是否中毒事件只发生在纽约地区。伯克对这份低质量的报告的不确定性表示不悦。"我真正相信，其中的一些混淆产生于这样的事实，每个人都感觉有必要回到芝加哥，再三反复地重游。"他说，"我认为重访芝加哥是合理的，提醒我们自己，我们正在使全国人受到本不必要遭受的惊吓，除非我们向公众澄清这只是韦切斯特的问题。"

科林斯还报告，被调查的 78% 的泰诺使用者相信药片是安全的。他感觉这是一个"不错的数字，但还应该更高一些。正如我们都知道的，现在唯一有问题的产品和 1982 年一样，是我们的胶囊药品"。

2. 困难抉择。回到公司总部，伯克开始感觉到从市场上撤回胶囊药品的外来压力。首先是 1986 年 2 月 14 日，他非常确信，无法让强生公司保证其胶囊药品不会被掺毒。同时，美国有 14 个州已无限期中止了泰诺胶囊的销售。第二瓶有毒泰诺胶囊被发现后的民意测验显示消费者忠诚情况在恶化。在某种程度上，伯克被维护公众对强生公司及其产品的信任的问题所困扰。他希望在 2 月 18 日前有一个确定的行动计划，因为在这一天他被安排参加菲尔·多纳希的谈话节目。他的感觉如此之糟，以至于难以继续巧妙处理从美国全国收回产品的问题。其他担忧还有股票价格的进一步下跌以及竞争对手可能会迅速行动来占领泰诺胶囊撤出后空闲的货架。竞争者在中毒事件发生不到一星期就发起的攻击与 1982 年事件后的松懈麻痹形成了鲜明的对比。

来自公司内部极端反对派的争论也施加了压力。麦克尼尔的负责人正在抵制强生公司最高执行层日益增长的将危机作为全国性事件来对待的感觉。他们辩驳说，撤回货物的行动太猛烈，从而将全国的注意力吸引到危机上来肯定是利大于弊的。麦克尼尔的主席戴维·科林斯认为，这次说服胶囊药品的用户转而使用肠溶片，将比 1982 年使其信服去购买用强生公司引进的防掺毒包装的胶囊困难得多。

2 月 15 日和 16 日，伯克和泰诺战略委员会的戴维·克莱尔、戴维·考林斯、劳伦斯·福斯特、乔治·弗莱泽和约瑟夫·奇萨苦心推敲出一个决策方案。16 日达成了一致意见。委员会得出结论是，除了放弃所有的非处方胶囊药物别无选择。但公司还没有走出困境。

2 月 17 日，股票市场因总统日而关闭一天。伯克选择这个日子在强生公司的总部安排第三次，也是最后一次新闻发布会。在挤满了媒体代表的房间里，伯克宣读了一个郑重声明，宣布强生公司将退出所有的非处方类产品市场，因为在一定程度上它不能再按照其对消费者承诺的义务标准来确保胶囊药物的安全性。他表达了"对黛安娜·埃尔斯诺思的家人及她所爱的人真心的同情"。

伯克敦促消费者转而使用泰诺肠溶片。公司还提出用肠溶片来交换消费者最近购买或丢弃的胶囊，无需购买凭证。伯克估计，用肠溶片来交换胶囊将使公司承担 1 亿～1.5 亿美元的税后成本。

泰诺退出市场的新闻成为美国全国报纸的头条。《纽约时报》推测，强生公司从胶囊药物市场的退出将耗费公司泰诺销售收入——5.25 亿美元的 6%，或每年 3150 万美元。比强生公司年度销售总收入的 1% 的一半还要少。

弗兰克·E. 扬是 FDA 的委员，称强生公司的决定是"在艰难环境下的一个负责任的行为"，但他又说，在没有获得更多完全的关于黛安娜·埃尔斯诺思死亡一事的消息前就采取进一步的行动"还为时过早"。几个主要制药公司公开对委员的观点表示诚心诚意的赞同。一些分析家建议强生公司尝试"促使"竞争对手也做出停止胶囊业务的决定。强生公司否决了这个主张。但消费者似乎反应积极。2 月 21 日，强生公司报告，有超过 20 万个消费者对公司用泰诺胶囊换取肠溶片的提议进行响应。

在接下来的日子里，许多篇赞扬强生公司在危机中的表现文章出现在全美各家报纸上。《纽约时报》称赞了伯克的领导力，叙述道："他毫无疑问是公司的领袖"。评价上均出现诸如"为强生喝彩"，"公共安全第一"和"有良知的公司"等标题。《迈阿密新闻》的汤姆·布莱克波恩写道："企业日常的训练突然成为今日的头条，然后有泰诺制造商处理危机的方式。"布莱克波恩继续写道："日常训练会派出一位身穿灰色格子花呢的副主管来令人信服地模仿一个一无所知的人，让他向公司的律师请教所有的问题，这些律师永远在开会而且从不回电话……强生公司是营利性企业。但它做得非常好。当情况变得棘手时，公司得到了人心，这在无情的商业世界中是有些特别的。现在无论股票市场怎么看待这件事，道德家都会持赞同态度。"

在危机结束两个星期后的白宫招待会上，里根总统说："我们非常欣赏强生公司的吉姆·伯克先生。你和强生公司所表现出的崇高责任感，以及面对压力时从容不迫，让我们钦佩不已。"

2 月 27 日，FBI 改变了它的早期看法，即在韦切斯特含有氰化物的泰诺药瓶没有被下毒的迹象，从而免除了强生公司的所有罪责的看法。一位发言人说"使用精密的科学检查，发现了以前没有察觉的下毒迹象。"

1987 年年初，联邦调查局证实，投毒案系一名叫斯蒂拉·尼克奈尔的寡妇所为。1987 年 12 月 9 日，斯蒂拉被捕。1988 年 5 月 9 日，斯蒂拉被判 90 年徒刑。

强生公司不惜一切代价保卫其品牌，使泰诺品牌起死回生。依据强生公司信条，强生在第一次危机发生后对药品迅速全部回收，在第二次中毒事件中更是勇于承认错误，退出非处方类胶囊市场，这是一个深谋远虑的营销决策和成功的危机处理策略。在企业发展史上，还没有一家企业在危机处理问题上像美国强生制药公司那样获得社会公众和舆论的广泛同情。该公司由于妥善处理泰诺中毒事件以及成功的善后工作而受到人们的称赞。很快，强生公司东山再起，到20世纪80年代后期，泰诺品牌给公司带来的税后利润达1亿美元以上。

（资料来源：孙玉红、王永、周卫民：《直面危机：世界经典案例剖析》，中信出版社2004年版；弗雷泽·西泰尔著，陈险峰译：《公共关系实务》，机械工业出版社2004年版）

二、思考·讨论·训练

1. 如果公司决定不更改关于泰诺胶囊的最初声明，而且不回收产品的话，会出现什么样的结果？

2. 在对第一次事件的回应中，强生公司在危机应对方面还有什么其他选择？

3. 你认为强生公司再一次推出强效泰诺产品的决定明智吗？

4. 很多公司在面对危机时常常不能迅速做出反应。你认为强生公司有必要在1986年的第二次危机中，迅速替换所有的泰诺胶囊产品吗？

5. 在两次中毒事件中，强生公司能够走出危机的原因是什么？

6. 你认为强生公司在对这两次危机的处理中，有哪些危机处理方面的经验值得借鉴？

7. 试分析公司信条和道德因素在强生公司解决危机中的作用。

8. 试分析在两次中毒事件中公司领导层面临危机的异同？

9. 请查看强生公司在泰诺网页上（www.tylenol.com）提供了什么样的信息？网页提供的诸如"关爱卡"（Care Cards）、"家庭电话卡"（House Calls）和"FAQ"等链接，是否体现了强生公司对消费者的关心？如果再度发生药品有关的危机，你认为强生公司应该如何利用这个网页与公众和消费者沟通呢？

案例9-2 中美史克公司的PPA风波

一、案例介绍

2000年11月16日上午，天津市卫生局突然电传天津中美史克药业公司：鉴于国家药检部门在其生产的"康泰克"及"康得"两种抗感冒药品中检测到了可能使人产生过敏反应、心率失常等不适症状的 PPA 成分，要求该公司立即停售一切含有 PPA 成分的药物。紧接着，中国国家药品监督管理局负责人紧急召开媒体会议，并发布公告，告诫患者应立即停止服用所有含有 PPA 成分的药品制剂。意味着史克公司生产的"康泰克"和"康得"两大拳头产品必须立即退出市场，公司的经营业绩将急剧大幅度下滑。这场骤然而至的市场风暴，顿时将企业的决策管理层推向了危机的前台。于是，一系列围绕紧急应对 PPA 事件的危机决策及危机管理活动在中美史克公司迅速拉开了帷幕。

（一）

中美史克公司的高层管理者在接到传真及有关禁令后，立即意识到了这是一场事关企业大局的严重危机事件，不仅将直接关系到公司"康泰克"、"康得"两大品牌的生死存亡，而且也关系到公司声名显赫的公司形象，须谨慎处理。于是，公司利用其强大的人力资源优势，迅速成立了由公司总经理杨伟强先生亲自挂帅，另有 9 位公司高层经理组成的危机应急中心，并由 10 余名其他工作人员协助负责其间的协调工作。随后又将应急中心细分为 4 个危机管理小组，各小组各司其职，分工合作：

1. 危机管理领导小组。该小组实为危机应对的中枢，负责统一领导、统一基调、统一口径、协调指挥，处理异常情况，避免出现混乱局面。一句话，该小组的基本工作即是对事件进行总体把握和宏观调控，并予以系统引导。

2. 沟通小组。该小组将起到保障公司内、外部信息及时沟通的桥梁作用，做到对内外上下通达，保证信息畅通无阻。具体来说，其职责就是负责收集外部各界对危机事件的各种信息反馈，然后将之以最快速度传递给公司决策层——危机管理领导小组；同时，也将公司危机管理领导小组做出的相应决策有效地发布给公司的内外各界。

3. 市场小组。该小组负责督促公司内部的各级研究开发部门加快新产品的研发工作，努力缩短新一代产品的研制周期，以便用最快的速度将危机中涉及的"问题产品"更新换代，使企业尽快走出品牌危机的阴影，降低事件带来的损失、重塑企业的品牌形象。

4. 生产小组。该小组负责企业内部生产管理的组织、协调工作，解决好"问题产品"——"康泰克"、"康得"的停产与中间产品的处理问题，同时还负有加强新一代产品产前筹备工作的职责。

（二）

事件发生后，史克公司的危机管理层迅速意识到：虽然这次危机是由国家药检机构下达的命令和发布的信息直接引起的，而且对权威部门的认定纵然有

"争议"（如 PPA 的危害性究竟如何等），但企业也不宜立即持反对态度，冒与之不合作而受到严厉惩处的风险，更何况与之论争胜算的可能性还很不确定。同时，公司作为国内感冒药药品行业的领头羊，其"康泰克"、"康得"两大产品的市场占有率均很高，且又身为中外合资企业，若处理不当，改为众矢之的，不但解决不了问题本身，反而有可能折损这 10 多年来苦心经营建立起来的公众形象，而且势必波及到企业其他产品的市场销路，使公司的经营业绩进一步下滑，受损面和受损额度都将进一步扩大，这或许将成为使公司陷入恶性循环的直接诱因。

因此，从公司方面来看，显然宜采取积极的配合态度，同时充分重视媒体的导向作用，根据事态的发展，妥善处理好这场突如其来的企业危机。

于是，危机管理领导小组明智地把本次事件的处理工作基调确定为积极配合、多方协调、谨慎从事。接着又在 11 月 16 日下午发布了危机处理的工作纲领（请注意这里的时间，颁发"工作纲领"与接到主管部门的电传之间只有半天之差！兵贵神速，"商场如战场"这一亘古不变的至理名言在这里再一次得到了最充分的体现——笔者注）：①向政府及媒体表明立场——坚决执行政府法令，暂停康泰克和康得的生产和销售。②让经销商和客户立即停止上述两种产品的销售。③取消相关合同的执行。④停止一系列有关两种产品的宣传和市场推广活动。

（三）

虽然这次危机事件涉及的层面较广，但总的说来，可分为尽快平息公司内部的负面反应和设法消弭外界的负面影响两大部分。就公司外部而言，涉及对政府、媒体、经销商、客户、消费者 5 个公关对象的关系处理问题。这里，我们先来看看史克公司是怎样进行"安内"的。

就公司内部而言，主要是要解决好员工可能出现的焦躁不安情绪，稳定员工心态，避免出现内部自乱的局面。"攘外必先安内"这句历史名言，此时此刻才终于体现出了它的真谛。危机面前，稳定压倒一切，一旦公司的内部稳定问题能得到处理，上下协力，众志成城，战略后方就能得到强有力的保障，解决外部危机才会有更大的回旋空间，也才能使公司处于一个较为有利的战略位置。

事件发生后不久，在公众舆论的感染下，中美史克的员工们也意识到了公司正面临着一次严峻的生存危机。危机面前，公司将会采取些什么样的举措？公司能够很快走出危机的阴影吗？会不会减薪裁员？自己又该怎么办？员工们在议论纷纷的同时，也表露出了忧虑浮躁的心态。

针对这一情况，应急中心立即采取行动，于 17 日中午召开全体员工大会。会上，总经理杨伟强先生开诚布公地向员工们通报了整个事件的来龙去脉，阐释了危机可能给公司造成的影响，宣布了公司在应对危机方面将采取的系列措施，并郑重承诺公司不会因为本次危机而裁员，同时也勉励每一位员工与公司积极配合，风雨同舟，群策群力，共度危机。随后，公司又把在大会上给员工们的承诺以《给全体员工的一封信》的书面形式予以公告。企业最高决策者一番推心置腹、坦诚相见的话语和其表现出来的刚毅果断的决心，以及处理危机的信心，深深地打动了每一位在场的员工，不少人为之热泪盈眶，以至于大会结束时，全体员工激情高唱《团结就是力量》这首铿锵有力的歌曲。歌声中或许含有几许悲壮，但更多地体现出了一种激昂奋进的精神，一种全体员工同心协力、团结奋进、共渡难关的决心和信心。潜在的内部危机迎刃而解，公司的第一步决策取得了立竿见影的效果。很显然，后顾之忧的顺利解决，使公司掌握了化解外部危机的主动权。

17 日上午，公司危机应急中心电传公司在全国各地的 50 多位销售经理，要求他们立即返回天津公司总部，商讨相关事宜。协调会上，危机应急中心在通报了危机演变的情况以及公司目前的处境之后，宣传了危机处理的基调和原则，安排了相应的工作，并特别强调：作为沟通公司和全国众多经销商及客户的最重要环节，销售部门在整个公司的危机处理过程中责任重大、任务艰巨，其工作开展的好坏程度将直接关系到公司其他危机应对措施的有效执行水平。

18 日，50 多位销售经理带着紧急任务和公司《给医院的信》、《给客户的信》，回到各自的分部，并立即着手开展工作。于是，才使后续事态的发展没有出现经销商和客户纷纷要求退货的局面，同时也有力地维持了公司其他品牌药品的正常销售。

在当今时代，消费者就是上帝，这是公认的市场准则。没有上帝的认可，企业根本就没有生存的空间。消费者的利益，是危机处理中必须予以特别关注的事情。应急中心考虑到随着媒体的进一步报道，消费者们必然会出现惊惶不安的情形，这时他们最希望的，莫过于能得到有关方面发布的相关消息，因此公司必须在这时候给消费者传达出正面的消息，以正视听。于是，公司聘请人员在极短的时间内专门培训了数十名专业接线员，专职负责接听来自客户、消费者的咨询电话，并做出相应的准确且专业化的解答，以帮助对方消除疑虑。同时，要求专业接线员们必须做到解答准确、内容简练、语气温和，严禁模棱两可、态度专横的回答，更不允许表现出丝毫惊慌失措的情绪。

媒体的作用更是始终不能忽视的。在这个特殊的时刻，谁都知道声音的魅力和文字的威力，一丝一毫也怠慢不得。

在国家药检局的 PPA 禁令发布之后，由于国内媒体对 PPA 危机的内因信息并不太熟悉，从而导致媒体对 PPA 危害的舆论报道较为片面和夸张，而且随着时间的推移，许多媒体逐渐将注意力集中在了生产"康泰克"及"康得"的中美史克公司身上，这样几乎整个社会（当然也可以理解为市场——笔者注）都在密切关注着史克公司的反应。此时此刻，公司决策层充分意识到，如果自己还不赶快出面主动与媒体进行沟通，将会使局面变得越来越复杂，甚至越来越糟糕，这将为公司下一步的危机处理工作增添许多不必要的麻烦。但是，考虑到媒体的敏感性及炒作性等特点，危机领导小组认为，目前与媒体的见面，应通过各种渠道传递正确有力的相关信息，态度必须诚恳，目的就是做到与各家媒体和谐沟通，而不是现在就与媒体、政府争论孰是孰非。

"11 月 17 日，国家药品监督管理局发布了《关于暂停使用和销售含苯丙醇胺的药品制剂的通知》。根据此项通知精神，国用和销售，其中就包括我公司生产的复方盐酸苯丙醇胺缓释胶囊（康泰克）与复方氨本分美沙芬片（康得）。获悉国家药监局的这一决定后，我公司极为关注，本着对消费者健康负责的宗旨，我公司正采取措施积极响应国家药监局的号召，停售"康泰克"、"康得"两大品牌药品。具体措施为：

自 11 月 16 日接到国家药监局通知起，全面暂停向销售渠道提供上述两种含有 PPA 的药品制剂。

为切实保障人民群众的用药健康，我公司愿意全力配合国家药政部门开展有关后续工作。"

11 月 17 日，公司召开第一次媒体恳谈会。

11 月 20 日下午，公司在北京再度举行与媒体的恳谈会。会上，公司有关领导就企业生产的"康泰克"与"康得"被列入国家药品监督管理局发布的暂停使用和销售的药品名单一事，回答了记者的提问。

恳谈会上，杨伟强代表企业明确地传递出了这样一个信息：希望社会能多给公司一些时间，以便把消费者先安定下来，并同时停止使用这些药品，至于手中以及店里的存药，等有一个肯定性的结论和计划后，企业再有序地进行处理。

另外，针对记者提出的有部分消费者通过天津史克公司公布的服务热线要求退货一事，杨伟强表示，希望媒体能尽力劝导消费者，暂时不要有退货的想法，等专家论证和国家药监局给出一个确切的结论后再做决定。

最后，杨伟强表示："尽管目前中美史克公司遇到了一些麻烦，但是，中美史克公司感谢中国人民十几年来对公司的厚爱和支持，中美史克公司不会停止在中国的投资，将一如既往地支持中国的发展。""无论怎样，维护广大群众的健康是中美史克公司自始至终坚持的原则，企业将在国家药品监督部门做出关于 PPA 的研究论证结果后为广大消费者提供一个满意的解决办法。"

毋庸置疑，11 月 20 日的媒体恳谈会基本上达到了企业的预期效果，随后的传媒报道也开始转向 PPA 的理性介绍方面。之后，杨伟强又陆续接受了不同媒体的采访。同时，危机应急中心也开始将美国关于 PPA 试验的资料给国家药品监督管理局，以协助其做出关于 PPA 问题的进一步裁决。

11 月 20 日，15 条消费者热线全面开通。

需要强调指出的是，为了妥善化解危机，尽快在事件过程中变不利为有利，在此前后，中美史克公司总经理杨伟强先生频频接受国内外知名媒体的采访，积极同媒体沟通，以争取公众的理解与同情，减少媒体与公司之间的矛盾情绪。

尽管在事件发展的过程中，媒体曾一度将矛头直接指向了中美史克公司，在某种程度上对扩大事态的发展起了推波助澜的负面作用，但是面对初始时不少媒体的肆意炒作甚至攻击，史克公司始终保持了应有的冷静，从来没有同媒体发生正面对抗，使竞争对手说三道四。相反，公司始终以一种诚恳的态度来对待一切。经过一番不懈的努力，史克公司终于赢得了大众的理解和同情，媒体对事态的介绍也逐渐转向了一种理智的态度，而对企业的发展则更表示出了一种正面的关注。最后，绝大多数媒体终于发出了"中美史克公司面对危机，管理正常，生产正常，销售正常，一切正常"的稳健之声。随着时间的推移，史克公司终于走出舆论的阴影，并给自己营造出了一个较为宽松的内外环境，从而使自己能够以更多的精力致力于新产品的研制和开发。

（四）

2001 年六七月间，北京美兰德信息公司对北京、上海等 20 座城市的感冒药市场进行了一次调查，结果表明，"康泰克"在全国享有 9.6% 的认知度，90% 的被调查者表示"会接受"或"可以接受""康泰克"重回市场。这表明，强大的品牌知名度是中美史克开发新品、"收复失地"的信心保证和资源优势，它也为该公司"新康泰克"的出台和上市奠定了有利的基础。

在 9 月 3 日举行的新"康泰克"上市新闻发布会上，中美史克公司宣布：全新的抗感冒药品"新康泰克"的研发已顺利完成并获检通过，即日起正式上市。下午 2 时 50 分，中美史克药业有限公司总经理杨伟强先生面带笑容，按动电钮，揭开了"新康泰克"的面纱。仅 9 月 3 日上市的第一天，"新康泰克"华南市场就拿下了高达 37 万盒（每盒 10 粒装）的订单，为新姿态的"康泰克"的重出江湖打响了第一炮。

至此，历经 292 天"PPA 磨难"的中美史克公司终于走出了危机的阴影，翻开了其经营史上开拓性的新篇章，昂首跨进了"新康泰克时代"。

（资料来源：陈迅、王澍文：《危机决策》，甘肃文艺出版社 2001 年版）

二、思考·讨论·训练

1. 中美史克公司成功地处理了 PPA 事件，它给我们哪些启示？
2. 结合本案例谈谈在危机中应如何面对新闻媒体？
3. 中美史克公司在处理 PPA 事件过程中是否存在不足？请加以分析。

案例 9-3　小浪底沉船事故

一、案情介绍

（一）事件综述

2004 年 6 月 22 日 20 时，黄河小浪底库区发生了一起特大沉船事件。事发当天，河南开封兴化精细化工厂组织 129 名员工，到黄河小浪底观看黄河第三次调水调沙试验。晚 8 时许，他们在乘坐济源市明珠岛旅游开发公司两艘旅游船游览库区返航途中，行至距离黄河小浪底大坝上游 30 公里处时，突遇 10～12 级的强风暴，其中"明珠二号"船颠覆。据了解，当天同行的另一艘游船"明珠一号"由于被风卷入网箱中，躲过了一场劫难。

"明珠二号"沉船后，附近的渔民和水文观测船"回归号"都在第一时间赶到了现场进行救援。事发当晚，69 名落水人员中有 1 人死亡，43 人失踪，另有 25 人获救。这 25 人当晚分别被就近安置在库区附近的医院，第二天，又被转移到济源市天坛医院等市内医院观察治疗。沉船事故发生后，河南省省委书记李克强、省长李成玉等立即赶赴现场，并组织了一个 500 多人的搜救队伍连夜救援。6 月 23 日，交通部派出的两批救援队伍也分别从北京、上海赶赴事故现场，并于当天完成了沉船的定位工作。23 日傍晚，由国家安全生产监督管理局、监察部、交通部等部门组成的国务院事故调查组也抵达了沉船事故现场。

沉船事故发生后，有关部门严令库区所有码头的船只停止营运。济源市明珠岛旅游开发公司总经理张宗敏，明珠岛旅游公司总经理刘三喜、副总经理史红卫，船长李小会，轮机手刘东武等人被刑事拘留。

（二）现场回顾

"原本我们是为庆祝'七一'才出游的，没想到结果会是这样。"萧先生是河南开封兴化精细化工厂的一名工作人员，也是此次游小浪底活动的其中一员。6月22日，为庆祝"七一"，开封兴化精细化工厂组织129名党员和中层以上干部到小浪底观看调水调沙试验。但是，19时50分，在乘坐民营企业济源市明珠岛旅游开发公司游船游览库区返航途中，他们突遇十级以上暴风。"那时候差不多是19时50分，电闪雷鸣，狂风大作，接着就是滂沱大雨，当时我们是硬着头皮驶回码头，但是船还是不停地倾斜，很多人这时掏出手机，开始打110报警。"幸运的是，萧先生所乘坐的"明珠一号"并没有倾翻，但是离他们300米远的"明珠二号"却倾没在水中，"不知道和超载是否有关系。"萧先生表示了自己的疑问。同时，他说，"我们上船时都没拿到救生衣。"另据了解，"明珠二号"核载人数应为52人。

1. 灾难在一瞬间发生。"当时的雨太大了"，死里逃生的冯世海，是开封兴化精细化工厂劳资安全部的干部。6月23日上午10时，他讲述那夜的惊魂时刻时，还十分恐惧。

冯世海说，当时雨大风急，船工让他们把玻璃窗都关上。突然，整个船竖了起来，紧接着就感觉到猛地扣了下来。由于整个过程太短，也就10多秒时间，大家还没意识到发生什么事的时候，船就翻了过来。

冯世海当时在船的第二层，他赶快把刚才关紧的玻璃窗匆忙打开，这时水已经漫过了他的头顶。稍微识些水性的他奋力游了出去。游船翻的时候大约是20时。后来浮出水面的人有30个左右，他们都努力趴在翻过来的游船上。由于当时的风雨声很大，为了让救援的人能够听到他们的呼救声，他们没有各顾各地呼喊救命，而是大家一起整齐地叫"来人，救命，来人，救命"。正是这种整齐的喊声，让邻近的渔民以最快的速度赶到了事故现场。

20时30分，船翻了约半个小时后，距离最近的渔民驾驶着一艘铁皮船赶来救援。但由于船太小，只能带走16个人，而此时船底上趴着有20多人。3个女士优先上了船，这时，船已开始慢慢往下沉，但当16个人上满之后，也没有人再往上挤。铁皮船刚离开后10分钟。"明珠二号"就沉入了水底。等到随后赶到的船只来救援时，这些没有任何东西可以支撑的游客，奋力地在水里挣扎着。

和冯世海相比，一些游客完全是在一种无意识的状态下捡了一条命。杜炳新躺在医院的病床上，脑子一直是一片空白，他只记得，当时自己在第一层，船翻的时候自己还有些意识，后来水浸过来，可怎么从船舱里爬出来，怎么被人救上来，就什么也记不起来了。"这次来小浪底的，全部是我们厂的党员和中层干部，我们一起遇到了灾难，也一起同舟共济，互相挽救每一个能挽救的人。"躺在大峪卫生院的杜炳新含着热泪讲述着他们互相救助的故事。

冯世海回忆说，当时船翻过来之后，浮出水面的人慢慢都趴在了翻过来的船底上。这个时候，风雨还十分急，风浪也很大，场面十分混乱。趴在船底上的人，只要看见旁边有人浮出来，就赶快把手伸出来，把人拉上去。杜炳新回忆说，有些远一点的，手伸出去够不着，大家就把皮带解下来，递过去把人拉上来。在救援的人没有赶来之前，他们用这种方法，把有可能逃生的人全部集中在了一起。

"尽管遭到突然的死亡威胁，但大家并没有慌乱，在抢救的时候，我们还是有组织有步骤的。"开封兴化精细化工厂副书记张建新回忆说。在船倾覆的时候，大家并没有各顾各地逃命。死里逃生的游客们都说，那一刻，只要可以帮助别人逃出去，大家都会帮一把手。

2. 渔船、测量船立了头功。"明珠二号"船沉没后，附近的渔民和水文观测"回归号"在抢救中起了重要的作用。

最先赶到的是在附近作业的渔民刘师傅，听到呼救声后，刘师傅不顾雨大浪急，开着自己的渔船一共抢救了16个游客。第二个抢救游客的是"回归号"，当时正停靠在距离出事地点25公里的码头上。20时10分，船长田宗岭接到求救电话后，马上带领10多名船员，以最快速度赶往出事地点。

20时40分，他们赶到的时候，"明珠二号"已经全部沉没。"当时湖面上全是沙发、桌子、太阳帽、救生衣和挣扎的游客。"机长崔金伟说。由于能见度太差，我们只好用探照灯在水面上搜索。看到有一人挣扎的地方，我们就过去把人捞上来，实在是太远的地方，我们就扔一个救生圈过去。我们一共打捞上7个人。由于船上的油料快用完了，我们只好把救上来的7个游客先送到岸上去，其中一个在救护途中死去。

附近桐树岭村的村民，也奋不顾身地投入到救人的行列中。村民杜师傅说，20时10分，他接到村支书的电话后，马上打电话把村里的七八个摩托艇司机全部叫了来，使另外几名游客捡回了性命。

（三）营救措施

1. 黄河防总紧急停止调水调沙。为配合小浪底水库"6·22"特大沉船事故打捞工作，黄河调水调沙已降低下泄洪水流量，黄河防总已要求黄河下游河道泥沙扰动试验于6月30日8时全部关闭扰沙设备，停止扰沙作业，人员全部就地休整。

2. 部队积极出动参与搜救行动。6月22日20时许,解放军某舟桥团接到地方政府的求援后,立即出动70名官兵,携带救生器材,冒着大雨赶至出事码头。当时水面风大浪急,漆黑一片。8艘冲锋舟分成两组一字排开,20多名技术精湛的操作手轮流驾舟,顶着风浪摸黑前行,搜救遇险游客。事发水域水深60多米,岛礁纵横,官兵们在3平方公里的水域探查水情,仔细搜索,先后协助地方人员救起26名落水游客。

23日下午,救助工作全面转入打捞沉船和遇难人员。舟桥团的官兵在码头上稍作休息,立即转入打捞工作,并帮助地方搬运救援物资。

3. 各地支援搜救行动。6月25日凌晨,天津派出由9名测量员组成的一支支援力量,抵达小浪底水域,投入现场搜救行动。这是天津海事局在绘就"小浪底沉船水域图"后,天津方面伸向小浪底的又一次援手。22日小浪底水库发生特大沉船事故后,由于该水域水深60余米,没有水域图的引导,水下探摸十分困难。23日凌晨,天津海事局接到交通部海事局搜救中心命令,立即制作沉船水域搜救用图,以尽快找到沉船。

在2004年3月中旬,天津海事局海测大队承担了对小浪底大坝到三门峡大坝的水域扫测任务。由于对小浪底库区的水下地形十分熟悉,因此,海测大队在接到上级任务的3个小时后,就制作完成了"沉船水域搜救用图"。"搜救用图"传真到交通部搜救指挥中心和河南省洛阳市海事局,从而为小浪底沉船水域现场水底搜救提供了"导航"依据。

6月26日,有关部门从海南和烟台抽调的数名打捞和水下测量专家也来到小浪底支援搜救工作。

据统计,事发后交通部从天津海事局、上海打捞局、东海救助局等9个单位抽调了国内顶尖的61名打捞专家和潜水员,从全国各地调集了最先进的打捞设备。截至7月3日15时,共潜水61人次,总潜水时间7808分钟,打捞出遇难者遗体19具。

4. 国务院调查组抵达现场。6月23日9时20分,国务院事故调查组抵达黄河小浪底水库沉船事故现场,指导救援工作,并对事故原因展开调查。

国家安全生产监督管理局副局长王德学带领的国务院事故调查组一到小浪底库区,即从张岭码头乘船到事故现场,查看搜救和打捞的进展情况,并与现场指挥救援的负责人直接通话,提出明确要求。王德学说,调查组主要由国家安全生产监督管理局、监察部、交通部、水利部、中华全国总工会等国家有关部门负责人组成。他们除指导协调当地的现场救援打捞外,还将就事故原因展开全面调查。王德学说，这次事故比较大，伤亡人数较多，党中央和国务院高度重视。目前处在第一位的是在保证安全的前提下做好搜救和打捞工作。

（四）加强水上安全管理

为吸取小浪底沉船事故教训，彻底排查水上营运安全隐患，河南省交通厅及时下发紧急停航整顿通知，要求加强水上安全管理。

据《河南工人日报》报道，河南省交通厅下发紧急通知要求：全省从事水上营运的各航运企业和个体船舶一律停航整顿，排查安全隐患，并抓好落实，责任到人。对河南省所有航运企业特别是客运企业的资质进行重新审核，认定备案；对所有船舶尤其是客船进行重新检查，坚决清除不合格船舶；对所有船员进行重新考核，健全档案资料和数据库。

着重对客船船员再进行一次特殊培训，合格者重新核发"特殊培训合格证"，不合格者，一律不允许从事客船服务。

对一些与当地群众生产、生活联系紧密的，且经县级政府批准设立的渡口，在认真检查，加强现场监督，确保万无一失的基础上，按照有关规定，由该市交通主管部门重新明确具体管理责任后，方可通航。

（五）7月4日打捞工作结束

根据救助打捞专家组的意见，"6·22"黄河小浪底水库沉船事故打捞工作7月4日结束。部分遇难者家属，对现场打捞指挥部停止打捞表示理解，对打捞队员的艰辛努力表示感谢。

据专家介绍，此次小浪底救援打捞是我国解放以来组织的第三次大规模深水打捞作业，且打捞现场潜水作业条件极为恶劣，水深60米已达到潜水的极限深度，加之底层水质全是泥浆，潜水员下潜着底后，泥浆没至颈部，实际上是在"潜泥"作业，难度和风险远远大于正常条件下的潜水作业。在水下探寻打捞过程中，曾几次发生潜水员遇险的紧迫情况。打捞人员的超极限工作，给其自身安全带来了巨大的威胁。

据介绍，沉船已全部陷入泥层，最低点在泥下深度超过7米，最高点在稀泥浆下约30厘米。在搜救打捞过程中，潜水员已在以船体为中心的半径30米水域内进行了大范围密集性逐区搜寻探摸，并且冒着生命危险潜入稀泥浆，在沉船上层客舱进行反复寻找，在该范围内已无失踪人员。

经专家会诊后分析，未捞起的失踪人员大多数应集中在下层船舱，已无生还可能，在目前的条件下，失踪人员打捞出的可能性也已基本没有。就目前的技术条件和水域环境，打捞船体也无可行方案。

本着实事求是、科学打捞的原则，打捞指挥部慎重研究，决定于7月4日停止打捞。潜水员用钢缆在船体上方水面设浮标，当地政府指派有关部门监视浮标动向，掌握船体动态，继续进行水面观察。

打捞工作进行期间，打捞指挥部三次邀请失踪人员家属代表到打捞船上了解观看打捞情况，并请打捞专家和潜水员回答了有关打捞技术方面的问题。得知打捞停止，遇难者家属表现出极大的克制和理解。遇难者韩金洲的姐姐韩冬芝流着泪对记者说："一定要转达我们对打捞人员的感谢，他们真的太不容易了。"韩金洲正在读大学三年级的女儿韩宁还委托记者向在打捞一线战斗的工作人员捎去一封感谢信。

据了解，此次遇难者家属的稳定工作做得细致扎实，善后理赔工作已有具体方案。7月3日开始，遇难者家属陆续从济源返回开封。其他各项善后工作也在紧张有序进展之中。

（六）事故原因分析

1. 多个偶然因素叠加后的特大事故。综观小浪底附近翻船事故，很多客观因素似乎都很偶然，但多个偶然因素的叠加，导致了一起特大水上安全事故。

事故发生后，很多人把原因归纳于有关部门的管理不善。因小浪底水库建成以后，库内旅游就是一个热点，但一度处于混乱状态。洛阳市和济源市虽然都各自开发了旅游项目，但济源市刚由县级市升格为省直管市，没有管理重大旅游项目的能力和经验。谢先民对记者说，每天都有200多只小船在小浪底水库区招揽生意，在黄河调水调沙期间也不例外，另外按规定，像"明珠二号"等载客的船，起码要有一个船长、两个轮机、两个驾驶员和两个水手，也就是7个人。但根据初步调查，事故发生时，"明珠二号"上只有一个船员。

另一个令人关注的事实是，济源市明珠旅游开发公司违规作业，因库区在调水调沙，有关部门规定，6月15日至7月10日严禁旅游船只在库区行驶。然而，在忽视天气预报的情况下，兴化精细化工厂旅游团129人却被组织在傍晚时出发。对此，秦记者评价说："现在的管理部门很精明，如果有船舶出事，他们就拿出证据说他们是非法经营。因为所有船舶确实都没有得到许可，可是他们的管理费却一分没少收，应该深挖小浪底旅游及管理混乱的毒瘤或者根源，取缔那些纵容违规经营、肆意扰乱小浪底旅游及管理秩序的利益部门。"

秦记者说，"明珠二号"是那种典型的两层库区游览船，由于是平底，吃水浅，重心高，而且游客都喜欢聚集在上层，导致重心升得更高。这种船只适合在没有风浪的内河航行，夏天的暴风雨可能对这种船造成致命威胁，而翻船前没有经验的船员没有把船改为逆风行驶，而且关上了窗户，强烈侧风会立刻将船推倒。

据介绍，在这起特大事故发生前，并非一直没有征兆，"明珠二号"出事前，库区就发生过两次因风浪太大引起的翻船事故。第一次造成20多人落水，所幸落水者穿有救生衣，而且离岸较近，没有人员死亡。第二次是6月中旬的一天，小浪底附近某村的支书和会计去库区考察养鱼情况，遇大风，结果两个人都落水而亡，由于没找到尸体，"明珠二号"出事那天，村里人仍在库区打捞。

一位曾坐过"明珠二号"的当地村民告诉记者："好几十个人坐在船上，却根本没人给你发救生衣，向船员要，船员说是上次坐船的人顺手拿走了，没有及时添置。"

一直关注小浪底沉船事故的武汉大学教授李南翔说，在国外，水库及周围是不允许闲人进出的，一是出于安全考虑，二是出于环保考虑，对违反者有严厉处罚。而在我国，一些水库普遍存在各种旅游娱乐项目，而且安全也得不到保障，在群体漠视安全的情况下，重大安全事故极易发生。

2. 三个可能阻止惨剧发生的环节。事故发生之前，至少有三个"门槛"可以避免这次事故发生。

黄河小浪底水库当时正在进行调水调沙，为此，小浪底库区和当地旅游管理部门已明令自2004年6月15日至7月10日严禁旅游船在库区行驶。有关部门已经认定，明珠岛旅游开发公司游船属于违反规定擅自出航。

在"明珠二号"停靠的张岭码头，还有六七艘游船停泊，而且候船楼也一直在使用。当地的群众也介绍说，在出事前几天，一直有游船在违规出航。

那么，既然已经规定了禁航，为什么这些游船却可以一直发船而没有人制止呢？

附近熟悉"明珠二号"的渔民和一些附近单位的工作人员介绍说，"明珠二号"核载客人是52人，当时船在出事时是69人，超载17人，为什么没有人和单位来检查呢？

参与抢救的人员介绍说，获救的26个人，没有一个人穿救生衣。有经验的海事工作人员介绍说，按照规定，游客上船，必须人手一件救生衣。

（资料来源：何海燕等：《危机管理概论》，首都经济贸易大学出版社2006年版）

二、思考·讨论·训练

1. 小浪底翻船事故发生后，政府应对突发事件的措施是否具有及时性、系统性，并请说明理由。

2. 试分析政府管理部门制定突发事件应急系统的重要性。

3. 政府应该建立怎样的机制避免此类事故的发生？

参 考 文 献

1. 薛澜、张强、钟开斌：《危机管理——转型期中国面临的挑战》，清华大学出版社 2003 年版。

2. 迈克尔·里杰斯特：《危机公关》，复旦大学出版社 1995 年版。

3. 道·纽森、朱迪·杜克、迪恩·库克勃格：《公共关系精要》，东北财经大学出版社 1998 年版。

4. 杰弗里·卡波尼格罗：《危机顾问》，中国三峡出版社 2001 年版。

5. 吉姆·麦克纳马拉：《管理者公共关系手册》，中央编译出版社 1994 年版。

6. 朱德武：《危机管理——面对突发事件的抉择》，广东经济出版社 2002 年版。

7. 张玉波：《危机管理锦囊》，机械工业出版社 2003 年版。

8. 鲍勇剑、陈百助：《危机管理——当最坏的情况发生时》，复旦大学出版社 2003 年版。

9. 陈迅、王澍文：《危机决策》，甘肃文化出版社 2001 年版。

10. 张春景、魏劲松：《挽救败局——企业危机运营》，经济日报出版社 2002 年版。

11. 罗伯特·希斯：《危机管理》，中信出版社 2001 年版。

12. 劳伦斯·巴顿：《组织危机管理》，清华大学出版社 2002 年版。

13. 盘何林：《哈佛危机管理决策分析及经典案例》，人民出版社 2006 年版。

14. 陈秀丽：《世界十大公关经典败局》，清华大学出版社 2006 年版。

15. 何海燕等：《危机管理概论》，首都经济贸易大学出版社 2006 年版。

16. 张岩松：《企业公共关系危机管理》，经济管理出版社 2000 年版。

17. 张岩松：《政府危机管理机制与对策初探》，《行政论坛》2004 第 3 期。

18. 阎梁、翟昆：《社会危机事件处理的理论与实践》，中央党校出版社 2004 年版。

19. ［美］伦纳德·萨菲尔著，梁洨洁、段燕译：《强势公关》，机械工业出版社 2002 年版。

20. 平川：《危机管理：政府·企业·个人立于不败之地的关键》，当代世界出版社 2005 年版。

21. 戴维·赫斯特著，王恩冕等译：《危机与振兴：迎接组织变革的挑战》，中国对外翻译出版公司 2000 年版。

22. 高民杰、袁兴林：《企业危机管理》，中国经济出版社 2003 年版。

23. MBA 核心课程编译组：《危机管理》，九州出版社 2002 年版。

24. 诺曼·R. 奥古斯丁著，北京新华信商业风险管理有限责任公司译校：《危机管理》，中国人民大学出版社、哈佛商学院出版社 2001 年版。

25. 苏伟伦：《危机管理——现代企业实务管理手册》，中国纺织工业出版社 2000 年版。

26. 孙玉红、王永、周卫民：《直面危机：世界经典案例剖析》，中信出版社 2004 年版。

27. 余凯成：《管理案例学》，四川人民出版社 1987 年版。

28. 张丽华：《管理案例教学法》，大连理工大学出版社 2000 年版。

29. 梅子惠：《现代企业管理案例分析教程》，武汉理工大学出版社 2006 年版。

30. 里德著，徐德任、曾剑秋译：《哈佛第一年：商学院的真实经历》，中国建材工业出版社 1998 年版。

31. 刘新哲：《哈佛学不到，海尔是课堂》，《青岛日报》1998 年 3 月 30 日。